修訂三版

Administrative Law

行政法概要

陳志華　著

三民書局

國家圖書館出版品預行編目資料

行政法概要 / 陳志華著. ——修訂三版一刷. ——
臺北市: 三民，2014
　　面；　　公分
ISBN 978–957–14–5948–6　（平裝）
　1.行政法

588　　　　　　　　　　　　　　　　103015016

© 　行 政 法 概 要

著 作 人	陳志華
發 行 人	劉振強
著作財產權人	三民書局股份有限公司
發 行 所	三民書局股份有限公司
	地址　臺北市復興北路386號
	電話　(02)25006600
	郵撥帳號　0009998–5
門 市 部	(復北店) 臺北市復興北路386號
	(重南店) 臺北市重慶南路一段61號
出版日期	初版一刷　2007年1月
	修訂二版一刷　2012年10月
	修訂三版一刷　2014年9月
編 　 號	S585660

行政院新聞局登記證局版臺業字第○二○○號

有著作權·不准侵害

ISBN　978–957–14–5948–6　（平裝）

http://www.sanmin.com.tw　三民網路書店
※本書如有缺頁、破損或裝訂錯誤，請寄回本公司更換。

修訂三版序

　　行政，包羅廣泛；行政法，經緯萬端。

　　法制成長於社會環境，呼應社會環境的變遷。行政法的動態，受到許多因素牽引，態樣千差萬殊。國家賠償法自六十九年公布，七十年施行以來，未嘗更動，僅有大法官第469號解釋稍加補充。其不動如山，十七個條文已顯因陋就簡、無力規範，看不出公權力主動積極的特徵。

　　公務人員考績法的修訂，因為丙等考績的比例，在爭議中擱置於立法院，考試院期望強化公務機關退場機制的構想落空。複雜的年金制度更不用說。此際，考試院考試委員更迭易屆，有誰思考此人事根本問題？

　　道路交通管理處罰條例，在今年年初，修補多處。如何舉發違規行為、違規事件宜提早處理、警備車與消防車駕駛人員是否排除在「低頭族」之列；自行車也是車，也有駕駛人的基本道德、車燈改為更廣的燈光設備等等，枝枝節節，詳加增訂，無非要調適於現代科技與遏阻駕駛人想逃避規範的念想。果然，魔鬼藏在細節裡。

　　集會遊行法許可制改採報備制，是社會共通意見，又有司法解釋加持，修法看似容易，但如何報備，朝野卻爭執不下，修法一再停擺。執政者視此法為維護秩序之利器；在野黨則視其為天賦人權最大障礙。去年立法院院長關說案引發掀天巨浪，於是通訊保障及監察法做了許多修訂。三十四條文，修改了九條，篇幅超過四分之一。果然，需要是法律之母。

　　法治是社會生活的基礎；自由與法治不能割離。法規來自人性，法規更在保障人性的多元發抒，行政法特別彰顯這方面的意義。

陳志華　謹識

於臺北

一〇三年八月

修訂二版序

　　近年來行政法學，不論是法制或是理論，日新月異，行政程序法、行政罰法陸續公布並施行。如行政救濟法，八十七年十月訴願法及行政訴訟法大幅修訂後，猶不時再增修。一○○年十一月行政訴訟在和風細雨中，從二審二級制改變成二審三級制，地方法院增設行政訴訟庭審理初審案件，普通法院亦審理行政訴訟，小小一步，意義深遠。

　　行政法，是行政之規範，其實亦來自行政實務。一個個案之發生往往對行政法規產生衝擊，旋即修訂法規加以因應。而這一個案可能是一單純重要人物所創，因而引起司法解釋，或修法解決。個案議題如交通安全的管制內涵、首長特別費的性質、公職人員財產申報的範圍等，都在現實生活裡發生，於公民議論關切中，成為行政法重要內容。行政法就在生活周遭一點一滴的累積。

　　以個別法律觀察。公務員中之政務官，向乏統一的定義，故法律名稱政務官退職酬勞金給與條例，或稱政務人員退職酬勞金給與條例，再改稱政務人員退職撫卹條例，名稱及包含對象適時調整。公務員任用與教育人員任用分開，公務人員任用法不適用於教育人員，是所謂公教分途。然保險方面，公務員與教育人員一體適用，公務人員保險法遂改稱公教人員保險法。不寧如是，適用對象更涵蓋公、私立教育機構行政人員，同樣的對象不同的處理。法制變遷彰顯時代的觀念思潮。

　　行政學與行政法學，原應相輔相成。然難得看到二者間有交集。即便是行政法學中的行政作用理論亦然。如事實行為、行政執行等高度中性的行政行為，其實是可以考量與行政處分間進行動作分析，以理解強制措施其實為行政處分之執行動作。這雖是具拘束性的物理力，所依據的決定應是行政處分，何以直接將使用物理力的行為界定為行政處分？然管制、組織再造等議題納入行政法的論述，是增益此學科涵蓋的領域。

　　組織法方面，公視董事會、通訊傳播委員會NCC新任委員的難產，大

學行政法人化僅剩一所大學在研議，都顯示組織變革形成挑戰。而 NCC 審理一併購案，遷延時日，也讓國人關心獨立機關是否適合我國社會。中央行政機關組織基準法有關部會及獨立機關的數目，都因為實務上行政院組織法的研修而重新改寫。基準難成基準，基準法的訂定不易，一樣證明世事難料？

行政法理論中，特別權力關係歷經多次大法官解釋，甚至不斷加以修正，而其改稱公法上職務關係或特別法律關係，似乎已經成為論者的共識。主張廢棄則是大法官最新的共識。在剪不斷理還亂之際，其實質意義及本質才是值得關心的課題。但如果此關係是指團隊關係、倫理觀念，而社會各次級系統，因為這一層關係的維繫，得以自律自治，整個社會得以持續穩定；這一種機關團體自然應運而生的關係，夾雜著倫理與法制，學術理論如何能否認它的存在？

行政法國際化，是行政法發展重要趨勢。歐盟從共同市場一路發展而來，成為歐洲各國之上的聯合國家。歐盟憲法、行政法規、法院判決都成為各國國內法之一部分，且為上位規範。歐盟法院更是各國人民的上訴法院。此一現實及趨勢，連保守的英國也難以抵擋。過去及未來，我國因簽訂 WTO（世界貿易組織）、ECFA（海峽兩岸經濟合作架構協議）、TIFA（臺美間貿易投資架構協議）到 TPP（泛太平洋區夥伴關係）各種國際貿易約定，甚至國際組織有關萊克多巴胺容許值的公布，都對國人權益產生重大影響。臺灣海峽兩岸，相關法制當受國際化影響，事實上已簽訂幾次協議。在貿易商務之外，一〇一年八月九日兩岸交流機構簽訂投資保障的協議，增加解決爭議的管道，備受期待。臺灣行政法也將出現一個新領域。

陳志華　謹識
於臺北大學
一〇一年九月

序 言

　　法國行政法學解釋：行政法是規定公共行政的公法。行政法與行政如一體之兩面，二者固不容割離，其實更互相攻錯印證。更者，二者都以保障及配置公共利益為旨趣。公法學大家林紀東教授嘗「由現代行政法看現代行政」，力指「可以由行政法的變遷上，看出現代行政的面貌」（《憲政思潮》，九期，59 年 1 月）。行政法之發展進程，攸關行政效能與公共利益的確保增進。

　　我國八十年代啟動延續至今的憲政改革，連帶促進行政法的長足進展。例如行政組織方面，中央行政機關組織基準法、地方制度法以及公務人員保障法劃時代的立法；行政作用方面，行政程序法及行政罰法歷經多年的法典化，行政執行法的徹底修訂；行政救濟方面，訴願法與行政訴訟法整體的巨幅革新，國家賠償法亦將接續修改，都備受社會期待。

　　而正當行政法的觸角轉向行政管制、政府再造（包括組織精簡、法人化及事務委外）與政策執行領域伸展之際，政府 E 化悄然加入其間，迄今已有十年之久。稅款的課徵與繳納、政府採購的招標作業、公文書的傳送接收，都可以在電子系統上作業，「政府」將蛻變成提供各種軟體平臺的機制。行政組織與行政程序的內涵及外觀勢必再賦新義。從而，人權維護與公共利益保障之法制，猶面臨挑戰。行政法不僅是行政的基礎架構，其發展也是行政革新觀察的指標。

　　三民書局鼓勵學界出版不遺餘力，筆者乃不揣淺陋，將講義交付出版，以方便教學。惟行政法學廣博精深，本書疏漏之處，深祈方家指正是望。

陳志華　謹識

於國立臺北大學公共行政暨政策學系

九十五年十二月

行政法概要
ADMINISTRATIVE LAW

第二篇　行政組織

第三篇　行政作用

第四篇　行政救濟

Part 1

緒　論

第一篇 緒 論

　　行政法包括規範行政權之組織及運作的法規；行政法也包括行政機關行政行為（行政作用）的結果；行政法還包括保障人民提起行政救濟權利的法規。行政法內涵多重多樣，嚴格的說，應稱為「行政法規」。「行政法」是學理上的名稱。

　　行政法是憲法具體化主要的部分；行政法更是行政目的或公共政策的條文化。民意或政見，經由立法院的立法以及行政機關訂頒的命令，加以掌握並實現。其間，行政規則尤呈現專門性及技術性的特徵。

　　論者指出，行政法包含以下幾點意義：㈠它對行政機關在權限內加以課責 (accountability)；㈡它提供自然正義、當事人及行政干預的門徑 (gateways)；㈢它保障促進參與的程序權利；㈣它設定司法審查的範圍；㈤它設定賠償救濟的範圍❶。足見行政法的功能廣泛而重要。

第一章　行政法的基本概念

第一節　行政法的意涵

一、行政法的意義及性質

　　行政法包含界定行政機關職權及結構之法律規章及原理 (legal rules and principles)，規定機關運用的程序形式、決定個別行政決定的效力、說明審查法院的角色及其他政府機構與行政機關的關係。

　　每一個特定的行政領域都有相對應的實體及程序法。勞工法的實體原理及程序，即為國家勞工關係局 (NLRB) 及其他行政機關用來對勞工關係負起管制責任。環境法同樣為環境保護局、原子管制委員會及其他聯邦及

---

❶　P. P. Craig, *Administrative Law*, 2003, pp. 32–38.

州管制機關之行為及程序，規定其環境責任。福利國的成長與「公共利益」理論的發展，創造全新的法域，如福利法、消費者保護法及獄政法。傳統行政法，實際上，已從特定實體領域跨越所有的行政活動之形式。

行政法從更廣泛的「總體」意義言之，不排除法院因私人提起司法訴訟而審查行政行為的效力所為之判決。而法院已逐漸演繹出原理原則，規範行政機關及其權限與程序、司法審查行政行為效力之方便性及程度。這些原則已應用到許多不同的領域，包括私人教育行為的管制、保護委託的公共協助計畫等。行政法原則同樣吸取自憲法及制定法，其中最著名的例子是行政程序法，它是許許多多程序個案的基礎❷。

行政法不但包括實體法與程序法，更在實體法與程序法上發展出原理原則，有其通則性與抽象性。研討行政法的困難處也就在這裡❸。

二、行政法的內容

德國毛勒爾 (H. Maurer) 認為一般行政法的理論涉及行政法淵源、行政行為和其他行政活動的方式、確定行政活動方式的原則（依法行政原則、信賴保護原則和比例原則等）、行政程序、行政組織的結構，以及合法侵害的補償和違法侵害的賠償責任等。同時，一般行政法通過揭示和確認普遍適用的原則將特別行政法凝聚在一起❹。

美國布瑞爾 (Breyer) 與司圖瓦特 (Stewart) 認為傳統行政法課程，主要是涉及對行政機關的授權、法律規定行政機關的程序、對行政行為的司法審查的法律要件，以及審查採用的標準❺。

英國肯恩 (Peter Cane) 在《行政法導論》一書指出，該書的範圍包括三項目：㈠政府的、合法的及政治的機構；㈡有關政府體制的憲法的及行政的「法」；㈢司法對政府的合法控制，即司法審查❻。

---

❷　Breyer and Stewart, *Administrative Law and Regulatory Policy*, pp. 3–4.

❸　Ibid., p. 4.

❹　H. Maurer,《行政法學總論》，序文，2000 年。

❺　Breyer and Stewart, op. cit., Preface to the First Edition, 1979.

　　德國伍爾夫等人（Hans J. Wolff, Otto Bachof 與 Rolf Stober）詳細列舉
行政法（教材）研究對象是：

　　1.行政在國家體制和法律制度中的地位

　　2.行政的法律依據、任務和權限

　　3.個人相對於國家和行政機關的地位

　　4.行政的方法和活動方式

　　5.行政程序

　　6.行政責任

　　7.行政組織

　　8.公務員的地位

　　9.行政的物質手段

　　10.行政的形象

　　11.對行政的監督❼

三、行政法的組成

　　有將美國公法及行政問題分為六部分：㈠憲法部分：如憲法第 5 及第
14 條修正案的正當程序條款。㈡制定法部分：法律制定、個別政策的行政
裁量等問題。㈢事實的部分：法與行政的複雜性及高度技術性。如空氣品
質的管制涉及科學、經濟與醫藥思考，裁決上需要專家。㈣程序部分：著
重行為的過程及內涵。例如管制措施在法規公布前，是否給予受影響的一
方充分的批評的機會。㈤契約部分：此問題包含三者，其一，內部及與人
有關的契約，如機關的集體議價協議，是主管與其受雇者間實體及程序義
務之規範。其二，外在契約，例如州及地方政府與私人公司成立提供物品
及服務的契約，常見者有健康照顧及醫療服務。其三，轄區間的契約，如
某社區同意為鄰近的都市提供救護服務，以交換警察服務或現金，所簽訂
的協議。這些公部門契約必須遵守州或地方的法律，畢竟這與行政機關傳

---

❻　　Peter Cane, *An Introduction to Administrative Law*, Third Ed., 1996, pp. 3–4.

❼　　羅豪才主編，《行政法（第一卷）》，北京：商務印書館，2002 年，頁 19。

統的直接服務，在程序上及實質上不同。其服務是包商提供的，由包商裁量，在契約期限內依訂價而為。因此，公務員對委外工作的結果不一定會滿意。公務員就必須注意人民有權知道包商是怎麼服務的。公務員應該關切在契約的條件下，公權力如何對包商維持拘束力。㈥超國家的問題：如北美自由貿易協議 (NAFTA)，世貿組織 (WTO) 等涵蓋許多國家，其對政策的影響。美國環保署的決策及行政，就受到一百多個國際協議規約❽。

四、行政法的原則與程序

行政法普遍大幅受到法理論影響，也受到對「行政國」敵對者之防衛心理所影響。多年來行政法的發展是往司法化 (judicialize) 方向在努力，裁決人員更「像法官」(judgelike)，行政機關更「像法院」(courtlike)。而行政法上的原則及程序，包括：

㈠行政人員應常保對於受行政程序所幫助或所傷害者的特殊敏感性。

㈡每一位受行政決定或行為影響的公民，有權要求依「行政正當程序」的程序保證 (procedural guarantees)。

㈢權力分立原則不能完整地適用於行政機關的決策及行為。此原則如完全運用在行政法規的制定、法規的執行及裁決，公共行政勢必寸步難行。

㈣行政人員應確保影響人民權利及利益的行政判斷無偏私 (impartiality)。

㈤行政聽證應遵守「行政正當程序」原則，以期與法院一樣而確保公正。

㈥行政受司法審查，是對行政人員課責 (to be held accountable) 的重要程序。當然，並非所有的行政決定都能夠或都應當接受司法審查以尋求解決，如行政裁量即可能排除司法審查❾。

---

❽ P. Cooper, *Public Law and Public Administration*, pp. 19–20.

❾ Richardson and Baldwin, *Public Administration*, pp. 113–114.

第二節　內部行政法與外部行政法

一、H. Maurer 的論述

　　內部行政法，規範行政主體內部、行政機關與其公務員間的關係，以及行政機關和公務員分別與所在的行政主體間的關係。例如行政機關彼此的權限、公務員的職務，都必須明定。往昔國家和行政主體係「內部領地」、「不受法律拘束」的觀念已被否定。外部行政法，旨在調整進行管理活動的國家與另一方人民的法律關係，主要有法律淵源、行政行為、行政契約和國家賠償等。顯然，外部行政法是行政法的重點。所稱法律淵源有時表現在行政規則和章程❿。

二、美國行政學者的分類

㈠內部行政法是規範行政的內部事務

　　這些事務如：

　　1.公共職務的法律基礎，即市長、警察首長、稅務員、督學等公職人員的法制。

　　2.政府及行政機關的權力限制及授權。

　　3.各種行政程序方面的法規，如財務行政、預算、人事行政、資料處理、組織設計及發展等程序。

　　4.行政職位任用的積極資格與消極資格。

　　5.行政人員的任用、任免、薪俸、年金等事項。

　　6.行政機關內部監督、授權、裁量、職權、過失、職掌結構等。

㈡外部行政法則是規範行政的外部事務

　　亦即規範行政機關對外運作的職權之法規，這些職權如：

　　1.檢查權。

　　2.執照許可權。

---

❿　H. Maurer,《行政法學總論》，頁 34～35。

3.免許權（免除權）：允許在法定標準及規範之外的行為。

4.指揮權：即發布規章命令強制服從的權力，如公務人員因違法行為而免職，重新任職和復職等。

5.法規制定權：如為安置因都市更新而遷居的人制定法規。

6.行政裁決權：如因州政府公用事業委員會決定的費率，引起特定人的權益爭執，加以裁處的方法❶。

第三節　政策、法制與行政

一、法律與政策

「法律」(law) 一詞，有多種不同的含義。在此，如謂「依法」(according to law) 做成決定，是指適用國會立法或普通法的法規或原則做成決定。而「基於政策」做成決定，則是就價值判斷而為之，不是以法之原則而做成。在此理論架構，「政策」意指政府所追求的目標或目的。法律是追求政策目標的工具；法院在適用及執行法規及原則（政策已具體化於此）時，常扮演重要角色。但是，法院不僅適用法律，而且「制定」(make) 法律。制定（普通）法的過程，包含以法的形式將政策具體化（按英國的普通法，包括習慣、判例、法理原則，與國會制定之法律有別）❷。

法院對政府單位的控制，偏重在依法決策上，對其基於政策的決策則較輕。然而，法律與政策的區別常不明顯（如同法律與事實之區別），法院固然得以規制對政府決策的司法控制，但因法律與政策區別的模糊，許多司法審查的案件，都轉變成制定法的解釋。而究竟依據那個法規（制定法條文）解釋個案呢？如果某一相關制定法規有兩種解釋，要選擇其一就必需參酌外在的政策因素，方能實現所欲求的政策目標。由於法條文字的意義，解釋不一，致許多制定法規的解釋，呈現法律與政策混淆的問題。

再次，由於法規的政策目標，理論上只能從法規字面的解釋去發現。

---

❶　Richardson and Baldwin, op. cit., pp. 112–113.

❷　Peter Cane, op. cit., p. 116.

因此，問題就在法律，亦即制定法的解釋。而制定法之目的，不論是法律問題或是政策問題，常由立法者所倚賴的標準決定。法條示意 (statutory instructions) 越詳細明確，法院越可能將法規文字的解釋視為法規目的之呈現。反之，如示意模糊曖昧，決策者就有自由空間決定法規的目的及如何執行。法院的基本功能是，在認事用法之際實現立法者的意圖。法律問題與政策問題之所以難以釐清辨明，就是因為法律是政策的具體化，而具體化又不是十分完美。然無論如何，適用法律機關，於適用法規時，必須在第一時間決定法規是什麼；同理，立法者制定法律，也要考慮到政策的實現❸。民主政治，民意、政策、法規是有先後序列的關係，其間，有賴立法、司法及行政等各部門加以掌握及實現。

二、憲法與行政

憲法與行政法為「公法」主要部分。憲法更為行政法之重要法源，而二者俱為行政之重要規範。

㈠憲法的中心原則

以美國憲法而言，包含以下幾個中心原則：

1.聯邦主義

政府權力由中央政府（美國政府）與幾個個別的州所分享。

2.制衡原則

政府權力區分為行政、立法與司法三部門，彼此牽制。

3.人民主權與有限政府 (limited government) 原則

政府各部門權力有限，其立法及行政行為受到司法審查。

4.變遷原則

成文憲法的條文經由解釋及修改加以表現，並形成一部有活力的憲法 (a living constitution)。

5.國家最高性原則

中央政府經由憲法規定，在各種方式上，比各州的地位優越。

---

❸　Ibid., p. 117.

㈡憲法中心原則在行政上的實際運用

美國憲法長久以來,對行政部門的運作有其深層意涵。例如聯邦主義治理著由華府、州的首府及縣、市政府所形成的複雜網路,涉及到為處理法律執行、社會福利與人口計畫而面對的稅源分攤、財政規劃、責任分工以及權力分配等重要的行政問題。

制衡原則,在聯邦憲法與州憲法,具體化為總統與州長預算、人事任免及覆議;法院對行政人員行為的運用司法審查權;行政首長超越議會及法院直接訴求於人民的權力。

人民主權與有限政府原則,對行政首長及行政人員發揮廣泛的約制作用。這原則包括總統的間接選舉;總統、州長及市長的人事權需經議會提出忠告及同意;選民得經由公民複決控制政策,透過罷免控制經選舉產生的首長及行政人員;依憲定程序對官僚組織結構、公共租稅的課徵、公共經費的支出等限制重要的行政事務。

變遷原則是促進美國公共行政嘗試及適應能力的動力。它反映在官僚體系新而多元責任設定的發展;對中央與州及都市間的行政關係加以調適;行政部門的重組以及行政程序的變革;將政府行政從華府延伸到地區、州及地方政府,即「地方化」(decentralize)。

國家最高性原則,是存在於政府所有各階層的行政。此原則使美國多元分歧的社會得以統合。這種國家一體 (national entity) 的信諾,表現在美國人處理諸如戰爭與和平、財政事務以及商業管制等事項上。

㈢治理行政的憲法條款

以美國憲政而言,其治理行政的條款有: 1.商務條款; 2.課稅及使用經費權; 3.財政貨幣權; 4.戰爭緊急權; 5.度量衡; 6.限制州的課稅權; 7.限制州的貨幣權; 8.公民的州際特權及免責; 9.正當法律程序及法律平等保護[14]。

我國憲法與一般國家同樣宣示民主主義、法治主義,以及民生福利國原則。此外,我國憲法著重民主共和原則、國民主權原則、人民權利之保

---

[14] Richardson and Baldwin, op. cit., pp. 107–108.

障及權力分立與制衡原則（司法院釋字第 499 號解釋）❺。這些有關的憲法條款，應為一般國家行政權所遵循信守。

三、行政的歷史發展

依 H. Maurer 理論，行政的歷史發展，略可分為三個時期：

㈠十七至十八世紀絕對國家時期的行政

這時期由享有特權的領主和貴族統治，國家權力集中於個人，以國家機器所組建的公務員及常備軍作為統治工具。公務員與軍人對領主承擔絕對的義務，領主不受任何法律拘束，緊急狀態法提供統治者干預人民生活的根據。此緊急狀態法逐漸膨脹擴大，終至成為封建領主全面而廣泛的主權之基礎。行政活動的範圍和強度不斷擴增，而且不受法律拘束，政府以命令法規補貼和救助的方式介入商業、經濟和社會生活各領域，甚至干涉人民的私事。此時期，人民固然應忍受領主對其權利的干預，但在特定條件下，可以要求國庫補償損害。統治者在主權措施之外，亦為獨立的、私法人上的「國庫」，因此產生「忍受，計費」的名言，「國庫是國家的替罪羔羊」。此時的絕對國家，有稱為「福利國家」或「警察國家」。

㈡十九世紀自由國家時期的行政

十九世紀興起的自由市民階級，紛紛反對君主及其公務員機器為表現方式的管制及監督，要求國家行政的活動只限於保護公共安全和秩序、消除危險所必要的限度之內。並要求行政應受法律拘束，人民在社會和經濟領域，應許自由競爭自行調控，採全面放任原則。君主及統治階層逐漸受基本法及人民代表機關所制定的法律拘束。行政應在法律授權下才可干涉人民的自由和財產。亦即對人民的基本權利，採法律保留原則加以保障。自由國家時期的法律概念得以確立：法律調整因干預公民自由和財產而產生國家與公民間的「一般（統治）關係」。行政組織及國家內部領域的「特別權力關係」，則如往昔一樣由君主管理。

---

❺　吳庚，《行政法之理論與實用》，11 版，頁 40～41。

㈢二十世紀社會法治國家時期的行政

由於工業化和技術化日益發展，人口集中於都市、戰爭的大量徵兵、家庭和鄰里的扶助及約束日漸淡化，然另一方面，個人的需求與日俱增，並要求國家提供社會安全、經濟文化等各種給付（服務）和設施。國家執行這些任務時，甚至對社會、經濟作全面性干預。而國家執行這些任務時的權利義務，亦規定於憲法的基本原則。「排除危險」仍然是國家法定及不可變的任務；而急劇擴張和膨脹的行政活動，使國家成為「行政國家」。就此而言，否斯朵夫 (E. Forsthoff) 首創「生存照顧」的概念，具有一定意義。他在一九三八年發表〈作為給付主體的行政〉一文，論述給付行政的發展，將提供人生活所必需的條件和給付，確定為行政的任務。此外，在社會法治國家，社會活動和國家的給付活動都遵守權利的界限和約束。這是當代社會法治國家與絕對主義的「福利國家」不同之處。國家不僅要遵守法律的形式約束力，其行為更必須具有實質的正當性。社會法治國家並得以向法治國家進一步發展❶。

四、行政國的法律問題

行政法是公法的另一個面向。其發展是由於過去近二百年來,「行政國」興起後，當代的重大社會變遷的結果。美國早期社會，問題少而單純，大家期待的是做事少的政府，而議會與法院也有能力承擔主要的治理任務。但十九世紀，工業革命及伴隨的變遷，政府面對複雜的問題，國會被迫高度倚賴行政人員的技術專業。而這種行政技術專業化的需求與日俱增。同時各種管制機構設立，旨在執行及監督政府在商業、工業、交通運輸、職業等新的管制工作。傳統的議會及法院已難有效肆應這種治理上範圍及複雜度日增的革命性改變。公共政策的管理需要更多的專技能力。

處此情境，其必然的趨勢之一是，政府主管人員對其部屬作更大的授權。其二是行政裁量擴大，公眾既難以發現，立法機關、法院及其他政治團體更難以控制。早期備受強調卻少受注意的行政法，在授權過程需要適

---

❶　H. Maurer，《行政法學總論》，頁 14～18。

當的標準及控制。其次，同樣地對裁量權的運用，尤其是檢查、許可等業務，也需要適當的標準及控制。

再次，民主社會「行政國」的興起，帶來行政效率與人權保障間的衝突，都形成大家對行政法的關切。一九七三年，戴維斯 (Kenneth Culp Davis) 在《行政法》一書指出，行政人員做成類似法院裁判的程序保護措施，未受人注意；大家注意的是行政程序中的裁量，例如課稅、逮捕、護照、環保等業務。簡言之，當代行政人員應該注意在效能、生產力、效率及公正的努力 ❶。

第四節　公私法之區別及行政類別

行政法是公法，而行政法是從私法發展而來。故區別公、私法是認識行政法重要步驟。從細目上，進而知悉行政法實質內容的行政行為。

一、公法與私法之區別

公法與私法之區別，有以下主要幾個標準 ❶：

㈠利益說：關係公共利益之法規為公法。與私益有關之法規為私法。公共利益者，如交通秩序、善良風俗、消費者之健康、資訊流通、效率、文化、公平、正義等是。徵收土地應出於公共利益目的之考量，當禁止國家出讓公有地，拉攏政商關係，討好財團，成就了私利。問題是，誰決定公益？石化工業不需再保護：臺灣石化工業也已經成熟，不應再補貼。公營事業民營化不應造成僅少數人得利。出版品彰顯憲法第 11 條保障人民之言論及出版自由。特定族群之言論及資訊及文化等之表現方式及自由，除應由民意機關以多數判斷特定社會風化是否尚屬社會共通價值而為社會秩序之一部分，仍應關注特定族群依其道德感情與對社會風化之認知予以保障（第 617 號解釋理由書）。其實公法也保障私益，私法也維護公益。

㈡從屬說：上下隸屬關係即是公法關係。主、客體間有強制關係，是

---

❶　Richardson and Baldwin, op. cit., pp. 111–112.

❶　吳庚，《行政法之理論與實用》，頁 29～30。

公法規範對象。但國際公法則無此關係；公務員之家屬如果指導機關首長辦案，可能有犯貪污罪之行為，但非公法行為。此說有其缺陷。

㈢主體說：法律關係主體、客體（當事人）至少有一方是國家機關，是公法關係；皆為私人，是私法關係。然國家是公法人也有營業行為；政府機關間，也有買賣關係，非公法關係（立法院將某塊在院外的土地轉讓給監察院）。縣政府徵收鄉公所的土地，鄉公所得提起訴願，請求救濟。即因鄉此時立於私人地位。企業領袖代表政府出席 APEC 領袖會議，亦有公法行為；政黨是民間團體，其幕僚長出訪友邦之行為，無公法性質。此說仍有受質疑之處。

㈣新主體說：對任何人皆有發生權利義務關係者，為私法關係。公法是公權力主體或國家機關所執行職務法規。亦即，公法者，其賦予權限或課與義務之對象，只限於公權力主體或國家機關。

㈤傳統說：亦稱習慣說。公法或私法之認定，已約定成俗。農田水利會所屬水利小組成員間水費、水路養護費之分擔、管理，有長久以來之慣行。一旦多數人對此慣行具有法的確信，且有規範之外觀形式，經長年遵循即成為公法規範的一部分。故水利法第 1 條即宣示尊重地方習慣。

㈥事件關連說：如事件中某一部分，明顯屬於公法關係者，事件整體均視為公法關係。以公地放領言，先有徵收私有農地之公法行為，再有放領之私法行為。前者，徵收行為明顯屬公法關係，故整體事件視為公法事件。類似的配售工業區住宅土地事件，亦為公法關係。政府補助的公費留學，有爭議應提行政爭訟解決。包含兩階段之行為的兩階段說，可以說明此一理論。

二、公法的價值

依英國學者的理論，公法的價值主要有以下幾項：

㈠代表人民 (representation)：這是英國公法最重要的基本原則，公法係由國會代表人民而制訂，故有代表民意的意涵。

㈡課責 (accountability)：政府權力在課責機制中運作。亦即，行政機關

對國會負政治責任，對法院及法庭負法律責任，對審計負財政責任，對監察長負行政責任。

㈢司法順從（judicial deference，又稱尊重司法）：司法雖無代表性，也有不對誰負責的性質，唯司法具有其法庭程序的特徵以及司法專業的限制，而值得尊重。

㈣公／私二分（a public/private dichotomy）：公、私二分，一為保護及促進社會利益（公共權力），肯定對個人自由及自主的干預；二為保護社會整體及社會中個人及團體之利益，肯定公務員特殊的職務責任。

㈤法律之前人人平等：法律公平對待公務員及人民，只有在公權力適當運作的必要範圍，允許例外。英國遂反對行政法的成立。

㈥維護個人：在議會民主下，以立法促進社會利益是議會及民意代表主要的功能。傳統上，司法的公法業務、司法審查及制定法解釋，旨在維護人權。一九九八年的人權法案（Human Rights Act 1998），大幅增強法院維護人權的能力。

㈦接近司法（access to courts，又稱司法的近便）：法院透過訴訟及解釋，保障人民的權利，現代社會更需要法院就近提供方便的服務。

㈧公權力分散（diffusion of public power）：英國公法上，君主是有凝聚政府及人民的向心力之影響力。但另一方面，仍有許多離心（向外擴散）的權力，如地方政府、歐盟體制、新公共管理的思想。權力非集中於一人或一機關。

㈨透明化（transparency）：政府資訊公開，是公法所要確保的基本價值。二〇〇〇年的資訊自由法（Freedom of Information Act）明顯地具體化此一價值。一九八九年的公務秘密法，則是最明顯保護隱私權的例子。

㈩參與（participation）：公民參與政府程序有許多種形式，包括自律及公／私伙伴的提供公共服務。重要的是，人民在政策做成之前就應該被告知，這比公民參與政策形成來得重要。

㈡促進公益：公法所促進的公益包括司法依據法律；司法對政策決定制約的審查；程序公平的觀念不應阻礙效率；法院對行政決定的制約，不

應曠日費時等。

㈢歐洲法律優先：如一九九八年人權法案，以及各種權義轉換的制定法的通過立法，英國做為歐市成員，使英國政權從政治程序大幅移轉到法院。Griffith 因之認為，過去自一九七九年以來英國憲法「政治性」高於「法律性」，這樣的情況已難再維繫。英國國會主權的傳統已受到挑戰❶。

三、行政的類別

行政（行政行為）即行政權作用，有強制性主權作用，有不具法律性質的事實行為，有屬服務或福利行政措施，有屬規劃或設計作用，規制性質不一。其要如次：

㈠高權行政：具有高度公權力作用，強制性顯然，如行政命令、行政處分即是。準高權行政（單純高權行政）只提供資訊技術輔導、開闢道路、公立學校實施教育之行為。亦有指給付行政中，義務教育、水電供應、交通服務等，亦具強制性。

㈡私經濟行政：此類行為包括：1.為達成行政目的之私法行為：如提供房屋貸款。2.成立的私法組織（公司）之營利行為：如公營事業之交易行為。3.私法型態之輔助行為：如行政機關採購辦公用品、訂購武器。純粹交易之行為，如物資主管機關，進口大宗物資如大豆、蒜等，以平抑物價。台電公司電力的利用，具獨佔性，有認為是高權行政，但其為公營事業機構之營業，故有認為是私經濟行政。林務局管理林區，經營林木業，是事業單位。

㈢事實行為：不具法律性質，如清除垃圾、撲殺狂犬。此類行為僅產生事實效果，不生責任問題。惟此一行政作用之性質尚待進一步釐清。

㈣干涉行政：亦稱侵害行政。此一行政作用具有下命性質，必要時得使用強制手段。課稅、徵收土地、徵召兵役等是。行政處分中的「負擔處

---

❶ Paul Craig and Richard Rawlings (eds.), *Law and Administration in Europe: Essays in Honour of Carol Harlow*, New York: Oxford University Press Inc., 2005, pp. 14–17.

分」即是。

　　㈤給付行政：對人民提供生存照顧、保險、救助、提供生活必需品、職業訓練、文化服務等之措施。有些給付行政具有強制性（如義務教育、各種職業保險），有些則是私經濟行為（如水電供應），有些是「授益處分」（如核定獎助金）。

　　㈥計畫行政：（行政程序法第 163 條）本法所稱行政計畫，係指行政機關為將來一定期限內達成特定之目的或實現一定之構想，事前就達成該目的或實現該構想有關之方法、步驟或措施等所為之設計與規劃。有些計畫具有法律地位（政府總預算）、有些是行政命令（都市計畫）、或行政處分（變更都市計畫）或單純事實行為（道路施工計畫）。

　　H. Maurer 在《行政法學總論》一書提出行政活動的類型。行政活動，包含主權性與國庫性兩大類：㈠主權性（公法性）又包含：優位性的命令或強制行為如秩序行政與稅捐行政；薄弱主權性，如給付行政。㈡國庫性（私法性）又包含行政私法（亦屬給付行政）、財政補貼（生活補貼，亦屬薄弱主權性質的活動）與經營行為❷。其理論要如下圖（圖 1-1）所示：

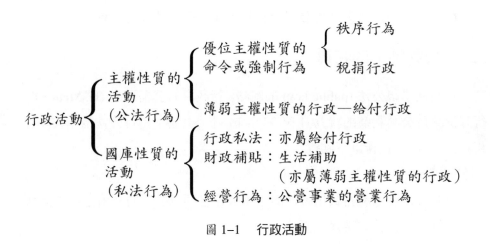

圖 1-1　行政活動

---

❷　H. Maurer,《行政法學總論》, 頁 39。

第二章　公共利益與公權利

第一節　公共利益

一、公共性與公共利益的意義

「公共」（公共性），有多種含義。其一、它是指涉及全體公民的事物和整個社會所有可能的安排。其二、它是指人普遍關心的事物，而且這些事物是在公眾監督下「公開」進行。這個意義，使公共行政與私人企業管理顯然有別。其三、它是指根據公益服務的規範或精神，「為了公眾」而進行。這個意義的公共性，包含著一種理想的成分，是對這一職能的踐行方式所持的某種期待❶。

公共利益，不是特定族群或社會階層者之利益，而是指「社會上各個成員事實上利益，經由複雜交互影響過程，所形成理想整合之狀態」。一般而言，「公益在現代國家，係以維持和平之社會秩序，保障個人之尊嚴、財產、自由及權利，提供文化發展之有利條件等項為其內容」❷。

二、「公共性」的特質

行政法是屬公法 (public law) 的範疇。行政具有公益取向 (H. Maurer)；行政係基於公共利益的行為 (I. V. Münch)。「公共性」是行政法的本質。分析「公共性」，包含以下特質：

(一)公益性

公共性以公眾利益為依歸，而維護公益必須以公共方式為之，由此可知公共性與公益性有時難以區分。

---

❶ David Beetham 著，鄭樂平譯，《科層制》，臺北：桂冠出版社，1992 年，頁 32～34。

❷ 吳庚，《行政法之理論與實用》，11 版，頁 65～66。

㈡合憲性

公共性係以憲法為基礎，依憲法展現政府組織及運作、人民權利保障的公共性。如公共行政即以憲法為基礎強調公共性❸。

㈢公開性

公共性強調資訊公開、程序透明，行政程序最能呈現公共性此一特質（參照行政程序法第 1 條）。國民主權原則下，公共性含有公開性。

㈣權威性

公共性寓含權威性，必要時以公權力為後盾，甚至「參與主權運作」，以維護並實現公共性。權威性（公權力）使公共性與私有化明顯不同。

㈤整體性

公共性由全體公民反映，是整體的、獨立的。如盧梭的主權論，主權是不可分割的，因為全意志（共同意志）是「公共的」，是屬於人民的，整體不容分割。

㈥公眾性

從公共行政角度論，「公共」有多種意涵，包括：利益團體、消費者，代議者、顧客以及公民等❹。行政法上亦有指「公共」為身分及數量不確定的多數人❺。

三、公共利益的特質

㈠公共利益存在於憲法及法律

行政機關的行為受兩大因素支配：法律與公益。行政旨為維護公益，故行政有公益取向的特徵，又稱行政的合目的性。國家機關之行為，若背離公益，即失去正當性。至於公益之判斷是否正確，不能逕由國家機關主觀認定，而應以客觀公正的認知為之，在多元社會必要時尚須透過公開討

❸　D. H. Rosenbloom and R. S. Kravchuk 著，呂育誠等譯，《行政學》，頁 4～6。

❹　H. Frederickson 著，江明修主譯，《公共行政精義》，臺北：五南圖書出版公司，2002 年，頁 26～41。

❺　H. J. Wolff, O. Bachof and R. Stober，羅豪才主編，《行政法》，頁 22。

論始能形成共識。民主憲政國家,憲法及法律之內涵本身,即屬一種公益之顯示,因之,忠實執行憲法及法律,乃實現公益之主要手段❻。以盧梭社會契約論言,憲法是為實現包括公共利益在內的「公意」而訂定。公共利益蘊含於憲典之中。

㈡公共利益為憲法及公法所保障

我國憲法第 22 條規定,人民之其他自由及權利,不妨害社會秩序、公共利益者,均受憲法之保障。接著,第 23 條再宣示除非以增進公共利益等為條件,不得以法律限制人民之自由權利。我國憲法崇尚公共利益之維護,其用心可從此兩緊接又嫌重複的條文體會。民主憲政國家,公共利益為憲法所保障。公立高中以下之學校教師帶職進修,欲按新學歷敘薪時,帶職進修之年資應採計。蓋教師待遇涉及憲法財產權之保障,也涉及公共利益,必須以法律為明確的保障(釋字第 707 號解釋)。

傳統行政法學,在區別公法與私法時,其區別標準(依據)之一是「利益說」。這是根據法的目的區分公法和私法的思想,以公益為目的的法是公法,以私益為目的的法是私法。「國家法的法」,主要是為公益而存在。「公法是公益的法,私法是私益的法」❼。憲法、刑法以及行政法規,皆以保障公益為目的。

如行政程序法第 117 條規定違法行政處分如何撤銷,但書規定不得撤銷之情形有二: 1.撤銷對公益有重大危害者; 2.受益人無第 119 條所列信賴不值得保護之情形,而其信賴授益行政處分之利益,顯然大於撤銷所欲維護之公益者。此外,行政契約之履行、調整及終止,亦必需考量公益。公共利益為公法所保障。

㈢公共利益因關照多元利益而形成

在多元社會,公民透過行政正當程序,或公民投票方式,是希望改革政府的管理制度,使人人參加政府的管理❽。從而公共利益可以在關照及

---

❻ 吳庚,《行政法之理論與實用》,頁 66。

❼ 美濃部達吉著,黃馮明譯,《公法與私法》,臺灣商務印書館,1936 年,頁 26~28。

平衡各方利益中獲致。如果所有相關利益都能夠受到相同的考慮，正義就可產生❾。而事實上，常見受管制者或受保護的利益在政府決定過程受到特別照顧。因此，有建議設立中央機關，以便在法規制定中代表貧困者的利益，或設立代理機關代表消費者或公共設施使用者參與行政程序❿。

㈣公共利益可能時而改變

公共利益是抽象的價值概念，因此，「機關的公共利益觀點可能時而改變，不論環境情勢是否變遷」⓫。以汽車安全氣囊及座位安全帶而言，主管機關認定安全的條件就常遭質疑是否「專斷而反覆無常」(arbitrary and capricious)。甚且，美國前聯邦最高法院院長雷奎斯 (Justice Rehnquist) 就認為主管機關（國家公路交通安全局，NHTSA）核發執照的標準之改變，似與選舉新的不同政黨的總統有關⓬。透過民主的定期選舉，內閣及國會多數的更迭，象徵公共利益的立法及政策自是不免更易改變。

㈤公共利益得經由正當程序加以配置

公共利益的分配 (allocation) 如執照的核發，經由：執照管制的「產品」之界定、機關公布核照的要件（合法、財務及技術要求）、評定廠商得標者等程序加以決定⓭。其間，固然需運用比較聽證程序 (comparative hearing process)，但是管制委員會的運作不易，如聯邦通訊委員會 (FCC) 被指無規劃能力、缺乏固定的評審標準、聽證程序不可預測及過度裁量等⓮。公共利益的權威性分配，其程序問題顯然大於公共利益本身。

---

❽　Sheldon, "Public Interest Law: A Step Toward Social Balance," *Arizona Law Review*, Vol. 13, 1971, pp. 818–819.

❾　Schubert, "Is There a Public Interest Theory?" 參羅豪才主編，《美國行政法的重構》，頁 131。

❿　同上，註 439。

⓫　Breyer and Stewart, p. 377.

⓬　Ibid., p. 378.

⓭　Ibid., p. 432.

⓮　Ibid., pp. 436–439.

㈥因公益而犧牲私益應予補償

公益優先於私益，表現方式之一是私益因公益而犧牲。早在普魯士普通法（一七九四年）第 75 條即進而規定，國家為了公共福利之需要，要求個人特別犧牲其權利和利益，必須給予賠償❺。我國司法院釋字第 400 號解釋(民國八十五年四月十二日公布)，認為私有土地因成立公用地役關係，成為既成道路，形成個人財產「因公益而特別犧牲」，國家自應依法律之規定辦理徵收給予補償。至此確立行政補償的理論基礎，即特別犧牲原則。

四、公共利益與司法審查

以美國為例，公共利益與司法審查關係如次：

1.公共利益性質特殊，不受司法審查。一般而言，國防、外交等政策決定，性質複雜微妙，充滿著大量不可知因素，法院不具相關能力、設備和責任，故不受司法審查。重大國家安全問題，亦不受司法審查。至於入出境則不完全排除司法審查❻。

2.司法審查應考慮公益與私益的平衡。行政機關依法自由裁量，可能因法律或政策理由，或由於問題本身的性質，法院基於自我克制而不加以審查。但這不表示全部不予審查。而審查時應注意公益與私益的平衡。司法自我克制，如一八〇三年美國聯邦最高法院在 Marbury v. Madison 一案，以迂迴方式，宣告某項法律無效，不直接針對總統的提名人事權解釋；美國總統歐巴瑪 (Barack Obama) 在第一任任期末的強制健保案，最高法院也以尊重總統權力為由，表示留待連任選舉時，由人民公決。聯邦最高法院院長羅培茲 (John Roberts) 說：我們（司法機關）未擁有專業與特權去做政策判斷❼。

---

❺ M. P. 賽夫著，周偉譯，《德國行政法》，臺北：五南圖書出版公司，1991 年，頁 330。

❻ 王名揚，《美國行政法》，頁 615～616。

❼ 王健壯，《羅培茲的選擇：所有法官的教材》，《中國時報》，民國一〇一年十月十八日。

　　3.為維護公共利益，（公益訴訟）起訴資格，不限特定人。甚至，權利未受到損害者亦有起訴的資格。美國是在一九四〇年有此明顯改變。這年美國聯邦通訊委員會控訴 Sanders 兄弟無線電廣播站❶一案，認定同業競爭者對申請營業執照事件，雖無合法權利受到損害，但實際上受到損害，可以享有司法審查的起訴資格。這項訴訟誠為美國行政法走向現代化的一個發展❶。我國的民眾訴訟，包括公益訴訟、選舉訴訟、同業競爭者訴訟及鄰人訴訟等亦採此觀點。人人皆可為公益訴訟的檢察官，此稱「私人檢察官理論」❷。

　　4.行政裁決得因公共利益而變更程序。依美國「模範州行政程序法（一九八一年）」第一節第 107 項，只要無實質偏袒 (substantially prejudice) 任何一方當事人，行政裁決的主持人可變更審理程序❷。

第二節　公權利與反射利益

　　公權利，即公法上之權利，係指依公法規定，在行政法關係上，當事人得以主動行使或應受保障的利益。亦即公法上所取得可以主張此等權利的法律地位。分析其要件：㈠須經公法承認或授予，通常具有憲法或行政法的依據，從而受此等法令之保障。如選舉權有憲法及選罷法等法律之依據並受其保障。㈡須為當事人所應享有的合法利益，即指當事人具備一定的資格條件，對此種利益得提出主張。如公民行使選舉權時，應具備法定的年齡、住居時間等資格條件。因之，其享有的人是特定的個人或特定的多數人。㈢須當事人以意思表示提出主張，如選舉權之行使，在投票時須提示投票通知單、身分證等證件是。

　　至於反射利益，一般認為係政府機關之各項措施，或因法律之規定或

---

❶　FCC v. Sanders Brothers Radio Station, 1940.

❶　王名揚，同上，頁 621～622。

❷　同上，頁 627～628。

❷　Uniform Law Commissioner's Model State Administrative Procedure Act (1981), Article I General Provisions, §1–107 (2).

事件之性質，其結果使人民偶爾享受到的利益。此種利益非直接由法律授予，人民非可依法提出主張，而是由於公法反射作用的結果。如政府興建公路橋樑等公共設施，設置警察派出所，人民從而享有行的方便，或治安的滿意即是。其他如公共圖書館的開放、海峽兩岸開放觀光、政府平抑物價的措施、法庭開放旁聽等皆屬反射利益。其與公權利的區別是：㈠公權利有法律或憲法之依據，反射利益則否。㈡公權利因人民依法提出主張而享有，反射利益則因法律規定而間接享有，是法制措施當然產生的利益。㈢公權利因法律關係而產生，利益歸屬特定個人或特定的多數人。反射利益係法制措施所產生的利益，享有的人不特定，如公園休憩的人、路上行走之人不特定。㈣公權利因受法律保障，享有的當事人因行使公權利而受公權力作用之侵害，得請求行政救濟。

公權利與反射利益二分的傳統理論已受到質疑。日本學者原田尚彥指「反射利益」思想，是自由主義與官僚主義時代的殘渣，不合民主時代福利國家之行政本質。此思想忽視行政活動中國民的主體性。而在國家行政職能擴大且私人對行政依存度日增的情況，「反射利益」將「公權化」❷。過去，公務員之升遷、保障，被視為是公務員在公務員法制下應有的「反射利益」（反射權），如今，公務人員保障法等法制的制定修訂，已將此等利益認定是公法權利。而國家賠償法規定公有公共設施之設置與管理之事實行為有瑕疵，致人民受損害，亦得請求國家賠償。司法院釋字第 469 號解釋，更修正傳統「反射利益」不得請求國家賠償的理論。「反射利益」的觀念及傳統理論面臨挑戰。

---

❷　劉宗德，《行政法基本原理》，2000 年，頁 297～298。

第三章　行政法的思想基礎

行政法的思想基礎有二：一曰法治原則；二曰權力分立原則。

第一節　法治原則

法治思想涵蓋廣泛精深，以下就三個角度描述之。

一、英人戴雪的理論

㈠政府依法治理

依戴雪 (A. V. Dicey) 在《憲法學研究導論》❶的論點，法治首要意義是，人只有在違法時才受處罰，而其處罰是依法定的普通方式並由法院決定。普通法具有最高地位，不許政府有專斷的權利、特權甚至廣泛的裁量權。「英國人依法受統治，而且只依法而治」❷。而論者分析其內涵，是指合法行為應受法律保護。就英國訴訟判決，歸納其義如下：

1. 法院獨立運作，不受行政干預：⑴法官職在高舉法律，不應投行政首長之所好。⑵司法有義務堅持行政首長依法行政。

2. 行政首長的權力不得超越法庭：⑴行政首長的權力不得超越法的授權，不得要求特權。⑵欠缺實體權力規定，行政首長的行為推定為不合法。

3. 法治原則決定立法者的職務：⑴法律應該清晰不含糊。⑵立法應該不溯既往。

4. 法庭對刑罰不得溯及既往改變普通法。

5. 法律應予公布：⑴法未公布前對被告應為無罪宣告。⑵法必須公布，人民方知「法律」是什麼。

6. 法應有安定性。

---

❶　1965 年，第 10 版。

❷　引自 Herling and Lyon, *Briefcase on Constitutional & Administrative Law*, 2004, p. 5.

7.司法的創設性在引申適用國會制定的法律❸。

㈡法律之前人人平等

依戴雪的理論，人人服從由普通法院所執行的普通法律。法治因此排除官員或有些人無遵守一般人遵守的法律，或受普通法庭管轄的觀念。法國設行政法院處理政府或公務員的事務，這種在公民法庭（普通法院）之外的體制，與英國傳統習慣根本不協調。英國法院在訴訟判決上，詮釋法律之前人人平等要有以下含義：

1.英國王權不受不成文法拘束。

2.部長如藐視法庭個人應負責❹。

㈢法治原則由法院運作保持

依戴雪的理論，此第三點應為「以普通法宣示人民的權利」。然根據戴雪的理論，在法治下，英國「憲法」原則即人有自由的權利、集會的權利等，是司法在私人訴訟個案的判決所創設的結果。由此可知，法治原則是由法院運作保持 (the principle is in the keeping of the courts)❺。

二、德國的法治理論

法治國原則有形式意義及實質意義。形式意義指國家的公權力必須受適當的節制，如分權、依法行使、法官獨立。實質意義的法治國原則更要求實現正義內容，所謂正義至少包括人民基本權利的保障❻。再者，德國法治國的判斷指標，可歸納為以下幾項：㈠法安定性原則，㈡明確性原則，㈢比例原則，㈣依法行政原則，㈤公法審判請求權原則，㈥國家責任制原則❼。

---

❸　Ibid., pp. 6–15.

❹　Ibid., pp. 15–18.

❺　Harman v. Secretary of State for the Home Department, 1983; ibid., p. 18.

❻　李建良等，《行政法入門》，頁 157。

❼　M. Mauth；參閱陳明燦，〈土地使用限制補償之法制經濟分析〉，《國立中正大學法學集刊》，第 8 期，2002 年 7 月，頁 147～190。

三、內涵通說——法律優越（優位）與法律保留

法治主義（依法行政原則）指：㈠行政必須有法律依據，無法律即無行政。㈡對特定人授予權利或課予義務，應有法律依據。㈢即便是行政裁量，亦應有法律授權，或不逾越法律目的。

法治原則（依法行政原則）內涵包括：㈠法律優位原則，稱消極依法行政原則，指效力上，法律優於命令，命令牴觸法律者無效。㈡法律保留原則，稱積極依法行政原則，指內容上，法律規定之事項較命令規定者重要，如中央法規標準法第 5 條規定，有四種事項應以法律規定之，即是此原則的具體表現。此理論，已成法治原則內涵的通說。

第二節　權力分立原則

權力分立（或分權）思想是行政法形成的基礎；有權力分立思想始有現代行政法。行政權在權力分立下，與立法及司法不僅是靜態的權力分配，更有動態的相互影響關係。

一、理論背景

十七世紀英國人洛克，認為國家具有立法、行政和聯盟三種權力。立法權制定法律，屬於議會；行政權執行法律，屬於國王；聯盟權是保衛國家、對外宣戰媾和的權力，通常與行政權聯合。十八世紀法國人孟德斯鳩著有《法意》一書，指出政治自由只在溫和的政府中得到；自由只在政府沒有濫用權力才存在。而為了防止權力濫用，必須以權力制約權力，因此提出分權說。他認為國家有立法、行政與司法三種權力，必須分別由三個部門行使，互相制約。如果同一機構或同一人同時行使兩種或三種權力，則自由不能存在。美國《聯邦論者論文集》引述孟德斯鳩的理論：

他說：「當立法與行政權統一於同一人或同一機關，自由即不可能存在，因為擔心類似過去君主或元老院制定殘暴的法律，並以殘暴的手段執

行之恐懼感，必將油然而生。」同樣的，「如果裁判的權力與立法權相結合，權利主體的生命與自由將面臨恣意的統治，因為法官將同時扮演立法者。如果裁判權與行政權結合，法官的所做所為將與迫害者同樣暴力」（第47號）。

　　美國憲法之父麥迪遜論述分權論，最具代表性。麥迪遜認為立法權、行政權和司法權全部集中於同一管理者之手，不論其為一人、少數人或多數人，不論他是世襲的、自己指定的，或選舉產生的，都可以稱之為專制。而要防止各種權力逐漸集中於一個部門的最大保障，在於給予每一部門的主管者必要的憲法手段和個人動機，以抵制其他部門的侵犯。因之，各國憲法乃有權力分立及制衡的設計，以組織並運作政府，而保障人民的自由權利。

　　洛克 (John Locke) 在「政府兩論」裡指稱英國國會開幕，例由國王主持，因為國會有難以預料的事發生，為處理偶發事件之故。美國制憲時期的發言紀錄，《聯邦論者論文集》文中曾指出，總統提名人事案必須經聯邦參議院同意，如此，人事權不由一人或少數人決定，以免偏私。權力分立，各司其職，並透過制衡機制，方不致逾越專斷。

　　麥迪遜認為權力分立原則不是教條，而是一個行動指南。因為權力有時不易確定，而這三種權力要完全不混合實際上不可能。麥迪遜認為孟德斯鳩的分權理論是以英國政府為藍本，其實英國政府各部門的權力沒有完全分開。我們知道英國的貴族院是立法機關，但也是最高法院，貴族院議長也是大法官（英國於二〇〇九年始仿做美國設立最高法院）；而英國閣員掌握行政權，也是下院國會議員，即可得證。

二、含義及種類

㈠純粹的及部分的權力分立原則

　　E. Barendt 將權力分立原則，區分為二，即 1.純粹的 (pure) 權力分立原則：即採嚴格觀點界定此原則，認為國家的三種權力機關，權力完全分開，

行政、立法與司法職能在彼此間有嚴格的敘述明定。權力的分立也是一種權力的界限。2.部分的 (partial) 權力分立原則：取代制衡的意義，認為政府機關都將其若干權力交給其他機關，經由精緻的職能設計，機關的權力是重疊的。因之，「國家機關常見衝突摩擦；沒有一個權力機關掌有自主性。」E. Barendt 反對純粹的權力分立原則，蓋「職掌及主管的重疊是符合需要的」。憲法上，依純粹原理的設計，很快的發現是不切實際的。通常，國會凌駕其他兩權，其他兩權毫無招架的餘地❽。

㈡重視社會及人民統制的權力分立原則

日本學者具體描述權力分立論的現代結構是： 1.垂直的權力分立之強化，即除了中央三權分立，亦給予地方財政權及自治。 2.採多黨制並保障少數政黨之權利。 3.社會團體的權力統制，即由社會團體監督國家權力，這是新的權力分立構想。 4.人民統制的強化，即人民有權對抗國家權力的濫用；人民是主權者，得行使抵抗權❾。

㈢形式主義及功能主義的權力分立原則

美國聯邦最高法院從形式主義及功能主義兩個途徑，解釋權力分立原則。以下分述之：

1.形式主義的意含（從憲法結構解釋）

政府三權分屬三個機關，彼此分立，不得行使或侵越任何他方的權力。

從形式主義解釋，權力分立是指美國憲法將政府權力分為三個部門，各自行使其權力，除憲法特別規定的例外情形外，每一個部門不得行使屬於其他部門的權力，否則就是破壞權力分立原則，是違憲之舉。例如雷根總統時期，一九八六年，Bowsher v. Synar 一案，聯邦最高法院否決了一項國會制定的法律，因為該法授權國會所屬的主計長對聯邦預算支出逐項減少，俾免預算赤字超過限額。其理由是預算編製及執行屬於行政部門的權

---

❽　E. Barendt, "Separation of Powers and Constitutional Government," 1995; see N. W. Barber, "Prelude to the Separation of Power," 2001, p. 60.

❾　山內敏弘、古川純,《憲法之現況與展望》, 東京: 北樹出版, 1999 年, 頁 306～309。

力，國會的作用在制定法律，主計長由國會任命可由國會兩院決議罷免，是隸屬國會的機關。而本案所涉及的法律，國會不僅制定並且保留了執行法律的權力，這是憲法所不許的❿。

克林頓總統主政時期，一九九八年 Clinton v. City of New York (1998) 一案，亦涉及總統行為的合憲性問題，亦即分權問題。本案是總統依「條項否決法」之授權，刪除一九九七年平衡預算法第 4722 條第 C 項，因而免除聯邦政府補助紐約州對醫療補助提供者所徵二十六億的稅收；此外並刪除一九九七年「納稅義務人減免法」第 968 條，該條允許特定食品煉製及加工者如果出售其股票予合格的農產合作社，得展延確認其資本利得。本案被告主張受侵害，因而控告總統及其他政府官員該刪除行為違憲。判決理由略謂依「條項否決法」，總統行使其刪除的權限，應遵守其嚴格的程序，如該條款之立法目的及相關資訊等。並確認此案有關的條件，如減少聯邦預算赤字、不損及任何聯邦政府的基本功能、不傷害國家利益等。然總統此舉，最高法院認為違反憲法第 1 條第 7 項（法案如何提出、議決、覆議及生效等規定），並同意地方法院的意見：「未經許可地破壞了三大政府部門間權力的平衡」。亦即總統在此「條項否決法」授權下，得以自己之政策理由，無須依憲法第 1 條第 7 項所設定之程序，即可達到撤銷法律的目的。如此，總統介入了國會的立法權，國會似已放棄其立法的天職，這就明顯的違反權力分立原則⓫。

司法院在民國八十九年政府首次政黨輪替後，曾著成幾次宣示權力分立原則的重要解釋。首先是釋字第 585 號解釋，力持立法院個案調查事項之範圍，不能違反權力分立與制衡原則，亦不得侵害其他憲法機關之權力核心範圍，或對其他憲法機關權力之行使造成實質妨礙。其次是第 613 號解釋，指出包括國家通訊傳播委員會在內之所有行政院所屬機關，在行政一體原則下，由行政院對其整體施政表現負責。該委員會之人事與該會施政之良窳有關，行政院應擁有此人事決定權。基於權力分立，立法院行使

---

❿　王名揚，《美國行政法》，頁 94。

⓫　司法院編印，《美國聯邦最高法院憲法判決選譯》，2003 年 9 月，頁 458～484。

立法權，固得對此人事權加以制衡，但不能實質剝奪或取代行政院此人事決定權。再次，第 627 號解釋認定總統有國家機密特權，決定有關國家安全、國防及外交之資訊不予以公開，其他國家機關行使職權如涉及此類資訊，應予以適當的尊重。末者，第 645 號解釋，指行政院公投審議委員會委員之任命，行政院享有決定權，原先規定由各政黨依立法院委員席次比例推薦委員人選，剝奪行政院此項權力，顯已逾越憲法上權力相互制衡之限制，牴觸權力分立原則。

2.功能主義的意含（從法制運作解釋）

政府三權分屬三個機關，實際運作上常混合行使，一個機關可能行使兩種或三種權力。

從功能主義解釋，是著眼權力的作用，觀察權力行使的效果。按權力分立原則的觀念，在防止政府權力的過分集中，所要求的總統的行政權、國會的立法權以及最高法院的司法權三者權力分明，不相侵越，彼此制衡，以保持政府各部門間的平衡。然對這三層次機關所屬或下層結構的權力及互動，則由法律根據具體情況而定。而實際上，法律對政府二級機關的權力規定，常不受權力分立原則的拘束，三權可以混合行使。這是取決於職務上的需要，不是取決於所屬最高權力部門之故。因之，二級以下機關或獨立機關，多同時具有行政、立法、司法三種權力。但此實際運作，不能破壞憲法設計的最高（最上層三個，即總統、國會及聯邦最高法院）權力間的平衡，或剝奪其權力，否則就是違反權力分立原則。由於法制上，下層機關的運作受到總統、國會及法院的監督和控制，當不致違反權力分立原則。

一九七四年美國控訴尼克森一案❶，聯邦最高法院即從功能主義詮釋權力分立原則。本案是一九七二年美國總統大選時，民主黨位在紐約水門大廈的總部遭裝置竊聽器而起。司法部長依法任命的特別檢察官，於搜索證據與執行其特別職務的過程中，涉案的尋求連任總統尼克森主張其具有行政特權，為保護總統通訊機密性之職責而抗拒特別檢察官之搜索。總統

---

❶　United States v. Nixon, 1974.

主張他與部屬間的談話，是依憲法第 2 條規定行使職權，因此拒絕交出有關的談話錄音帶。而法院則認為特別檢察官之調查犯罪是執行憲法第 3 條司法有關的權力。本案是行政部門與司法部門間的論爭，是典型的權力分立問題。而最高法院在判決要旨則指出，特別檢察官有相關法律之授權，只要法規仍然存在，即具法律效力；而行政特權不能阻止司法部門追求刑事正義的憲法使命，權力分立若無其他更重要理由，不足以支持總統得於司法程序中享有絕對而無限的豁免權。行政特權應配合刑事審判中特別證據的需要。最高法院認定此案可經由司法途徑解決。即便是特別檢察官與總統同屬一行政部門，且為總統的下屬，總統亦不得拒絕其請求。本案從權力分立的下層法制之運作觀察，特別檢察官兼具行政與司法角色，總統應遵守司法程序，權力非絕對分立❸。

　　事實上，現今政府三部門的界線日益模糊；「機關常跨越二個或三個孟氏範疇」(modern institution often span two or three Montesquieu's categories)。英國獨立管制委員會就承擔部分的立法與司法及行政功能。立法上，管制委員會為因應與歐陸國家的合作，得制定法規，在特殊情況下得片面行使立法權。行政上，為確保法規在國協成員國適切執行，管制委員會扮演著配合歐陸法律的治理者的角色，調查違犯競爭性及反傾銷法的私人團體。司法上，管制委員會得調查國協會員國和私人團體的暴虐事件，並有權審罪行及處以罰款。三權的混合，致「孟氏的國家分工」要完全重新劃定。從另一角度看，行政、立法與司法，是國家的三塊巨石，只需輕輕一推就崩解。立法上，現代國家已難得見到只有一個立法機關，立法過程有許多團體或機關互動參與。英國的立法權已轉讓到地區，甚至歐洲（歐盟等）。美國聯邦與各州都掌握各自的立法權。司法上，角色已然模糊。英國行政法庭、監察長（使）與法院處在競爭局面。行政上，各機構崩潰之快，更較其他二者有過之而無不及。如英國對文官的政治公正要求，與對其民選首長的要求迥然不同，警察與法務官員的職掌也分道揚鑣，各自發展❹。

---

❸　王名揚，《美國行政法》，頁 96～97。

❹　N. W. Barber, op. cit., pp. 70–71.

　　近代行政機關常兼具立法與司法的功能，如管制機關即是。因此，有認為行政機關的本質，已屬違憲。美國最高法院對這種現象是否違憲的問題，根本拒作任何考慮。且最高法院拒絕嚴格執行分權原則，其可能的理由有四：㈠孟德斯鳩及其同道，對英國政治制度，不免誤解。㈡美國制憲先賢雖主張分權，但未禁止三權配合的明文。㈢將政府職能嚴格的分為三類，彼此不相配合，不但極端困難且有礙行政效率。㈣三權需要配合之場合甚多，同時，三權分立的真意，在「制衡」的政府體制中，既能達到，殊無形式上苛求權力分立的必要。以行政及立法二權關係密切，常見政府行為由此二機關共同完成。因之，美國前大法官何姆斯 (Justice Holmes) 指出：「我們不能把行政與立法行為，如做數學一樣，準確的分開，使其互不摻雜。我們不需這樣做，憲法亦沒有要求我們這麼做」❺。

第三節　法律保留原則

一、法律保留範圍之理論

1.侵害保留說

　　「法律保留」之原則乃君主立憲時代之產物，為保護人民之自由及所有權，防範其不受君主 (行使) 權力所侵犯，當時立憲運動所致力之目標，乃侵犯人民之自由及所有權之事項，應「保留」由法律加以規定，亦即須經人民代表組成之議會，以法律形式之同意，始能對人民之自由及所有權加以侵犯。傳統學說上「法律保留」係指「侵害保留」而言，亦即法律保留原則之適用範圍僅限於干預行政，僅在行政權侵害國民之權利自由或對於國民課予義務負擔等不利益之情形，始須有法律根據，至於其他行政作用如授益行政 (給付行政)，隨著時代思潮的演進，則在不違法 (法律優越原則) 之範圍內，均得自由為之，無須有法律授權。同時又衍生「全部保留」與「部分保留」理論的論爭。

---

❺　K. C. Davis 著，馬君碩譯，《美國行政法》，1964 年，頁 16～18。

2. 全部保留說

採全部保留說者的理由：㈠認為依據國民主權原則，凡國家權力源出於人民全體，故代表人民之國會為國家最高權力機關，一切之行政行為，包括給付行政之對象、給付要件以及給付額度與條件等重要領域，都應受立法者意思之支配、引導與規範。㈡給付行政亦須有法律依據。且依法治國家原則，國家為遂行社會、經濟及文化政策所為財產分配，亦應由法律加以規定，俾使其給付於個案情形具有效力與預見可能性，並確保人民享有此等給付之權利。㈢權利救濟宜有法律授權，以求周延。㈣人民權利、義務必須有法律依據（中央法規標準法第 5 條第 2 款），不分侵害或授益行政。此說的缺點在於任何行政必有法律依據，如此勢必無法適應複雜多變的現代社會需要，不能滿足行政積極主動為民謀福利之要求。於是在上述兩種學說之後，遂出現折衷理論，即「重要性理論」（重要事項說）。

3. 重要事項說

此說為德國聯邦憲法法院所採取，認為基於法治國家原則與民主原則，不僅干涉人民自由權利之行政領域，應有法律保留原則的適用，且給付行政「原則上」亦應有法律保留原則之適用，亦即於給付行政中，凡涉及人民之基本權利之實現與行使，以及涉及公共利益，尤其是影響共同生活之「重要的基本決定」，應由具有直接民主基礎之國會的立法者，以法律規定之，而不許委諸行政決定。即便是特別權力（職務）關係，依法治國原則以及民主原則，立法者也有義務就其基本的決定加以規定，而不得讓渡予行政裁量，亦即立法者固然不必就所有具體之規律均加以規定，但就重要的決定仍必須以法律定之。司法院釋字第 614 號解釋：「憲法上之法律保留原則乃現代法治國原則之具體表現，不僅規範國家與人民之關係，亦涉及行政、立法兩權之權限分配。給付行政措施如未限制人民之自由權利，固尚難謂與憲法第二十三條規定之限制人民基本權利之法律保留原則有違，惟如涉及公共利益或實現人民基本權利之保障等重大事項者，原則上仍應有法律或法律明確之授權為依據，主管機關始得據以訂定法規命令（本院釋字第四四三號解釋理由書參照）。」但何者為「重要」事項又引起爭議。

例如在學校教育關係中，重要事項係指對於學生之基本人權之實現具有重大意義者而言，如教育內容、學習目標、學科範圍、學校之組織上基本構造、學生之法律上地位（如入學、開除、考試、升級等）以及懲戒處分等，均屬重要事項，不問其為干預或給付性質，都必須由法律加以規定❶。

二、各國實務

德國學說及判例，在法律保留原則的適用上：㈠基本法第 20 條第 3 項（明定國家權力由人民以選舉及公投等，以及彼此權力分立的立法、行政與司法機關行使之）所揭櫫的依法行政原則（行政權與司法權應受立法權與法律之限制），應採部分法律保留原則。㈡給付行政：對某些人是授益，對某些人則是負擔，故亦應有法律保留原則之適用。㈢法規命令：受法律保留原則拘束，以其干涉人民自由權利之故。至於授權命令不必嚴格要求法律規定任何細節。㈣特別權力關係：有關基本權利應受法律保留原則拘束，在特別權力（職務或法律）關係範圍之事項，不必嚴格要求適用。㈤私經濟行政、行政契約的訂定，法律保留之要求密度低；行政程序及行政組織上機關權限劃分，要求法律保留日趨嚴格❶。

各國在法律保留原則的適用上：㈠法律保留範圍廣狹與民主或法治之程度，無必然關係（非正相關）。㈡法律保留之密度與「干涉強度」成正比。即對人民權利干涉強度高者，法律保留之密度大；反之亦然。如私經濟行政及簽訂行政契約，與法律保留關聯性低。㈢涉及多數人之行政作用，與法律保留原則有較高的關聯性。㈣特別權力關係次要範圍，不完全屬於法律保留事項。㈤事項爭議性高低、一般人接受或抗拒、經費支出多或少、事件本質的技術性高低等，都決定法律保留的密度❶。

---

❶ 李震山，《行政法導論》，臺北：三民書局，2012 年，頁 59；陳清秀，《依法行政與法律的適用》，頁 153～154；引自劉華美等，《行政法基本理論》，2004 年，頁 169～170。

❶ 吳庚，《行政法之理論與實用》，11 版，頁 93～94。

❶ 同上，頁 94～95。

三、法律保留的層級化與相對化

㈠層級化法律保留

　　司法院釋字第 443 號解釋理由書建立層級化（階層化）之法律保留體系。該號解釋（一九九七年十二月二十六日公布）主要內容在於宣告內政部所訂定之役男出境處理辦法違反法律保留原則，而在理由書中將歷年來法律保留的解釋作出綜合的整理：「憲法所定人民之自由及權利範圍甚廣，凡不妨害社會秩序公共利益者，均受保障。惟並非一切自由及權利均無分軒輊受憲法毫無差別之保障：關於人民身體之自由，憲法第 8 條規定即較為詳盡，其中內容屬於憲法保留之事項者，縱令立法機關，亦不得制定法律加以限制（參照本院釋字第 392 號解釋理由書），而憲法第 7 條、第 9 條至第 18 條、第 21 條及第 22 條之各種自由及權利，則於符合憲法第 23 條之條件下，得以法律限制之。至何種事項應以法律直接規範或得委由命令予以規定，與所謂規範密度有關，應視規範對象、內容或法益本身及其所受限制之輕重而容許合理之差異：諸如剝奪人民生命或限制人民身體自由者，必須遵守罪刑法定主義，以制定法之方式為之；涉及人民其他自由權利之限制者，亦應由法律加以規定，如以法律授權主管機關發布命令為補充規定時，其授權應符合具體明確之原則；若僅屬於執行法律之細節性、技術性次要事項，則得由主管機關發布命令為必要之規範，雖因而對人民產生不便或輕微影響，尚非憲法所不許。又關於給付行政措施，其受法律規範之密度，自較限制人民權益者寬鬆，倘涉及公共利益之重大事項者，應有法律或法律授權之命令為依據之必要，乃屬當然。」此理論，將法律保留具體區分為：1.憲法保留，2.絕對法律保留，3.相對法律保留，以及 4.非屬法律保留等四個範圍❶⑨，要如下述：

　1.憲法保留事項

　　如人身自由，由憲法第 8 條宣示其保障的基本體制。

---

❶⑨　同上，頁 106～107。

2.絕對法律保留事項

　如限制人民自由權利、罪與刑事項由刑法明定之。

3.相對法律保留事項

　法律授權事項，如徵收稅捐程序，或由稅捐稽徵法明定，或由各項稅法施行細則等規定之。

4.非屬法律保留事項

　執行法律之細節性、技術性次要事項，如建築技術規則、商標近似審查基準之規定。

(二)相對化法律保留

　法律保留的事項有層級化的四種差異；法律保留原則對客體亦非絕對一體適用，地方團體及大學，在「憲法制度性保障」下相對的排除此原則，而享有自治。

1.地方自治與法律保留

　我國為單一國體制，僅國家立法機關立法院有立法權，並制定限制人民自由權利的法律。地方之規章制定權及財政權應依憲法及相關法律行使，並受國家監督。然就立法權及人民（居民）的處罰權而言，地方制度法的授權，使單一國體制及法律保留原則鬆動，不再絕對。地方制度法（第26條第2項及第3項）規定：「直轄市法規、縣（市）規章就違反地方自治事項之行政業務者，得規定處以罰鍰或其他種類之行政罰。但法律另有規定者，不在此限。其為罰鍰之處罰，逾期不繳納者，得依相關法律移送強制執行。前項罰鍰之處罰，最高以新臺幣十萬元為限；並得規定連續處罰之。其他行政罰之種類限於勒令停工、停止營業、吊扣執照或其他一定期限內限制或禁止為一定行為之不利處分。」原本命令性質的地方自治條例（名稱上與中央法律之條例接近），亦與國家法律同樣對人民（居民）自由權利得作限制之規定。顯然立法政策是傾向自治，擴張憲法第23條自由權利限制條款以及第170條法律之內涵，法律保留原則鬆綁，不再絕對化❷。

---

❷　李震山，《行政法導論》，頁63。

2.大學自治與法律保留

　　大學自治要義是大學有：教師人事、教育研究內容與大學設施管理的自主決定權，以及財政自主權❷。司法院大法官曾作一系列相關解釋，指出：「憲法第 11 條關於講學自由之規定，係對學術自由之制度性保障，就大學教育而言，應包含研究自由、教學自由及學習自由等事項」（釋字第 380 號解釋）。「公立學校在實施教育之範圍內，有錄取學生、確定學籍、懲罰學生、核發畢業或學位證書等權限，係屬由法律在特定範圍內授與行使公權力之教育機構」（釋字第 382 號解釋理由書）。「舉凡教學、學習自由有關之重要事項，均屬大學自治之項目」（釋字第 450 號解釋）。「憲法第 11 條之講學自由賦予大學教學、研究與學習之自由，並於直接關涉教學、研究之學術事項，享有自治權」（釋字第 563 號解釋）。因之，有關大學生畢業之條件、大學內部單位組織、課程規劃及教學、學生退學要件等事項，大法官認為皆屬大學自治範圍，於必要及合理範圍享有自主權❷。至如學生受退學處分，或類似退學之其他公權力措施，應許權利受侵害之學生提起行政爭訟，則無特別限制之必要（釋字第 684 號解釋）。亦即大學在一定的自治範圍，仍受法律保留原則拘束。

四、法律優越原則日趨重要

　　法治國家強調依法行政、法治主義，行政必須有法律依據或法律授權。然行政貴在主動、積極，尤其處在服務行政時代，給付行政發達，行政指導普遍，行政難以完全有法律依據或授權，而轉而要求不違反法律及其意旨即可為之。從法律保留層級化及相對化，可證法律優越原則，對法律保留原則有補充作用。法律優越原則使行政更有發揮功能的空間。

---

❷　山內敏弘、古川純，《憲法之現況與展望》，頁 208～210。

❷　李震山，《行政法導論》，頁 64～65。

第四章　行政法的法源

　　法律淵源（法源），意指法律的來源、依據和成分。有指出，行政法的法源，主要是行政法的產生和效力問題；而這個問題可以從歷史或社會角度觀察其產生的原因，從道德的角度觀察蘊涵在良心或風俗中法的道德義務效力，也可以從政策的角度觀察其制定和執行，以及法源的擴張縮減❶。

　　行政法沒有統一法典，包容廣泛複雜，有些領域吸收私法或採用私法原理，故法源之研究困難。行政法的法源包括成文法源與不成文法源。現今福利國家的行政法，行政積極、法規多重多元，法源結構益加複雜。

第一節　行政法的成文法源

　　成文法源包括具有單獨法典形式的典章法規，主要如次：

一、憲　法

　　憲法為國家根本大法，是萬法之法。除憲法之規定外，民主共和原則、國民主權原則、人民權利之保障、權力分立及制衡原則，為憲法整體基本原則之所在（釋字第 499 號解釋），不僅為各種行政法規之依據，更應嚴格遵守，不得牴觸。而具體的條文結構，如行政、考試兩章，實為行政組織法之主要依據。人民之權利義務（第二章）、選舉罷免創制複決（第十二章）、基本國策（第十三章），為專業行政法規及行政救濟法主要法源。

二、法律與命令

　　法治國家依法行政，法律成為最主要的行政法法源。法律經立法院通過，總統公布；名稱上有法、律、條例或通則。內容上，法律包括組織類（如行政院及各部會組織法）、程序類（如訴願法、行政程序法、行政執行法）及專業行政法（如專利法、商標法、土地法）。此外，中央政府總預算

---

❶　Hans J. Wolff 等，《行政法》，頁 238。

在性質上，屬措施性法律（釋字第 520 號解釋），亦為我國重要的法源。

命令為行政機關為行使公權力而訂定，具有抽象及一般性拘束力。尤其法規命令，延伸法律的內涵，與法律同樣規範人民的權利義務。命令之名稱有規程、規則、細則、辦法、綱要、標準或準則。性質上，除緊急命令外，有法規命令、行政規則（規定行政機關的組織、作業、裁量，尚包括解釋令）以及特別規則（規定營造物利用或特別權力關係的內部關係）。命令因應行政的需要而制定，由於行政具主動性與積極性，故行政命令多如牛毛。更因為政策常調整，行政重機動，命令不免朝令夕改，以確保及配合行政的整體性。

三、國際法

國家處在互動交流的國際環境，受到國際法、國際法原則、國際公約、條約拘束，這些國際法亦成為國內行政法之法源。有些國際法，如引渡條約，可直接採用為行政作用的依據。有些國際法，須制定相關法規始能適用，如中美通商航海條約的智慧財產條款，我國經由著作權法制定及歷次修訂，得以實施。至於國際法原則，則經司法機關採用，並作成判決或判例，亦為行政法之法源。此外，行政協定（如海峽兩岸經濟合作架構協議ECFA）、議定書、公報或宣言，亦為行政法之法源；有些行政協定須經立法院審議通過，與條約相同，具有法律地位。國際食品法典委員會（聯合國糧食及農業組織與世界衛生組織共同成立）制定的食品法典標準(Codex)，二〇一二年四月的修訂，及時化解臺灣美國牛肉進口經歷多時的爭議。此國際典則成為我國肉類進口的重要法源依據。

再以英國為例。在歐洲法律優先原則下，如英國立法通過一九九八年人權法，將各種權利義務轉換成制定法，作為歐市成員，使英國政權從政治程序大幅移轉到法院。Griffith 因之認為，自一九七九年以來英國憲法「政治性」高於「法律性」的情況已難再維繫。從而英國國會主權的傳統，國會制定的法律即最高規範，已受到挑戰❷。不成文憲法的英國，面對歐盟

❷ Paul Craig and Richard Rawlings (eds.), *Law and Administration in Europe:*

憲法及法律，不免要變更。

四、自治規章

自治規章係地方自治團體依法訂定具有抽象及一般性拘束力之規章，主要包括自治條例、自治規則與委辦規則等。我國係單一國，地方規章即便稱「自治條例」，屬命令層次，與法律之由國家立法機關立法院制定者不同。自治規章如係執行上級監督機關之委辦事項，或規定行政罰事項，則需經上級監督機關之核定。

第二節　行政法的不成文法源

行政法不具有單獨法典形式的法源，主要如次：

一、習慣法

英美海洋法系國家重視先例 (precedents)，K. Davis 即指出，主要法律要求機關應遵循先例，並應解釋為何偏離❸。歐陸傳統行政法崇尚成文法下的依法行政，不容許有習慣存在。即便時至今日，仍有反對以習慣為行政法之法源者，蓋快速變遷之生活關係以及多元化之社會，甚難產生具有「法的確信」效果之持久慣行，縱然習慣法為法官所採用，則往往又成為「法官法」之一部分，以致原來之性質反遭遺忘❹。其實，習慣只能補充法律之不足，習慣法之所以充當法源，只因欠缺成文法規。習慣不能牴觸法規。其次，習慣的產生要件有三：㈠客觀上有持續及一般的慣行存在；㈡主觀上當事人確信慣行的合法性；㈢形式上慣行之內容可被確定為規範❺。司法院釋字第 400 號解釋，私有土地成為既成道路，成立公用地役

Essays in Honour of Carol Harlow, New York: Oxford University Press Inc., 2005, pp. 14–17.

❸ Breyer and Stewart, op. cit., p. 429.

❹ 吳庚，《行政法之理論與實用》，頁 52。

❺ 林騰鷂，《行政法總論》，2010 年，3 版，頁 65。

關係，可以說明。再次，習慣法或由法律明定，如土地法（第 111 條）規定，耕地地租，承租人得依習慣以農作物代繳；水利法（第 1 條）規定，水利行政之處理及水利事業之興辦，依本法之規定，但地方習慣與本法不相牴觸者，得從其習慣（釋字第 518 號解釋）。但如無法律明文承認適用，則由法院認定適用，故有謂「習慣法不過是法官法」而已。

二、解釋與判例

司法院大法官之解釋，有拘束全國各機關及人民之效力，當然具有行政法法源之效力。所為解釋或補充憲法及法令之缺漏，或引申法條之含義原理，都具有憲法或法令的位階並具相同的效力。

判例有拘束法院將來同類案件之審判的效力；判決則只有拘束個案的效力。判例是行政法院就過去各種判決，揀選其中有先例價值者，製成判決要旨彙編。英美海洋法系國家，判例構成「普通法」重要內容；大陸法系國家亦承認判例具有拘束力。我國行政法院已承認判例具有法規性質(六十二年判字第 610 號判例)。司法院釋字第 154 號解釋理由書即指出，最高法院及行政法院判例，在未變更前具有拘束力。判例與解釋實為「法官所造之法」❻。至於行政法院庭長法官聯席會議決議，原本僅有整合其內部法律見解之作用，但因此類決議一經對外刊行，常為下級法院或行政機關所援用，故不容否認其效力，依大法官解釋（釋字第 374 號、第 420 號解釋），亦具有法源地位❼。由於這類「法官法」缺乏統一性且經常變更，法院成立聯席會議和大合議庭是必要的❽。

司法院於民國一〇一年十二月二十三日通過修訂司法院組織法草案，最高法院、最高行政法院設「大法庭」，處理法律見解歧異事件，當事人在訴訟中不再「同案不同命」。過去實施百年的判例由大法庭的判決取代。

---

❻ 張家洋，《行政法》，臺北：三民書局，2002 年，頁 48。

❼ 吳庚，《行政法之理論與實用》，頁 57。

❽ Hans J. Wolff 等，《行政法》，頁 266。

三、行政法之一般原則

行政法之一般原則，是行政法重要的不成文法源，有些且已法制化成為法律規定。故此類原則有些是法理層次，有些是具體的法條規定。

第三節　行政法之一般原則

一、行政法一般原則的來源

行政程序法第 4 條規定：行政行為應受法律及一般法律原則之拘束。故拘束行政行為者，除法律外，尚有一般法律原則。一般法律原則主要有四種不同來源：

1. 習慣法

習慣法乃昔日重要之法源，不成文之習慣法一旦被採用，通常以法之一般原則視之，在行政法領域亦復如此。當然，習慣只能補充法律的不足，不能抵觸法律。

2. 憲法之具體化

憲法上所揭示之原則，有時直接適用於具體行政法案件時亦形成行政法一般原則。如憲法第 7 條之平等權的保障，為平等原則之來源依據。

3. 現行法規

現行各種行政法規亦可能產生行政法之一般原則。如民法（債編）的誠信原則是。

4. 法　理

從作為實證法基礎之基本規範，例如對每個人皆有適用之正義原則，亦可導出行政法之一般原則 ❾。行政程序法第 1 條揭示的「公平、公開、民主」之程序，以及依法行政之原則，即寓含禁止程序外接觸原則。

---

❾　吳庚，《行政法之理論與實用》，頁 59。

二、主要的行政法一般原則

行政程序法完成立法後，部分行政法上重要法理原則已形成行政程序法的內容。例如明確性原則（第 5 條）；平等原則（第 6 條）；比例原則（第 7 條）；誠信原則（第 8 條前段）；信賴保護原則（第 8 條後段及第 117 條以下）。茲述其要點如次：

㈠明確性原則

行政程序法第 5 條規定：「行政行為之內容應明確。」明確性原則旨在防止國家公權力之濫用，使人民對自己之行為知所調適。法治國家要求法規之構成要件及法律效果須具有預見可能性，各種行政行為之內容應明確，使相對人知悉或至少達到可預見該行政行為之效果[10]。分析明確性原則之意涵有三：㈠法規制定程序須公開審議、依法公布，使行政機關及人民均能瞭解法規範所保障之價值，法規範所強制或禁止之內容。㈡法律授權之內容、目的、範圍，具體明確規定。㈢行政行為的方式及內容應具體明確，不能籠統含混。換言之，行政行為應具體、明白、確定而具備預見可能性、可測性、衡量可能性及審查可能性[11]。

有關明確性原則之司法解釋頗多，例如釋字第 346 號解釋指出：憲法第 19 條規定人民有依法律納稅之義務，係指有關納稅之義務應以法律定之，並未限制其應規定於何種法律。法律基於特定目的，而以內容具體、範圍明確之方式，就徵收稅捐所為之授權規定，並非憲法所不許。國民教育法及財政收支劃分法關於徵收教育捐之授權規定，依上開說明，與憲法尚無牴觸。再如，釋字第 535 號解釋，亦從明確性原則指出過去警察勤務條例中的臨檢制度，有關臨檢之要件、程序及對違法臨檢行為之救濟，均應有法律之明確規範，方符憲法保障人民自由權利之意旨。行政院公平交易委員會曾對民營電力公司以過高的費用，賣售電力給台電公司，處以六十幾億罰鍰。一〇二年九月，行政院訴願委員會在訴願決定書指該罰鍰欠

---

[10] 李建良 等，《行政法入門》，頁 53。

[11] 林騰鷂，《行政法總論》，頁 92。

缺明確裁罰標準，故撤銷原處分。

㈡平等原則

　　行政程序法第 6 條規定:「行政行為,非有正當理由,不得為差別待遇。」即指平等原則而言。我國憲法第 7 條為平等原則之基本規範。平等,是相對的平等。日本憲法平等權,從民主主義、平和主義、個人主義判斷合理的基準,考量「事物性質,如個人的不同條件,作合理的差別」(rational discrimination)❷。平等原則的意義乃是「恣意的禁止」,要求「相同的事情為相同的對待,不同的事情為不同的對待」,不得將與「事物本質」不相關因素納入考慮,而作為差別對待的基準。換言之,平等原則並非要求不得差別對待,而是要求「不得恣意地差別對待」。如果應區別對待而未區別,亦屬違反平等原則。司法院大法官會議釋字第 412 號解釋即認為,「憲法第 7 條所定之平等原則,係為保障人民在法律上地位之實質平等,亦即法律得依事物之性質,就事實情況之差異及立法之目的,而為不同之規範。法律就其所定事實上之差異,亦得授權行政機關發布施行細則為合理必要之規定」。亦即「平等」允許合理的差別,而合理的差別,是指合乎比例原則之合理差別與合乎本質目的之合理差別❸。近年司法院大法官有關平等原則之解頗多,茲摘錄其要如次,以了解其內涵。

1.人權保障方面

　　釋字第 477 號解釋,認為戒嚴時期人民受損權利回復條例第 6 條適用對象,以「受無罪之判決確定前曾受羈押或刑之執行者」為限,未能包括不起訴處分確定前或後、經治安機關逮捕以罪嫌不足逕行釋放前、無罪判決確定後、有罪判決(包括感化、感訓處分)執行完畢後,受羈押或未經依法釋放之人民,係對權利遭受同等損害,應享有回復利益者,漏未規定,顯屬立法上之重大瑕疵,若仍適用該條例上開規定,僅對受無罪判決確定前喪失人身自由者予以賠償,反足以形成人民在法律上之不平等,就此而言,自與憲法第 7 條有所牴觸。

---

❷　山內敏弘、古川純,《憲法之現況與展望》,頁 129∼131。

❸　李建良等,《行政法入門》,頁 55∼63。

2.租稅方面

釋字第 607 號解釋指出憲法第 19 條規定，人民有依法律納稅之義務，係指國家課人民以繳納稅捐之義務或給予人民減免稅捐之優惠時，應就租稅主體、租稅客體、稅基、稅率等租稅構成要件，以法律明定之。各該法律規定之內容且應符合租稅公平原則。財政部（於八十二年、八十四年及八十七年）曾函釋營利事業於八十二年度以後（含八十二年）因政府舉辦公共工程或市地重劃，依拆遷補償辦法規定領取之各項補償費，仍列為其他收入，其必要成本及相關費用准予一併核實認定」，乃就所得稅法第 24 條第 1 項及同法施行細則第 31 條關於非營業增益之規定所為之釋示。按營利事業因土地重劃所領取之地上物拆遷補償費既非所得稅法第 4 條所列舉之免稅項目，上開函釋將該等拆遷補償費認為為非營業增益，列為其他收入，並就其扣除屬於非營業損失及費用、必要成本及相關費用所剩盈餘，核實課徵所得稅，尚未逾越所得稅法第 24 條第 1 項及同法施行細則第 31 條規定之立法意旨，核與憲法第 19 條規定之租稅法律主義並無不符。該等地上物拆遷補償費既為非營業性之增益，如於扣減非營業性之損失及費用仍有餘額，即有稅負能力，對該營利事業之純益額課徵營利事業所得稅，符合租稅公平原則，即與憲法第 7 條之平等原則無牴觸。又釋字第 687 號解釋指出，過去稅捐稽徵法（九十八年五月二十七日修正公布第 47 條第 1 項）規定公司負責人之違法行為「應處徒刑之規定」，未考量違法行為之輕重情節，違反憲法第 7 條之平等原則。

3.安遷補助方面

釋字第 542 號解釋強調行政機關訂定之行政命令，其屬給付性之行政措施具授與人民利益之效果者，亦應受相關憲法原則，尤其是平等原則之拘束。系爭作業實施計畫中關於安遷救濟金之發放，係屬授與人民利益之給付行政，並以補助集水區內居民遷村所需費用為目的，既在排除村民之繼續居住，自應以有居住事實為前提，其認定之依據，設籍僅係其一而已，主管機關於八十五年公告之翡翠水庫集水區部分地區的遷村計畫竟以設籍與否作為認定是否居住於該水源區之唯一標準，雖不能謂有違平等原則，

但未顧及其他居住事實之證明方法，有欠周延。

4.住屋政策方面

釋字第 485 號解釋認為憲法第 7 條平等原則並非指絕對、機械之形式上平等，而係保障人民在法律上地位之實質平等，立法機關基於憲法之價值體系及立法目的，自得斟酌規範事物性質之差異而為合理之區別對待。促進民生福祉乃憲法基本原則之一，此觀憲法前言、第 1 條、基本國策及憲法增修條文第 10 條之規定自明。立法者基於社會政策考量，尚非不得制定法律，將福利資源為限定性之分配。國軍老舊眷村改建條例及其施行細則分別規定，原眷戶享有承購依同條例興建之住宅及領取由政府給與輔助購宅款之優惠，就自備款部分得辦理優惠利率貸款，對有照顧必要之原眷戶提供適當之扶助，其立法意旨與憲法第 7 條平等原則尚無牴觸。

5.公務員保障方面

釋字第 596 號解釋，再申述憲法第 7 條規定，中華民國在法律上一律平等，其內涵並非指絕對、機械之形式上平等，而係保障人民在法律上地位之實質平等；立法機關基於憲法之價值體系及立法目的，自得斟酌規範事物性質之差異而為合理之差別對待。國家對勞工與公務人員退休生活所為之保護，方法上未盡相同；其間差異是否牴觸憲法平等原則，應就公務人員與勞工之工作性質、權利義務關係及各種保護措施為整體之觀察，未可執其一端，遽下論斷。勞動基準法未如公務人員退休法規定請領退休金之權利不得扣押、讓與或供擔保，係立法者衡量上開性質之差異及其他相關因素所為之不同規定，屬立法自由形成之範疇，與憲法第 7 條平等原則並無牴觸。

再如釋字第 610 號解釋，指出「公務員懲戒法第三十四條第二款規定，依同法第三十三條第一項第四款為原因，移請或聲請再審議者，應自相關之刑事裁判確定之日起三十日內為之」，該期間起算日之規定，未區分受懲戒處分人於相關刑事確定裁判之不同訴訟地位，及其於該裁判確定時是否知悉此事實，一律以該裁判確定日為再審議聲請期間之起算日，與憲法第 7 條及第 16 條人民訴訟權之平等保障意旨不符。

又再如釋第 228 號解釋，重申憲法所定平等之原則，並不禁止法律因國家機關功能之差別，而對國家賠償責任為合理之不同規定。國家賠償法針對審判及追訴職務之特性，而為（第 13 條對法官及檢察官的賠償責任）特別規定，為維護審判獨立及追訴不受外界干擾所必要，尚未違反憲法第 7 條等規定。

6. 勞工保險方面

勞工保險基金多年來因短缺問題備受國人關切，民國一○一年十月十七日行政院勞工部門建議由國家預算撥補勞保基金的短缺，但行政院未能接受。至勞工保險條例修正案，行政院始同意仿照公務人員保險基金（退撫基金），增列政府負最終支付責任條文。勞工保險終於與公務人員保險取得平等保障。

㈢比例原則

比例原則 (proportionality) 是課予人民義務時，所採取的手段或行為 (measure or action) 是否為達成目的所必需 (necessary to achieve the purpose)❶。比例原則源於德國警察行政，要求警察執法不應「為達目的不擇手段」，強調目的與手段間的均衡。我國俗話「殺雞焉用宰牛刀」、不應「殺雞取卵」，西諺有云「不要用大砲打小鳥」，都在告誡行為要合乎比例原則。

我國憲法第 23 條，限制人民自由權利之「必要」即指比例原則，從而有謂比例原則有憲法位階或屬憲法原則。行政程序法第 7 條精確地將比例原則具體化，該條規定：「行政行為，應依下列原則為之：一、採取之方法應有助於目的之達成。二、有多種同樣能達成目的之方法時，應選擇對人民權益損害最少者。三、採取之方法所造成之損害不得與欲達成目的之利益顯失均衡。」而構成比例原則的三個部分，成為比例原則的公式❶。簡言之，比例原則包含以下三次要原則：

---

❶ Marston and Ward, op. cit., p. 109.

❶ P. P. Craig, *Administrative Law*, Fifth Ed., pp. 622–623.

1.妥當性原則

指一個行政權力的行使，實際上可否達到法定之目的而言。這是以「目的取向」論究行政權力與目的之間的關係。如果行政權力所為根本無法達成目的（如「治絲益棼」），就是違反妥當性之原則。電影分級對觀眾設限，於維護社會風氣有助益，即合妥當性原則。再如釋字第 646 號解釋指：電子遊戲場業管理條例第 22 條對違反規定之業者得處以刑罰，旨在杜絕業者規避管制、維護社會安寧及公共安全與國民身心健全發展，目的洵屬正當，所採取之手段對目的之達成亦屬必要。

2.必要性原則

指權力的行使，達到行政目的即為已足，不可過度侵及人民權利。行政權只能在必要的限度內行使，使人民的權利盡可能遭受最小之侵害。所以，本原則亦可以稱為「最小侵害原則」，在行政裁量方面，本原則尤其有受到重視。傳統的行政法學所指的比例原則，即是指必要性原則。基於都市計畫所為土地徵收，應考量達到政策目的下對人民權益最小之侵害。如徵收土地於不妨礙徵收目的之範圍內，應就損失最少之地方為之，並應儘量避免耕地（土地法施行法第 49 條）。又如七十九年一月二十四日修正公布之稅捐稽徵法第 44 條關於營利事業依法規定，應與他人憑證而未給與，應自他人取得憑證而未取得者，應就其未給與憑證、未取得憑證，經查明認定之總額，處百分之五罰鍰之規定，其處罰金額未設合理最高額之限制，而造成個案顯然過苛之處罰部分，逾越處罰之必要程度而違反憲法第 23 條之比例原則（釋字第 685 號解釋）。

3.均衡原則

又可稱為狹義的比例原則，係指權力之行使，雖是達成行政目的所必要，但是不可給予人民超過行政目的之價值的侵害。易言之，這是將行政目的所達成的利益與侵及人民的權利之間，作一個衡量，必須證明前者重於後者之後，才可侵犯人民之權利。如「殺雞」以「取卵」，所獲者與所失者間之不成比例矣。所以這個原則亦可稱為「比例性原則」，著重以「價值」、「法益」（效益）方面的相互衡量❶，亦有稱為「禁止過當原則」❷。國軍

老舊眷村改建條例及其施行細則分別規定，原眷戶享有承購依同條例興建之住宅及領取由政府給與輔助購宅款之優惠，就自備款部分得辦理優惠利率貸款，對有照顧必要之原眷戶提供適當之扶助，其立法意旨與憲法第 7 條平等原則尚無牴觸。惟鑒於國家資源有限，福利資源為妥善之分配，應斟酌受益人之財力、收入、家計負擔及須照顧之必要性妥為規定，關於給付方式及額度之規定，亦應力求與受益人之基本生活需求相當，不得超過達成目的所需必要限度而給予明顯過度之照顧（釋字第 485 號解釋）。又如授予利益之違法行政處分經撤銷後，如受益人無前條所列信賴不值得保護之情形，其因信賴該處分致遭受財產上之損失者，為撤銷之機關應給予合理之補償。前項補償額度不得超過受益人因該處分存續可得之利益（行政程序法第 120 條前 2 項）。再如，釋字第 603 號解釋，指出人民之隱私權為不可或缺之基本權利，受憲法第 22 條所保障；憲法對資訊隱私權之保障並非絕對，國家得於符合憲法第 23 條意旨之範圍內，以法律為明確之限制。戶籍法第 8 條第 2 項規定，依前項請領國民身分證，應捺指紋並錄存。對於未依規定捺指紋者，拒絕發給國民身分證（同條第 3 項）。此規定之目的為何，戶籍法未設明文規定。縱用以達到國民身分證之防偽、防止冒領冒用等目的而言，但可能引起人人自危不安的心理，代價過高，亦屬損益失衡，手段過當，不符比例原則。

　　法律方面，不乏有關比例原則的規定，如警械使用條例要求警察人員使用警械應基於急迫需要為之，不得逾越必要程度，並應事先警告；集會遊行法規定集會遊行之不予許可，限制或命令解散，應公平合理考量人民集會遊行權利與其他法益間之均衡維護，以適當之方法為之，不得逾越其所欲達成目的之必要限度。社會秩序維護法則宣示沒入違反本法行為所用之物，應符合比例原則。行政執行法相當詳細地詮釋比例原則：行政執行，應依公平合理之原則，兼顧公共利益與人民權益之維護，以適當之方法為之，不得逾達成執行目的之必要限度。

---

❶⑥　陳新民，《行政法學總論》，頁 82～83。

❶⑦　李建良等，《行政法入門》，頁 65。

㈣信賴保護原則

信賴保護原則為戰後在西德發展成功之原則，最早適用於授益性質之行政處分之撤銷（或廢止）上。我國八十三年九月間，行政法院在一宗判決上，援引此原則，認為授益處分（高雄市某加油站設立許可）之撤銷，未指出原授益處分對公益有何重大危害，以致有予以防止或除去之必要，亦未對處分廢止後如何給予補償損失，顯不合理。茲分析信賴保護原則要義如下：

1.信賴標的為具有拘束力之公法行為

信賴利益保護基本上源於憲法保障人民對法安定性的信賴以及憲法對財產權保障之規定。但信賴利益保護所稱之信賴之標的，須為具有拘束力之公法行為，若信賴一定之行政政策或抽象的國家總體之法律秩序或法律政策，尚非信賴利益保護之標的。

2.信賴應出於誠信（信賴值得保護）

行政程序法第 8 條就信賴保護有原則性的規定：「行政行為，應以誠實信用之方法為之，並應保護人民正當合理之信賴。」此一規定，將信賴保護之主張，繫以「誠信原則」，允為正確。蓋法諺有云：「不法者不得主張權利」。非以「誠實信用方法」所獲致之有利結果，乃屬不法之結果，不得享有之❸。行政程序法第 119 條規定：「受益人有下列各款情形之一者，其信賴不值得保護：一、以詐欺、脅迫或賄賂方法，使行政機關作成行政處分者。二、對重要事項提供不正確資料或為不完全陳述，致使行政機關依該資料或陳述而作成行政處分者。三、明知行政處分違法，或因重大過失而不知者。」

3.信賴利益大於公益

依行政程序法第 117 條規定觀之，公益亦為判斷是否得主張信賴保護之要件之一，依該條規定「違法行政處分於法定救濟期間經過後，原處分機關得依職權為全部或一部之撤銷；其上級機關，亦得為之。但有下列各款情形之一者，不得撤銷：一、撤銷對公益有重大危害者。二、受益人無

---

❸　李建良等，《行政法入門》，頁 69。

第 119 條所列信賴不值得保護之情形，而信賴授予利益之行政處分，其信賴利益顯然大於撤銷所欲維護之公益者。」

4.主張信賴保護者須有已生信賴之事實表現

蓋法規之施行乃信賴之基礎，與客觀上表現信賴動作，二者缺一不可❶。信賴動作，如前文所揭，申請人經許可後已著手投資興建加油站、申請土地變更使用等行為，非純屬個人的期盼願望，而是客觀上已經表現的信賴動作。

5.信賴保護之效果

信賴保護原則之運用，發生行政處分之存續、相對人財產保護兩項主要的法律效果。㈠存續保護：違法行政處分因公益維護而得以存續。已經存在的行政處分雖然違法，但其撤銷對公益有重大危害，或其相對人因授益處分，而獲致的信賴利益大於該處分欲維護之公益，為避免「影響其依法取得法律之地位」，因此經由訴願決定或行政訴訟判決，讓違法處分繼續存在。此一結果，導致依法行政原則向公益原則讓步。以其犧牲依法行政原則，故信賴保護原則之運用應多方考慮各種相關因素。㈡財產保護：行政程序法第 120 條規定：「授予利益之違法行政處分經撤銷後，如受益人無前條所列信賴不值得保護之情形，其因信賴該處分致遭受財產上之損失者，為撤銷之機關應給予合理之補償。前項補償額度不得超過受益人因該處分存續可得之利益。關於補償之爭議及補償之金額，相對人有不服者，得向行政法院提起給付訴訟。」畢竟行政處分違法在先並造成相對人損害，因此必須給予相對人適當的財產補償，減輕其合理信賴所造成的損害❷。

司法院大法官曾就監察委員退職後之退職酬勞金之年資計算，是否合計軍、公、教年資等之規定，著成釋字第 589 號解釋。解釋文說明信賴保護原則之要義：法治國原則為憲法之基本原則，首重人民權利之維護、法秩序之安定及信賴保護原則之遵守。行政法規公布施行後，制定或發布法規之機關依法定程序予以修改或廢止時，應兼顧規範對象信賴利益之保護。

---

❶ 吳庚，《行政法之理論與實用》，頁 67～68。

❷ 李震山，《行政法導論》，2012 年，頁 301。

受規範對象如已在因法規施行而產生信賴基礎之存續期間內，對構成信賴要件之事實，有客觀上具體表現之行為，且有值得保護之利益者，即應受信賴保護原則之保障。如信賴利益所依據之基礎法規，其作用不僅在保障私人利益之法律地位而已，更具有藉該法律地位之保障以實現公益之目的者，則因該基礎法規之變動所涉及信賴利益之保護，即應予強化以避免其受損害。

再如，公務人員依銓敘取得之官等俸給，受憲法上服公職權利之制度性保障，但其俸給銓敘權利之取得，係以取得公務人員任用法上之公務人員資格為前提。故聘用人員僅得提敘至本俸最高級為止，與一般公務人員有年功俸晉敘之保障有別；其取得正式任用資格經任用後，原聘用年資不能合計為公務人員退休年資。對此，司法院釋字第 605 解釋就信賴保護原則之信賴前提，有詳細詮釋：任何行政法規皆不能預期其永久實施，其因公益之必要修正法規之內容，如人民因信賴舊法規而有客觀上具體表現信賴之行為，並因法規修正，使其依舊法規已取得之權益，與依舊法規預期可以取得之利益受損害者，應針對人民該利益所受之損害，採取合理之補救措施，或訂定合理之過渡條款，俾減輕損害，以符憲法保障人民權利意旨。惟人民依舊法規預期可以取得之利益並非一律可以主張信賴保護，仍須視該預期可以取得之利益，依舊法規所必須具備之重要要件是否已經具備，尚未具備之要件是否客觀上可以合理期待其實現，或經過當事人繼續施以主觀之努力，該要件有實現之可能等因素決定之。

(五)誠信原則

行政法關係上，亦強調當事人雙方，以誠實信用的方法相互對待，此即誠信原則。而追溯此原則，係來自民法。民法第 148 條第 2 項規定：「行使權利，履行義務，應依誠實及信用方法」，第 219 條有相同意旨的規定。此為私法上之帝王條款，但是否應作為行政法一般原則而為法源之一，在德國曾有過見解的變遷，先是以類推適用方式肯定之，其後則認為可以直接適用。日本則肯定行政法亦有誠信原則之適用。我國學界雖肯定之，但早期實務較保守，認為僅得類推適用（52 判 345 判例），七〇年代以後，

才有直接適用論的出現，如七十年判字第 975 號判決稱「私法規定表現一般法理者，應亦可適用於公法關係，私法中誠信公平公正之原則，在公法上當亦有其適用」。其後行政法院則多直接引據「誠信原則」而作成准駁之判決❷。

行政程序法第 8 條前段規定，「行政行為，應以誠實信用之方法為之。」如稅捐機關徵收稅捐，納稅義務人繳納稅款，皆應出於誠信，方受法律保障。違反誠信原則之行政處分係違法之處分，人民違反誠信原則之行為，則同屬違法，同樣不能據以主張權利。法規應用誠信原則之實例，如政府採購法規定，機關辦理採購採最低標決標時，如認最低標廠商標價偏低，顯不合理，有降低品質、不能誠信履約之虞，得限期通知該廠商提出說明或擔保，如廠商不能配合，得不決標予該廠商，並以次低標廠商為最低標廠商（政府採購法第 58 條參照）。

稅捐稽徵法第 21 條規定，納稅義務人在規定期間內申報稅捐，一般核課期間為五年；未於規定期間內申報，或故意以詐欺或其他不正當方法逃漏稅捐者，其核課期間為七年。今社會要求金融機構資訊揭露，以防止詐欺舞弊，其重視誠信原則至為明顯。民國一○二年二月財稅主管部門決定，對應退還的稅款，在二百元以下者，一樣退還，亦是基於對此原則的重視。

㈥公益原則

行政作用受法律（及一般原則）與公益兩因素支配。蓋行政作用固然必須遵守法律規定，但於例外如裁量行為或可不受法律拘束，仍無法免於公益之考慮❷.。公益原則即指行政作用或行政行為應符合公共利益，或以維護公共利益為主旨。實務上已建立重要的行政法制，例如：

1.行政訴訟之「情況判決」

行政法院受理撤銷訴訟，發現原處分或決定雖屬違法，但其撤銷或變更於公益有重大損害，經斟酌原告所受損害、賠償程度、防止方法及其他一切情事，認原處分或決定之撤銷或變更顯與公益違背時，得駁回原告之訴。前

---

❷ 李建良等，前書，頁 72～73。

❷ 吳庚，前書，頁 70～71。

項情形，應於判決主文中諭知原處分或決定違法（行政訴訟法第 198 條）。

2.行政契約之調整或終止

行政契約當事人之一方為人民者，行政機關為防止或除去對公益之重大危害，得於必要範圍內調整契約內容或終止契約。但此調整或終止，非補償相對人因此所受之財產上損失，不得為之（行政程序法第 146 條前段）。法制實務如政府採購法第 64 條：「採購契約得訂明因政策變更，廠商依契約繼續履行反而不符公共利益者，機關得報經上級機關核准，終止或解除部分或全部契約，並補償廠商因此所生之損失。」

3.違法處分撤銷之限制

違法行政處分之「撤銷對公益有重大危害者」，不得為之（行政程序法第 117 條第 2 項第 1 款）。

司法院有關公益原則之解釋頗多，如釋字第 531 號解釋，指出道路交通管理處罰條例（八十六年修正公布）第 62 條第 1 項規定，「汽車駕駛人駕駛汽車肇事致人受傷或死亡，應即採取救護或其他必要措施，並向警察機關報告，不得逃逸，違者吊銷駕駛執照。其目的在增進行車安全，保護他人權益，以維護社會秩序，與憲法第二十三條並無牴觸（本院釋字第二八四號解釋參照）。又道路交通管理處罰條例第六十七條第一項明定，因駕車逃逸而受吊銷駕駛執照之處分者，不得再行考領駕駛執照（本條項業於九十年一月十七日修正公布為終身不得考領駕駛執照）。該規定係為維護車禍事故受害人生命安全、身體健康必要之公共政策，且在責令汽車駕駛人善盡行車安全之社會責任，屬維持社會秩序及增進公共利益所必要，與憲法第二十三條尚無違背。」

再如釋字第 577 號解釋，就商品標示之規定及罰則，說明：「憲法第十一條保障人民有積極表意之自由，及消極不表意之自由，其保障之內容包括主觀意見之表達及客觀事實之陳述。商品標示為提供商品客觀資訊之方式，應受言論自由之保障，惟為重大公益目的所必要，仍得立法採取合理而適當之限制。國家為增進國民健康，應普遍推行衛生保健事業，重視醫療保健等社會福利工作。菸害防制法第八條第一項規定：『菸品所含之尼古

丁及焦油含量，應以中文標示於菸品容器上。』另同法第二十一條對違反者
處以罰鍰，對菸品業者就特定商品資訊不為表述之自由有所限制，係為提
供消費者必要商品資訊與維護國民健康等重大公共利益，並未逾越必要之
程度，與憲法第十一條保障人民言論自由及第二十三條比例原則之規定均
無違背。」

㈦情事變更原則

法與時轉則治。法固然講求安定，此即法安定原則，但社會情勢難免
變動，法制猶需適應。基於維護公益及誠信，情事變更原則亦屬重要的行
政法一般原則，例如：

㈠合法授益處分之廢止，其原因之一是「行政處分所依據之法規或事
實事後發生變更，致不廢止該處分對公益將有危害者」（行政程序法第 123
條第 4 款）。

㈡行政契約締結後，因有情事重大變更，非當時所得預料，而依原約
定顯失公平者，當事人之一方得請求他方適當調整契約內容。如不能調整，
得終止契約（行政程序法第 147 條第 1 項）。

㈢在商標評定之爭訟程序未終結前，法律或事實有所變更時，應依變
更後法律或事實處理。按商標之評定，固應適用註冊時之商標法，惟在評
定之爭訟程序未終結前，法律或事實有所變更時（參照行政法院五十七年
判字第 95 號判例）應依變更後之法律或事實處理❷❸。

三、行政法一般原則的適用

行政法一般原則運用於個案，常見同時涉及數個一般原則。例如環保
機關查獲地下油糟污染地下水，除了科罰還要求業者限期改善設備，但事
後卻提前檢查。此舉即違反誠信原則、明確性原則。再如通訊傳播機關核
發媒體執照，附款上要求業者給付一定費用供當地國小改善設備。此案可
能違反比例原則、不當聯結原則等一般原則。

行政法一般原則的運用，在內涵事實的認定之後，即表現行政高度裁

❷❸ 行政法院 79 年判字第 1851 號判決。

量的特質。㈠是否適用一般原則之決定，即為裁量。以公益原則言，如釋字第 649 號解釋（視障人士方得從事按摩業之規定違憲）、第 665 號（法官併案審理，事關當事人之程序基本權，依司法機關內部規則，且未有異議制度，仍未違憲）與第 690 號（傳染病防治法由主管機關決定強制隔離之留驗、遷入特定場所等措施，尚未違憲）等。由於涉及社會通念及價值的選擇，難有一致的見解，故解釋文公布，或引起社會或立法機關之反彈，或仍有大法官持不同意見。第 690 號解釋即有四位卸任大法官中的三位不同意。㈡適用何項一般原則的選擇，亦為裁量。如地方政府對特種營業，位在住宅區的旅館業、停車塔等，其管制常面對公益原則與信賴保護原則及法治原則等的決擇即是。是以行政法一般原則之適用，如運作雙刃之刀，允宜慎重。

第五章　行政法之效力

行政法之效力，係指行政法規在制定公布及施行後，所產生的拘束力。行政法規運作於社會，其效力有其原則及界限。而分析行政法之效力，可從三個主要面向觀察，此三面向即時間、地區及相對人 ❶。行政法之效力，雖指行政法規或「行政法法源」❷，但有關行政處分之效力，另於專章論析，並不涵蓋於此。

第一節　時的效力

行政法在時間上的效力，是指行政法規在何時生效、失效或效力暫停，為何可以溯及既往等問題。

一、何時生效

一般而言，法規係在公布或施行之後發生效力。中央法規標準法第 12 條規定：「法規應規定施行日期，或授權以命令規定施行日期。」可知法規之生效時間，或由法規自行規定，或授權命令加以明定，其情形有以下三種：

㈠法規明定自公布或發布日施行

依中央法規標準法第 13 條：「法規明定自公布或發布日施行者，自公布或發布之日起算，至第三日發生效力。」依司法院大法會議釋字第 161 號解釋，應將法規公布或發布之當日算入。又地方制度法第 32 條第 4 項前段亦規定：「自治法規、委辦規則自公布或發布之日起算至第三日發生效力。」第三日縱為星期日、紀念日或其他休息日時，亦不生影響，仍視該日為生效日，不適用民法第 122 條，有關以休息日之次日代替之規定。此種法規

---

❶　有提出「法律三度論」，即從時間度、空間度、事實度，探討法律的效力；吳經熊等著，《中國法學論著選集》；引自林騰鷂，《行政法總論》，3 版，頁 120。

❷　陳敏，《行政法總論》，1999 年，頁 106～117。

自公布或發布日施行，有稱之為同時生效主義。以下二者公布與施行日期有間距，稱為異時生效主義。

(二)法規特定施行日期

中央法規標準法第 14 條規定：「法規特定有施行日期，或以命令特定施行日期者，自該特定日起發生效力。」地方制度法第 32 條第 4 項後段亦規定：「但特定有施行日期者，自該特定日起發生效力。」法規特定施行日期，期人民周知，以利執行，其情形有二：

1.法規指定確定的施行（生效）日期

例如行政程序法第 175 條規定：「本法自中華民國九十年一月一日施行。」國家賠償法第 17 條規定：「本法自中華民國七十年七月一日施行。」九十二年六月二十五日公布的警察職權行使法，第 32 條規定：「本法自中華民國九十二年十二月一日施行。」

2.公布一定時間後施行（生效）

如政府採購法第 114 條規定：「本法自公布後一年施行。」公平交易法第 49 條亦作同樣文字規定。九十四年二月五日公布的行政罰法，第 46 條亦規定：「本法自公布後一年施行。」

(三)法律授權執行機關以命令指定施行日期

法律規範之事項，如為複雜、專業、安全或需要執行準備之事項，立法機關常在法律條文之末，授權行政機關決定施行日期❸，如訴願法（八十七年十月二十八日修正公布），第 101 條第 2 項規定：「本法修正條文之施行日期，由行政院以命令定之。」❹行政執行法第 44 條亦作同樣文字的規定。行政訴訟法第 308 條第 2 項則明定：「本法修正條文施行日期，由司法院以命令定之。」此外，期貨交易法、銀行法、個人資料保護法等皆有類似的規定。政府資訊公開法，於民國九十四年十二月二十八日公布，曾因

---

❸　林騰鷂，《行政法總論》，頁 121。

❹　訴願法 87 年 10 月 28 日修正公布，第 101 條規定：「本法自公布日施行。本法修正條文之施行日期，由行政院以命令定之。」88 年 7 月 31 日曾以行政院令 87 年 10 月 28 日修正公布之訴願法修正條文，定自 89 年 7 月 1 日施行。

未指定施行日期，至九十六年年底將屆發現尚未實施。個人資料保護法施行之延宕，亦可從公布之步驟緩慢理解。

二、效力暫停

行政法規施行後，本應持續有效，但因特殊情況而難免有暫停生效之情事。如中央法規標準法第 19 條第 1 項規定：「法規因國家遭遇非常事故，一時不能適用者，得暫停適用其一部或全部。」憲法增修條文第 6 條第 3 項規定：「憲法第八十五條有關按省區分別規定名額，分區舉行考試之規定，停止適用。」司法院釋字第 324 號解釋指出：海關管理貨櫃辦法（財政部於七十四年六月十八日修正發布）第 26 條前段規定，關於貨櫃集散站由於非人力所不能抗拒之原因，致貨物短少時，海關得於一定期間停止受理申報進儲業務，旨在確保海關對於存站貨物之監視效果，防止走私，為增進公共利益所必要。但應以法律或法律授權之命令規定必要措施及施行日期，否則上開規定應停止適用。再如釋字第 475 號解釋，以民國三十八年以前，政府在大陸發行之國庫債券，係基於當時國家籌措財源之需要，且以當時大陸地區之稅收及國家資產為清償之擔保，其金額至鉅。嗣因國家發生重大變故，如目前由政府立即清償，勢必造成臺灣地區人民稅負之沈重負擔，顯違公平原則。因此臺灣地區與大陸地區人民關係條例第 63 條第 3 項規定：民國三十八年以前在大陸發行尚未清償之外幣債券及三十八年黃金短期公債，以及國家行局及收受存款之金融機構在大陸撤退前所有各項債務，在國家統一前不予處理，即延緩債權人對國家債權之行使。因此六厘英金庚款公債條例（二十三年）、美金公債條例（三十六年）、黃金短期公債條例（三十八年）、整理美金公債條例（三十八年）等，此等法律暫時失其效力。

三、效力之追溯

法規原則上僅適用於在其生效後發生之事件。惟有時法規亦可能溯及既往，適用於在過去已完結之事件，或適用於在過去開始，而尚未完結之

事件。其中法規適用於在過去發生以及完結之事件者，為「真正追溯」（純正溯及既往）；反之，法規適用於過去開始，而尚未完結之事件者，則為「非真正追溯」（不純正溯及既往）。如中央法規標準法第 18 條所謂「在（人民申請案件）處理程序終結前，據以准許之法規有變更者，適用新法規」即是。

分析法規所以追溯既往，主要原因有：㈠人民在法律所回溯適用之時間，已可預見該新規定；㈡現有之法律狀況不明、錯亂、有漏洞或違背體系及不公平，足以懷疑其合憲法性，基於法治國家原則，有予以釐清之必要；㈢追溯之法規對人民未構成損害，或僅構成極微之損害，人民之信賴應行退讓；㈣有優先於信賴保護之公共利益❺。

實務上，我國即有多種法律明定追溯既往生效者，例如：

1.民國七十四年五月三日修正前之公務員懲戒法第 26 條規定：「應受懲戒之行為，雖在本法施行前者，亦得依本法懲戒之。」即為確保公益而為溯及生效之規定。

2.實施耕者有田條例（八十二年七月三十日廢止），對該條例施行前有關對佃農預收之租金等之事項，曾有禁止之追溯效力之規定。

3.中小企業發展條例（八十七年一月二十一日修正公布）第 40 條；促進產業升級條例（八十七年一月二十一日修正公布），第 15 條及第 20 條修正條文，皆規定（公司保留盈餘之辦理）溯及八十七年一月一日施行。

4.全民健康保險法（九十二年六月十八日修正公布）第 87 條之 4 第 1 項，即明定溯及「本法九十二年六月六日修正施行前，符合第八十七條之五所稱經濟困難資格且未辦理投保手續者」，於本法修正施行之日起一年內辦理。即允許該法施行前未辦投保手續者、特殊情形者，在施行該法後仍可補辦投保。

5.菸酒稅法（九十九年九月一日修正公布）第 21 條：「本法施行前專賣之米酒，應依原專賣價格出售。超過原專賣價格出售者，按超過原專賣價格之金額，處一倍至三倍罰鍰。」

❺　劉華美等，《行政法基本理論》，臺北：空中大學，2010 年，3 版，頁 210。

　　基於法治國法律安定性之要求及信賴保護之原則，法律以不溯及既往為原則，但為兼顧公共利益與相對人之既得權益，法規往往作折衷之規定。例如大學法（八十三年一月五日修正公布），於第 18 條規定大學教師分為教授、副教授、助理教授及講師四級，較之舊法增列助理教授一級，助教不再列入教師範圍。惟同法第 29 條則規定：「本法修正施行前已取得講師、助教證書之現職人員，如繼續任教而未中斷，得逕依原升等辦法送審。」避免其地位因修法而受有不利益。又教育人員任用條例（七十四年五月一日制定公布，八十六年三月十九日修正公布）第 21 條第 2 項即明定「本條例施行前已遴用之學校編制內現任職員，其任用資格適用原有關法令規定」，亦為一例。因之遂有「人事雙軌制」的採行。

　　過去行之多年的軍公教退休人員年終獎金（慰問金）的發放，一〇一年九月間，朝野論辯激烈，部分立法委員認為該獎金不公不義（勞工未有此獎勵而財政又困難）；行政院及考試院原先堅持該獎金已編列於每年年度預算，且經立法院審議通過，即是法規，該獎金之發放具合法性。嗣後考試院則以該年終獎金之發放屬行政院職權，而不再處理，行政院於一〇一年十月三十日決定採排富及忠良條款，並即刻停止發放。

四、延長生效

　　依中央法規標準法第 24 條規定，「法律定有施行期限，主管機關認為需要延長者，應於期限屆滿一個月前送立法院審議。但其期限在立法院休會期內屆滿者，應於立法院休會一個月前送立法院。命令定有施行期限，主管機關認為需要延長者，應於期限屆滿一個月前，由原發布機關發布之。」可知行政法律延長施行期限，需經立法院審議；命令則由原發布機關，決定並發布。

五、何時失效

　　法規公布施行後，在失效前，皆保有其效力。而其失效，有以下原因：

㈠施行期間屆滿

法規本身明定其有效期間，或由於法律之規定，或因其法律性質使然，依中央法規標準法第 23 條規定，「法規定有施行期限者，期滿當然廢止」，亦即不再生效力，例如：促進產業升級條例第 44 條第 1 項：「本條例施行行期間，自中華民國八十年一月一日起，至中華民國八十八年十二月三十一日止。」全民健康保險法第 89 條：「本法實施行滿二年後，行政院應於半年內修正本法，逾期本法失效。」

㈡適用期間終止

又法規性質上有期間限制者於適用期間終止時失效。例如為因應動員戡亂時期所制定之法規，如「動員戡亂時期公職人員選舉罷免法」及「動員戡亂時期集會遊行法」，即限制適用於動員戡亂時期。因此，動員戡亂時期宣告終止時，其效力原應消滅，分別經過修正為「公職人員選舉罷免法」及「集會遊行法」，始維持其效力。

㈢法規之定因發生而廢止

法規因廢止而失其效力。依中央法規標準法第 21 條規定，法規有左列情形之一者廢止之：一、機關裁併，有關法規無保留之必要者。八十七年「精省」後，臺灣省政府改制，併入行政院，過去省政府頒訂的法規多予廢止即是。二、法規規定之事項已執行完畢，或因情勢變遷，無繼續施行之必要者。九十一年十二月二十五日戰時軍律的廢止即是。三、法規因有關法規之廢止或修正致失其依據，而無單獨施行之必要者。民法第 186 條因國家賠償法公布及施行而無單獨施行之必要即是。四、同一事項已定有新法規，並公布或發布施行者。社會秩序維護法的施行，違警罰法的廢止即是。

至於廢止之程序，依中央法規標準法第 22 條規定，「法律之廢止，應經立法院通過，總統公布。命令之廢止，由原發布機關為之。依前二項程序廢止之法規，得僅公布或發布其名稱及施行日期；並自公布或發布之日起算至第三日起失效。」唯如法規定有施行期限者期滿當然廢止，不適用前述之規定。但應由主管機關公告之（同法第 23 條）。

㈣經司法院大法官宣告無效

依憲法之規定，法律、命令與憲法牴觸者無效（第 171 條、第 172 條），地方自治規章亦不得牴觸憲法、法律以及地方上位規範（第 114 條、第 116 條及第 122 條）。因此，我國設司法院大法官職司憲法解釋，並得對違憲法規宣告無效。其宣告方式，曾因我國憲法發展而有不同❻，要有以下各種方式：

1. 警告性宣示違憲

未直接解釋系爭法規違憲，但明示應檢討修正以符憲法規定，如釋字第 86 號（高等法院以下各級法院的隸屬問題）；第 166 號（違警罰法的違憲案）。

2. 定期失效

直接宣告法規違憲，並酌定期限於期限終了後失效，如釋字第 224 號（有關稅法上的複查）、第 251 號（有關違警罰法的拘留等）及第 300 號等；這種模式除有利於法秩序安定外，最主要的考慮是給制定法規機關充分的過渡時間，使其修改或重新制定法規。而為求一致，自第 224 號解釋後，法律違憲失效期間一般為兩年（第 649 號解釋則宣告三年），命令違憲一律一年❼。

3. 單純失效

宣告系爭法規或判例違憲，但並非自始無效，除對據以聲請之案件外，原則上自解釋公布起向將來失效，解釋文通常用語為「不予援用」，如釋字第 177 號、第 185 號、第 187 號（不再援用）。

㈤自動失效

過去各機關所訂定之命令，依中央法規標準法第七條規定，應於下達

---

❻ 我國憲政發展約可分為三個時期：機械時期（39 年至 54 年），政府組織、中央民代、憲法條文一成不變；生物時期（55 年至 76 年），中央民代有增補選制度，憲政體制面對國內外合法性危機；民主化時期（76 年以後），解除戒嚴、廢除臨時條款、推動憲改。吳庚，〈社會變遷與憲法解釋〉，中央研究院中山人文社會科學研究所主辦，第四屆「憲法解釋之理論與實務」研討會，92 年 9 月。

❼ 吳庚，《憲法的解釋與適用》，作者自刊，2003 年，頁 425～426。

或發布後，送立法院。此種「單純送達」的報備方式，實務上未能發揮立法權監督行政權之作用。今依修正通過之立法院職權行使法第 60 條規定，各機關訂定之命令送達立法院後，立法院應提報立法院會議，出席委員如認為命令有違反、變更或牴觸法律，或應以法律規定事項而以命令定之之情事者，經委員十五人以上連署或附議，即交付有關委員會審查。委員審查發現確有其事，依同法第 62 條第 1 項，則應提報院會，經議決後通知原訂頒機關，於兩個月內更正或廢止之。原訂頒機關如逾規定期未為更正或廢止，依同條第 2 項，該命令即因之自動失效。如此規定較前述中央法規標準法之規定，更具拘束作用，應可收命令的立法監督之效。

第二節　地的效力

行政法上地的效力，是指行政法之空間效力，或稱地域效力。中央法規標準法第 15 條規定:「法規定有施行區域或授權以命令規定施行區域者，於該特定區域內發生效力。」茲依其規定說明如次❽:

一、行政法規適用於全國地區者

一般行政法律及中央行政機關發布之命令，皆適用於全國各地區。有些法規更加以明定，例如社會秩序維護法第 4 條第 1 項規定:「在中華民國領域內違反本法者，適用本法。」因此不論本國人或外國人原則上一體適用。

二、行政法規適用於中華民國境外之中華民國船艦或航空器者

我國行政法規兼採屬地主義與屬人主義。依屬地主義精神，法規除適用於我國領域外，並及於我國之船艦或航空器。如社會秩序維護法第 4 條第 2 項規定:「在中華民國境外之中華民國船艦或航空器內違反本法者，以在中華民國領域內違反論。」

---

❽　林騰鷂，《行政法總論》，頁 129～130。

三、行政法規適用於特定區域者

行政法規例外上適用於特定地區者，其情形如次：

1. 法規定有特定地區之名稱者，效力僅及於該特定地區

如臺灣地區與大陸地區人民關係條例、臺北市樹木保護自治條例等，即以法規所特定之地區為施行區域。又如過去「臺灣省內菸酒專賣暫行條例」，應僅適用於「臺灣省內」，但大法官釋字第 239 號解釋（七十八年五月十二日公布）卻宣示：「中華民國四十二年七月七日公布施行之臺灣省內菸酒專賣暫行條例，係當時包括高雄市在內之臺灣省所屬各縣市為施行區域，此項法律施行區域未依法定程序變更前，仍應繼續適用於改制後之高雄市。」其主要理由是，臺灣地區為該條例適用地區，並未因高雄市改制為院轄市而改變。如上開條例適用於非臺灣省的金門、馬祖地區，規範其菸酒生產，顯然逾越法的對地效力。

2. 法規明定特定施行地區者

基於政策實施的時空背景，法規有明定特定的施行地區者，如已廢止之外國人投資條例第 23 條規定：「本條例施行區域，暫以臺灣地區為限；擴增時由立法院決議之。」

3. 法律授權行政機關以命令指定施行區域

耕地三七五減租條例第 30 條規定：「本條例之施行區域，由行政院以命令定之。」由於當時基於土地政策，限定只在臺灣地區推動有關改革，乃有指定施行區域的必要。

4. 依法定條件確定施行地區

戒嚴法第 1 條規定：「戰爭或叛亂發生，對於全國或某一地區應施行戒嚴時，總統得經行政院會議之議決，立法院之通過，依本法宣告戒嚴或使宣告之。」因之，在戒嚴法本條規定之戒嚴要件「戰爭或叛亂發生」，有施行戒嚴之必要時，發布全國性或地區性戒嚴令。

四、行政法規特別排除適用地區者

行政法規在特殊情況下，明定排除適用的地區，如集會遊行法第 6 條規定，集會遊行不得在所列舉的地區及周邊範圍舉行，即是一例。

第三節　人的效力

行政法關於人的效力，即指法規對人的效力，亦即以人為對象（客體）所發生的拘束力。傳統法理上，法律對於人的效力有三項原則：屬人主義、屬地主義與折衷主義（兼採屬人主義與屬地主義）。依屬人主義，行政法規對本國人一體適用，不論是在國內或國外。依屬地主義，行政法規適用在我國領域內之人，不論是本國人民或外國人。由於適用單一屬人主義或屬地主義，易生困擾，引發國際糾紛，各國於法規適用上乃多採折衷主義。國籍法即是一個典型的例子。國籍法同時規定國籍之取得如：「出生時父或母為中華民國國民」、「出生於中華民國領域內」具備一定條件者，得申請歸化，即兼採屬人主義與屬地主義。

所謂折衷主義，既非絕對屬人主義，亦非絕對屬地主義，而是因事件性質在兩項原則之中選擇並有例外規定。如此使兩項主義相輔相成，具有互補作用。我國行政法制亦採折衷主義，例如：

一、法規規範之事物本質只適用於本國人者

有些法規所規範之事物，本質上只適用於本國人。例如兵役法、公職人員選舉罷免法，此等法規不適用於我國領域內之外國人（兵役法如允許募兵（傭兵）制，或許外國人得應招募，適用兵役法）。

二、法規賦予外國人享有與國人相同待遇者

有些法規考量平等互惠原則，如公平交易法第 47 條規定，未經認可之外國法人或團體，依本法提起之告訴或訴訟，以依條約或其本國法令、慣例，中華民國人或團體得在該國享有同等權利者為限。國家賠償法第 15 條

亦有類似的規定。九十年代前後兩次阿里山森林火車翻落山谷、蘇花高落石等事件，中國大陸人民之遊客，當比照外國國民，適用國家賠償法等賠償法制。

三、法規特別規定亦適用於居留國外之本國國民者

有些法規基於屬人主義之精神，亦適用於居留國外之本國國民。例如所得稅法第 3 條第 2 項，「營利事業之總機構在中華民國境內者，應就其中華民國境內外全部營利事業所得，合併課徵營利事業所得稅。」陸海空軍刑法第 5 條，「現役軍人在中華民國軍隊占領地域內犯中華民國刑法或其他法律之罪者，以在中華民國領域內犯罪論。」

四、法規特別排除外國人之適用者

法規亦有特別排除外國人之適用者，如稅捐稽徵法第 4 條規定，財政部得本互惠原則，對外國派駐我國之使領館及外交人員，核定免徵稅捐。

第六章　行政法之解釋方法

　　法條有限，而人事無窮。行政法規於適用過程，難免因法條有缺漏或文義有疑問，或因客觀環境所限，而發生窒礙難行的情況。因此，行政法規有賴解釋或修改，以解決此種困境。一般而言，行政法規之解釋有其重要功能：㈠確定法規條文的真義，㈡彌補法規內容的缺漏，㈢澄清法規間的牴觸疑慮，㈣適應現實環境需要，㈤解決爭議統一見解，㈥調整法規的適用範圍。依我國五權憲法體制，五院於職權運作上，就所涉及的行政法規，有時而加以解釋之需要。司法及監察機關多為「事後解釋」，而行政、立法及考試機關則之解釋多兼具「事前解釋」及「事後解釋」，以其監督權之性質不同之故。至於行政法（規）之解釋，主要有以下幾種方法：

一、文義解釋

　　由於法規條文係以文字形成，文義解釋是法規解釋最基本的方法，也是法律解釋首先必須使用的方法。這是用日常使用之文義，將法條文字的「內涵」與「外延」加以詮釋。制定法律、頒布命令的機關，都有權解釋法律或命令，但此種解釋只能補充法規漏洞，如逾越文義層次，不生效力。司法院歷次有關「官吏」、「公務員」之解釋即是。通常租稅法規及制裁性法律，多採用文義解釋。如司法院釋字第 1 號就憲法第 75 條之規定：「立法委員不得兼任官吏」的意涵加以解釋；第 4 號駐外代表、第 5 號及第 7 號行憲後政黨辦理黨務人員、第 8 號政府股份在百分之五十以上之公營事業機關之職員等是否為「公務員」之解釋，皆是文義解釋之例。

　　文義解釋不得逾越法條概念的基本意涵或目的，否則將構成違憲或違法而失效。例如司法院釋字第 415 號解釋，針對所得稅法有關個人綜合所得稅「免稅額」（如第 17 條）之規定，指其目的在以稅捐之優惠使納稅義務人對特定親屬或家屬盡其法定扶養義務。認為所得稅法（第 17 條第 1 項第 1 款）規定納稅義務人其他親屬或家屬，合於民法（第 1114 條第 4 款及

第 1123 條第 3 項）之規定，未滿二十歲或滿六十歲以上無謀生能力，確係受納稅義務人扶養者」，得於申報所得稅時按受扶養之人數減除免稅額，固須以納稅義務人與受扶養人同居一家為要件，惟家者，以永久共同生活之目的而同居為要件，納稅義務人與受扶養人是否為家長家屬，應取決於其有無共同生活之客觀事實，而不應以是否登記同一戶籍為唯一認定標準。因此判定所得稅法施行細則第 21 條之 2 規定：「本法第十七條第一項第一款第四目關於減除扶養親屬免稅額之規定，其為納稅義務人之其他親屬或家屬者，應以與納稅義務人或其配偶同一戶籍，且確係受納稅義務人扶養者為限」，其應以與納稅義務人或其配偶「同一戶籍」為要件，限縮母法之適用，有違憲法第 19 條租稅法法律主義，其與上開解釋意旨不符部分應不予援用。又如釋字第 545 號解釋，就醫師法（第 25 條）之規定文字：「業務上之違法行為」、「業務上之不正當行為」所為之解釋，亦為文義解釋之例。外交文書「緣締約各國因語言文字之差異，在訂約時對某一詞句的了解往往未能完全一致。因此，在解釋條約時應首先證實締約國對某一詞句是否有共同了解。」有了共同了解後，是否真正一致同意，可得到結論❶。再如「條例」的由來。中國古代有「條舉事例」，明代律之外有條例。清代「律例」外有「例」，中葉以後有禁煙條例、科場條例。除此少數外，多以則例稱之❷。八十年代「停車塔」興起，因民眾的反應兩極，地方政府與監察機關對「空地」的解釋寬嚴不一，如臺北市政府從寬解釋；監察院則從嚴解釋，但皆從文義解釋。

就法制體例上，文義解釋表現的方式言，則主要有以下幾種：

㈠法規條文適時作自我解釋

例如憲法第 3 條：「具有中華民國國籍者為中華民國國民。」第 170 條：「本憲法所稱之法律，謂經立法院通過，總統公布之法律。」又如土地法第

---

❶ 張彝鼎，〈泰東邊境案與劃界條約解釋〉，文收李元簇等著，《現代公法學》，臺北：漢苑出版社，1988 年，頁 333。

❷ 陳顧遠，〈條例之得名及其特質考〉，《陳顧遠法律文集（上）》，臺北：聯經公司，1982 年，頁 514。

1 條有關「土地」之解釋；第 6 條有關「自耕」之解釋等是。行政訴訟法第 201 條解釋行政法院得予撤銷的裁量行政處分，指作為或不作為逾越權限與濫用權力二者。

㈡法規於特定條文列舉主要概念

如地方制度法第 2 條，列舉並解釋何謂「地方自治團體」、「自治事項」、「委辦事項」、「核定」、「備查」、「去職」等是。農業發展條例第 3 條列舉「農業」、「農產品」、「農民」、「家庭農場」、「休閒農場」、「農民團體」等之解釋亦屬之。所得稅法第 7 條規定，本法所稱中華民國境內居住之個人，指在中華民國境內：1.有住所，並經常居住中華民國境內者；2.無住所，而於一課稅年度內在中華民國境內居留合計滿一百八十三天者。

㈢另訂法規以解釋本法相關概念

常見各種法律之施行細則即是，如全民健康保險法施行細則（九十一年十一月二十九日行政院修正發布）第 9 條有關本法之「專業有給人員」、「公職人員」、「鄰長」之定義即是。國籍法施行細則（九十年二月一日內政部訂定發布）第 3 條對本法有關條文之「領域內有住所」、第 4 條對本法有關條文之「合法居留期間之計算」之解釋等是。

㈣由權責機關依申請而為解釋

除司法院大法官所為之解釋外，行政、立法、考試、監察各院間或基於適法機關之申請，就有關法規加以解釋。

二、論理解釋

以概念含義（非文字含義）、關聯性的比較並借助推理法則所作成之解釋，稱為論理解釋方法。運用推理法則的釋字第 3 號首先指出雖然有拉丁法諺：「省略規定之事項應認為有意省略」，「明示規定其一者應認為排除其他」，但對於有缺漏條文規定的憲法，不能排除監察院無法律提案權。即以此法則解釋我國監察院應否有法律提案權。然後說明憲法上明定的行政、立法、考試三院有法律提案權，其他兩院在制憲國民大會上無人反對，亦無考試院較其他兩院有特殊理由獨需提案權。最後以基於五權分治、平等

相維之體制，認為監察院也應有法律提案權。即為論理解釋。論理解釋包括以下方法❸：

(一)擴張解釋

亦稱擴充解釋，即法律意義，僅依文義解釋則失之過窄，而不足以表示立法之真義時，乃擴張法文之意義，以為解釋之謂。例如憲法上規定人民有居住遷徙、言論、講學、著作、出版、秘密通訊、信仰宗教、集會及結社等自由，而未提及婚姻及飲食等之自由，此時即應用擴張解釋，而將婚姻、飲食等亦列為自由權之一。

(二)限縮解釋

亦稱縮小解釋，即法文字義失之過寬而與社會實情不符，不得不縮小其意義，以為解釋者是也。例如憲法第 20 條：「人民有依法律服兵役之義務」之規定，其中「人民」二字如依文理解釋，應認為包括男女兩性，但實際上依兵役法女子並無服兵役之義務，而立法原意自亦未將女性包括在內，從而應用限縮解釋謂此人民僅指男子而言。

(三)當然解釋

當然解釋者，法文雖無明白規定，但揆諸事理，認為某種事項當然包括在內者之解釋法也。例如公園中常有「禁止攀折花木」之揭示，竹雖非花木，自亦當然在禁止攀折之列。又如刑法第 262 條規定吸食鴉片者有罪，倘不吸食而吞食亦當然有罪。

(四)反對解釋

反對解釋又稱反面解釋，其情形有二：其一，對於法文所規定之事項，就其內涵探求該規定之反面意旨而為之解釋，謂之反對解釋。例如憲法第 22 條：「凡人民之其他自由及權利，不妨害社會秩序公共利益者，均受憲法之保障」，如從反面解釋則凡妨害社會秩序公共利益者，自均不受憲法之保障。其二，反面解釋之適用，應以法律未另作規定者為限。

(五)類推解釋

類推解釋者即對於法律無直接規定之事項，而擇其關於類似事項之規

---

❸ 劉華美等著，《行政法基本理論》，頁 197～199。

定，以為適用者，故亦稱類推適用，相當於我國舊律之比附援引。法規文字上常用「準用」即是。申言之，甲乙兩個類似事項，法律僅對甲有規定，對乙無規定，而吾人對於乙如認為應與甲得相同之結果時，即應用類推解釋。唯刑法因採罪刑法定主義，不得採用此種解釋方法。

司法院有關憲政體制的解釋，多在申論民主憲政相關理論，如行政院與立法院的責任關係（第 387 號）、修憲機關的修憲權及修憲程序（第 499 號）、行政院停止預算之執行應向立法院提出報告並接受質詢（第 520 號）等是。

美國「解釋論者 (interpretivists)」分析憲法之方法要有：㈠歷史方法，例如 Holmes 大法官強調經驗的重要；㈡社會科學方法，如對種族隔離問題的解釋；㈢自然法與自然正義途徑，早期對黑人買賣問題的論辯即是；㈣實質價值（道德與政治哲學）的選擇，乃有所謂「美國憲法是跟著國旗走，但真實是跟著紐約書評走」；㈤政治理論：如一八一九年馬歇爾院長在國家設立聯邦銀行，是聯邦制度結構下，必要而適切的權力之論述 (McCulloch v. Maryland, 1819)，此方法主要關注民主參與、選擇過程與司法審查❹。

三、體系解釋

體系解釋較論理解釋更進一步，是以法條的功能及在整個法制中的地位為基礎之方法。尤其在解決法條相互間矛盾所形成的規範衝突時，常應用這種途徑。釋字第 247 號解釋：依所得稅法第 80 條第 2 項規定，稽徵機關如已核定各該業所得額標準者，納稅義務人申報之所得稅額，若在上項標準以上，依同條第 3 項規定，即應以其原申報額為準。而財政部發布之營利事業所得稅結算申報書面審核案件抽查辦法第 3 條及第 4 條、營利事業所得稅結算申報查核準則第 2 條，以及財政部五十九年臺財稅字第 23798 號令，均規定營利事業申報所得額達各該業所得額標準者，仍應實施審查、抽查及調整稅額。從嚴格的文義解釋而言，上述辦法、準則及函

---

❹ David M. O'Brien, *Constitutional Law and Politics*, pp. 87–93. 至於「非解釋論」則著重憲法條文之基本原則，乃採歷史方法。

令與所得稅法第 80 條第 2 項及第 3 項顯有不符,但釋字第 247 號並未宣告其牴觸母法及違反憲法第 19 條。其論證就是以稅法為一體系,進而比較相關法條的功能以及在稅法體系中的地位,確認所得稅法第 80 條的規定,「旨在簡化稽徵手續,期使徵納兩便,並非謂納稅義務人申報額在標準以上者,即免負誠實申報之義務」;所得稅法其他條文(第 103 條、第 110 條)、稅捐稽徵法第 21 條及第 30 條對匿報、短報或漏報皆有補徵或裁罰的規定,因而將上述辦法、準則及函令視為執行前引所得稅法及稅捐稽徵法規定而設,獲致不違憲的結論。多數意見所通過的解釋文及理由書,我們固然可以在方法論下為之自圓其說,但租稅法律主義在稅務行政上,如同罪刑法定主義之於刑罰法律,是否允許以其他解釋方法推翻文義解釋,在學理上仍有待商榷❺。

又司法院釋字第 444 號解釋,大法官明顯強調環保政策的重要,對法律保留原則以寬鬆的標準加以審查。解釋文首先指明區域計畫法係為促進土地及天然資源之保育利用、改善生活環境、增進公共利益而制定,其第 2 條後段謂:「本法未規定者,適用其他法律」,凡符合本法立法目的之其他法律,均在適用之列。內政部訂定之非都市土地使用管制規則即本此於第 6 條第 1 項規定:「經編定為某種使用土地,應依容許使用之項目使用。但其他法律有禁止或限制使用之規定者,依其規定。」可知土地使用管制應有法律依據,為現行法規所一再重申,但八十四年六月七日修正發布之臺灣省非都市土地容許使用執行要點第 25 點規定:「在水質、水量保護區規定範圍內,不得新設立畜牧場者,不得同意畜牧設施使用」,顯然以命令為限制土地使用之規定,有違反法律保留原則之疑義。而大法官則解為此執行要點之規定,係為執行自來水法及水污染防治法,就某種使用土地應否依容許使用之項目使用或應否禁止或限制其使用為具體明確之例示規定,亦為實現前揭立法目的所必要,與憲法第 15 條保障人民財產權之意旨及第 23 條法律保留原則尚無牴觸。是採體系解釋的論述。

再如,國家賠償法第 2 條第 2 項規定,公務員怠於執行職務,致人民

❺ 吳庚,《憲法的解釋與適用》,2003 年,頁 514。

自由或權利遭受損害者亦有國家賠償責任。惟早期法院的論點是，法律之種類繁多，其規範之目的亦各有不同，有僅屬賦予主管機關推行公共事務之權限者，亦有賦予主管機關作為或不作為之裁量權限者，公務員縱有怠於執行職務之行為，或尚難認為人民之權利因而遭受直接之損害，或性質上仍屬適當與否之行政裁量問題，既未達違法之程度，亦難考量成立國家賠償。司法院大法官在釋字第 469 號解釋（推翻最高法院七十二年臺上字第 704 號判例）指出：倘法律規範之目的係為保障人民生命、身體及財產等法益，且對主管機關應執行職務行使公權力之事項規定明確，該管機關公務員依此規定對可得特定之人負有作為義務已無不作為之裁量空間，猶因故意或過失怠於執行職務或拒不為職務上應為之行為，致特定人之自由或權利遭受損害，被害人自得向國家請求損害賠償。至法律規範保障目的之探求，應就具體個案而定，如法律明確規定特定人得享有權利，授予向行政主體或國家機關為一定作為之請求權者，固無疑義；如法律雖係為公共利益或一般國民福祉而設之規定，但就法律之整體結構、適用對象、所欲產生之規範效果及社會發展因素等綜合判斷，可得知亦有保障特定人之意旨時，則應許其依法請求救濟。如建築執照的核發是否與土石流災難的發生有關，其思考整體相關法律（山坡地管制、水土保持與建築管理等方面）之解釋，即採體系解釋方法。

四、歷史及起源解釋

歷史及起源解釋皆屬著重於法律之產生及演進的一種解釋方法。歷史解釋偏向以作為解釋對象之法律，其歷史的發展為探討重點；起源解釋則以法律制定過程為檢討素材，並探求立法者之本意。惟此處所稱立法者之本意，並非草擬法律之特定個人或立法機關通過法律之法定人數中，個別人之意見，而是制定過程中所表現之客觀的法律本旨。歷史或起源的解釋通常在憲法解釋中運用較多。以釋字第 268 號解釋為例。民國五十一年八月廿九日修正公布之考試法第 7 條規定:「公務人員考試與專門職業及技術人員考試，其應考資格及應試科目相同者，其及格人員同時取得兩種考試

之及格資格」，而考試院於七十一年六月十五日修正發布之考試法施行細則第 9 條第 2 項則規定：「公務人員考試及格人員，同時取得專門職業及技術人員考試及格資格者，其考試總成績，須達到專門職業及技術人員考試之錄取標準」，後段增設之文字，審議時立法委員基於節省勞費方便考生之理由，予以刪除。自不容許重新在細則中出現，大法官於釋字第 268 號解釋乃宣告上開細則條文為違憲。較法律位階為低之各種行政命令，多非恆久性質，或無與法律相當之立法過程，適用歷史或起源解釋之機會極少❻。

愛爾蘭最高法院反對此解釋方法，認為憲法是動態的，不能凍結在制憲的時空環境，何況有些自由權利是當時所無。此解釋方法使人受制於立法者的思想而不能與時俱進。

五、目的論解釋

目的論（目的）解釋係從整體立法之客觀之意旨及目的，以探討所擬解釋法規之真正意含。在其他解釋方法無法解釋到「無可置疑」時，方使用目的論解釋。此方法旨在彰顯客觀上「規範領域」的意旨及目的，具有「鉅觀」觀察法規的效果，與文義解釋之「微觀」觀察效果不同。而前述體系解釋可以解決規範間之衝突，目的論解釋則可以處理價值間之衝突。釋字第 208 號即採目的論解釋方法。平均地權條例第 11 條規定：「依法徵收之土地為出租耕地時，除應由政府補償承租人為改良土地所支付之費用及尚未收穫之農作改良物外，並應由土地所有權人以所得之補償地價扣除土地增值稅後餘額之三分之一補償耕地承租人。」最高法院及下級法院均認為本條之承租人不以自然人為限，從文義解釋可謂當然的結論，無論是自然人或法人，依本條前段，由政府補償土地改良費用或農作改良物，在法理及情理上，都不發生問題。但大法官則持不同觀點，指如果耕地承租人係資力優越之法人甚至公營事業時，依本條後段尚可分得地主所得土地補償費的三分之一，則顯與平均地權條例以保護佃農的目的不符。釋字第 208 號則將耕地承租人解釋為：「其所稱耕地承租人指承租耕地實際自任耕作之

---

❻　吳庚，《憲法的解釋與適用》，頁 510。

自然人及合作農場而言」,乃係避免佃農或合作經營農場者因耕地喪失不能從事農作而生活失據的立法目的。本件係採目的論方法以位階更高的原則為依據,考慮規範的目的及相關者利益評價之要素而為解釋❼。

再如釋字第 322 號解釋,從相關法律的意旨,詮釋某項命令是否違憲,亦是一種目的論解釋。該項解釋指出土地法(三十五年四月二十九日修正公布)第 217 條規定:「徵收土地之殘餘部分面積過小,或形勢不整,致不能為相當之使用時,所有權人得要求一併徵收」,對於要求一併徵收之期間未予明定,內政部為貫徹同法第 219 條關於徵收完畢後限一年內使用之意旨,以六十八年十月九日臺內地字第 30274 號函謂:「要求一併徵收,宜自協議時起迄於徵收完畢一年內為之,逾期應不受理」,係為執行上開土地法第 217 條所必要,與憲法並無牴觸。

而釋字第 588 號解釋,認定憲法第 8 條第 1 項所稱「非經司法或警察機關依法定程序,不得逮捕拘禁」之「警察機關」,非僅指組織法上之形式「警察」之意,凡法律規定,以維持社會秩序或增進公共利益為目的,賦予其機關或人員得行使干預、取締之手段者均屬之。亦採取此種解釋方法。

六、合憲性解釋

合憲性解釋是直接將憲法論點用於法律效力的解釋。也就是「以憲法規範之意旨,而為解釋位階較低法規之方法」,或是「一項法律條文的解釋,如果有多種結果,只要其中有一種結果可以避免宣告該項法律違憲時,便應選擇其作為裁判的結論,而不採納其他可能導致違憲的法律解釋」。這種解釋方法曾為國內學者所重視,並為司法實務所常用,如大法官釋字第 220 號解釋,已廢止的動員戡亂時期勞資糾紛處理辦法第 8 條前段規定:「勞資評斷委員會之裁決,任何一方有不服從時,主管機關得強制執行」,大法官認為是指行政上之執行如有爭議,仍得請求救濟。因之該項規定並未違憲。顯然是採合憲性解釋。又釋字第 272 號解釋審查「動員戡亂時期國家安全法」第 9 條第 2 款前段規定,「戒嚴時期戒嚴地域內經軍事審判機關審判之

❼　李建良等,《行政法入門》,臺北:元照出版公司,2000 年,頁 82~83。

非現役軍人刑事案件已確定者，於解嚴後不得向該管法院上訴或抗告」，是否與戒嚴法第 10 條牴觸，從而違反憲法第 9 條非現役軍人不受軍事審判的規定時，使用扭轉法條通常涵義之方法，以該條規定係「基於此次戒嚴與解嚴時間相隔三十餘年之特殊情況，並謀裁判之安定而設」，故與憲法尚無牴觸。合憲性解釋之樣態甚多，也有利用價值，但學者認為合憲性方法如過度使用，司法機關無異放棄規範審查之職責，恐非妥適。惟合憲性解釋係在某一法律同時出現「合憲」與「違憲」之情形，解釋者應選擇合憲之解釋。有論者認為此為違憲審查者之審查態度之問題，不是一種解釋方法❽。因之，此項解釋方法，允宜運用於過渡性、非常時期或施行初期的體制，審慎為之。

愛爾蘭憲法理論探討此一解釋方法的理由及限制，認為：㈠我們不能保證國會不制定違憲的法律；㈡國會立法者的意思是否合憲，難以研判，是以有採此解釋方法的價值。但刑法不應採此合憲性解釋方法。

---

❽ 林騰鷂，《行政法總論》，頁 108；引自劉華美，《行政法基本理論》，頁 201。

第七章 行政裁量

一、裁量的必要與需要

行政裁量有其必要與需要。結構上的理由是，從古德諾 (F. Goodnow) 到戴維斯 (K. C. Davis) 都同意，立法有時而窮，不可能對行政巨細靡遺一一指示，即便是特別立法，亦不能規定所有細節。其次，行為上的理由是，行政是公務員的行為；人非機器，而有人性的弱點。可是，政府卻被看成大機器，有制式語言，充滿著文書，又有上訴到高等法院的制度，於是人對政府懷著崇高而危險的妄想。「此一時認為公務人員是凡人；彼一時卻昧著事實，堅持政府是建基於法律而不是人」❶。這點藍第斯 (James M. Landis) 曾加以詮釋說，行政程序改進之道的關鍵在於選用有能力的人。「好人使陋規發揮功能，駑鈍者將摧毀良法」(Good man can make poor laws workable; poor man will wreak havoc with good laws.)❷。也就是對有能力的公務員應授予裁量權。再次，功能上的理由是，行政業務的專業技術日益加深且多變，各種環境需要個別考量，因此授權應有彈性，必需給公務員裁量的空間。嚴苛僵化的政府結構及程序，無法抓住經濟而有效經營的機會❸。

二、裁量的運用與濫用

行政裁量固然有其必要與需要，如 Ernst Freund 指出，裁量可以使機關就個案分別考量及處理，避開標準規格、細節要求的限制。但是也有如 Davis 等人，擔心裁量的誤用，與死守法條一樣，都是一種專制。其間的差

---

❶ J. Frank, *If Men Were Angels: Some Aspects of Government in a Democracy*, New York: Harper & Brothers, 1972, pp. 3–7.

❷ See Phillip J. Cooper, 2000, pp. 330–331, footnote 15.

❸ 〈胡佛政府組織改革委員會報告〉，1949 年，see idem, footnote 19。

異，不過是卡羅 (Lewis Carroll) 的愛麗絲夢遊幻境與卡夫卡 (Franz Kafka) 的敵對冷漠世界之別而已❹。裁量乃刀之雙刃，可以為善，也可以為惡。而完全的裁量與毫無裁量，都將產生不公平、獨斷及不協調的政策。以美國入境及歸化局 (INS) 而言，這是一個高度運用裁量權的機關，批准與駁回移民申請案件，都可以裁量條款為依據。研究顯示，該局法規規定清楚的地方，比不清楚的地方，更常導致不協調的結果；並非裁量空間愈大，愈能帶來好的行政。蘇費爾 (Abraham D. Sofaer) 指陳該局如裁決及執行案件的裁量廣泛，就呈現不和諧、專斷與無效率❺。例如因為美國外交政策上對待中南美洲國家有差異，就反映在難民申請入境案，對尼加拉瓜難民申請入境多予核准，對薩爾瓦多、瓜地馬拉則多予駁回。美國政府與伊朗交惡，其難民申請入境即曾高達百分之六十六的核准率。其間，INS 常被批評濫用裁量權，造成專斷、歧視與違法。另一個擁有廣泛裁量權的美國內地稅局 (IRS) 也招致類似的批評。

再以我國的入出境及移民制度論之。民國九十四年八月間，高雄捷運引進泰國勞工引發的事件，備受國人關注。外勞與外籍配偶的受虐，論者指其原因在欠缺完善的移民法制，對待外來移民及移住者如敵人，未提供權利義務對待的機制。廢止或拒絕換發居留證，僅憑警察機關單方決定，無須法院審判，缺乏公正的聽證程序。主管機關不受控制的裁量權，濫用情事時有所聞❻。

當然，裁量可以為善，也可以為惡。同理，對待裁量可以從嚴，也可以從寬。正當我國高雄外勞事件爆發時，美國亦在修改移民法。參議院司法委員會於二〇〇六年三月二十八日通過修正案，為全美境內一千一百萬尋求公民身分的非法移民除去障礙，只要有工作、通過刑事背景調查、學習英文、繳納稅金罰款，最終都可取得公民權。參議院的寬大為懷引來如同特赦非法分子的抨擊。而眾議院在二〇〇五年還通過嚴苛的修正案，將

---

❹ See ibid., pp. 303–304.

❺ Ibid., p. 305.

❻ 廖元豪，〈移民法該怎麼修?〉，《中國時報》，2006 年 3 月 29 日。

非法移民定為重罪，並且計畫在美墨兩國邊界建築七百哩長的高牆，顯然從性惡立論。究竟美國非法移民，這些「非法的外來者，可否也客串工人?」(Can an "illegal alien" also be a "guest worker"?)❼。修正案前途未卜，可見裁量的拿捏不易。

三、行政裁量的類型

1.實質的、程序的及複合的裁量

為分析及實用之目的，裁量性決定可分為三類：實質的、程序的與複合的。實質的裁量（決定），是指行政人員裁量決定有關權利、義務或責任事項，或就個別政策問題頒布規章、做成決定。如檢察官對逃避兵役者，如何用替代役處理，以及服役期間多久等的決定是。程序的裁量（決定），是蒐集事實或做成政策決定之選擇程序。行政機關的授權法及行政程序法授權的各種程序，對公務員習以為常的行政方式就給予相當程度的裁量空間。例如行政機關收集資訊時，可以運用聘請顧問、由幕僚進行調查或是採取審訊詰問的聽證會等方式，其選擇的決定即是。至於複合的裁量（決定），既是實質的裁量決定，也是程序的裁量決定。這種類型的裁量性決定，沒有一套正式的標準程序，多用來處理未定案件的替代方案。一方面要做成決定，同時另一方面卻不要採取行動；既不過分為害，又不積極做事，而是要維持現狀❽。

2.要件裁量、效果裁量；自由裁量、法規裁量

從行政行為（行政處分）的決定（涵攝）過程分析，行政行為的裁量發生在法律效果的選擇上（如開車違規如何處罰的決定）。但亦有認為法律要件事實（交通處罰條例規定的受處罰行為）的不確定法律概念，其適用亦有裁量的存在❾。日本行政法理論，有將裁量區分為要件裁量與效果裁量，如美濃部達吉、佐佐木等即是❿。

---

❼　*New York Times*, Monday, April 2006；《聯合報》，2006 年 4 月 3 日。

❽　Cooper, op. cit., pp. 308–309.

❾　吳庚，《行政法之理論與實用》，11 版，頁 120 至 121。

自由裁量（又稱便宜裁量、目的裁量），如溫泉法規範溫泉的湧出量、溫度、成分等，交由行政機關依專門技術作判斷。外國人居留期間的更動、原子爐的安全管制、人民生活基準的設定等，都有交由行政機關自由裁量的必要。因之，自由裁量不受司法審查。法規裁量則是思考法規文字在社會觀念、通常人的日常經驗上的客觀意義而作成的裁量。法規裁量適用法規是否正確，是法律問題，是法院審查的對象❶。二次戰後，授益行為原則上採自由裁量，侵害行政（行為）則例外時採法規裁量❷。

3.行為裁量、選擇裁量；宏觀的裁量、微觀的裁量

依照裁量理論之通說，裁量係指決策與否或多數法律效果之選擇而言，並非構成要件事實之裁量。行政機關決策與否，具體言之，即是否作成行政處分，稱為行為裁量或決策裁量。而就產生不同效果行為之擇一而行，則稱為選擇裁量❸。如對某事件是否處理，是行為裁量；如何處理或何時處理，有多種選擇，是為選擇裁量。

行政機關在不屬於法律保留範圍之事項，以其自己之責任，推行各項公共政策，原有其相當之自由，無須以法律明文授權為依據，此即行政之自由性，可稱為宏觀的裁量或廣義的裁量。行政裁量係以行使法律之裁量授權，與行政之自由性不同，乃微觀之裁量或真正之裁量❹。

4.個案裁量、執行裁量、政策裁量等

寇趣（Charles H. Koch）提出裁量有五種不同情境的用法，即：⑴個案裁量：在法律允許的邊緣之內，行政機關以推進由規則組成的計畫，實現個案正義的能力。⑵執行裁量：立法機關在制定法律時，使用「可行的」、

---

❿ 村上正則編，《基本行政法》，東京：有信堂，1993 年，頁 138～139。

⓫ 山代義雄，《現代行政法入門》，大阪經濟法科大學出版部，2002 年，頁 72～73。

⓬ 田中二郎，《行政法總論》，東京：有斐閣，1957 年，頁 289；引自村上正則，前書。

⓭ 吳庚，《行政法之理論與實用》，同上，頁 121。

⓮ 同上，頁 128。

「公共利益」等概括的、含糊的、指示不完整的文字，授權行政機關執行法律時，得以用命令或行為填補細節的裁量。(3)政策裁量：立法機關將實現法律所確定的社會目標之方式及途徑的選擇權，授予行政機關，行政機關因此所為的選擇即為政策裁量。此種裁量，不僅延展立法意圖，填補細節，實與立法功能相類似。(4)無拘束裁量：為使行政機關作有效分配政策資源的決定，而排除法律明示或默示的規定，其主要領域在國防或外交事務所為之行政行為。此種行政行為僅受法律原理、普通法拘束。(5)超常規裁量 (numinous discretion)：行政機關在高度不確定的情境對不確定問題的回答，這種回答即超常規裁量。立法機關對此種授權，只能以指導性而非控制性的標準加以要求❺。

四、裁量權的來源

裁量性決策制定的權力來源，有以下幾個方面：

1.法規的廣泛授權

立法機關的立法或行政機關的授權，法規文字上使用模糊或開放性文字，給予行政人員寬廣的解釋空間，提供裁量權的基礎。這種「骨架立法」，賦予行政人員完全選擇的自由，或在文字上給予行政人員依其信仰、期待或傾向取代事實，而運用公權力。這類文字屬規範性不確定法律概念，如「充分」、「適當」、「公正」、「需要」、「合理」、「公共利益」等。行政首長的命令或計畫，如民營化政策、產業東移政策，都授予執行部門廣泛裁量權。

2.專業技術

因專業技術授予裁量權，是基於事實需要。在許多特殊領域，行政人員暴露於石棉、核能及有毒化學廢棄物的環境。有關行政的立法，必須借重專業知識及專家，於此，「民主政府與科技政府在專業領域銜接起來」。因此，機關法規與執行行動，即充滿挑戰。如美國環保署常面對其管制的企業及環保團體的挑戰，汽車製造商的技術是否符合空氣清淨法的標準，

---

❺　余凌云，《行政自由裁量論》，中國人民公安大學出版社，2005 年，頁 38～41。

農藥使用是否造成危害，需要環保機關的人員判斷，都受到檢驗及質疑。專業技術需要在彈性或效能的領域裡運用。雇用專家與委託專業，是必然結果，也是裁量權的運用。以其考量的是聲譽素孚不受政治干預的專業，而為司法所尊重。

　3.經　　驗

　　行政或治理，甚至公眾參與，都以經驗和專業技術為重要影響因素❻。經驗與專業相關連，但決策者可能運用大量的專技知識，可是沒有運用專技知識的經驗。Walter Gellhorn 發現經驗老到的行政人員，通常注意行政業務的持續性，而這種敏感性來自於他先前的經驗。經驗如同專業知能，間接促進行政人員判斷的裁量。同時，為客觀、正確而有效判斷，更允許彈性空間。經驗使行政人員有能力評估個別行動上所需的政治成本。

　4.政府內外團體及個人的政治支持

　　政府只要採取某種行動，以其影響到某些人的利益，即刻引起有利者或不利者的支持或反對。如此，政府就有裁量選擇餘地。武器的採購、軍事基地的設置或撤除，影響多少廠商及工人的生計，國會議員與利益團體很快就起來表示支持或強烈抵制。美國聯邦交易委員會 (FTC) 限制菸商廣告的決定，也會受到其他機關的贊同與抗拒。如美國香菸的標幟爭議，在一九六○年代甚囂塵上，竟構成當時美國政治的片段，在消費者利益與國民健康（公共利益）問題，政府的立法、行政及司法部門，周旋於政治與科學之間。有關機構是在「合作、衝突與短暫聯合」中追求政策目標。在「香菸政治」下更成立「次級機構」(Tobacco Subsystem)，由菸葉農民、市場經銷商、香菸製造商、國會議員、農業部代表等組成，具有獨立地位。這對 FTC 的管制裁決有相當的影響力❼。FTC 的裁決不受傳統三權分立原

---

❻ Alan Irwin, "Expertise and Experience in the Governance of Science: What is Public Participation for?" in Gary Edmond (ed.), *Expertise in Regulation and Law*, Aldershot, England: Ashgate, 2004, pp. 32–50.

❼ A. Lee Fritschler, *Smoking and Politics*, 2nd. Ed., Englewood Cliffs, New Jersey: Prentice-Hall, Inc., 1975, pp. 1–14.

則拘束，甚至招來違憲的質疑 ❶。一九八○年聯邦交易委員會改進法，限制 FTC 的行動，國會得以使用否決權而縮減 FTC 的裁量權。鬆綁政策下，管制機關守門員的角色退卻 ❶。

5.中央與地方關係

由於中央與地方在環境保護、安全事務上日趨緊密合作，中央的政策執行時常有裁量餘地。其實，在這方面，地方顯然處於劣勢。因為中央可以透過立法、管制措施，掌握控制地方的裁量權。而地方資源缺乏，常需中央補助支援，地方得以裁量的空間有限。但中央與地方的互動關係，畢竟賦予地方裁量權，掌握一般立法權 ❷。

行政恆有裁量性質。行政權限的爭議，多為裁量權的爭議。二○○五年九月，Katrina 颶風摧毀美國紐奧爾良市，為此國土安全部的主管署長去職，此事件顯示官僚系統的失控，並引發中央與地方權責論爭。當時我國高雄捷運於民國九十四年八月發生泰勞抗爭，高雄市代理市長與行政院勞工委員會主委先後引咎辭職，彼此對中央與地方就引進外勞的權責，在裁量權上，認知上顯有差距。裁量權在權限衝突或和諧中運作，效果有別。

6.企業化政府的發展

當代政府企業化運動，包含顧客取向、能力要求與委外經營三項主要訴求。其間，即要求大量的裁量權。美國「政府改造」計畫，要求行政人員對待相對人如同對待顧客。而其服務必須擁有裁量權，否則將充滿欺騙、濫權、浪費，只能提供劣質的服務。沒有裁量權，公務員將唯唯諾諾，「因循法規、推諉卸責、苟且迴避」(follow the rules, pass the buck, and keep their head down) ❷。為了執行上有彈性而且能創新，是支持授權的主要理由。例如委外經營，從而擴大行政機關的裁量空間。

---

❶ Ibid., pp. 13–14.

❶ Cooper, op. cit., p. 312.

❷ Ibid., p. 313.

❷ "Peport of the National Performance Review"，美國前副總統高爾的〈國家績效審核報告〉，1993 年，頁 5；並參 Cooper, op. cit., p. 313.

五、行政裁量的司法審查

1. 裁量必須在法律限制的範圍內為之

裁量不意味著專斷。裁量權應依據合理而公正的規則運作，不應按照個人意見執行之。亦即「根據法律而不是根據情緒執行」。裁量權的行使必須在法律限制的範圍。這是一九五八年德國法官郝斯伯利 (Lord Halsbury) 在 Rooke's Case 判決中，闡明行政裁量必須服從法律的要旨。除英國係不成文憲法國家，對自由裁量權無任何法律限制外，一般國家都要求裁量權的授予必須有所限制，否則憲法上基本人權將難以保障。德國在一九五九年初，聯邦憲法法院在一項判決中指出，法律授權行政機關干預人民的權利時，其內容、主體、目的和程度都必須明確限制，使行政機關的干預是可以測量的、預知的。例如禁止不使用許可證而進口的法律，對不使用許可證而進口（葡萄樹苗）有加以處罰的裁量權。但由於該法對於授予或拒絕許可的標準，未詳加規定，該法乃被宣告為違憲❷。繼上開德國憲法法院之判決要旨，一九七六年德國行政程序法第 40 條明白規定：「如果授予某個行政機關以自由裁量權而活動，那麼，該行政機關必須使其自由裁量權的行使符合於授權之目的，必須遵守對該自由裁量權所加的法律限制。」❸我國行政程序法第 10 條明定：

> 行政機關行使裁量權，不得逾越法定之裁量範圍，並應符合法規授權之目的。

2. 司法審查的理由

行政裁量受司法控制的理由，要有以下幾點：

(1)超越授權範圍。

(2)裁量權被濫用：①違背合理原則（適當性原則、必要性原則、比例

---

❷　M. P. 賽夫著，周偉譯，《德國行政法》，頁 199～203。

❸　同上，頁 205。

原則）；②不正確的目的；③因不相關因素而做成裁量；④欠缺客觀性；⑤違反平等對待原則❷。

(3)不確定法律概念的不當運用：德國對於「公共利益」、「公共福利」等不確定法律概念的運用，法院通常認定由行政機關負責，除非濫用而違反某些強制性的程序規範，否則法院不加審查。一般不確定法律概念的運用，法院則予廣泛的審查❷。

3.司法審查的範圍

立法機關授權行政機關自由裁量的行政行為，原則上司法不加以審查（美國行政程序法第 701 條明定），但是如發現行政行為有「武斷、反覆無常、濫用裁量或不遵守法律規定者」，法院得宣告非法而撤銷之（同法第 706 條）。美國最高法院在一九七一年保留 Overton 公園❷一案，指出「機關裁量之行使本身，不否定司法審查之權力」，只有在制定法律時，用語廣泛，且無法律可適用的特殊情況，才無庸進行司法審查❷。在 Overton 公園一案，最高法院針對濫用裁量權之審查，說明其審查程序：(1)是否在權限範圍之內？(2)是否濫用、專斷、反覆無常，或違背其他法律？(3)是否合乎程序上要求？（田納西州孟斐斯市居民反對州際道路穿越 Overton 保育公園，後來請求內政部將此公園編列為歷史要地，以免再被專斷決策侵害。一九七一年聯邦最高法院判決居民的訴求獲勝。）

美國行政程序法第 704 條前半段規定「受司法審查之行為」：「依法律規定受審查之機關行為，以及法院無適當救濟之機關最終行為，均受司法審查。初步的、程序的或中間的機關行為或法規，其能直接受司法審查者，得因機關最終行為之審查而受審查。」其中，對初步的、程序的或中間的機關行為得在最終行為之審查而受審查，如同對「多階段行政處分」之審查。

再者，美國行政程序法第 706 條規定「司法審查之範圍」，其第 2 項第

❷　同上，頁 205～232。

❷　同上，頁 232～239。

❷　Citizens to Preserve Overton Park v. Volpe, 1971.

❷　參閱羅傳賢，《美國行政程序法》，頁 274～275。

2 款列舉認定違法並撤銷的情形是：

　　⑴ 專斷、反覆無常、濫用裁量或其他違背法律之規定。

　　⑵ 違反憲法之權利、權力、特惠或豁免權者。

　　⑶ 逾越法律之管轄、權限或限制，或欠缺法律上之權力者。

　　⑷ 未遵守法定之程序者。

　　⑸ 基於機關聽證紀錄而審查之案件，欠缺實質證據之支持者。

　　⑹ 審理之事實欠缺證明者。

六、行政裁量的控制

　　行政裁量雖受司法審查，但仍有不足，論者主張加強以下的控制，以謀求改進。其途徑有：

　1.擴大起訴者的資格

　　除一般人民、法人外，增加團體訴訟，非法人組織亦有起訴（舉發）者的資格。

　2.擴大並增加管制委員會的成員

　　必須給予大量各種各樣的利害關係人參與政策制定與執行的行政程序。管制機構必須考慮所有受影響的利益。如美國憲法就要求建構「一種行政過程的利益代表制度」，或「負責而有代表性的團體」。公民代表參加行政程序，使公民具有一種對政府的管理過程的參與感，「使行政法轉變為一種利益代表的運動」，這是對其他政府部門所忽略的強大需求的回應。

　3.嚴守法律正當程序

　　行政機關及獨立管制機關應依法律正當程序，如舉行聽證、充分說明裁量的理由，即是對裁量的一種有效控制方式。美國法院主張獨立管制機關應接受司法審查，甚至採用非正式程序（如不採取行動）亦應受司法審查。法院認為經過聽證手續的正式的行政程序，具有積極促進司法審查及公眾審查行政機關的優點。

　　以上三點改進途徑，其實仍不免有疑義。如擴大參與的實際範圍，是取決於行政決定影響的利益提供代表的方式，但首要問題是，那些受影響

的利益應獲得代表？提供（推派）代表的方式為何？公正的決策，不能因
受影響之利益得到有效代表的參與而確保。再者，代表的產生，如採用選
舉方式，是可以引導公眾關注行政機關的重大政策及公共議論，但是不能
證明公共政策（行政裁量）就處於公眾審查和控制下。選舉機制和冷漠的
投票人冷淡的結合，選舉產生的代表，將是有力團體的俘虜，或許是無勝
任能力的人。美國在十九世紀晚期，許多州鐵路委員會的委員，原來以選
舉產生，後來紛紛回復以任命產生，良有以也❷。我國立法院在一〇一年
六月間，對國家通訊傳播委員會 (NCC) 四位新任委員的提名案進行審查，
朝野意見對峙，在野立法委員從專業角度堅持重行提名，多數黨立法委員
則考量立法院行使同意權的門檻，可否從絕對多數降低為過半數。管制機
關（獨立機關）如何產生，以及如何受管制，同樣存在著問題。

---

❷　Richard B. Stewart, *The Reformation of American Administrative Law*，羅豪才主
編，《美國行政法的重構》，北京：商務印書館，2002 年。

第八章　行政管制

一、行政管制的意義

1.德　國

在德國文獻上接近的概念是「行政調控」。它是現代行政必須在「社會自我規制」與「國家調控」間，不斷發展出的新領域。其類型，依 M. Schmidt-Preuβ 以調控強度為標準，分為三種：㈠直接行為調控：極端情形可以制裁之強制或禁止；㈡間接行為調控：以積極或消極手段（的促進作用）；㈢特有之給付提供：在私法之給付（給與）欠缺或不夠充分時採用❶。

2.我　國

我國文獻上行政管制之概念不一致，有稱「行政管制措施」，係指行政機關為追求特定行政目的，而限制人民自由、課予人民義務或甚至剝奪人民權利的一般抽象或具體個案強制行為。有對契約之管制，是事前管制、主動管制，如定型化契約範例的建議；有對電信管制，其目的在促進競爭，即抑制原有獨占事業濫用市場之力量，建立公平競爭環境❷。而司法實務上，以司法院大法官解釋言，直到釋字第 604 號解釋始出現此概念。該號解釋針對道路交通管理處罰條例，指出「立法者固得以法律規定行政機關執法人員得以連續舉發及多次處罰之遏阻作用，以達成行政管制之目的」❸。

在概念意涵上，「行政管制」與「行政控制」較為接近。而其意涵界定，論者指出是指：「行政機關為達到特定之行政目的，所採取干涉人民權利並有拘束效力之各種行政行為」。其特徵則包括：(1)達到特定之行政目的；(2)

---

❶ 洪家殷，〈論行政罰與行政管制之關係〉，2005 年行政管制與行政爭訟學術研討會，2005 年，頁 3~4。

❷ 同上，頁 5。

❸ 同上。

干預人民之權利；(3)具拘束效力之手段；(4)以行政機關為管制主體；(5)以刑罰以外之行政措施為手段❹。

二、管制的理由及方法

由於市場的瑕疵，管制的理由是：㈠防制壟斷。市場價格不能靠某一家公司控制生產加以調和，這需要政府管制。管制的目標就是「配置效率」(allocative efficiency)，即控制壟斷，避免價格上漲，以免浪費有限的資源。㈡防制不勞而獲。對廠商的囤積居奇，如石油生產國家提高油價，天然氣廠商乘機哄抬價格，就需要對這種不勞而獲 (windfall) 的利益予以控制。㈢矯正「溢出」成本 (spillover cost)。廠商生產過程及產品本身的利用，都可能成為社會的成本。如鋼鐵生產造成空氣污染，產品的處理亦形成負擔，這些成本原來都不是由生產者或消費者負擔。這需要經由管制加以矯正，如徵收空污防制費。此為「外部效果」(externalities) 問題。㈣補償不足的資訊。競爭市場複雜，消費者需要資訊以評估競爭的產品。可是市場資訊是不完備的。政府管制有時是為了補償不足的資訊或降低消費者獲取資訊的成本。㈤消除「過度的」競爭。為防止過度的、破壞性的以及不公平競爭，需要政府管制。㈥減輕稀有性。當供給稀少，需要透過管制以合理分配資源。如電視臺的執照即需要管制以維護「公共利益」。㈦其他理由，如「家長式作風」。政府有義務保護人民，但政府並無此責任，例如摩托車騎士必須戴安全帽的管制即是❺。

至於管制的方法(手段)，傳統上有以下幾種：㈠服務成本費率的規定，如對貨運、天然氣、醫院的管制。㈡依公共利益標準配置，如對電視的管制。㈢設定標準或規格，如對汽車、職業保險之管制。㈣依過去歷史設定價格或分配，即政府對全國性經濟的管制，如對醫院的價格管制。㈤篩選 (screening) 或許可，如對電視執照許可的管制❻。

---

❹　同上，頁 7～8。

❺　Breyer and Stewart, pp. 6–10.

❻　Ibid., pp. 11–13. 臺灣在 2008 年十月，衛生主管機關對食品含三聚氰胺量設定

從行政行為歸類，管制的方法有：㈠申報或說明：如對產品的安全要求向主管機關申報，並在產品（如香菸、飲料）上標示規格、成分及注意事項。㈡執照許可：這是最嚴厲的管制方法，對某些活動或營業必須申請執照經過許可。如商店設立、電視臺成立，須申請營業執照方得營運。㈢批准或禁止：從事某些活動或事業必須經過批准，或經禁止某些行為（如壟斷性的營業），方可開始。如長途客運的經營，其營運須經核准或遵守禁止的規定。㈣經濟手段：對空氣污染有影響的產業，徵收空污費，即是採取經濟手段的管制方法❼。此外，㈤行政罰：行政罰為行政管制經常採行之手段。故掌握行政罰之特徵及可發揮之功能，當有利於管制目的之達成❽。

再者，管制的類型大抵有事前規制與事後追懲兩類。以政府採購法為例，管制的方法可以分為兩類：㈠事前的規範拘束：那些項目的採購應採公開標、選擇標、限制標；而選擇標又如何辦理資格審查等。凡是後果嚴重、難以回復原狀、品質遠比經費重要的採購，如重大公共建設、衛生安全設施等，應該加強事前管制。㈡事後的追究責任：如工程失敗、採買劣貨之責任認定、刑事追訴等。對於衝擊較小、回復原狀較容易、品質差異不明顯的採購，應該注重事後追究，留給採購單位較大的自主空間❾。

三、管制與正當法律程序

管制為行政行為的一種形式，必須遵守正當法律程序。茲以政府採購法為例。政府採購法第 1 條揭櫫三個指標：「公平」、「公開」與「品質」。

標準（0.25 ppm 上限）；美國牛肉進口歷經多時的爭論，2012 年 4 月國際食品法典標準 Codex 公布瘦肉精（萊克多巴胺）容許值，爭論始化解。

❼ 參考王名揚，《美國行政法》，頁 178～179。

❽ 洪家殷，前文，頁 31。我國行政管制多強調行政罰，例如民國 100 年 10 月主管機關對主要的奶品生產業者漲價行為，處以千萬元罰鍰；102 年 11 月政府要對食用油混充的違規行為處以無上限罰鍰；對酒駕者提高刑責。

❾ 〈法規不善，弊案不斷〉，《中國時報》，2006 年 4 月 28 日，社論。

其「公平」表現在必須有三家以上合格廠商投標，並有選擇性與限制性的例外模式。其「公開」表現在「決標」及「評選」過程。如此，有完備的「公平」、「公開」程序，方能確保政府採購的「品質」❿。然而，以公平及公開原則衡之政府採購法，即有多處不合正當程序。工程及財務採購，以「底價」作為得標與否之基本依據，不如以「預算」作為底價合理。評審委員外聘者僅占三分之一，主辦單位自由心證的空間未免太寬。而現行政府採購法第 22 條（限制性招標）的規範採用列舉式排除公開招標，難免有掛一漏萬之缺陷。排除公開招標過程須經上級機關核准，其審議流程欠缺專業輔佐，也不免是行政機關怠於職守的事例。而政府 BOT 案得以迴避政府採購法之規範，也使得政府採購體制旁門洞開，完全腐蝕了採購法事前規範的完整性⓫。

四、我國設立管制機構（獨立機關）的原因

以我國通訊傳播的管制機關為例。我國 NCC（國家通訊傳播委員會）立法延宕多年，至九十五年二月成立。而所以成立此管制機構，主要有兩個原因：㈠合議制機關的公正性優於首長制。九十三年八月立法院三讀會未能通過，就因委員應否由政黨代表出任的爭議所致，而此爭議至 NCC 成立後，猶餘波盪漾，並以聲請大法官解釋繼續蔓延⓬。但不論 NCC 的委員是應由行政首長提名，或由政黨依國會席次比例推薦名單，公正性都不免受質疑，然朝野皆堅信合議制的 NCC，其公平性優於首長制並由政務官主導的新聞局。NCC 的成立是符合媒體定期換照、審理程序公開、有效監督

---

❿　呂欽文、徐岩奇，〈採購法該翻修了〉，《中國時報》，2006 年 5 月 1 日。

⓫　〈法規不善，弊案不斷〉，同前。

⓬　司法院（於 95 年 7 月 21 日公布）釋字第 613 號解釋，認為我國首屆 NCC 委員的產生方式，「實質上幾乎完全剝奪行政院之人事決定權」，而轉由立法院各黨團與各政黨（團）依其在立法院席次比例推薦組成之審查會共同行使，影響人民對 NCC 應超越政治之公正性信賴，違背 NCC 設計為獨立機關之建制目的，與憲法所保障通訊傳播自由之意旨亦有不符。

頻道使用的社會正義之要求。㈡ NCC 的專業及獨立合於社會期待。長久以來，英、美等國獨立管制委員會的專業及獨立運作，已受到國人相當程度的肯定，對照之下，我國政府對新聞事業及媒體的管制不能令人滿意，凸顯 NCC 的需要及必要。如英國傳播管理局 (Office of Communications) 是獨立機構，其對被撤銷的頻道與判決內容，均可在政府網站上公開查詢；有關申請案、審核進度都在網路公開，藉由資訊透明化，樹立政府的威信及專業，大幅降低民眾對政府的質疑與不信任感。

我國管制（獨立）機關設立及運作多年，其定位及職權則一直難以確立。中央行政機關組織基準法（九十三年公布），將公平交易、中央選舉及通訊傳播三委員會明定為獨立機關。原定的金融監督委員會與中央銀行則由於首長反對而排除。故體認及落實獨立機關的立意初衷，是其發揮功能的要務。

五、對管制的質疑

經濟學家史蒂格勒 (George J. Stigler) 對於以管制為改革的作為，表示懷疑。他說：

> 這聽起來非常荒謬。我說的是，雖然我們的證券交易委員會已經成立三十年之久，但是我們不知道如何改善證券市場；雖然我們管制鐵路已有七十七年歷史了（到一九六四年為止），卻還不知道如何建立一套合理的鐵路費率結構。沒有人清楚，施行了公平就業法後，勞動市場對有色人種的歧視就會減少。我們可以搭上一輛名叫「經濟改革」的巴士，卻不知道這輛車會把我們載往何處。

Stigler 認為一八八七年美國鐵路已超過十八萬哩，是羅馬帝國的公路總長好幾倍。鐵路單位已雇用了七十萬人，是史上空前的產業大軍。為了建立公允的費率結構，為了管理這龐大帝國的枝微末節，國會絞盡腦汁想出了「州際商務委員會」(Interstate Commerce Commission, ICC) 這個機構。

由五位委員，六十一位員工，十四萬九千美元的經費，就要承擔此重責大任，其能對鐵路費率做出重要改變，真是奇蹟❸。而許多研究過電價管制的經濟學者和政治學家都隱約的做出結論，即研究管制效果是不必要的。簡單的說，管制委員會對費率的影響是微小而難以察覺的❹。

以臺灣油價管制而言，政府一方面說要反映成本、尊重市場機制，卻在另一方面設定油價計算公式，並由中油、經濟部及行政院分別決定一定的漲幅。雖然油價調整都經由專業委員會評定，但是常見不一次調足，而是以鄉愿心態微調，因此，只要國際油價波動，立刻又要調漲。由於不願消除消費者預期心理，從根本解決問題，油價的管制即引起社會各界質疑，直要政府承認無力抑制油價上漲，呼籲政府不應管制。

再如臺灣鐵路，更以政府機關層級節制體系，從行政院至過去臺灣省政府交通處鐵路局，中央與地方都進行管理及經營。甚至，行政院並設置一委員會專門監督臺灣鐵路的營運。然而，臺灣鐵路長久的虧損及經營不當，已成為政府的沈痾，管制（管理或監督）顯然成效有限。

媒體管制亦然。如行政院新聞局於九十四年八月二日，駁回七家有線電視頻道申請換照案，業者有提起訴願請求救濟。有些經行政院訴願委員會決定撤銷新聞局原處分，其理由有自製節目或新聞節目比例之認定有疑義等。其中，有一電視公司申請案遭駁回，行政院訴願會（九十五年一月二十三日）在決定書指出，原處分機關僅以財務結構問題，否准訴願人換照之申請，無視訴願人增加投資，財務結構改善等的事實，爰予撤銷❺。

---

❸ 史蒂格勒著，吳惠林等譯，《人民與國家：管制經濟學論文集》，臺北：遠流出版公司，1991 年，頁 42～45。

❹ 同上，頁 47。我國電價如何決定，民國 97 年起有是否一次漲足之爭論，同年 5 月 20 日新政府成立，主張一次漲足，又決定「緩漲」；101 年 4 月又決定一次漲足，旋即改為分三階段（其中包括台電公司內部改革）。101 年 11 月出刊的英國《經濟學人》雜誌因此批評臺灣領導人。

❺ 林三欽，〈由國家賠償的角度檢視「龍祥電影台換照案」〉，《台灣本土法學雜誌》，80 期，2006 年 3 月，頁 228～234。

管制不當的案例一再出現，馴致一般相信，不如以媒體自律取代政府管制。

六、美國管制體制所受的批評

S. G. Breyer 與 R. B. Stewart 在《行政法與管制政策》一書，指出管制機關之間缺少協調、沒有效能、不能達成經濟管制及促進公益的任務。管制機關雖集三權於一身，卻少負責，管制功能有限，可謂是「失靈」。他們列舉幾個重要的批評，茲述其要點如次：

1.伯恩斯坦 (Marver S. Bernstein) 在國會的證詞[16]，認為民眾對管制機關認知有限、管制機關對所面對的問題不了解、外行人掌控管制機構的技術及法律程序、管制機關難以抗拒政治干預。如此，公益反而由被管制的團體判斷，管制反而破壞而非促進競爭。

2.賈飛 (L. Jaffe) 在〈管制機構──新的代罪羔羊〉一文[17]指責管制機關已獨立，是誇張的論調。管制機關已成背離改革、沈淪的代罪羔羊。管制機關缺乏監督，缺乏國會及人民的信託。因此，管制產生了一個根本問題：由於管制機關的介入企業管理，企業的創意及責任感因而淪喪。

3. Posner 在〈聯邦貿易委員會〉一文[18]，指出「管制失敗的原因」，主要是高度無效率，不能打擊詐欺及壟斷。管制機關原是「國會的手臂」，卻因為國會偏向狹隘的利益，致管制難以照顧消費大眾。而管制機構的成員，不以在機構服務為職志，管制機關不過是個踏腳石，難以發揮功能。

4.美國參議院有關民航局的業務及程序的報告（一九七五年）：指陳管制制度有幾個缺失或問題：(1)程序多未能有普遍被接受的公平及公開之標準規定；(2)有些重要政策未給予公眾辯論及提出方案的機會；(3)難以產生價格低廉、技術可行及消費者滿意的服務，以及基於成本的費率決定制度。參議院有關小組委員會的建議是，應該鼓勵的是競爭不是管制，這樣才可

---

[16] 1956 年，第八十四屆美國國會。M. S. Bernstein 是當時普林斯頓大學，公共及國際事務 Woodrow Wilson 學院院長。

[17] 《耶魯法律期刊》，1956 年。

[18] 《芝加哥大學法律評論》，1969 年。

能帶來低價格的服務。

　　5. Wilson 在〈管制的致命之手〉❶一文，首先提到一九五〇年代許多有關管制委員會的批評，是基於兩個標準：效率與公平。效率方面，強調管制符合社會目標、管制工作有課責性。改革者強調管制委員會有「更強而有力的領導」、「更清楚的信託」、「民眾支持」以及「有效管理」。Louis Jaffe 認為管制是否正確得當，符合企業所需，比其為企業服務重要。公平方面，重視程序及救濟，如聽證、通知、審查程序，此改革運動至一九四六年行政程序法的制定達到高峰。其次，本文指出「管制的效果」是不能盡如人意的。依 George J. Stigler 與 Claire Freidland 的研究，從一九一二至一九三七年間，管制工作並無具體成效。公平而值得捍衛的費率決定機制未能建立，致管制之後價格反而更高。再次，本文探討「誰俘虜誰」，引述急進的歷史學者 (G. Kolko) 與保守的經濟學者 (George Stigler) 所指，管制機關已被其所服務的企業所俘虜。僅少數如聯邦電力委員會 (FPC) 與州際商務委員會 (ICC) 沒有被俘。

　　6.美國參議院司法委員會有關管制改革法的報告（一九八一年）：本報告將管制區分為「經濟管制」與「社會管制」。前者如飛航、貨運或天然氣等之管制，論述重點在管制或鬆綁的規劃；後者如環境、健康保險等之管制，則注重如何使管制更有效負擔更少。本報告批評職業安全及健康署 (OSHA) 在政治及實務運作上是失敗的。指企業界視之為政府的入侵者，認為該署對人民之職業傷病，缺乏敏銳的注意。此外，依一九七七年空氣清淨法修正案，國會迫使美國環保署 (EPA) 花費數百億元控制燃煤的污染。而這項措施原可以其他更便宜、快速而有效的方法取代。除了成效不明確，成本的難以掌握，更是管制不受支持的原因。

　　7.美國總統有關管制救濟工作小組：雷根政府的管制成效報告（一九八三年八月十一日）。此報告列舉十四個採取的步驟，以消除、改革或控制政府的管制措施，如解除業界的報告義務、增加許可、簡化註冊條件等。其中第九項是「解除油價管制 (deregulating oil prices)」；第十一項是「改進

---

❶　*The Public Interest*, Fall, 1971, pp 39–59.

及合理化反托拉斯政策」；第十二項是「致力於發展及採用科學的風險評估」。

8.〈冰山之一角〉❷一文：從一九八〇年至一九八九年，十年間「社會管制機關」與「經濟管制機關」二者，支出經費最多的前十名分開統計，支出分別上漲百分之十三與百分之二十六。同一期「管制雜誌」另一篇 Noll 所著〈雷根之後的管制〉一文，指出經濟管制不能成功的保護消費者抗拒壟斷，管制價格不如鬆綁能有效補救市場失靈。鬆綁才是改革之途，這需要兩大黨在國會聯手合作，採取聚焦而廣泛協調的管制途徑❷。

美國獨立管制委員會具有行政權、準立法權和準司法權，匯集三權於一體的制度，原就受到破壞權力分立的批評。一九三三年，美國律師公會設置一個行政法特別委員會研究委員會制的問題。嗣後發表報告討論「行政專制」傾向的危險，指出管制機關是審判機關同時具有檢察官和裁判官的功能。因此，英、美國家法界有人極力反對行政法規制定權、行政裁判權的急速發展。管制機關的另一缺點是以不純正方法審訊訟爭。委員會不遵循法院的正式程序審案，缺乏公平裁判，常見毫無證據而為判決。例如全國勞工關係委員會（局）(NLRB) 允許以傳聞證據審理爭訟，就引發爭議❷。

至於補救管制失靈的方案，論者有提出以下幾項：(1)手段的選擇，應著重於對私有市場最小的干預以及最實際的激勵，不應只依賴行政法規。(2)改進管制機關的人事，如哈佛法律學院前院長 James Landis 曾對甘迺迪總統提出報告說：行政程序改進之道的關鍵，在於選用有能力的人。好人使陋規發揮功能，駑鈍者將摧毀良法。(3)改變管制機關的組織，以期對總統負責、政治中立、有課責機制並公開作業程序。(4)加強行政、立法及司法部門對管制機關的監督及控制。(5)開發新機構，如行政法庭、技術評審委員會及監察長等裁判機關，甚至仿法國設立類似行政法院的機關❷。

---

❷ *Regulation Magazine*, No. 3, 1988.

❷ Breyer and Stewart, pp. 141–174.

❷ 羅志淵，《美國政府及政治》，臺北：正中書局，1982 年，五版，頁 571～573。

七、管制機關被俘虜

美國管制機構與工商業界，彼此在利害關係上互動，甚至於實質上的人事交流，可能導致二者主客易位。由於管制機關的政策直接影響工商業界，致業界乃設法拉攏委員會，甚至保留高級職位給委員退休後轉任。因此，管制委員會成為委員「實習的職位」(internship)。結果是企業界的政策優於管制機關，反而影響、指導委員會。管制機構可能因之失去管制能力，變成被管制者，亦即成為工商業界的「俘虜」。其結果，「管制者成為被管制者」，顛覆原本的主從關係。杭廷頓 (Samuel P. Huntington) 感慨管制只是「被管制團體獲取一個委託機關的手段而已」❷❹。

道斯 (Anthony Downs) 在《官僚體系的內部》一書，提出行政機關都必須有能力獲致「最少程度的自主性」的論點。他認為官僚機構應「為自主權而奮鬥」❷❺。具備專業能力及獨立行使職權的地位，更是獨立管制機關的特質及要求，如今，以此衡之獨立管制機關，已不能令人滿意。而研討美國政府的著作，依然關心管制機關在美國多元文化，形成「管制者被被管制者俘虜」的現象 (the "capture" of the regulators by the regulatees)。

八、對管制機關的監督

管制機關通常由行政部門提議，經國會立法而成立。由於具有獨立機關的地位，掌有行政權、準立法權及準司法權，管制民生重要事項，因此其監督受到各國關切。

就行政部門的監督論之：

---

❷❸　Breyer and Stewart, op. cit., pp. 174–194.

❷❹　Marver S. Bernstein, *Regulatory Business by Independent Commission*, 1955, p. 271; 參陳鉅堂，〈美國獨立管制委員會之研究〉。

❷❺　Anthony Downs, *Inside Bureaucracy*, Boston: Little, Brown and Company, 1967, chap. 2.

㈠人事上的監督

有關人事上的監督，首先是委員的任命方面。管制機關（獨立管制委員會）獨立行使職權，委員受任期保障。美國獨立管制委員會委員跨兩大黨 (bipartisan)，通常由兩大黨人士出任，總統的提名必需作此考量。我國首屆 NCC 國家通訊傳播委員會委員人選的產生方式曾引發朝野長久而激烈的爭議。執政當局力主由行政院長提名全體委員，以維護行政首長人事權，且管制機關屬行政部門之故。在野則堅持依國會政黨席次比例，由各黨提出委員人選，期委員保持獨立及專業。後經釋字第 613 號解釋，指出我國首屆 NCC 委員的產生，違反行政一體及權力分立原則、侵犯行政院院長行政權（含人事權），宣告違憲。

再就委員的免職方面而言。美國獨立管制委員會擁有行政權，總統為最高行政首長，故對管制委員會有影響力（有「總統有管理權」之說）。總統掌握提名管制委員會委員之權，當可提名與其觀點相近的人，乃有機會影響委員會。尤其透過委員會主席的任命，得對委員會發揮一定的影響力。歐巴瑪 (B. Obama) 總統原屬意桑默斯 (L. Summers) 擔任聯準會主席，但國會支持者少，歐巴瑪始改提葉倫 (Janet L. Yellen)，並於二〇一三年十一月二十一日獲參議院同意。依規定，總統僅在管制委員會委員發生「無效率、玩忽職責、違法失職」之具體情事始得予以免職。但實際運用上，因概念含義寬泛，致總統的影響力頗為廣泛。例如，除非明示禁止，否則總統可迫使委員會服從一般行政命令，如委員不服從，將構成「玩忽職責，違法失職」原因，委員可能面臨被免職的命運❷❻。美國最高法院認為除法律規定原因外，不得任意免除委員職務。獨立管制機關不受總統領導，國會並得立法限制總統的控制權力 ❷❼。我國行政院金融監督管理委員會首任主任委員，因案被檢察官起訴（民國九十五年二月），行政院將該主任委員「停職」。往後該會尚有主任委員僅任職數月即被撤換。獨立機關委員的任期應

---

❷❻ 陳鉅堂，〈美國獨立管制委員會之研究〉，臺灣大學政治學研究所碩士論文，1975年。

❷❼ 王名揚，《美國行政法》，頁 181～183。

非為其職位提供絕對的保障。

(二)政策上的監督

行政機關所設一般委員會及獨立管制委員會，其決議是否具決定性，常引發爭議。委員會所為決議，如有決定性而首長無置喙餘地，則將形成「委員會治國」。有主張委員會之決議應為諮詢性，首長得加以改變並負起責任。依美國行政機關一般體制：(一)美國檢察官會議建議書曾建議，凡對主審人員裁決不服的案件，行政機關首長僅應就主審人員之裁決，是否與檔案中事實或證據相合，再加審核。此一建議，與行政機關首長有裁決權的原則，顯然不合。(二)行政程序法第 8 條則規定，行政機關首長，在審核承辦人員之初步裁決或暫擬裁決的情形下，行政機關首長有裁決權。(三)美國聯邦最高法院肯定行政程序法之目的在提高承辦人員在行政審問的地位。法院認為機關首長僅僅根據證據作成的裁決，未必比一個富有經驗的承辦人員審理及裁處更為可靠。準此觀點，機關首長與承辦人員意見衝突時，證據的可靠性固可探究，承辦人員的裁決及理由，尤有重視的必要❷。

對獨立管制機關，行政首長只能在委員及主席（主任委員）提名時，相當程度的影響管制政策。對管制機關處理的個案，除非政策決定顯然違反各種類別的實體法或行政程序，行政首長不應干預，以維護其獨立地位。

九、鬆綁的危機

(一)鬆綁的問題

雖然鬆綁 (deregulation) 常被用作改革「管制」的方法，但是 H. George Frederickson 指出有些改革是正面的給予機關更多的資金或更多的管制，有些改革則是「鬆綁」的方面。他認為「鬆綁」容易產生政府倫理的危機。首先，如減少文官的數量，這將致政府失憶及空洞化。其次，是減少法規的束縛，這在政府空洞化及法規解除後，貪瀆與醜聞將找到最佳的寄生溫床。其三，政府事務的外包，其結果是佣金與詐欺事件層出不窮。其四，是開放公有的空間，改由私人管理經營，這樣固然可避免官僚干預提升營

❷　K. C. Davis,《美國行政法》, 頁 149～150。

運效率，卻也是貪瀆滋生的場所❷。

英國在柴契爾夫人主政的十一年間（一九七九至一九九〇）首倡鬆綁論、私有化論，其放任資本主義的作為，助長貧富差距、失業率攀升、財團坐大，印證了學界的憂慮。我國在委外、民營化行政業務過程，監督始終是重要課題。

㈡管制與鬆綁的相對性

行政，皆具有公權力的本質。因之，「鬆綁」實為「再管制」或另一種較低密度的管制。民國九十五年五月由於國營事業民營化一向進度落後，行政院公營事業民營化推動委員會乃重新檢討民營化政策，對十五家公司中，具公用性質或較強的政策任務者，考慮不必完全民營。而政府單純持股但不具財政效益的公營事業，政府應繼續釋出全部持股。一〇一年六月在油、電價上漲聲中，被指經營不力，中油公司決定民營化，似脫離原來民營化政策。再如，教育部通過大學法施行細則的修訂，提出大學學雜費調整方案，規定各大學得自訂學雜費調漲幅度，但不得超過前一年物價年增率，且須為辦學績優的學校方可調漲。對此，各大學的普遍反應是，「依物價調漲，等於沒有鬆綁」；「各學校屬性不同，辦學理念不同，既有資源不同，教育部應鬆綁，讓各校有自主調漲的空間」。行政具有管制本質，任何管制或鬆綁應屬程度問題。而專家及專業知識在管制法制及周邊體制，是重要因素，影響管制之政策及方式❸。

㈢「改革管制」或「管制革新」

改革管制或管制革新，除了「鬆綁」外，其途徑有：1.政府透過法規要求業界從事自我管制，如雇用檢查員、主動證明及保持工作場所的衛生與安全。2.支持管制者主張要求企業公布有關安全及服務資訊時，大眾扮演自己的檢查員，如消費者自行檢視香菸應有的焦油及尼古丁含量說明，或二手車的缺陷之資訊。3.增加法規制定的規則，如美國一九四六年聯邦

---

❷　江明修主譯，《公共行政精義》，頁 195～196。

❸　Gary Edmond and David Mercer, "Experts and Expertise in Legal and Regulatory Settings", in Gary Edmond (ed.), op. cit., pp. 1–31.

行政程序法規定兩種法規制定的方式：正式的（經過聽證）及非正式的方式。對人民權益有高度影響的管制措施，即應採正式的方式（程序）。4.行政機關在制定法規時，應說明其特殊價值如成本效益，並且對預算管理局提出管制計畫，或在制定之前經其他單位複審（從尼克森政府以降即要求行政機關如此制定法規）。 5.一九九○年「協商法規制定法」(Negotiated Rulemaking Act)，要求法規制定時，應在適當時機與各種立場不同者進行協商。由行政機關邀集法規的倡導者、仲裁者及相關人士組成法規制定委員會，人數不超過二十五人；經協商制定的法規，仍然受行政程序法的拘束❸ 。

十、從管制到協議

在注重公私協力、溝通協商的今天，行政管制呈現新的發展趨勢：

(一)以委託為管制 (regulation by contracting)

委託 (contracting) 常被認為是相反的政策工具。事實上，委外（或私有化、民營化）使行政機關更自由、有彈性、有效解決問題反映服務需求。委託有時用來作為達成管制目的之工具。而細察承包廠商執行政府角色日增，這是因為：1.委託原有管制的本質； 2.管制系統可以處理政府的委外工作； 3.會計法支出控制可以作為管制的工具； 4.財政補助及委託可以作為中央與地方府際管制的機制； 5.政府契約的一般條件可以表現國家目的（管制的要求，如環保機關的委外契約條款，反映政府對再生能源及維護環境的立場）❸ 。

(二)以和解契約替代管制?

察考市場競爭的管制常面臨違法而難以證明的情事，如市場力量的評估、市場範圍的界定。競爭法中的規範標準，也可能因政治立場或是經濟理論的演變而重新獲得詮釋。因此，主管機關除了於事前頻繁運用非正式

---

❸　David H. Rosenbloom, *Administrative Law for Public Managers*, Colorado: Westview Press, 2003, pp. 70–71.

❸　Cooper, op. cit., pp. 361–364.

手段，讓政策利害關係人得以明瞭最新的政策走向之外，事後則是多以協議 (negotiation) 此等溫和方式，禁止或調整廠商可能違法之作為，並且藉此監控廠商未來的一舉一動，以維護市場競爭。而美國亦在評估運用協議執行反托拉斯政策的可行性。我國行政程序法立法後，行政院公平交易委員會制定「締結和解契約處理原則」，和解契約為我國行政管制提供思考的方向❸。

㈢多元的替代方案

美國聯邦最高法院大法官布瑞爾 (Stephen Breyer) 在《管制及其改革》一書，提出六種傳統的管制模式，包括服務成本費率制定、價格管制、標準的制定、基於公共利益建立執照分配的方法、個別審查制度等。從而，他提出六種替代方案，以疏解傳統模式的過於嚴苛。這些替代方案，包括資訊揭露（如因資訊揭露而給予業界道德上或法律上的壓力，甚至影響基本法制）、課稅、談判（需要有達成協議的手段、給利益相關者參與談判協商的地位及機會）等❹。

---

❸ 謝佩芬，〈行政管制走向及反托拉斯法規範手段之研究〉，淡江大學公共政策研究所碩士論文，2003 年。

❹ Stephen Breyer 著，李洪雷等譯，《規制及其改革》，北京大學出版社，2008 年，第 8 章，頁 230～267。

第九章　政府改造——行政組織部分

一九九〇年代，世界先進國家面對二十一世紀，為強化國家競爭力，莫不相繼的積極從事「政府改造」工程。在 Osborne 與 Gaebler「新政府運動」❶一書推波助瀾下，精簡政府組織、企業政府的理念，蔚為世界風潮。其實，英國在柴契爾夫人主政期間 (1979–1990)，即著手政府精簡的任務，而一九八八年更進行大規模的政府再造方案(即續階計畫 The Next Steps)，將政府功能分為政策功能與服務傳送功能，前者由部長掌管，後者由獨立的執行機構以商業化標準引導。一九九三年美國副總統高爾推動完成「國家績效評估報告」，其目標為「使政府做得更少，花費更少」，而其五項基本原則是：削減不必要的政府支出、為顧客服務、授權公務員、幫助社區解決自己的問題，以及追求卓越。美國國會亦在一九九三年通過「政府績效與結果法案」，進行政府部門的全面品質管理。同時推動政府部門民營化及解除公共服務領域的管制，鼓勵民間參與公共服務，擴大業務委外經營等。英國《經濟學人雜誌》(*The Economist*，一九九六年九月) 即聲稱：公部門改革是一項全球趨勢❷。

我國政府延續過去的行政改革，呼應世界各國政府改造潮流，於民國八十六年憲法增修條文第 3 條第 3 項及第 4 項規定：「國家機關之職權、設立程序及總員額，得以法律為準則性之規定」、「各機關之組織、編制及員額，應依前項法律，基於政策或業務需要決定之」。地方上，推動「臺灣省政府功能業務與組織調整暫行條例」、「地方制度法」及「財政收支劃分法」的研修，並完成立法。中央方面，並研擬「中央政府機關組織基準法草案」與「中央政府機關總員額法草案」送立法院審議。九十年十月總統府成立「推動政府改造委員會」，加速政府改造工程；九十一年五月行政院成立「行政院組織改造推動委員會」，策略上依「去任務化」、「地方化」、「法人化」

---

❶　*Reinventing Government*, 1992.

❷　《政府改造》，行政院研考會，2003 年 12 月，第 1 章。

及「委外」四大方向，檢討業務及組織減縮的可能性。

第一節　組織改造

初期的組織改造，主要是：㈠完成組織改造的（四項）基本法規草案；㈡篩選組織改造的個案，即「去任務化」、「地方化」、「行政法人化」、「委外」機構個案，優先推動；㈢完成行政法人建制原則；㈣擬訂獨立機關建制原則❸。以下就組織改造基本法規，已完成立法或已提出草案者，簡述其要。

一、中央行政機關組織基準法

㈠研訂經過

中央行政機關組織基準法的研議過程，略可分為三個階段：

1. 第一階段（民國四十六年——民國七十五年）

⑴行政院及其所屬機關組織權責研討委員會（四十六年成立）：黃季陸先生主持，針對行政機關架構及名稱提出研議。此委員會從行政、財政、內政、外交、教育、司法六大部分，研議四十七項改革建議案。四十七年王雲五先生主持總統府行政改革委員會，再研議改革意見。

⑵行政院法規委員會草擬「中央行政機關設置綱要草案」（四十八年）。

⑶總統府國家安全會議政治組提出「對政府機關組織標準建議案」（五十七年）。

⑷行政院研究發展考核委員會專案小組提出「行政機關組織通則草案」（六十年），經檢討改進及增訂，以「行政機關組織通則草案之研究」付印（七十年）。此項研究，除對我國行政機關之架構作全盤的研議外，並就中央及地方政府機關內部單位之名稱及權責劃分，作明確說明。此報告雖兼具政策性及學術性的完整研究，但因牽涉廣泛，未獲具體決議而被束之高閣。

2. 第二階段（民國七十六年——民國八十九年）

⑴解嚴後，行政院有鑑於政府組織層級過多，權責不明，決定對行政

---

❸　《政府改造》，同上，頁 15。

機關作全面檢討，並一併規劃行政機關之組織及稱謂。

(2)國是會議（七十九年）、國家發展會議（八十五年）：針對行政機關組織架構及名稱改革，取得共識。國是會議之五大主題是：國會改革、地方制度、中央政府體制、憲法修訂方式、大陸政策與兩岸關係。國家發展會議三大議題為：憲政體制與政黨政治、經濟發展、兩岸關係。

(3)憲法第四次修改（八十六年）：憲法增修條文第 3 條第 3 項及第 4 項規定，為機關組織基準法之立法取得憲法法源。

(4)政府頒布「政府再造綱領」（八十七年）：正式啟動政府再造推動計畫，在「組織再造」方面，除了地方推動「精省」外，中央政府之改造研擬「中央政府機關組織基準法」及「中央政府機關總員額法」草案，送立法院審議。

3. 第三階段（民國九十年以後）

(1)總統府「經濟發展諮詢委員會」（九十年八月）：達成「為配合經濟發展，提升國家競爭力，必須全力推動政府的改造工程，重新釐清政府角色與經濟職能，精簡政府組織，並改變預算運用方式及人事制度」的共識。

(2)總統府「政府改造委員會」（九十年十月）：確立政府改造的理念：「顧客導向、彈性創新、夥伴關係、責任政治與廉能政府」，改造的願景則是：「建立具全球競爭力的活力政府」。

(3)行政院組織改造推動委員會（九十一年）：按照「去任務化」、「地方化」、「法人化」及「委外」四大方向，依序檢討業務及組織瘦身的可能性。並於同年完成「中央政府機關組織基準法草案」、「中央政府機關總員額法草案」、「行政院組織法修正草案」以及「行政院功能業務與組織調整暫行條例草案」等政府再造四法送立法院審議。

(4)中央行政機關組織基準法完成立法並公布施行（九十三年）。

(二)主要規範內容

中央行政機關組織基準法（九十三年六月二十三日公布），係為建立中央行政機關共同基準，明定機關及其內部單位之設立原則、組織架構、層級及名稱規範等。其主要規範內容如次：

1. 適用及準用之範圍

　為行政院及其所屬各級機關。惟國防、檢察機關雖適用本法，然其組織法如有特別規定，則從其規定。

2. 機關組織態樣之區分

　行政院所轄，依其性質，可分為機關、獨立機關、附屬機關、附屬機構及行政法人五大類。

3. 機關設置規範之鬆綁

　過去，機關以「法律」規範，現則除三級以上機關以及行政法人仍須依法律定其組織或設立外，對四級機關則改以組織規程或準則等行政命令訂頒。

4. 機關與內部單位層級及名稱之統一

　以機關言，一級機關名稱為「院」，二級為「部」或「委員會」，三級為「署」或「局」，四級為「分署」或「分局」。

5. 組織法規規範內容之簡化

　各機關組織法規之內容，原則上僅包括機關名稱、設立依據或目的、隸屬關係、權限或職掌、首長、副首長、政務職務、幕僚長之職稱與官等及員額、附屬機關名稱等事項。

6. 重要職務設置之規範

　明定首長制機關之首長稱「長」或「主任委員」，合議制機關之首長稱「主任委員」。

7. 機關設立要件之明定

　本法以專章（第三章）明定機關設立、調整及裁撤之要件。

8. 獨立機關組成及任命程序之齊一規範

　組織方面，明定合議機關之成員，人數以五人至七人為原則，具有同一黨籍者不得超過一定比例，並應為專任。任命程序方面，明定相當二級機關者，由一級機關首長提名經立法院同意後任命，相當於三級機關者，則由一級機關首長任命之。

9.機關規模與建制標準之雙重框定

如明定行政院設十四部、八委員會、三獨立機關。內部單位方面，明定二級以下機關設立各級業務單位與輔助單位之標準，其中，甚至明定十四部設司之總數以一二〇個為限，署、局之總數以七十個為限❹。

二、行政院組織法的研修

行政院組織法於三十六年三月三十一日由國民政府公布，設十四部三會，三十八年三月二十一日第四次修正時，改設八部二會。此一「八部二會」格局，至一〇〇年持久未曾改變。然其間，行政院實際上已增設許多委員會、局、署、處、行、院等共三十六個所屬機關。七十六年八月，行政院成立「行政院組織法研修專案小組」，研修完成「行政院組織法修正草案」，於七十七年送立法院審議，至七十九年一月完成二讀程序。後以客觀環境變遷，為配合憲法增修，行政院乃撤回提案。八十一年四月，研修小組重行組成並運作，研議之結論值第二階段憲政改革，以及國安會、國安局、人事行政局三機關組織立法而被擱置。至八十五年十二月，初步完成行政院組織調整架構，但以配合行政院組織及員額精簡計畫，又值「精省」的修憲工作，乃暫緩處理。

八十七年六月研修小組重組，行政院組織調整架構，提出七項原則為準據（政策規劃與執行分離；評估政府與民間角色關係；評估中央與地方政府關係；組織水平及垂直整合；職能類同、整體配合及規模適中；事權集中；配合組織基準法改名稱等七原則）。研修小組曾研議未來行政院組織架構計十五部、二總署、六委員會，共二十三個機關。部會數目應為多少未獲共識，乃留待行政院作政策性決定。

九十年八月「經濟發展諮詢委員會議」投資組共同意見，建議總統邀集各界人士組成「政府改造委員會」，推動政府改造事宜。九十一年三月三十日政府改造委員會通過「行政院組織改造的目標與原則」以進行研議並提方案。九十三年六月中央行政機關組織基準法公布施行，行政院組織乃

---

❹　依 99 年 2 月 3 日修正公布的中央行政機關組織基準法第 29 條至第 34 條。

採總量管制，行政院「應」設的部，以十三個為限；部級委員會總數以四個為限；相當於部級的獨立機關以五個為限，總計最多為二十二個直接所屬機關。這一法定格局，與行政院於九十一年四月二十六日送請立法院審議的「行政院組織法修正草案」不同❺。

　　九十四年二月行政院配合基準法的要求，重行擬具「行政院組織法」修正草案，計十三條，其修正要點如次：

(一)重新建置部會機關

　　1.增強「傳統八部」核心職能：設內政及國土安全部、外交及僑務部、國防及退伍軍人部、財政部、教育及體育部、法務部、經濟貿易部、交通及建設部。

　　2.因應新興業務需求，新增五部：設勞動及人力資源部、農業部、衛生及社會安全部、環境資源部、文化及觀光部。

　　3.強化「四會」政策協調統合能力：設行政院國家發展及科技委員會、行政院海洋委員會、行政院原住民族委員會、行政院客家委員會。

(二)提升院本部政策規劃量能

　　1.為強化政務委員政策協調統合功能，爰置不管部之政務委員九人至十一人。

　　2.為應行政院政務日趨繁重需要，行政院副秘書長由現制一人修正為二人。置發言人一人，處理新聞發布等事項，以及政務顧問七人至九人，協助處理政策分析、規劃等政策襄贊事項。

　　3.為落實政府整體的預算及會計管理、公務人力及組織管理、法制事務及資訊管理等重大事項，強化院長政務領導功能，置主計長、人事長、法制長及資訊長各一人；副主計長及副人事長各一人。

(三)行政院各職稱之官等職等及員額，另以編制表定之

(四)遴聘無給職顧問提供院長意見諮詢管道❻

---

❺　《政府改造》，同前，第 2 章。

❻　參《立法院議案關係文書》，2005 年 3 月 2 日印發；院總字第 70 號，政府提案第 10050 號，收錄「行政院組織法修正草案」公聽會報告，立法院法制委員

三、總員額法草案

在政府改造過程中，行政院曾提出「中央政府機關總員額法草案」，在野立法院黨團（如國民黨）則提出「中央行政機關總員額法草案」（九十四年），於立法院第六屆立法委員第一會期付委後召開聯席會議審查完竣，惟多處條文意見分歧而保留協商。「總員額法」與「組織基準法」是政府改造的核心，二者同等重要，卻只通過組織基準法的立法，殊為可惜。總員額法草案係仿傚日本，卻困難重重，論者指其問題及解決途徑如次：

1.法條失諸繁複，應予簡化

日本「定員法」僅三個條文，我國草案中如行政院版本有十四條，牽涉廣而立法難。應以簡要條文，規定員額總數及配合年度預算精簡後的總數，其他員額管制措施則宜授權行政院以命令定之。

2.適用範圍過廣，應限縮於行政機關

總員額法制應配合「組織基準法」，限定以行政院及其所屬行政機關為適用對象。

3.總員額數不宜訂得過高

總員額法是政府用來精簡組織的利器，應展現政府精簡組織的決心。日本「定員法」自一九六九年制定及施行，至一九九八年實際淨精簡五萬多人。今行政院版總員額法草案，所定員額總數竟較現有人數高出許多，此一草案構想顯然不符改革目標。

4.員額分類定額，違反彈性用人原則

行政院所提草案除規定總員額數及六年逐年精簡後的員額數外，並將員額分為六類，造成員額調度不便，而將高中教師納入，不合政府已推動的公教分途政策，又不免引發爭議。日本「定員法」只規定一個員額總數，且僅控管常任人員，其制度設計值得參考❼。

會編製，2005 年 10 月 24 日。

❼ 曾明發，〈政府改造主要配套法案爭議性問題評析〉，《人事行政》, 152 期, 2005 年 7 月，頁 22～30。

四、行政院功能業務與組織調整暫行條例草案

行政院為配合九十三年六月二十三日公布的中央行政機關組織基準法，再次檢討修訂行政院組織法草案，於是與考試院函請立法院審議「行政院功能業務與組織調整暫行條例草案」。兩院指出此暫行條例立法的必要性與急迫性如下：

1. 提供過渡性法律依據

政府改造係分階段進行，有關組織與職掌調整、財產接管、預決算處理、員額移撥與權益保障、法規制（修）定及其他相關協調配合事項，均需有過渡階段之法律依據，以利準備啟動新的行政院組織機能。

2. 維護員工權益的保障書

政府改造成功的關鍵在「人」，組織重整必然牽涉到人員之移撥及員額之同步調配，也唯有辦理人力轉換及適度精簡，政府改造才有其積極而完整之意義。公務人員是國家各項建設發展之規劃者與執行者，是國家的重要資產，更是維持國家社會安定的中堅力量，在組織改造的過程中應該繼續借重其能力與經驗，發揮其工作潛能。

3. 調整組織及人力資源，節省行政成本

行政院組織改造係以職能檢討為重點，凡可由民間或地方自治團體辦理者，將予以解除管制、委外或下放，並依功能、效率取向檢討整併現行機關，在人力配置方面勢必配合調整，尤其可透過優惠退休、資遣或離職規定，加速人員新陳代謝，控管機關員額，避免組織規模過於膨脹❽。

第二節　地方化

地方化（分權化）包括政治分權與行政分權。政治分權，是將政治權與治理權加以劃分，由聯邦政府與州（省）或相關地方政府分別掌理。因此，政治權不是中央政府獨有，而是中央與地方政府所共有。

相對的，行政分權，主要是將行政權責授予特定的行政單位，使其能

---

❽　參《立法院公報》，77 期，第 94 卷，2005 年 12 月 23 日，頁 1048～1049。

在特定國家區域內，對特定政務發揮某種功能。今天，各國政府體制中的地區辦公室或辦事處，可說是行政分權的典型例證。其著重點在於行政管理上的順利運作，不是政治層面的分權。

美國傳統公共行政理論，分權化以按地區分工為主要途徑之一。這是為考量中央集權的政府，因國家領土、地理條件、風土民情的限制，政令難以完整快速傳遞而進行的改革。為此：㈠中央政府乃在各地區設立機關以忠實執行政令。這必需考慮控制幅度問題，設立的機關不宜過多並有效配合地方特質。㈡透過設立於各州或地方的分支機構或派駐單位，執行中央部會的業務。此稱為「行政官制」（仿法國體制，地方設行政官 prefect，係地區首長，節制該地區各行政單位）。㈢美國採用「部際會議」(interagency meetings) 協調各地區聯邦政府的業務。州以下的地方政府，則有採行「行政官制」以整合跨地方的業務❾。簡言之，分權化是從效率及經濟觀點出發，建立專業辦公室和地區辦公室❿。

地方化或分權化具有：彈性、效能、創新、高昂的士氣、承諾與生產力等優點⓫。實際上，先進國家多早已注意分權化的重要。德國在一九五〇年代即思考避免「超集權國家」的再度產生；英國在一九六〇年代為克服中央對地方日趨嚴密控制，致公民參與的意願低落，即提出分權的要求。英、法、義是高度集權化國家，美國則高度地方分權，瑞典則居中⓬。英國係單一國，其地方分權與中央集權的衝突是永不止息的議題⓭。我國與英國同屬單一國，分權化改革尤需特別用心。地方制度法的制定已奠定改革的基礎，「精省」是地方化、分權化的第一次試驗。精省之後，中央與地方往「共同治理」的夥伴關係發展，建立「共同體」的互助合作體系。

❾　D. H. Rosenbloom and R. S. Kravchuk, *Public Administration*, chap. 3.

❿　Ibid., chap. 4.

⓫　D. Osborne and T. Gaebler, *Reinventing Government*, 1992.

⓬　C. Pollitt, C. Talbot and J. Caulfield, *Agencies*, New York: Palgrave Macmillan, 2004, pp. 49–50.

⓭　P. P. Craig, *Administrative Law*, London: Sweet & Maxwell, 2003, pp. 62–63.

第三節　委　外

行政院為配合政府改造計畫,統合推動委外工作(行政業務委託民間),訂定「行政院及所屬各機關推動業務委託民間辦理實施要點」(九十二年四月二十四日行政院修正發布), 其要如次:

一、依　據

1.行政程序法第 16 條:「行政機關得依法將其權限之一部分,委託民間團體或個人辦理。」「前項情形, 應將委託事項及法規依據公告之, 並刊登政府公報或新聞紙。」「第一項委託所需費用, 除另有約定外, 由行政機關支付之。」

2.民國八十九年八月二十六日行政院召開「當前財政問題研討會」, 其重要共識:「政府應擴大業務委外, 建構小而美的政府, 以撙節政府支出」。

3.民國九十一年一月十七日行政院第二七一八次會議審議通過之「推動政府業務委託民間辦理計畫」。

二、推動目的

1.調整政府角色及職能, 型塑導航新政府。
2.活化公務人力之運用, 降低政府財政負擔。
3.善用民間資源與活力, 提升公共服務效率及品質。
4.帶動社會競爭力, 共創公私協力新環境。

三、推動對象

行政院及所屬現已成立或籌備中的機關 (以下稱各機關), 其業務屬公共服務或執行性質, 或委託民間辦理將更有效率者。

四、委託方式

各機關得將屬公共服務或執行性質之整體業務委託民間辦理, 或將現

有土地、建物、設施及設備，委託民間經營管理。此外，各機關得檢討將下列業務委託民間辦理：

內部事務或服務：各機關內部事務或對外提供服務之業務，得委託民間辦理。如各機關之資訊、保全、清潔、環境綠化、事務機器設備、公務車輛、文書繕打等業務。

行政檢查事務：各機關得將蒐集、查察、驗證及認定一定事實所做之檢查行為等業務，委託民間專業機構或專業技師代為執行。如汽車檢驗委託民間機構代檢、各類證照審查委託各該公會辦理等。

輔助行政：各機關得視需要將業務委託私人，使其居輔佐地位，從旁協助行政機關執行部分管制性業務，如委託民間拖吊違規停放的車輛或拆除違章建築等。

第四節　行政法人化

一、行政法人的建制構想

行政院組織改造推動委員會於九十一年十一月十三日作成「行政法人建制原則」，以作為政府組織改造時進一步的具體準據。行政法人之創設，係參考日本、英國等國家體制，其設置條件是國家之公共任務：

1.不具強制性、適合積極採行企業化管理經營措施，而無由國家親自執行之必要者。

2.有去政治化之強烈需求，不宜由國家親自執行者。

3.基於兩岸或外交關係之特別考量，不適合民營化者。

4.適合民營化，但因無法自給自足或其他因素，基於過渡階段之考量者。

至於為提升行政法人之營運績效，避免過多的政治力量干涉，「建制原則」規定：

1.監督機關對於行政法人原則上僅為適法性監督，不得為適當性監督，但對於委託事項，得為適法及適當性監督。

2.行政法人之預算編列，由董事會負責審議後，報請監督機關核定，不送立法院審查；其代表人亦無庸到立法院備詢。

3.監察院不得對於行政法人及其代表人、職員行使彈劾、糾舉或糾正之權，僅能透過監督機關間接監督之。

4.為達成經營彈性及追求效率之設立目的，行政法人應建置一套內部監督機制（設監察人或監事會），並建立健全會計制度，採權責發生制及一般公認會計原則。

5.行政法人應將營運狀況，向監督機關提送年度報告，並定期主動公開相關資訊，俾促進公眾輿論之監督。

行政法人制度之內涵，是藉由鬆綁現行人事、會計等法令之限制，由行政法人訂定人事管理、會計制度、內部控制、稽核作業及相關規章據以實施，並透過內部、外部適當監督機制及績效評鑑制度之建立，以達專業化及提升效能等目的。另一方面，行政法人亦參採企業化經營理念，提升經營績效，另透過制度之設計，使政府對於行政法人之補助、行政法人財產之管理及舉借債務，能正當化、制度化及透明化❶。

二、法制要點

一○○年四月二十七日，行政法人法公布施行。本法首揭行政法人法的定義，指國家及地方自治團體以外，由中央目的事業主管機關，為執行特定公共事務，依法律設立之公法人。而特定公共事務須符合下列規定：一、具有專業需求或須強化成本效益及經營效能者。二、不適合由政府機關推動，亦不宜交由民間辦理者。三、所涉公權力行使程度較低者（第2條）。

其次明訂行政法人之監督機關為中央各目的事業主管機關。行政法人應擬訂人事管理、會計制度、內部控制、稽核作業及其他規章，提經董（理）事會通過後，報請監督機關備查 （第3條）。

❶ 引自楊秀娟等，〈日本獨立行政法人制度在我國適用之研究〉，《政府改造》，同前，第8章。

　　其三，規畫其組織。規定行政法人應設董（理）事會。但得視其組織規模或任務特性之需要，不設董（理）事會，置首長一人。設董（理）事會者，置董（理）事，由監督機關聘任；其中專任者不得逾其總人數三分之一（第 5 條）。另行政法人應置監事或設監事會。董（理）事會的職權主要是審議：發展目標及計畫、年度營運（業務）計畫、年度預算及決算、規章、自有不動產處分或其設定負擔，以及其他重大事項（第 10 條）。

　　再者本法設定行政法人之監督機關的權限如下：一、發展目標及計畫之核定。二、規章、年度營運（業務）計畫與預算、及決算報告書等之核定或備查。三、財產及財務狀況之檢查。四、營運（業務）績效之評鑑。五、董（理）事、監事之聘任及解聘。六、董（理）事、監事於執行業務違反法令時必要之處分。七、行政法人有違反憲法、法令時之處置。八、自有不動產處分或設定負擔之核可等（第 15 條）。

　　此外設置績效評鑑機制。規定監督機關應邀集有關機關代表、學者專家及社會公正人士，辦理行政法人之績效評鑑。評鑑相關事項之辦法，由監督機關定之（第 16 條）。年度績效評鑑報告，應由監督機關提交分析報告，送立法院備查。必要時，立法院得要求監督機關首長率同行政法人之董（理）事長、首長或相關主管至立法院報告營運狀況並備詢（第 8 條）。

　　本法規定行政法人應訂定發展目標及計畫，報請監督機關核定。並應訂定年度營運（業務）計畫及其預算，提經董（理）事會通過後，報請監督機關備查（第 18 條）。有關經費核撥及審計監督，規定政府機關核撥其經費，應依法定預算程序辦理，並受審計監督。政府機關核撥之經費超過行政法人當年度預算收入來源百分之五十者，應由監督機關將其年度預算書，送立法院審議（第 35 條）。

　　本法重視資訊揭露原則，要求行政法人之相關資訊，應依政府資訊公開法相關規定公開之，包括年度財務報表、年度營運（業務）資訊及年度績效評鑑報告等。

三、法人化初期的問題

　　國立中正文化中心（兩廳院）施行法人化之後，被批評的缺失，主要是以行政法人作為護身符，拒絕提供充分資訊。依據行政法人化建置原則：「行政法人應將營運狀況，向監督機關提年度報告，並定期主動公開相關資訊，俾促進公眾輿論之監督」。行政法人的預算編列，雖不必送立法院審查，為達成經營彈性、追求效率之設置目的，應建置內部監督機制，設置監察人或監事會，健全會計制度，並定期主動公開資訊，供公眾查閱。再者，兩廳院成立之初，即有「董事長制」或「藝術總監制」之爭論，往後為調適新制，更需要輔導❶❺。而根據經驗，兩廳院行政法人化之後，體制上應選擇董事會或首長制其一，以求責任明確❶❻。行政法人化基本的體制及組織架構，仍需建立共識。

　　行政法人化的組織變革，不僅需要結構上建立內部稽核監督機制，更必要組織文化上營造互信、習於合議、釐清權能，以及確立保留公權力的核心事項。法人化是組織改革的一種方式、一個過程，不是底線❶❼。民國九十四年教育部在五年五百億獎勵卓越大學計畫，其中即要求部分得獎學校的條件是必須改革組織成為行政法人。至一〇一年六月僅有一所大學繼續推動行政法人化。而行政法人化之後，為自籌經費、依市場規律經營校務，董事會（或自主治理委員會）成員的產生，及其與校務會議間的權責區分，都形成改革面臨的挑戰。

---

❶❺　兩廳院前主任朱宗慶的意見，見《聯合報》，2006 年 4 月 25 日報導。

❶❻　陳郁秀，《行政法人之評析：兩廳院政策與實務》，臺北：遠流出版公司，2010 年，頁 162～163。

❶❼　陳志華，〈法人化不是組織改革的底線〉，《公務人員月刊》，93 期，2004 年 3 月，頁 18～23。

第十章　各國行政法的發展

　　法國有行政法母國之譽。行政法由歐陸開始發展，往後並及於崇尚人人平等，原來反對行政法的英美諸國，今天已蔚為世界各國重要的法律體系。惟各國行政法發展之過程固然彼此迥然有別，其體系重點亦各異其趣。以下簡介部分國家行政法之發展。

一、法國行政法的發展

㈠三權分立與司法二元

　　法國採三權分立原則，並徹底執行。即便是行政法院受理行政訴訟，亦屬行政權的運作。法國行政法院的法官屬行政官，因之具有行政經驗和法律知識，對於行政活動的監督果斷，深受法國人的信賴，並為其他歐陸國家所仿傚。此外，法國屬行法治原則，行政法院及法官雖屬行政權範圍，但審判獨立，不受政府干預。

㈡「法國建制於行政法院」

　　再者，「法國建制於行政法院」，為各國所獨有，而其論據有二： 1.本於分權（權力分立）原則：法國是孟德斯鳩的家園，也是權力分立論的發祥地，法國崇尚政府權力的分配，是極為自然的事。但法國是著重行政與司法之分權，與美國著重於立法與行政之分權不同。這是因為大革命之後，以前司法機關為貴族把持、干預行政權、反對改革的經驗，乃有種種法律禁止司法機關干預行政的事務。一七九九年（共和八年）新憲法設立行政法院，與普通法院權限分別清楚。 2.本於確保民權的論述：法國行政法院審理官民爭訟，已發展出完整的審判程序，並一如普通法院以獨立審判之精神，公平審理，不致掩護政府機關壓抑人民的情事，具確保民權的功能❶。

㈢限制司法干預行政

　　法國向有「行政法母國」之譽，有關行政法之法制及實務，較各國為

---

❶　羅志淵，《法國政府與政治》，臺北：正中書局，80 年版，頁 348～350。

早。而其行政法之發展與行政法院的發展，關係至為密切。一七八九年大革命後，資產階級依三權分立思想確立了法國的政體，但是法國的三權分立，不是為了限制王權，而是為了限制司法權，因為大革命前，「巴黎高等法院」是封建勢力最頑固的堡壘，為封建貴族所把持。它除了擁有司法權，還掌握一項特權，即國王的敕令在公布前必須經過它登記。此一貴族法院利用此項特權，干預國家行政權。因之，早在一七八九年君主立憲，國民議會即通過一項決議，停止巴黎高等法院的活動。一七九〇年八月的法院組織法援引孟德斯鳩的分權論，規定：「司法職能和行政職能，現在和將來，永遠分離，法官不得以任何方式干擾行政機關的活動」。一七九一年的憲法有曰：「法庭不應干預行政職權，或依其職權召喚行政人員至法庭之前。」共和三年的法律亦規定「禁止法院審訊任何行政案件」。共和八年（一七九九年）新憲法設立行政法院，從此以後，法國普通法院法官不能如同英國法官一樣撤銷行政機關的命令，對行政機關不法行為之指控及請求賠償，都由行政法院審理。

㈣行政法院屬行政部門

一七九九年，拿破崙決定成立國家行政法院，作為行政部門的顧問，掌理法規的起草與受理人民對行政的控訴。同年，依頒布的命令，行政法院擴大了職權，協助國家元首撤銷行政當局不當的行為，解決行政與司法間、大臣彼此間的權限爭議。過去行政法院只是行政機關的諮詢機構，只能審理由大臣轉來的上訴案件，且不具有決定的權力，只向國家元首提出建議。一八七二年，行政法院終於脫離政府的控制，成為具獨立地位的機關。不過，行政機關對行政案件的司法管轄權並未被取消。

第二次世界大戰後，行政案件激增，最高行政法院案件消化緩慢，拖延不決，於是一九五三年有了行政法院體制大改革。其中之一是劃分中央與地方行政法庭之權限，彼此分工，往後的規定是列舉國家行政法院初審管轄案件，其餘由地方行政法庭管轄。最高行政法院具有雙重功能，一為行政訴訟的終審法院，一為政府擬定法規，制定法律案的諮詢機關。

㈤行政法由法令及判例組成

法國法院體系分為普通法院與行政法院兩個系統，法律也可分為普通法與行政法兩類。雖然不能說法國因為有了行政法院才有行政法，但無可置疑的是，法國有了行政法院，乃使行政法更為發達、充分而完備，終於構成行政法體系。重要的是，行政法沒有一定的法典，其組成除了法令，大部分都是行政法院的各種判例，尤其是中央最高行政法院判例的累積。所以行政法不是一時一次制定的，而是由各種判例逐漸孕育形成，是具有「判例法」(case law) 的性質。就這一點而言，反而與英國的普通法 (common law) 相似，從而可以在適用上保有彈性。

法國是歐陸法系國家唯一以判例創立法律規範的國家。此稱「法國行政法自治」。此觀念是因法國特殊歷史背景，孟德斯鳩三權分立學說，公私法嚴格區分理論等因素，交光互影的結果❷。

㈥行政法院的變革

近年來法國行政法院已發生重大變革：㈠政府專員（委員）角色的限縮。法國行政法院傳統以來具有兩個主要職能，即審理行政訴訟與法律諮商。晚近則被指功能混淆，如二〇〇六年歐洲人權法院在一項判決即如此指摘。故行政法院的諮商職能逐漸退卻限縮。行政法院中研擬、諮商法規的政府專員（委員）不再出席行政訴訟部門的審理程序。一直以來，政府專員，是專業人員，不是政府代表，也不是訴訟兩造的利益代表。他們全部由總理任命，為每一訴訟撰寫結論。現今他們不再列席一、二審行政訴訟，也不再列席最高（中央）行政法院的評議。㈡行政法院的增設。由於工作量增加，原有地方行政法院增加到四十幾處，一九八七年改革後所增設的上訴審法院原有五個，也增到八個。選舉糾紛的上訴，仍由這些上訴法院審理❸（法國此政府專員，類似我國智慧財產法院的技術審查官）。

---

❷　〈論法國行政法自治〉，參考 www.google.com.tw 網站，2006 年 5 月 4 日法國行政法。

❸　法國巴黎第二大學 Pierre Devolvé 教授的演說，〈法國行政法之新近發展〉，中央研究院法律所籌備處，2009 年 11 月 21 日研討會論文集。又參閱 L. N.

二、英國行政法的發展

㈠早期治安法官掌行政及司法權

　　英美國家崇尚法律之前人人平等的觀念，沒有公私法之區別，行政訴訟最終仍由普通法院管轄。傳統上認為行政法是「官法」，造成官民不平等，破壞法治。英國在光榮革命前，尚無現代意義的行政法。在封建社會中，司法與行政合一，遍布各地的治安法官集司法和行政於一身。中央設有巡迴法官，巡察各地，受理地方的陳情冤案，並向國王彙報和建議。自都鐸王朝開始，樞密院設星座法庭 (Star Chamber)，是國家權力與公民間爭訟的最高管轄機構，受理公法性質的爭訟。然星座法庭真正的功能是在鎮壓反抗王權的活動，維護君主統治，不是真正的司法機關。一六四一年星座法庭被廢除，普通法院設特別法庭審理公法及私法關係所發生的一切訴訟。但因星座法庭的影響，在人民心中，特別法庭仍然是行政機關專權的象徵。

㈡高等法院掌理行政不法行為

　　一六八八年光榮革命後，審理公法訴訟的權力逐漸移轉到普通法院。議會為最高權力中心的地位確立，採行資產階級的政治制度，樞密院許多權力如對治安法官的懲戒及撤職被取消。但國王透過委任的官吏監督行政人員的形式仍被保留；高等法院王座法庭對行政當局的不法行為，可以頒布特權令（王令），如人身保護狀、訓令、調閱令、禁令等，加以干預。

　　英國在十八世紀，法治達到全盛時期，確立以普通法院為核心的行政法體系。十九世紀，英國的地方行政權由治安法官轉移到民選的地方機構手中。一八八八年地方政府法建立民選的郡議會，同時，高等法院逐步發展了「越權無效」和「司法控制」的一些原則。無論是新的地方機構如視察專員等行政官員或是以往的治安法官，都必須遵守之。惟英國固然在一八六六年頒布公共衛生法，一八八八與一八九四年兩次頒布地方政府法，一八九三年頒布規章發布法，一九一一年頒布官方機密法，英國行政法仍

　　Brown 等著，高秦偉、王錯譯，《法國行政法》，北京：中國人民大學出版社，2006 年，頁 83，97～99。

未有長足進步。

㈢「行政法不可再起」的觀念之改變

　　早期英國法學家戴雪(A. V. Dicey)在一八八五年《憲法學研究導論》一書，指摘行政法是法國的產物，是保護官吏特權的法律。他讚揚英國法治，法律之前人人平等。全國只有一個法律體系，一個法院體系。他始終堅持行政法不應該在英國發展。很多英國法學家亦認為英國沒有行政法，也不應該有行政法。其實，戴雪誤以為行政法即行政訴訟，也忽略法國行政法及行政法院的功能。往後，英國法學家逐漸承認公法、私法之區分，以及行政法的存在。但是到一九六〇年代，戴雪的影響依稀可見，仍然有法學家認為英國沒有行政法。即便是上議院（最高法院）在一九六四年Ridge v. Baldwin 一案，還是聲稱英國沒有也不需要行政法。在此同時，法國行政法已全面被介紹到英國。此後，英國大批的行政裁判所（行政法庭）如雨後春筍般設立，法院對行政案件的上訴運用自然正義原則加以審理，自由裁量不受束縛的概念被推翻。至今，行政裁判所約有二千個，對其裁決不服，可上訴於法院。一九六三年，當時最高法院（即上議院）已將自然正義原則運用到行政案件，從此改變了整個法院的態度。這一年，被視為是英國行政法發展史的轉折點。「行政法不可再起」的觀念幡然轉變。

㈣公私法分流並融入歐陸法系

　　英國採司法一元體系，普通法院之外，不另設行政法院。與歐陸德、法等國有別。但行政法一般原則之運用頗早，如合理原則在一九四八年Wednesbury 一案即得到闡釋，融入歐陸法系的比例原則。此案法理的運用，使英國行政法向前跨出一大步。一九八〇年代公、私法正式分流。一九七三年英國加入歐洲經濟共同體，歐洲共同體法，已成為英國法律的一部分，有些直接適用。共同體法所創設的原理及國家責任，已納入為英國法律。其中，比例性(proportionality)特別為英國法庭所強調並著成重要判決❹。

　　Wednesbury 一案。一九四七年，經由 Wednesbury 法人核准，Associated Provincial Picture Houses 公司獲准在英國史丹佛郡(Staffordshire)經營影劇

---

❹　Marston and Ward, pp. 108–113, and 142–143.

院,但不得在星期日對十五歲以下青少年開放。Associated Provincial Picture Houses 認為 Wednesbury 法人無權做此限制,於是訴諸法院。一九四八年法院的判決認為法院不能只因不同意就推翻被告的決定,法院的干預必須符合:㈠當事人的考慮納入非必要因素;㈡機關的決定未考慮到必要因素;㈢機關的決定超越其權限且不合理(行政機關採取的手段與權利限制的比例性)。特別在一九九八年人權法案制定後,法院更應該從「行政處分是否侵犯基本權利」來進行審查,判定機關出於專斷、反覆無常且未經聽審程序就作出的決定,是否有實體證據支持。如機關的決定是基於毫不相關的因素,就是不合理的行為。尤其在法規裁量中,運用「合理」此一具有廣泛意義的文字時,法院面對這種情形,更應自我節制,不應輕易干預行政機關作出的決定,除非有上述三種情況❺。

三、美國行政法的發展

蓋爾洪 (Walter Gellhorn) 在一九四一年著《聯邦行政程序》一書,陳述行政法的實際起源,指出新機構的設立或老機關的擴大,是為了解決公眾關切的問題,不是要滿足抽象的政府理論❻。論者將美國行政法的發展進程分為五個時期。第一個時期,1789-1928,重視強大機構的設立以及法治下行政司法的行政活動。此時期設立獨立管制機關(州際商務委員會於一八八七年成立),社會期望廣泛的行政權應具備合法性,並防止裁量權的濫用。同時,試圖在完備的思想基礎上建構有系統的行政法。

第二個時期,1929-1949,正值經濟大蕭條以及「新政」(New Deal),有稱此為「行政法庭的黃金歲月」。務實的要求在法治下以行政程序控制專斷的行政,司法審查受到支持並擴張。識者擔心行政過程過度「司法化」,批評民主政治將被「律師官僚」(lawyercracy) 取代,憂懼權力膨脹的「群龍無首的第四部門」(headless fourth branch) 獨立管制委員會功能混合。因此,乃有一九四六年行政程序法的制定❼。美國行政法著重行為及程序規

---

❺　Associated Provincial Picture Houses Ltd. v. Wednesbury Corporation [1948].

❻　Cooper, 2000, pp. 82–83.

範，行政程序法特別重要，故學理上，通常以「行政法」稱之；從美國行政法學界對行政法的界說看來，「美國行政法實際上即指行政程序法而言」❽。美國至二十世紀，行政法仍未被了解，被視為是「外來的」(exotic)，是非驢非馬的怪物。至經濟大蕭條才促使行政法發展成長，1950 年代才取得法科地位，成為必然的 (inevitable) 法制❾。

　　第三個時期，1950–1968，行政從管制行政轉變為社會服務，如健康醫療、郊區住宅、退伍軍人的安置、學童照顧、師資培育等。行政上廣泛運用電腦處理資料儲存資訊。行政上的觀念是行政應具專業與彈性，行政程序法不能取代傳統的行政法，司法審查有時而窮，不能解決行政及行政法的基本問題。瓦爾杜 (D. Waldo) 則擔心行政脫離規範，他警告排斥法制不可過度；他與賽蒙 (H. A. Simon) 期盼行政臻於成熟層次，他們擔心此時行政與企業管理不分將導致行政法被忽略。此時期並對聯邦行政程序法的施行，提出檢討，認為「程序保障不可犧牲經濟或效率」，政府施政的目標在效率、效益以及行政司法的基本公平。此外，在這時期並檢討長久以來管制行政的實務，藍迪斯 (James M. Landis) 的報告指出管制機關的裁決時常延宕，行政程序法不能帶來省時省錢的效果。管制機關受到政治干預，不能遵守禁止片面接觸原則，甚至未閱讀檢查報告及相關紀錄即做成裁決。有鑑於此，沃爾 (Peter Woll) 乃提議盡量採用非正式程序（如採用會商協議方式）裁決，增益行政的彈性、速率、專業。聯邦行政程序法的功過，引發這時期的改革爭議，戴維斯 (Kenneth Culp Davis) 主張就日常法制不斷產生的問題加以處理，不必等到新法公布。亦即可以在行政程序法基礎上發展行政法。

　　第四個時期，1969–1976，尼克森總統提倡「新聯邦主義」取代詹森總統的「大社會」，將社會計畫及其他政策交還地方以及州政府。政府關注於消費者產品安全、職業健保、環境品質。而環境保護署 (EPA) 的成立，不

---

❼　Ibid., pp. 95–97.

❽　羅傳賢，《美國行政程序法論》，頁 1～2。

❾　B. Schwartz, *Administrative Law*, pp. 28–30.

是依國會制定法，而是依據總統組織重組計畫，在白宮醞釀出來的。水門事件發生，官僚體系受到極端的不信任。能源危機（一九七三年）且摧毀專家可以解決問題的迷思。為符合管制需求，發展創新的政策，新政府機構成立。此時，也聽到政府規模及角色應該縮減的聲浪。而此際，聯邦最高法院從華倫 (Warren) 時代重視積極、知識、少數民族、貧窮者、遊說利益、擴大聯邦法院的功能，走向柏格 (Burger) 減少介入、「新多數」以及「適可而止」的時代。而政策研究的學者，則朝向實質政策及程序的主題，因此亦注意公法問題的研究。梅因 (Sir Henry Maine) 猶警示行政程序法的失敗，顯示法典化太早的危險。國會根據從行政會議 (ACUS) 建言，制定陽光法以保護隱私、制定聯邦諮詢委員會法，禁止片面接觸的不當程序。

第五個時期，1977 年卡特政府以後。這是一個反官僚體制的時代。聯邦政府迅速膨脹成怪獸，卻無法應付與日俱增的實際需求，而整個課責機制又幾乎蕩然無存，欺瞞濫權充斥。於是政府組織必須進行改革，著名的是，卡特政府頒布文官改革法案，裁撤運作多年的文官委員會，改設人事管理局 (OPM)。成立具有裁決權的「功績制保護委員會」，並設置高級文官 (SES)，授予更大的彈性及監督高級文官的權力。同時，提升預算管理局的地位，給予制定標準、解除不必要管制、發布成本效益分析的法規等權限。雷根政府踵事增華，繼續推動改革，強化民營化，將政府業務移轉民間，延聘外界顧問充任觀念性職位 (ideological position) 以督促文官。此外，推動「分權化」，聯邦與州及地方分享權力與資源；以鬆綁、瘦身，進行改造政府的工作。而鬆綁即解除管制，旨在減少法規，期從官樣文章走向重視結果 (from red tape to results)（按此為當時副總統高爾的行政改革報告）。Al Gore, Report of the National Performance Review, "From Red Tape to Results: Creating A Government That Works Better & Costs Less" ❿。克林頓政府重視政策制定，尋求公共行政的替代方案，即民營化、市場取向的策略取代管制、以談判取代法定決策模式。然而，這些改革仍面臨許多問題，如地

---

❿ 美國前副總統高爾的〈國家績效審核報告〉，Washington DC: Government Printing Office, 1993；並參 Cooper, op. cit., p. 313。

方政府如何配合、公務機關契約人才難求、談判的標準不一。甚至地方化 (decentralization) 被認為是國會與白宮干預州及地方事務，致其效果甚微。克林頓政府所重視的，明顯在於政策制定，不是政策執行。過度鬆綁引起強烈反彈，有些華爾街公司要求證券及交易委員會在內線交易醜聞發生之際加強功能。食品及藥物管理局 (FDA) 也要求加強管制肉品，以免再造成疾病及死亡。該局並從全國各地接獲強力追查菸商的支持意見。聯邦航空局不斷被批評是放鬆對飛機與航空器的監督，致一連串事故的發生。市場化顯然未能得到民眾的支持。如今，許多國際組織如世界銀行，就呼籲重建公共政策的執行及管理能力才是正途。

　　觀察以上美國行政法的發展，以一八八七年州際商務委員會的成立，以及一九四六年聯邦行政程序法的制定最具指標性意義。州際商務委員會的成立，被視為是美國行政法成為單獨法律學門的里程碑。其首任主席顧利 (Thomas M. Cooley) 法官，有認其為美國現代行政法之建造者❶。如今管制機關為數眾多，而聯邦行政程序法，不但促進管制機關進一步司法化，更提升美國行政法取得獨立地位的機會❷。歸納美國行政法發展的五個階段要點如次：

　　㈠第一個時期 (1789–1928)：第一個管制機關設立（一八八七）。

　　㈡第二個時期 (1929–1949)：行政司法權達高峰，並制定行政程序法加以約制。

　　㈢第三個時期 (1950–1968)：檢討過去多年來的管制行政以及行政程序法上正式手續的效率。

　　㈣第四個時期 (1969–1976)：權力地方化，並注意公法研究及陽光法案之立法。

　　㈤第五個時期（1977 以後）：反官僚體制、政府改造及管制鬆綁。

---

❶　B. Schwartz, *Administrative Law*, p. 86.

❷　Cooper, op. cit., pp. 97–115.

四、德國行政法的發展

㈠學術及法院的推進

德國行政法學首先通過國家學的方法而得以確立，國家學以行政組織特別是不同部門的任務和活動為出發點，附帶總結和闡述大量而具代表性的法律規定。其實，這是一種特別行政法。至一八二九年第一部名為「國家法」的書出現，始第一次介紹行政法；該書❸論及現代意義的國家法（憲法）及行政法。十九世紀國家學受法學方法的限制，試圖建構一般性概念、深入的觀點、普遍適用的行政法結構，一般行政法因此產生。墨耶 (Otto Mayer) 在一八九五、一八九六年出版的教科書，具有開創性意義，對自由法治國家時代行政法提出經典論述。其主要觀點是法治國家的觀念和對國家侵害行政的拘束，這些觀點借助法律保留和行政行為（侵害性的法律行為）等概念得以明確。

此外，對行政法的發展具有重大意義的是行政法院。一八六三年巴登州率先成立行政法院，往後各州紛紛設立，至今許多仍在執行的行政法基本原則，都是由行政法院（特別是一八七二年至一八七五年普魯士行政法院）的行政審判所創立和實行。往後，一九一九年威瑪憲法，雖廢除君主制，採行議會民主制度，對行政法則幾無影響。

㈡基本法的奠基

（前西德）基本法，帶動德國行政法的活躍，揚棄傳統觀念，引進新的法制。其對行政法發展產生的影響要有： 1.其設定的基本權利，其他憲法規範及有關的憲法原則（法治國原則、社會國家原則等）約束國家的權力及其行使。 2.所設定之基本體制內之行政機關，具有獨立地位，受議會監督並受法院控制。 3.確認給付行政和指導行政的任務。 4.以人的尊嚴和自由為出發點，確認主觀權利和國家與人民間的契約，以行政程序保障公民權利的實現，保護隱私權等。 5.憲法規範及憲法原則推演出行政法之一般原則，如信賴保護原則是從法治國原則和法安定原則推演而出❹。

---

❸　莫爾 (Robert von Mohl) 所著《符騰堡帝國的國家法》。

論者指出，德國一九四九年基本法（憲法）主要體現了法治國原則、議會民主原則和社會福利國家，這些原則深刻影響並發展了行政法。而戰後行政法之發展主要涉及：　1.法律保留原則的適用範圍；　2.擴大行政法院的審查範圍；　3.承認信賴保護原則；　4.認識程序法的重要性❶。

　　一九九○年五月十八日，兩德簽訂貨幣、經濟和社會聯盟條約，確定了「自由、民主、聯邦、法治國家和社會的根本制度」，同年六月十七日發布「憲法原則法」，亦落實行政法原則。八月三十一日兩德簽訂統一條約，十月三日德國統一。統一條約確定基本法並列舉統一前法律，在符合基本法直接有效之歐洲共同體法之內，繼續有效。

㈢歐洲共同體法律的影響

　　從一九五一年歐洲鋼鐵和煤炭共同體發展而成的歐洲共同體，不僅是一個國際法機構，而且是一個超國家組織。各會員國在條約規定的領域內享有自己的主權。一九九二年二月七日歐盟的馬斯垂克條約，擴大了歐洲共同體政治方面的職能，構成貨幣聯盟的根據，導引共同的外交及安全政策、法律及內務領域的合作。歐盟成立後，歐盟兼具國家法上的聯邦國家，以及國際法上的國家聯合雙重性格。

　　德國在一九九二年十二月二十一日修憲，納入歐洲條款，取代統一條約。根據基本法第 23 條第 1 款，首揭「具體安全條款」，聯邦德國參加歐盟的擴展，應當遵守民主原則、法治國原則、社會原則及輔助原則，並且提供基本法相當的基本權利保護。

　　歐洲共同體條約在其權限範圍內有權發布法令，直接適用於成員國，或透過會員國國內法予以轉換。當然，歐洲共同體法律由成員國依其國內行政程序法加以執行，亦得因執行的需要加以修改。甚至可能出現歐洲共同體法律修正德國行政程序法的情形。共同體法律適用於國內，產生直接或間接的拘束力。歐洲法院可以發展一般性、普遍適用的法律規則、原則及概念。德國行政法，聯邦及邦（州）法兩層結構，即形成歐洲共同體法、

❶　H. Maurer,《行政法學總論》，頁 19～20。

❶　O. Mayer,《德國行政法》，（德）何意志，代中文版序文。

聯邦法及州法三個層次的結構❶。

五、日本行政法的發展

日本在二十世紀初，資本主義經濟迅速發展，這同時，資產階級要求國家依法行政，防止對私人利益的侵害，於是大量有關行政管理的法令制頒，並且設立行政法院受理行政案件。此際德國的體系被日本廣泛引述學習，對日本行政法制影響極為深遠。二次戰後，由於美軍占領，日本的政治、經濟體制按照美國模式進行改革。行政法體制亦不例外。原歐陸法系的行政法院裁撤了，代之而起的是各種專門的委員會和普通法院相結合的體制。雖然如此，日本行政法體制，實質上，則未曾有根本改變。行政訴訟案件雖由普通法院設行政訴訟審判庭審理，但大陸法系注重行政組織的特徵仍然保留。一九四五年以後，有關行政活動的法律大量制頒，如國家行政機關組織法、地方政府組織法、國家公務員法、行政不服審查法等是。

日本一九九三年十一月制定,一九九四年四月一日施行的行政程序法,施行以來，論者指出有三個主要問題：㈠日本迴避行政處分而採行政指導已成慣例，亦即避免行政訴訟而選擇非正式的行政指導，但由於行政指導受法律的制約，規定在本法上，其結果使輕易採取的行政指導的形式成為不可能。如此，選擇行政處分或行政指導，陷入難以抉擇的困境。㈡聽證或辯明之程序，只限於不利益處分，顯有不足。為確保公正性、透明性，許可等處分，亦應採用之。論者的理由是在許可的公共規劃，政界、官界和產業界鐵三角轉化為權利的溫床，阻礙國外產業的加入。㈢操作制度者是人，成敗關鍵在人。公務員能否理解本法，國民能否活用本法，才是真正的問題❶。

---

❶ 以上參照 H. Maurer，《行政法學總論》，頁 19～30。

❶ 南博方著，楊建順譯，〈日本行政法的現狀與課題〉，《日本行政法研究》，1996年第一期；2003 年 9 月 19 日演講。www.google.com.tw 網站，日本行政法。

六、臺灣近年來行政法的發展

　　臺灣行政法，自一九九七年起有大幅度的發展。首先，行政組織法方面，臺灣中央部會的組織，向來維持八部二會的格局，難以積極、機動地面對外界環境的變化而有所調整。一九九七年第四次修憲時，於憲法增修條文中增列第 3 條第 3 項規定：「國家機關之職權、設立程序及總員額，得以法律為準則性之規定」；同條第 4 項規定：「各機關之組織、編制及員額，應依前項法律，基於政策或業務需要決定之」。根據上述憲法的規定，制定「中央政府機關組織基準法」及「總員額法」。同時，行政院並提出「政府再造」的構想，分為組織再造、法制再造、人力與服務再造三大內容。並進行「精省」，省不再是公法人，將省縣自治法與直轄市自治法合併為地方制度法，地方政府及自治邁向新的階段。

　　其次，行政作用方面，臺灣行政程序法於一九九九年一月十五日經立法院三讀通過，並於一九九九年二月三日由總統公布。該法所涵蓋的範圍頗為廣泛，其一舉將行政處分、行政契約、法規命令與行政規則、行政計畫、行政指導、陳情等常見的行政行為類型，納編於一部法律之中，除程序法的規定外，並仿襲德國立法例，將上述概念的重要制度內涵加以明文規定。再者，行政程序法將資訊公開、卷宗閱覽、行政程序外接觸之禁止等屬於美國陽光法案的重要規定，予以繼受，豐富了行政程序法的內容。此外，行政程序法第 4 條以下更進一步將行政行為所應遵守的比例原則、平等原則、誠實信用原則等行政法上一般原則，予以成文化，一舉轉換成為實定法，可說是行政法法典化的經典之作，其對臺灣行政法學的研究及行政法實務的發展，具有關鍵性的意義[18]。

　　行政執行法在一九九八年十一月十一日修正公布的條文也值得注意。原來簡陋的執行法制，得以釐清其各種執行方法，並規定行政執行的一般原則、行政執行的時效、終止及其救濟方法。二〇〇五年釋字第 588 號解

---

[18]　翁岳生，《台灣近年來行政法之發展》，90 年。

釋公布，因應此項解釋，再度修正公法上金錢給付的執行部分條文。體制更形完備。再次，行政罰法則於二〇〇五年二月五日公布，公布一年後實施。過去，散布於個別行政法規的行政制裁得以統一規範，其主要原則有：處罰法定主義、明定機關與人民均得為受處罰對象、建立處罰時效、微犯不舉之便宜主義、明定裁處程序及方式等，人權保障更臻完備。

再次，行政救濟方面，一九九八年十月二十八日同時公布修正的訴願法與行政訴訟法，行政爭訟制度有了新面貌。訴願法的修正，包括廢除再訴願程序、引進課予義務訴願及情況裁決，訴願審議委員會提高社會公正人士學者專家委員之比例等要點。並採用法律正當程序精神改進訴願程序。行政訴訟法的修正，從原有三十四條條文增加為三百零八條，變動幅度之大可見。其改革包括將一審一級制改為二審二級制；除撤銷訴訟外增加確認訴訟、給付訴訟與公益訴訟；初審的高等行政法院應採言詞辯論等要點。而行政訴訟之程序儘量採用民事訴訟法相關規定，行政訴訟不僅趨向嚴格，更有民事訴訟化的現象 ❶。二〇一一年十一月二十三日行政訴訟法再修訂，於地方法院增設行政訴訟庭，行政訴訟成為二審三級制。至於國家賠償法制，雖然國家賠償法自從一九八一年七月一日施行以來，未嘗修正更動，但經由司法院解釋，如釋字第 469 號解釋，及相關法律的制度、行政解釋，亦有所改進。然而法貴在落實。國家賠償法雖已甚為簡陋，亦然需要執法認真徹底。如二〇〇七年六月十五日冤獄賠償法修正案通過三讀會立法程序（不久即更名為刑事補償法），適用範圍擴增，擴大到軍事審判法、少年事件處理法等。惟司法人員在過往的冤獄賠償爭訟中，卻從未有因執法人員之疏失所致的案例。難道「刑不上大夫」？依照國家賠償法之精神，不論是檢審司法人員、警察人員或調查人員，如出於其故意或重大過失之國家賠償案件，國家得向他們求償，惜未見國家向他們施展公權力，最後仍由全民埋單付帳。如何落實國家賠償法之求償權，庶可作為我國民主法治的觀察指標。行政補償則在釋字第 336、400、440、465 號等解釋，尤其是 400

---

❶　吳庚，《行政法之理論與實用》，11 版，頁 626。

號解釋公布之後，始建構以「特別犧牲」為核心的補償體系。

　　臺灣行政法學的發展，最初是以大陸法系為基礎，晚近則受到美國行政程序法及環保衛生等專業法律的影響，而參採法律正當程序、法規命令制定程序、公民訴訟條款、政府再造、解除管制等觀念，成為發展的新動力。詳言之，其發展趨勢包括行政法的本土化與專業化、憲法理念的落實以及行政效能的重視與兼顧[20]。

---

[20]　翁岳生，同上。

Part 2

行政組織

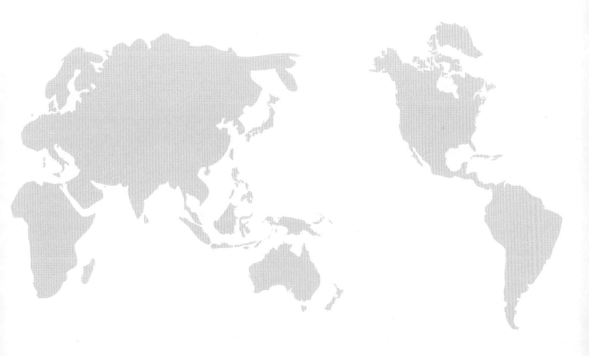

第二篇　行政組織

行政組織體制，為行政法學本體論的靜態結構部分。其內涵包括行政機關、公務人員、公物、公營事業、營造物等項目。

第一章　行政機關

第一節　行政主體

一、行政主體的種類

行政主體，是具有權利能力的法律主體，亦即有法人地位。H. Maurer 將行政主體的種類區分為以下四種：

1. 國　家

國家是原始的行政主體，它享有原始的統治權，其存立及權利不源自其他機構。在聯邦國，國家行政包括聯邦行政及州行政兩部分。

2. 具有權利能力的團體、公法設施與公法基金會

國家執行其任務，部分通過行政機關，部分則通過或多或少獨立的機構。這些機構有地方自治團體、公法設施和基金會。它們雖有獨立地位從事行政活動，但都受國家拘束，不僅因為其存立及權利源自國家，而且因為受國家監督。這些機構與原始行政主體的國家不同，而是派生行政主體。

3. 具有部分權利能力的行政機構

這是根據公法設立、沒有完全權利能力的公法人，依據授權自行負責執行特定任務，並在此範圍內享有獨立權利義務的組織。例如大學機構即是具有部分權利能力的團體，不是公法人，從特定角度看則具有權利能力。

4. 被授權人或被授權的組織

在特定而嚴格的條件下，國家可以放棄自行執行任務，或不授予公法

組織執行任務，而授權私人在一定範圍內行使主權。私法主體的個人或組織，在國家授權下，獨立運作主權執行特定行政任務。由於在法律上自主且自行負責所執行任務，可以視為是廣義的行政主體❶。

二、行政主體的內部結構

㈠機關組織及其構成員

行政主體只有權利能力，而沒有行為能力。再者，只有自然人才能思考及行為。因此，行政主體需要自然人，為行政主體從事活動而使其具有行為能力。為此，行政主體在法律技術上是經由借助機關組織及其構成員兩個概念實現的。機關組織由行政主體依法設立，代表行政主體行使管轄權；成員是指具體的行使機構法定職權的自然人。組織成員依法之行為歸屬於其所屬機關，並進而歸屬於其所屬行政主體。

㈡機關組織的特徵

1.結構上的特徵

機關組織是在行政主體下分設的、結構上相對獨立的單位，是法人主體的組成部分。機關組織是工具性質，其存在及變遷，與其首長的異動無關。

2.功能上的特徵

機關組織享有特定職權，而這個特定職權是屬於行政主體的職權，因此是他屬職權，不是自屬（固有）職權。組織是為行政主體而活動，不是為自己而活動。享有並承擔權利義務的是行政主體，不是機關組織。

3.機關組織間的關係

⑴行政主體通常有許多機關組織，它們在各自的任務範圍分頭工作，並且因專業的、代表性的及其他觀點而設置。例如縣政府享有國家內部行政的一般職權，而財政局、衛生局、文化局則在各自專業領域享有特定職權。⑵機關組織與其行政主體間、機關組織彼此間的關係，都需要法律調整。例如，行政主體那些任務由何機關組織執行，該機關組織如何設置，

❶　H. Maurer,《行政法學總論》，頁 500～501。

以及合議制機關的意志如何形成等，皆需要法律明定。機關組織在執行行政主體任務時，「對外」代表行政主體；機關組織與行政主體其他機關組織間，「對內」是在履行自己的義務、行使自己的職權❷。

第二節　行政機關有關體制

　　行政機關係為行政主體所設立，代表行政主體執行法令、制定政策，作成各種行政行為。行政機關為行政組織最主要部分。它是行為主體，不是權利主體，在權限範圍內所為之行為，不論公、私法行為，效果均歸屬於其行政主體。

一、概念界定

㈠行政主體

　　或稱行政權主體，原指具有法人地位之國家、地方團體、公法人等。行政主體持有公權力，經由各種機關表現運用。行政主體的認定，旨在確定權責的歸屬。

㈡行政官署

　　過去行政法規常見此一用語，或指機關首長、或指行政機關。今以涵義不明確，並有牧民的意味，法規用語已盡量不再使用之。

㈢行政組織

　　泛指運用行政權的各種單元，除了行政機關外，尚包括公務員、公物、公法上營造物及接受委託行使公權力的私法團體，故其範圍涵蓋廣泛。

㈣行政機關

　　即行政部門的各機關，不論是中央（國家）或地方行政機關、常設或臨時行政機關。至於接受委託行使公權力的私法團體，則為外圍的行政機關，稱準行政機關。行政機關屬行政組織最重要的一環，都是中性的或工具性的媒體，代表行政主體運用行政權（公權力）。

---

❷　H. Maurer,《行政法學總論》，頁 504～506。

二、行政機關組織法規規定事項

依中央行政機關組織基準法（九十九年二月三日修正公布）第7條，機關組織法規，其內容應包括下列事項：㈠機關名稱；㈡機關設立依據或目的；㈢機關隸屬關係；㈣機關權限及職掌；㈤機關首長、副首長之職稱、官等及員額；㈥機關置政務職務者，其職稱、官等及員額；㈦機關置幕僚長者，其職稱、官職等；㈧機關依職掌有設置附屬機關者，其名稱；㈨機關有存續期限者，其期限；㈩如屬獨立機關，其合議之議事程序及決議方法。

三、機關之設立、調整及裁撤

依中央行政機關組織基準法之規定，分別如次：

㈠不得設立機關之情形

1.業務與現有機關職掌重疊者； 2.業務可由現有機關調整辦理者； 3.業務性質由民間辦理較適宜者。

㈡機關及其內部單位應予調整或裁撤之情形

1.階段任務已完成或政策已改變者；2.業務或功能明顯萎縮或重疊者；3.管轄區域調整裁併者；4.職掌應以委託或委任方式辦理較符經濟效益者；5.經專家評估績效不佳應予裁併者；6.業務調整或移撥至其他機關或單位者。

四、機關首長之職務、職稱及任命

依中央行政機關組織基準法，分別就機關首長之職務、職稱及任命規定如次：

㈠機關首長綜理本機關事務，對外代表本機關，並指揮所屬機關及人員（第17條）。

㈡首長制機關之首長稱長或主任委員,合議制機關之首長稱主任委員。但機關性質特殊者，其首長職稱得另定之。一、二級機關首長列政務職務；三級機關首長除性質特殊且法律有規定得列政務職務（如新竹科學園區管

理局局長）外，其餘應為常務職務；四級機關首長列為常務職務。機關首長除因性質特殊法規另有規定者外，應為專任（第18條）。

㈢獨立機關之首長、副首長及其合議制之成員，均應明定其任職期限及任命程序；相當二級機關者，由一級機關首長提名經立法院同意後任命之；其他機關由一級機關首長任命之。前項合議制之成員，除有特殊需要外，其人數以五人至十一人為原則，具有同一黨籍者不得超過一定比例，並應為專任（第21條）。

五、機關內部單位之設立原則及種類

㈠機關內部單位應依職能類同、業務均衡、權責分明、管理經濟、整體配合及規模適中等原則設立或調整之（同上，第22條）。

㈡機關內部單位包括：1.業務單位：係指執行本機關職掌事項之單位。2.輔助單位：係指辦理秘書、總務、人事、主計、研考、資訊、法制、政風、公關等支援服務事項之單位（同上，第23條）。

六、行政院設部的建制標準及規模

㈠以中央行政機關應負責之主要功能為主軸，由各部分別擔任綜合性、統合性之政策業務；㈡基本政策或功能相近之業務，應集中由同一部擔任；相對立或制衡之業務，應由不同部擔任；㈢各部之政策功能及權限，應盡量維持平衡。部之總數以十四個為限（同上，第29條）。

七、臨時機關及行政法人之設立原則

㈠一級機關為因應突發、特殊或新興之重大事務，得設臨時性、過渡性之機關，其組織以暫行組織規程定之，並應明定其存續期限（同上，第36條）。㈡為執行特定公共事務，於國家及地方自治團體以外，得設具有公法性質之行政法人，其設立、組織、營運、職能、監督、人員進用及其現職人員隨同移轉前、後之安置措施及權益保障等，應另以法律定之（同上，第37條）。

八、行政機關的類別

論者就重要的行政組織形態及其特質，有以下簡明的描述：

1. 公法行政組織的理念型：層級制的行政系統，如各部會。

2. 採合議制的行政組織形態：「行政委員會」，如獨立機關。

3. 重點在行政作用法之「從屬性的公營造物」，如公立圖書館。

4. 具有預算法上特殊地位的「特種基金」，如各種政府基金。

5. 談論雖多運用卻少的組織形態：各種行政法人，如國家兩廳院。

6. 承受強大民營化壓力的組織形態：「公營事業」❸。

以下就一般標準區分，行政機關的類別要有：

㈠依層級地位區分

1. 國家機關

處理中央主管機關即憲法第 107 條（中央立法並執行事項），或第 108 條（中央立法並執行或交由省、縣執行事項）所訂事項之立法並執行機關，以中央政府五院及其各部會為主。

2. 地方機關

處理地方主管之事務，即憲法第 109 條、第 110 條所訂事項，或第 108 條所訂事項之機關，今修憲後以直轄市及縣政府為主。另依地方制度法，鄉（鎮、市）公所亦屬之，掌理基層地方事務。

㈡依組織體制區分

1. 獨任制機關

又稱首長制機關。如各部、縣（市）政府即是。其決策與執行由首長負全責，故效率較高。而為增益決策過程周全，所設會議或委員會，僅有諮商溝通作用，議事甚少用表決決議。此種機關組織建立在精英主義及效能原則，由首長負決策及執行責任。

2. 合議制機關

又稱委員制機關。如考試院、主計處、僑務委員會等是。決策以合議

---

❸ 李建良等，《行政法入門》，臺北：元照出版公司，2000，第 2 篇第 5 章。

程序為之，較具民主性格。此種機關組織建立在平等原則及多元主義的原理，透過多數決或共識決定政策。故其經由合議機制（會議）形成決策，成員不宜單獨表示有關意見。

行政機關究係獨任制或合議制，應清楚明定，以確定其職掌功能，如長久以來行政院因遷就「八部二會」格局，致有些委員會實為首長制，如勞工委員會（一○二年改為勞動部）、農業委員會即名實不符。

(三)依設立之久暫區分

1.常設機關

為處理普通而重要的事務，並且經議會審議而有組織法規者，應為常設機關。行政院各部、縣政府是。

2.臨時機關

為處理特殊的、階段性事務而設置，其組織法多未經議會審議，過去行政院所設農復會（前身是農村復興委員會）、經建會（由美援運用小組逐漸演變而來）等是，近年來已先後完成立法，成為常設機關。其所屬人員原為聘、僱用人員，往後以考試及格依法任用。

(四)依職權功能區分

1.業務機關

掌理各種行政機關本體業務事項，如各級政府所設部、會、廳、處、局等是。其權責、業務具排他性，不應重複或衝突，否則應以協調或爭訟解決。

2.幕僚機關

掌理支援、輔助、管制業務機關之事務，如研考、人事、主計、政風等是。

唯業務機關間或負責有關幕僚事務，如法務部是業務機關，除主管業務外，也是行政院的法律事務之幕僚機關。賦稅署是財政部所屬機關也是研究稅制的幕僚組織。足見機關因對內與對外的關係，兼具此雙重的功能。

再如日本有將機關分為作用法上的機關，以及事務分配性的機關兩類。前者指決定國家意思，向人民表示權能的國家機關。如行政官廳部會、諮

詢機關、執行機關等。後者則指國家行政組織法上，處理事務的單位。其事務之分配依上下一定之位階秩序，概括性的分配給一組織。如機關首長、秘書處、局、科、室等。有稱日本行政官廳的機關概念源自德國法（明治時代行政法以德國法學為典範），事務分配性機關概念則來自美國法（因國家行政組織法是美國佔領時期制定的法律）❹。

九、行政機關的法源

行政機關的設立有其法源依據，其要如次：

㈠依據憲法

直接以憲法相關條文為依據而設立的行政機關，如行政院（依第61條）。此外，「國防之組織，以法律定之」（第137條第2項）。再者，國家安全會議、國家安全局之設尚有憲法增修條文之依據。

㈡依據法律

依據法律而設立者，要有以下情形：1.以組織法為依據：如行政院八部二會，係依行政院組織法第3條而設，機關名稱明定在該法源。2.以專業行政法為依據：如訴願法、公職人員選舉罷免法、人民團體法規定主管機關設權責委員會掌理有關業務，因之有訴願審議委員會、選務機關、政黨審議委員會的設置。3.依中央法規標準法第5條，國家機關組織應以法律定之，則國家（中央）機關應以法律規定其組織。

㈢依據命令

行政主體依據法律之授權或是本於職權，為處理特殊事務，得設立機關以肆應情勢。如過去行政院依行政院組織法（第14條）之規定，得設立各種委員會，早期農業復興委員會、經濟建設委員會等即因此而成立，其組織未經立法，而以命令（組織規程）訂之。實際上，行政主體既以命令訂定，應為臨時性質的單位。至於地方機關則以命令（自治條例等）規定其組織。

---

❹ 參塩野宏著，楊建順譯，《行政組織法》，北京大學出版社，2008年，頁15～21。

十、行政機關與行政單位

行政組織如具有獨立地位，得代表行政主體對外作成意思表示者，稱為機關。反之，如屬於機關之構成單元，不具獨立地位，因而無對外行文能力者，稱為單位。申言之，機關有對外行為發文的能力，單位須以機關名義始具有此一能力。

法理上，如具備以下特徵者為機關：㈠單獨的組織法規，即訂定有組織條例、通則或規程（或組織編制表，如各級警察機關）；㈡獨立的編制及預算；㈢印信。衡諸實際，名稱為院、部、會、府、署者，應屬機關；名稱為司、組、科、室者為單位。簡言之，行政機關是擁有單獨法定地位的組織，得對外做成行政行為❺。

十一、行政機關的相互關係

行政機關基於「行政一體」❻，形成緊密的網路體系，各機關有以下關係：

㈠平行機關的關係（橫向關係）

行政機關橫向關係包括：1.相互認同：彼此尊重權限，此一認識是行政行為「公定力」、「拘束力」的基礎。2.消極上分工：即權限劃分，避免權限爭議。3.積極上合作：彼此有協助、協調、協議、囑託、委託等關係。

在合作關係上，行政程序法第 19 條（前四項）有具體的規範：「行政機關為發揮共同一體之行政機能，應於其權限範圍內互相協助。行政機關執行職務時，有下列情形之一者，得向無隸屬關係之其他機關請求協助：1.因法律上之原因，不能獨自執行職務者。2.因人員、設備不足等事實上

---

❺　吳庚，《行政法之理論與實用》，11 版，頁 158～162。

❻　行政一體（或多體）原則，影響整個公行政的資訊通道及資訊處理系統，決定責任結構及參與機會。而民主與法治國家，是以「行為及決定一體」為目標。參閱 Eberhard Schmidt-Aßmann 著，林明鏘等譯，《行政法總論作為秩序理念》，臺北：元照出版公司，2009 年，頁 280～281。

之原因，不能獨自執行職務者。 3.執行職務所必要認定之事實，不能獨自
調查者。 4.執行職務所必要之文書或其他資料，為被請求機關所持有者。
5.由被請求機關協助執行，顯較經濟者。 6.其他職務上有正當理由須請求
協助者。前項請求，除緊急情形外，應以書面為之。被請求機關於有下列
情形之一者，應拒絕之：1.協助之行為，非其權限範圍或依法不得為之者。
2.如提供協助，將嚴重妨害其自身職務之執行者。」如秩序之維持，警察機
關常見被要求提供協助。

㈡上下級（隸屬）機關間的關係（縱向關係）

上下級機關彼此除了財政上支援、業務上委任外，恆有指揮監督的關
係。而此行政監督的方法有：指揮、指示、核定、認可、核准、備查、核
備、撤銷處分、變更處分、考核獎懲等。其中，核定是「指上級政府或主
管機關，對於下級政府或機關所陳報之事項，加以審查，並作成決定，以
完成該事項之法定效力之謂」。「備查」，「指下級政府或機關間就其得全權
處理之業務，依法完成法定效力後，陳報上級政府或主管機關知悉之謂」
（地方制度法第2條第4款、第5款）。至於監督的類別要有：

1.以權力作用區分

依我國政府體制，除行政監督外，包括立法監督、司法監督、考試監
督、監察監督，由五權分別行使，而國家對一般行政機關之監督則兼具這
些監督。

2.以監督範圍區分

⑴一般監督：又稱全面監督，對全盤業務的監督。如行政機關對所屬
一般機關或單位的監督。

⑵特別監督：又稱專門監督及主管業務的監督，如主計處對各機關之
預算編制及運用的監督；外交部對駐外單位的監督；銓敘部對各機關公務
人事法令之監督等是。

3.以監督程序區分

⑴事前監督：對行政行為完成前之同意，以具備成立要件，常以核准
表現。如都市計畫須經陳報上級監督機關之核定，即屬此種監督。

(2)事後監督：對行政行為完成後之審查，如經訴願審議而撤銷下級機關行政處分之監督。

4.以監督內容區分

(1)權限監督：即合法性監督，針對法源依據，程序合法之監督。如地方自治的監督機關對地方自治的監督即是。

(2)品質監督：即正當性監督，注重目的性，政策面的監督。委辦機關對接受委辦事項機關的監督，即包括權限監督與品質監督。

第三節　行政機關的管轄

一、管轄之意義

管轄指行政機關依法規之規定，所具有之權限。申言之，管轄一方面係機關處理行政事務之權力，另一方面則為對本身任務範圍之事項，有予以處理之權責❼。行政機關有其負責執行之任務，而其首要問題是行政機關的管轄權。管轄（權）取決於行政主體的主管範圍，因為行政機關只能在其行政主體的主管範圍內活動❽。

由於行政機關眾多，明確的規範管轄權之規則必不可少。這不僅符合行政自身的利益，因為可避免機關間管轄的摩擦衝突，確保行政的統一；而且符合公民的利益，因為公民可以明白是何機關處理自己的事情❾。從而使行政行為具有可預測性及可審查性。因此，我國行政程序法於第一章總綱第二節，首揭「行政機關之管轄權，依其組織法規或其他行政法規定之」（第 10 條第 1 項）。

二、管轄之種類

H. Maurer 將管轄（權）區分為以下幾種：

---

❼　吳庚，《行政法之理論與實用》，11 版，頁 179。

❽　H. Maurer，《行政法學總論》，頁 513。

❾　同上。

1.專業管轄

行政機關在主管事務範圍內的管轄，如教育部對教育事務的管轄。

2.地域（土地）管轄

就行政機關活動的空間範圍，即轄區領域，如臺北縣政府對臺北縣地區（事務）的管轄。我國行政程序法第 12 條規定，土地管轄無法依組織法規認定者，依下列各款順序定之：(1)關於不動產之事件，依不動產之所在地。(2)關於企業之經營或其他繼續性事業之事件，依經營企業或從事事業之處所，或應經營或應從事之處所。(3)其他事件，關於自然人者，依其住所地，無住所或住所不明者，依其居所地，無居所或居所不明者，依其最後所在地。關於法人或團體者，依其主事務所或會址所在地。(4)不能依前三款之規定定其管轄權或有急迫情形者，依事件發生之原因定之。

3.層級管轄

上級機關基於監督地位，對下級機關的管轄。如救濟程序上，對原處分機關的處分不服時，所提出的訴願由原處分機關的上級機關審理即是層級管轄。又除非法律授權，只有在出現延遲的危險或下級機關不遵守上級機關指示時，上級機關才能移轉管轄權。

4.專屬管轄

這是著眼於行政機關內部領域，確定特定的行政任務由特定的機關成員（如機關首長）辦理。侵害人民權利的一些警察措施，如集會遊行的管制，必須由警察機關首長決定及採行即是❿。

管轄雖有以上各種面向，但一個行政事件發生，可能同時涉及多種面向的管轄。因此必須經由機關間協商或管轄移轉加以處理。

三、管轄之有無的處置、管轄變更之處理

㈠管轄之有無的處置

有關人民申請案件之處理，行政程序法第 17 條規定：「行政機關對事件管轄權之有無，應依職權調查；其認無管轄權者，應即移送有管轄權之

---

❿　H. Maurer，《行政法學總論》，頁 514。

機關，並通知當事人。」「人民於法定期間內提出申請，依前項規定移送有
管轄權之機關者，視同已在法定期間內向有管轄權之機關提出申請。」

㈡**管轄變更之處理**

　　行政程序法第 18 條規定：「行政機關因法規或事實之變更而喪失管轄
權時，應將案件移送有管轄權之機關，並通知當事人。但經當事人及有管
轄權機關之同意，亦得由原管轄權機關繼續處理該案件。」

四、管轄爭議之解決方法

　　管轄爭議包括積極的爭取管轄權與消極的推卸管轄權兩種形態。行政
程序法第 14 條，針對行政機關管轄（權）之爭議，分別作四項規定：

　　㈠數行政機關於管轄權有爭議時，由其共同上級機關決定之，無共同
上級機關時，由各該上級機關協議定之。

　　㈡前項情形，人民就其依法規申請之事件，得向共同上級機關申請指
定管轄，無共同上級機關者，得向各該上級機關之一為之。受理申請之機
關應自請求到達之日起十日內決定之。

　　㈢在前二項情形未經決定前，如有導致國家或人民難以回復之重大損
害之虞時，該管轄權爭議之一方，應依當事人申請或依職權為緊急之臨時
處置，並應層報共同上級機關及通知他方。

　　㈣人民對行政機關依本條所為指定管轄之決定，不得聲明不服。

　　有時為避免一事二理或一行為二罰，或避免越界管轄，乃有採取「共
同管轄」的方式。如國家公園、入出國移民、防救災害等法制即常見此種
機制。

五、管轄之變動（管轄權移轉）──委任、委託及委辦

　　管轄權之變動（移轉），包括委任（權限委任）與委託（權限委託）及
委辦。委任係行政機關得依法規將其權限之一部分，交付所屬下級機關執
行之。委託則是行政機關因業務上之需要，得依法規將其權限之一部分，
託付不相隸屬之行政機關執行之。就委任及委託而言，行政機關應將委任

或委託事項及法規依據公告之，並刊登政府公報或新聞紙（行政程序法第15條）。

行政機關得依法規將其權限之一部分，委託民間團體或個人辦理。委託機關就委託所需費用，除另有約定外，由行政（委託）機關支付之（行政程序法第16條）。

至於委辦，乃管轄權之移轉發生在行政主體與另一行政主體之間，如我國地方制度法所規定之上級政府將其法定權限，委由地方自治團體執行之即是。而委辦事項所為之行政處分，為受委辦機關之處分，自行負責，為訴願之「原處分機關」（訴願法第9條參照）。

再就委託而論。行政機關間之委託，在此委託關係，受委託機關具有雙重身分，是原行政主體的機關，也是委託行政主體的機關。委託的後果是，受委託的機關應遵守委託主體的指令，其決定及活動直接歸屬於委託的行政主體。受託者（如海基會）有行政訴訟當事人之能力（司法院釋字第269號解釋）。依行政訴訟法（第25條），訴訟以受託之團體或個人為被告。

至於受託者是民間團體。由於國家公權力之行使，事關國家機關之信譽以及人民的權益保障，因此，私人受委託行使公權力，不宜任其完全獨立運用，而必需加以監督。「各機關對於受託辦理業務者，應於契約規定，得對受託者經營情形進行瞭解，並實施定期或不定期之監督考核，以確保受託者能確實履約，並妥適對民眾提供服務，作為日後是否繼續委託之依據」（行政院及所屬各機關推動業務委託民間辦理實施要點第6項第5款）。

六、非常態之管轄變動

為適應非常情勢，行政機關採取的管轄變動方式包括：㈠對違法或越權行為撤銷、變更、廢止或停止。㈡對消極不作為則採取「代行處理」（或「干預」）（參閱地方制度法第75條、第76條，文化資產保存法第101條等）。

七、代　理

行政機關或公務員依法定權限行使公權力，因分官設職各有其一定職能及責任，故以自己運用行使為原則。公務員乃有躬親執行職務的義務，唯在事實需要（如人力不足）或環境情勢（如順應民主潮流）或提高效率等考量下，恆有代理、委任與委託的必要。

(一)代理的類型

代理又稱代行，有以下三種主要類型：

1.法定代理

此種代理的特徵是代理人由法規所明定，一般言之，凡重要職位如機關首長之代理即是。被代理人之權責即由代理人概括承受，全部移轉至代理人，被代理人不負監督之責。

2.指定代理

指定代理或稱意定代理，以代理人由機關首長或單位主管指定為特徵。一般公務員之代理屬於此種類型，其職務代理人名單即由首長或主管決定。至於代理之效果與法定代理相同。而代理人作成決定對外行文時，公文程式條例上稱為代行。

3.授權代理

授權代理出於行政效率的考慮，係建立在分工合作的原理上，所採取的分層負責體制。在授權關係，不發生出缺或不能視事的代理原因，而授權人負有監督的權責，並得隨時改變或撤銷此授權關係。而被授權人以授權人名義對外行文，在公文程式條例上稱決行。

(二)代理制度

有關代理制度，考試院（於九十四年二月十八日、九十八年十月二十六日核定）修正公布「各機關職務代理應行注意事項」，規定： 1.代理原因是(1)出缺之職務，尚未派員或分發人員者；(2)公差、公假、請假或休假；(3)因案停職或休職；(4)其他依規定奉准保留職缺者。其中，出缺職務之代理期間以一年為限；必要時得延長一年。 2.現職人員代理本機關（單位）

出缺職務，應具有被代理職務列等之任用資格獲得權理之資格。 3.各機關應依各職務之職責及工作性質，預為排定現職人員代理順序及行使職責之特殊限制。 4.職務除有法定代理人者外，其餘人員由機關依其職責及工作性質排定職務代理人。各機關應重視各級屬員平時工作調配，實施職務輪換（工作輪調），使排定之職務代理人熟悉被代理人之工作。 5.委任非主管職務或雇員，有上開代理原因期間達一個月以上，且本機關確實無法指定現職人員代理時，其業務經分發機關同意，得依規定約雇人員辦理。

第四節　公物、公營造物及公營事業

一、公　物

㈠意　義

公物係直接供公目的使用，僅行政主體得支配之物。申言之，公物係直接為公目的而使用，如道路、橋樑、公園等是。若為國家之財物、森林、礦產、債券、黃金等財政財產，不是直接提供使用，則非一般公物。公物必須為國家或地方自治團體或公法人所支配，如為私營餐廳、私立文物館或公園為一般人所得支配，雖供公眾使用，亦非公物。空氣、日月星辰非行政主體所能支配，非法制定義上的公物。而公物之認定，事關國家賠償之適用，具有一定的重要性。

㈡種　類

1. 公共用物

係行政主體提供公家使用之物，如道路、橋樑、河川、公園、車廂等。一般使用公用公物，不必事先申請許可。如為特殊使用須經許可，如以某段道路作為賽車用、或在路邊臨時設置攤位等是。

2. 行政用物

係行政主體為行使職權所必需之物，又稱行政財產或公務用物，如辦公廳舍、消防車、軍事裝備、鐵軌等是。此種用物，人民間或使用之，但畢竟以提供行政主體使用為主旨。坐臥鐵軌即有妨害公務之虞。

3.特別用物

　　指須經許可使用之公用公物，如山坡地須經放租、放領、承受始得利用；河川地依臺灣省河川管理規則之規定，經公告為河川地者，須經該管縣政府之許可，始得使用。又如山坡地已經政府開發，提供公眾休閒娛樂用，是為公共用物；其尚未開發而適於農牧造林者，則屬特別用物。

4.營造物用物

　　即構成營造物之公物，如市立圖書館、博物館及其典藏；機場、港口及其設備等是。

(三)特　徵

　　公物通常具有以下特徵：

1.不融通性

　　即公物不得作為買賣、交易之標的。至如公物係私人所有，只須不妨害公目的之實施，當許其融通。故公物以不融通物為原則，融通物為例外。

2.不得為民事強制執行

　　即通常不得為民事執行（如查封拍賣）之標的，惟如不影響公目的之實現，亦有得為執行之例外。

3.不得為公用徵收

　　公用徵收原以私人所有之物，公有物如須徵用，只須經財產主管機關依法定程序為無償撥用即可。但私有土地已供公目的使用者，為舉辦較重大事業，如提供設立學校之用地或開闢為正式道路，而無可避免者，仍得為徵收。

4.不適用民法取得時效之規定

　　公物既出於為公目的而使用，自不適用民法取得時效之規定而取得所有權，否則必影響公目的之實現。惟公物如解除公用，不復具有公用之性質，當不妨得為適用取得時效之標的。

5.租稅之減免

　　對私有公物，既已提供公眾使用，為實現行政目的之所需，當減免其有關稅捐。

㈣利用行為之性質

公物之利用，除營造物用物之利用屬傳統特別權力關係外，行政用物不發生對外之利用關係，而公共用物作通常使用時，不發生持久狀態，如行走於道路、於公園休憩，為單純事實行為，或可視為反射權；公共用物作特殊使用，如道路提供賽車或舉辦活動；或是特別用物之使用，則應為權利。其中，如特別用物之利用，並依法定規定而異，如依臺灣省河川管理規則之規定，河川地之利用須經許可為公法關係；依山坡地保育利用條例，山坡地利用須經放租或放領等手續，則屬私法關係。因此，可知：

1. 行政用物——不發生對外利用關係，僅供行政機關內部使用。

2. 營造物利用——屬傳統特別權力關係，其使用必須經許可。

3. 公共用物之通常使用——事實行為或反射權，無須經許可。

4. 公共用物之特殊使用——權利，須經許可。

5. 特別用物之使用 $\begin{cases} \text{河川地使用（公法關係）} \\ \text{山坡地使用（私法關係）} \end{cases}$，皆須經許可。

㈤成立及消滅的原因

公物的成立或形成，可從設定手續與法律性質觀察。就設定手續言，公物的形成出於兩種方式： 1.經由公物之設定，如公共道路開闢後舉行通車典禮並開始提供使用，人工公物即形成。 2.未經公物之設定，但事實上提供公眾使用，如自然河川、海岸，早已因其自然性質供公眾使用，成為自然公物。通常人工公物除具有提供一般公眾使用之實質要素外，尚須行政主體就公物為開始提供一般公眾使用之意思表示。而此意思表示，係以依據法令或基於法令，以行政處分或實際動作而完成之❶。如地方制度法第 16 條第 3 款規定，住民「對於地方公共設施有使用之權」，已將具有公物性質之公共設施，作提供公用之一般性宣示或公示。公路法第 2 條第 1款：「公路：指供車輛通行之道路及其使用地範圍內之各項設施，包括國道、省道、縣道、鄉道及專用公路。」已明白將公物提供公用。而最常用的公物

---

❶ 李震山，《行政法導論》，臺北：三民書局，2005 年，頁 128～129。

設定方式，如公示，是行政處分❷（往昔既成道路未經由上述宣示或登記或確認之行為）。

公物的成立，從其法律性質言，有出於事實狀態者，亦有出於法律行為者。出於事實狀態者，如私有土地供作既成道路使用，而成立公用地役關係即是，根據司法院釋字第 400 號解釋，其要件有三：1.須為不特定之公眾通行所必要；2.於通行之初，土地所有人無阻止之情事；3.須持續使用多時，一般不復記憶其使用時間❸。該號解釋，除指出私有財產之保障，人民因公益而特別犧牲其財產上的利益，國家應依法辦理徵收並給予補償之外，並指出私有道路供公眾使用多時後，即有公用地役關係存在。此外，興建公共設施、海埔新生地的開發等事實，亦為成立公物的原因。至於公物的成立係出於法律行為者，如私有物經由捐贈、徵收、沒收而成為公物即是。

公物消滅的原因，相對的亦包括事實狀態與法律行為二者。如橋樑年久毀壞、河道淤塞而解除公用性，係出於社會所認定不堪使用之事實。至原捐贈為古蹟之古屋，亦因捐贈契約之解除而回復為私人管理，其公物性解除，公物之功能歸於消滅。

㈥提供及廢止公用之行為的性質

公物因「提供公用」而成立，其提供方式有舉行啟用典禮、張貼公告、發布使用或管理規章（如營造物之啟用）等，此種行為原不具法效性，僅為事實行為，但為使人民對公物之利用有請求救濟機會，如今已公認其為行政處分之一種。至於公物主管機關認為公物之公用功能已喪失，所為廢止之意思表示，亦屬行政處分。又此類行政處分，性質上以其對象不特定，故屬「一般處分」；又以其以物為對象，又屬「物權上之行政處分」❹。

㈦管　理

為使公物發揮功能，公物自有管理及維護之必要。為此，負責管理公

---

❷　同上，頁 129。

❸　吳庚，《行政法之理論與實用》，頁 193～194。

❹　李震山，《行政法導論》，頁 129。

物之公務員或其他服務人員應善盡其善良管理人之義務。而其對於一般公物之管理及維護有妨害者，得予以排除，性質上相當於民法所規定之物上請求權，或稱公法上家主權。如為營造物用物，則尚有營造物權力（管理權或是行政權）與營造物警察兩項權限。前項權限應有法規依據，在合理範圍內，公物主體得作成行政處分或採取強制措施。本於後項權限，則可以排除遭受第三人的侵入及妨害。而此一警察權之行使，必要時得請求警察機關協助，而有地域或事物管轄權之警察機關，亦僅在公物主體請求協助時始得介入，以恢復該公物利用之秩序❶❺。

二、公營造物

㈠意　義

　　公營造物（公法營造物），依 Otto Mayer 的定義：「公營造物乃是行政主體為能持續達到公法上特定目的，所為人與物力之結合。」H. Maurer 根據此定義，指出公營造物有三大特徵：1.公營造物是由行政工作人員和物（大樓、公營造物（體）、技術設備）共同結合組成的獨立的行政組織體。2.公營造物應依照其設定目的執行特定的行政任務，特別是提供給付的任務。3.公營造物無「社員」，而僅有「利用人」，這是公營造物與公法社團不同之處。公營造物透過一次或反覆或持續進行的利用關係，提供受領給付（服務）的人❶❻。

　　申言之，公營造物乃持續為行政目的而服務，由人與物力結合形成的組織體，並由行政主體為其制定組織法規而設立。分析之：1.為行政主體基於行政目的而設立，故與私法營造物不同。2.具有永久性，而與展覽會有別。3.由行政主體發布組織規章而成立，如臺北市立圖書館，由臺北市政府制定組織規程為成立法源。因之，公營造物與依公司法、民法而組成的組織殊異。4.具有動態觀念，與公物迥異，而公營造物強調利用行為，是行政法學公營造物概念的中心議題。

---

❶❺　吳庚，《行政法之理論與實用》，頁 194。

❶❻　《政府改造》，行政院研考會編印，第 9 章，同前，頁 228～229。

㈡種　類

　　德國從獨立性角度，將公營造物分為無權利能力的公營造物、具有部分權利能力的公營造物，以及具有權利能力的公營造物三種。其中具有權利能力的公營造物，亦具有公法人之地位，甚至本身即為一個行政主體，其實例甚多，如公共廣播電視機構、縣（市）立儲蓄銀行、聯邦銀行、聯邦貨運機構等❶，顯然採取廣義的觀點。我國學界則從服務的性質區分公營造物為：1.服務類，如電信局、郵局；2.文教類，如學校、博物館、紀念堂；3.民俗類，如孔廟、忠烈祠；4.保育類，如醫院、養老院；5.營業類，如果菜市場❶。

㈢法律規範

　　就組織規章言，公營造物之組織規章，即營造物規則，係由行政主體制定，規定公營造物內部結構、人事、預算、費率等，為公營造物之組織法。

　　就利用關係言，即公營造物對外所生之法律關係，則由利用規則所規定。公營造物只有利用人而沒有「社員」，這是公營造物與社團不同之處，但利用人並不參與公營造物的決策，除非立法者特別規定。而利用人與公營造物間的利用關係，是一種特別權力關係。如學校、郵局、圖書館的利用關係是，並由營造物規則（命令中的特別規則）加以規範。然傳統特別權力關係理論改變後，「公營造物利用關係」傾向於發展成「行政法上債的關係」，在公法欠缺明文規定的情形，可類推適用私法解決爭議❶。

三、公營事業

　　公營事業又稱公企業，是由政府出資或與民間合資所成立，以從事私經濟活動為目的之組織體。公營事業移轉民營條例（九十二年一月十五日修正公布）第 3 條所稱公營事業，指下列各款之事業：㈠各級政府獨資或

---

❶　《政府改造》，同前，頁 229～230。

❶　吳庚，《行政法之理論與實用》，頁 164～165。

❶　李建良等，《行政法入門》，頁 216～218。

合營者；㈡政府與人民合資經營，且政府資本超過百分之五十者；㈢政府與前二款公營事業或前二款公營事業投資（轉投資）於其他事業，其投資之資本合計超過該投資事業資本百分之五十者。公用事業以公營為原則，係國家基於對人民生存照顧之義務，達成給付行政之功能而經營。期以合理之費率，普遍而穩定提供人民所需的各項服務（司法院釋字第 428 號解釋）。

公營事業依政府層級區分，包括國營事業與地方經營的公營事業，前者如中央部會所屬的事業：中鋼公司、台灣肥料公司、臺灣銀行等，後者如縣市銀行、當鋪等是。依營業項目區分，有生產事業，如經濟部所屬事業單位；交通事業，如交通部所屬運輸通訊事業；金融事業，如財政部所屬銀行、金庫；文化事業，如教育部所屬臺灣書店等。再次，依所有權區分，包括：㈠由某一政府獨資經營，具壟斷性的事業或稱獨占事業；㈡由不同層級的政府合資經營；㈢依事業組織特別法：由政府與民間合資經營；㈣依公司法等，由政府與民間合資經營，但政府持股超過一半等。此外，依組織形態區分，可分為：㈠機關，如中央信託局、中央銀行（首長比照政務官）；㈡公司（法人），如中鋼公司、臺灣銀行、臺灣菸酒公司；㈢門市部，如福利中心。

至於公營事業的法律規範，要點如次：

1.公營事業在財務上須受會計法、審計法規範。

2.公營事業在經營方式上，受國營事業管理法規範，除專供示範或經政府特別指定的事業外，「國營事業應依照企業方式經營，以事業養事業，以事業發展事業，並力求有盈無虧，增加國庫收入」（該法第 4 條）。

3.公營事業的組織，包括人事、財務、費率，受主管機關（所屬機關）及立法機關監督。公營事業用人，除特殊技術及重要管理人員（董監事等）外，應以公開考試方法行之。人員定有職稱及官等職等者，亦屬公務人員任用法中的公務人員，其任用、升遷、資遣均依據該法之規定。此外，亦適用公務人員退休法。

4.公營事業民營化應依「公營事業移轉民營條例」之規定處理。如公

營事業經事業主管機關審視情勢，認已無公營之必要者，得報由行政院核定後，移轉民營（第 5 條）。公營事業移轉民營（方式包括出售股份、標售資產、以資產作價與人民合資成立民營公司、公司合併且存續事業屬民營公司、辦理現金增資）時，事業主管機關得報請行政院核准，公開徵求對象，以協議方式為之，並將協議內容送立法院備查（第 6 條）。

四、其他公法社團及財團

㈠公法社團

公法社團係以國家高權行為所創設之組織體，其設立、廢棄或變更必須依據法律或法律授權。我國尚無歐陸國家之概念，德國甚至將地方自治團體列入公法社團。所稱公法社團，指行使公權力之民間團體，特別是包括：

1. 公法人

如地方自治團體、農田水利會。

2. 身分團體

如律師公會、農會、漁會、政黨等。而律師公會、農會、漁會，其會員之參加為強制參加，社團對會員有懲處權。

3. 聯合團體

如同業公會聯合會。

國家對公法社團之監督，以合法性監督為原則，例外始作目的性監督。

㈡公法財團

公法財團實例如中華經濟研究院、工業技術研究院。其中工業技術研究院係六十二年依政府經濟發展計畫成立，突破人事法規限制，延攬海外人才，從事產業技術研發。其特徵是： 1.有特定行政目的，依據「設置條例」而成立； 2.有組織章程，但未辦理法人登記； 3.不具本身之權力； 4.具有權利能力。就以上二實例而論，有認為公法財團不具本身之公權力，實難認定為公法財團❷，有稱之為財團法人❷。

---

❷　陳敏，《行政法總論》，頁 868。

㈢行政法基金

行政法基金（政府基金），亦有稱之為公法財團。實例上有政府部門內所設基金，如中小企業發展基金，為數眾多。一〇一年農業委員會即達六十九個。政府四大基金（勞保、新制勞退、公務人員退撫、國民年金等）亦屬之。其特徵有： 1.有特設的款項帳戶； 2.不具權利能力； 3.負有達成國家行政目的之任務； 4.不能自行運作，而由其所屬機關管理，以達成設置之目的。九十年四月，行政院勞工委員會決定將勞退基金委外經營。這類基金，由於受主管機關掌控主導，乃招致是部會的小金庫或為部會背書的批評，如國家文藝基金、國安基金曾引發爭議（九十一年三月甚至有立法委員建議國安基金可以休矣）；文化部所屬公共電視文化事業基金會董事（二十一位），曾因五位董事難產，董事會停止運作，至一〇二年一月所提人選始獲審查委員會通過。過去交通部財團法人航空事業發展基金會（航發會）因支援高速鐵路的興建引發爭議； 5.依法律規定或授權而成立，無章程，應屬「無權利能力之行政法基金」。

㈣私法人

私法人實例有農會、工會、商會、漁會等職業團體。有認為這團體應如德國採公法人之設計為宜[22]。其特徵是職能與公益有關，並接受委託行使公權力。

㈤私法財團

私法財團是政府基金的例外。實例上有財團法人海峽交流基金會。其特徵要有： 1.依據法律（兩岸人民關係條例）設置； 2.向法院登記，為法人組織； 3.有特設帳戶，由政府與民間出資； 4.具權利能力（法人組織）； 5.不具有本身的公權力，但得接受委託行使公權力，成為「公權力受託團體」。此類團體，如海基會，與政府機關間有人事交流的關係。為此，考試院與行政院於九十三年四月二十七日會同修正並更改名稱為：「公務員轉任

---

[21] 吳庚，《行政法之理論與實用》，頁 167。

[22] 陳敏，前書，頁 864。

受託處理大陸事務機構轉任方式回任年資採計方式職等核敘及其他應遵行事項辦法」，該辦法係依據「臺灣地區與大陸地區人民關係條例」第 4 條之 1 第 4 項規定訂之。規定現任公務員轉任行政院依法委託處理大陸事務之機構或民間團體（以下簡稱受託處理大陸事務機構）專任職務者，於回任公務員時，其轉任方式、回任、年資採計方式、職等核敘及其他應遵行事項。

　　至於私立學校，依釋字第 382 號解釋解釋理由書，指出：私立學校係依私立學校法經主管教育行政機關許可設立並製發印信授權使用，在實施教育之範圍內有錄取學生、確定學籍、獎懲學生、核發畢業或學位證書等權限，係屬由法律在特定範圍內授與行使公權力之教育機構，於處理上述事項時亦具有與機關相當之地位（參照本院釋字第 269 號解釋）。雖未經由委託之行政程序，或曾否授與公權力之行使，或曾否公告周知，亦屬法律在特定範圍內，授予公權力之行使。又如公私立學校之各級教師評審委員會亦然（釋字第 462 號解釋）❷❸。

㈥公立大學校務基金

　　1.教育部為因應高等教育發展趨勢，提升教育品質，增進教育績效，依據「國立大學校院校務基金設置條例」及預算法之規定，循預算程序設置，編製附屬單位（各公立大學）預算之特種基金，其一切收支均納入基金，依法辦理。根據此條例各公立大學設置校務基金，其收支、保管及運用設置管理委員會管理，並由校務會議下所設之經費稽核委員會監督。民國九十年度公立大學開始全面實施校務基金。

　　2.各校設置校務基金的目的：⑴落實大學自主；⑵增加預算編製及執行彈性；⑶紓解政府財政壓力（基金以存儲增加孳息收入，並吸收社會資源投入教育事業）；⑷教育資源分配合理化（建立捐助興學管道、積極推動建教合作及推廣教育、培植各校提高財務自籌能力）。

　　3.校務基金的特性：⑴僅將國庫撥補額及政府補助納入中央政府總預

---

❷❸　吳庚，《行政法之理論與實用》，頁 169。

算。(2)依受益付費原則，除特殊項目外，成本與費用（依預算法及中央政府附屬單位預算執行要點）不受法定預算額度限制。(3)為維護學校財務之完整，其一切收支均須納入基金運作。凡各機關、民間團體委辦或補助之專題研究計畫，收支應納入校務基金管理，由學校統籌運用，結餘及孳息免予繳回國庫。(4)年度賸餘按「中央政府非營業基金賸餘解庫及短絀填補注意事項」分配後，留供基金循環運用。

第二章 公務員法

第一節 公務員之概念

一、意 義

公務員，為國家或地方自治團體所任用，並與國家或地方自治團體有公法上服公職及忠實關係之人員。申言之，公務員係：㈠須經任用程序：中央機關之公務員均由本機關或上級機關任命，地方機關之公務員則由各地方政府任命。但無論中央或地方公務員之任命皆應送銓敘機關審定其資格。唯地方行政首長則經選舉產生，非依一般公務員任用程序任用，然其候選資格仍須經銓敘機關檢覈及格。㈡對國家或地方自治團體負有公法上勤務關係：公務員一經任用，即與任用主體間發生公法上勤務關係，國家或地方自治團體即對公務員有照顧生活之義務，非僅給予酬勞而已。至所服勤務，依其職務性質而定，如今則咸認其勤務應明確並且法定。㈢負有忠實執行職務之義務：公務員依法行政，忠實於國家或地方自治團體，依據法規執行職務，運用公權力。

二、範 圍

依公務員各項法律，公務員之範圍有廣狹之殊異，要如下述：㈠最廣義的公務員，如國家賠償法（第2條）所指「依法令從事於公務之人」。凡在各類政府機關及其附屬組織之服務人員，無論從事公權力或私經濟或其他性質之工作，亦無論是立法或榮譽職等職務，皆屬之。㈡廣義的公務員，如九十六年修訂後的刑法（第10條），規定之公務員排除公立學校、公立醫院及公營事業之人員，但其採購人員則包含在內。㈢狹義的公務員，為公務員服務法（第24條）之規定，「本法於受有俸給之文武職公務員及其他公營事業機關服務人員，均適用之」。其範圍包含政府機關、公營事業之

人員，不論文職或武職，只須「受有俸給」即屬公務員。因之排除最廣義公務員中的榮譽職人員、民意代表。此外，公營事業中未受有俸給，即未支領薪俸之服務人員，不適用公務員服務法；公營事業約雇人員亦不適用本法。至於各級公立學校教師，在公教分途政策下，人事法制有別，亦不適用公務員服務法。㈣最狹義的公務員，為公務人員任用法（第5條）所規定：「公務人員依官等及職等任用之。官等分委任、薦任、簡任。職等分第一至第十四職等，以第十四職等為最高職等。委任為第一至第五職等；薦任為第六至第九職等；簡任為第十至第十四職等。」公務人員任用法施行細則第2條規定：「本法所稱公務人員，指各機關組織法規中，除政務官及民選人員外，定有職稱官等職等之文職人員：一、中央政府及其所屬各機關；二、地方政府及其所屬各機關；三、各級民意機關；四、各級公立學校；五、公營事業機構；六、交通事業機構；七、其他依法組織之機關。本法所界定之範圍，排除武職人員以及文職人員中民選及未定有職等及官等人員。」此外，政務人員亦不適用本法。此狹義的公務員，與學理上之常業文官相當。

第二節　特別權力關係

一、特別權力關係理論

特別權力關係理論是德國公法學獨特的理論，起源於中古時期領主與家臣的關係，這是一個「聚合概念」或「屋脊概念」，用以含蓋公務員關係、軍人關係、學生與學校、受刑人與監獄關係等❶。此一概念描述十九世紀君主立憲的德意志，行政權與國民間所謂的外部關係雖受法治主義支配，但為君主支柱的軍隊及官僚卻不適用法治主義，而「特別」與前者不同。此特別關係最令人詬病的是：㈠排除（法治主義的）法律保留原則之適用，行政主體得以命令強制剝奪相對人的基本人權。㈡剝奪權利救濟手段，相對人對體制內部的懲戒處罰，不得依法提起救濟，與一般人民之受制裁得

---

❶ 吳庚，《行政法之理論與實用》，11版，頁223～224。

依法尋求救濟有別，違反「有權利就有救濟」之法治原則❷。十九世紀末葉即首先提出特別權力關係概念的是拉邦德 (Paul Laband)，他與墨耶 (Otto Mayer) 建立特別權力關係的理論體系。

Laband 以權力及志願兩項因素為特別權力關係的特徵。由於權力因素，公務員違背職務上之義務，是違反紀律之罪行；由於志願因素，公務員與國家的關係不同於人民與國家的關係，其義務「內容加重甚多」。O. Mayer 將特別權力關係下定義：「經由行政權之單方措施，國家即可合法的要求負擔特別之義務」，「為有利於行政上特定目的之達成，使加入特別權力關係之個人，處於更加附屬之地位」。至於加入的原因，有依法律規定而採取的措施，亦有出於相對人自願，或由於單純事實行為而生者。Mayer 將此關係歸為三類：公法上職（勤）務關係、營造物利用關係與基於監督權之利用關係（他舉的例子是受海關、稅務機關監督之人員）。他的理論體系可歸納為：㈠比一般權力關係之人民更加附屬性；㈡相對人較無主張個人權利之餘地；㈢行政權之自主性，即不受法律保留之拘束❸。而學者通說，特別權力關係具有以下特徵：

　　1.當事人間地位不平等；

　　2.行政客體義務不確定；

　　3.行政主體可自訂規則拘束相對人（適用特別規則）；

　　4.行政主體對客體有懲戒權（或懲處權）；

　　5.行政客體缺乏救濟權（不得爭訟）。

二次戰後，特別權力關係理論受民主憲政思潮衝擊，逐漸被修正。如巴可夫 (Otto Bachof) 以傳統理論將法律關係區分為內部關係與外部關係，如公務員受任命、轉任、升等、免職等，以直接發生公務員與行政主體間之法律關係為目的者，即為外部作用之行為，適用一般公法原理原則，而得由行政法院管轄之。反之，內部作用之行為，如上級機關之指揮監督，不受公法拘束，法院不應介入。此外，烏勒 (Carl Hermann Ule) 於一九五七

---

❷　李震山，《行政法導論》，頁 20～21。

❸　吳庚，《行政法之理論與實用》，頁 223～224。

年提出基礎關係與管理關係之理論，修正特別權力關係理論，並作為司法救濟之區別。凡是影響基礎關係即對特別權力關係產生得、喪、變更的原因，如公務員之任命、免職、命令退休；學生之入學、退學，即為影響基礎關係的原因，是行政處分，得提起行政救濟。反之，僅影響管理關係之行政行為，如長官對部屬的指示、學校規定學生的上課作息時間，非行政處分，相對人不得提起救濟。烏勒的理論，有其缺點，如基礎關係與經營關係不易釐清，公務員的調職究竟是屬於何種關係，難以歸類。至屬於經營關係之事項，是否不受法律保留原則拘束，亦有待商榷。因之，又有「重要性理論」的修正，凡屬公務人員在憲法上所保障之基本權利，或對公務員基本權利有重大影響之處分，得向法院請求審查。

二、我國公務人員權利保障之發展

我國公務員關係早期受德國及日本行政法學之影響，承受特別權力關係理論，致公務員如因遭受機關之處分而損害其權利時，即受有相當程度之限制，在此階段，無法如同一般人民般提起救濟，以合理保障其權益。實務上，依司法院之解釋，公務員權利受侵害，與一般人民身分不同，不得提起行政爭訟。在民事法院則認為行政機關之懲處屬公法事件，不予受理。而行政法院則認為純屬人事行政範圍，公務上紀律服從關係，不得提起行政訴訟。在傳統理論束縛下，公務人員法律關係強調合目的性，重視公務人員的義務。

至七十三年五月十八日公布之大法官會議釋字第 187 號解釋以後，有關公務人員權益事項之救濟，逐漸鬆綁，准許提起行政爭訟，且大致可分為財產上及身分上二類。其中以七十八年七月十九日公布之大法官會議釋字第 243 號解釋，最具里程碑意義，其解釋意旨如下：

㈠依公務人員考績法規對公務員所為免職處分，直接影響其憲法所保障服公職權利，可循序請求救濟及提起行政訴訟。

㈡記大過處分，未改變公務員身分關係，不直接影響服公職權利，不得提起行政訴訟。

㈢上級機關所發布之職務命令，並非影響公務員身分關係之不利益處分，不得對之爭訟。

往後釋字第 298 號解釋（認為足以改變公務員身分或對於公務員有重大影響之懲戒處分，應許受處分人向懲戒機關聲明不服）、第 312 號解釋（公務員退休請領福利金，乃公法上財產請求權之行使，如有爭執，得提起行政救濟）等公布，可歸納公務員得提起訴願、行政訴訟救濟的原因是：

1. 有關公法上財產請求權（退休金、福利金等之申請）的爭執或行政處分。

2. 改變公務員身分之懲戒或懲處。

3. 重大影響公務員權益之行政處分。

往後公務員法律關係，趨向法治（合憲）原則發展，重視憲法上人權條款的適用。公務員回歸為普通公民，享有一般人權。

到民國八十五年，特別權力關係的發展注重合理性的公務人員法律關係。行政法院判字第 1036 號判決改變以往見解，認為停職侵害憲法或法律保障之財產權、服公職等權利，得依法提起訴願及行政訴訟❹。八十五年司法院大法官會議釋字第 395 號、第 396 號解釋公布，更確立了公務員與國家之關係係為「公法上職務關係」。同樣在這一年，公務人員保障法公布施行，規定公務人員因考績上懲處及工作處遇之救濟，分別就基礎關係與管理關係採取復審與申訴不同軌道。及至第 653 號解釋公布（九十七年十二月二十六日），再擴大行政救濟的範圍，指羈押法第 6 條及同法施行細則第 14 條第 1 項之規定，不許受羈押被告向法院提起訴訟救濟之部分，與憲法第 16 條保障人民訴訟權之意旨有違。此解釋揚棄過去從第 298 號解釋宣示的「重要性理論」（重大影響說），僅得對有關身分之處分提起行政爭訟。此一解釋，打破公務官僚體系區分為基礎關係與管理關係，更有意拋棄特別權力關係理論。第 684 號解釋公布（一○○年一月十七日），認為大學對學生所為之行政處分或其他公權力措施，如侵害學生受教育權或基本權利，即使非屬退學或類似之處分，本於憲法第 16 條之規定，仍許學生提起行政爭訟，無特

---

❹　《公務員法制講義》，國家文官培訓所，2004 年，頁 385～386。

別限制之必要。並指釋字第 382 號（採重大影響說，即學生僅得對退學或類此之行政處分提起行政爭訟）應予變更。至此釋憲機關的大法官似不再有不同意見，而傳統特別權力關係徹底受到修正。此一法律關係宜改稱「公法上職務關係」或「特別法律關係」類似名稱，將成為學界共識。唯解釋文中所稱「其他公權力措施」、「其他基本權利」等，仍保留需要再探討界定的空間；第 691 號解釋卻簡單幾個字，稱「其救濟有待立法為通盤考量決定之」，是否意味著此特別法律關係不是單純的存廢問題而已？

第三節　公務員的種類

依現行公務人事法制，公務員主要類型如次：

一、政務官與事務官

政務官係決定政策，對政策實行負政治責任，並依政黨在選舉之成敗而進退之公務員。例如參加行政院會議之出席人員，行政院院長、副院長、八部二會首長、不管部會之政務委員即是。此外，各部政務次長亦屬之。故學理上政務官應指：㈠行政部門之人員，其他考試院、司法院、監察院之成員均非政務官，而為特別職。㈡無任期保障，如行政院公平交易委員會有規定任期，則非政務官。㈢國家公務員，如地方行政首長（省市首長、縣市首長）則非政務官。政務官退職酬勞金給與條例（六十一年二月五日公布，七十四年十一月二十九日修正），八十九年十二月該條例修正為政務人員退職金給與條例，後來改稱政務人員退職撫卹條例（民國九十三年一月七日公布施行、九十五年五月十七日修正公布），政務官改稱為政務職人員，並規定其範圍。該條例第 2 條規定：本條例適用範圍，指下列有給之人員：一、依憲法規定由總統任命之人員及特任、特派之人員。二、依憲法規定由總統提名，經立法院同意任命之人員。三、依憲法規定由行政院院長提請總統任命之人員。四、其他依法律規定之中央或地方政府比照簡任第十二職等以上職務之人員。

至於事務官則指執行政策之公務員，係因考試及格而任用，有職位保

障之永業人員。其任用上，須具備資格條件；職等上有不同的等級；職位上受有關法律保障；退休上有嚴密規定；懲戒上有六種處分。凡此，均與政務官有明顯區別。申言之，政務官無嚴格的任用資格，只須同一政黨或政策見解相同即可受任；其職等，僅若干職位有「比照」一般事務官，如省、市、廳、處、局等首長，比照簡任第十三職等、各部政務次長比照常務次長外，餘皆為特任並無職等之設；其職位以政策獲議會及民意支持為依歸，無人事法律之保障；其退職（至少應任滿一定期間）與一般事務官之退休有明顯不同；懲戒上雖與事務官同適用公務員懲戒法，但政務官之懲戒處分僅適用撤職與申誡兩種。

二、法官與行政官

　　法官，狹義上指審理訴訟之人員，通稱法官，包括普通法院之法官（以前稱推事）、行政法院之法官（以前稱評事）以及公務員懲戒委員會委員。至於廣義之司法官尚包括檢察官，與法官同適用司法人員人事條例。就狹義之法官與行政官而言，其主要區別是：㈠是否獨立行使職權的不同。司法獨立行使職權，上級法院法官僅能以判決見解的不同推翻下級法院法官之判決。而行政官在層級節制體系下，受上級機關之指揮監督。檢察官依法院組織法第63條、第64條之規定，其檢察職務應受檢察首長之指揮監督，而檢察首長並得將檢察事務移轉於其他檢察官處理之。此即所謂檢察一體。故檢察官與司法官行使職權方式顯然不同。㈡職位保障不同。法官依憲法第81條之規劃，為終身職，非受刑事或懲戒處分或禁治產之宣告，不得免職，非依法律，不得停職、轉任或減俸。依現行有關法制，如司法人員人事條例第32條第2項，實任法官不適用公務人員考績法有關免職之規定。而過去對實任法官任職十五年以上，年滿七十歲或六十五歲而體衰不能任職者，照支現職司法官給與，此稱「優遇」，成為從事研究的退審法官。此外，除非經本人同意，對實任法官不得予以轉任法官以外之職務，或為審級之調動，除有法定原因之外不得為地區之調動（同條例第35條）。一般公務人員則適用一般人事法律，如考績、退休、保障等法律規範有別。

除了終身職保障，法官其他之保障包括：㈠法官之給與，實任法官本俸分二十級，試署法官分九級，候補法官分六級（法官法第71條）。其給與和普通職及特別職公務人員皆不同。㈡法官之個人評鑑、全面評核（三年至少一次）與團體評比，皆有特別規定（法官法第30條至第32條）。㈢法官之懲戒，包括免職、撤職、轉任其他職務、罰款以及申誡，其種類及程序與公務員懲戒法之規定不同（法官法第50條）。㈣法官於任職期間不得參加政黨，其參與公職人員選舉者，應於該公職人員任期屆滿一年以前辭去其職務，或依法退休、資遣（法官法第15條），其參政權有特別限制規定。

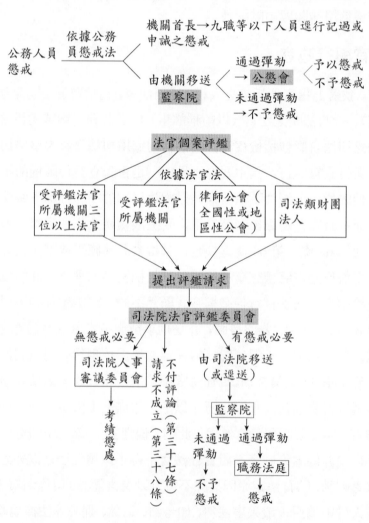

圖 2-1　公務員及法官懲戒流程圖

三、普通職與特別職公務員

　　普通職公務員指依公務人員任用法之規定任用之人員，特別職公務員則係依特別法律任用之人員。所謂特別法律，即公務人員任用法之第32條所指司法人員、審計人員、主計人員、關稅人員、稅務人員、外交領事人員及警察人員之任用，均另以法律定之；並包括同法第33條所指技術人員、教育人員、交通事業專業人員及公營事業人員之任用，亦以法律另定之。此外，尚有第三類特別職公務員，即適用派用人員派用條例之人員。特別職公務員之任用，除上述公務人員任用法第32條所指之第一類者，不得與普通職公務員之任用牴觸外，其餘二類特別職人員之任用資格之取得，以學歷為主，無須經考試及格，人事上且有「公教分途」之論。而第三類人員為擔任臨時職務人員，其任用並明定不以考試及格為限。

　　交通事業人員、公營事業人員之進用，雖採行與公務人員類似之體制，但以其為私經濟行政，實際運用上頗為複雜，甚至難免爭議。惟體制上畢竟有其特殊性，如交通事業人員採「資位制」（資位職務分立制），資位依職責及資歷而區分等級。資位並分為業務及技術兩類，各分六等，即長級、副長級、高員級、員級、佐級、士級，高員級以下之資位的取得，多屬初任人員，故須經考試及格始能任用。

四、國家公務員與地方自治人員

　　我國公務員原無中央與地方之分，一體適用一般公務人事之法律，唯基於地方自治，地方自治團體考選人員，處理地方自治事務，自成一格，允宜另訂地方公務員法制加以規範。再者，地方民選行政首長，如縣、市、鄉鎮（市）長，以其有任期，並經選舉而獲任，其任用與一般公務員尤有殊異。基層民選地方自治人員，有不具官等及薪俸者，如村（里）長則為公職人員，非屬公務員。凡此，公務員體制猶有統籌考量之需要。

第四節　公務員的任用及考試

一、公務員的任用

公務員關係的成立，其原因包括：1.任用，包括一般公務員之任用及政務官之特任；2.選舉，如地方行政首長；3.聘用，如約聘人員；4.雇用等。一般常任文官則以任用為主要原因。

㈠任用條件

公務員之任用，應具備一定的條件，通稱為積極條件，即 1.具備國籍：依國籍法施行條例第 10 條之規定：「國籍法施行前後，中國人已取得外國國籍仍在中華民國公職者，由該管長官查明撤銷其公職」；公務人員考試法（民國八十五年一月十七日修訂公布）第 7 條明定，應公務人員考試首須為中華民國國民。具備國籍為任公職之最基本條件，這是基於國民主權原則之要求。唯依司法院三十二年院字第 2476 號解釋：「國營事業機構之職員，除法令有特別規定外，雖無中華民國國籍，亦得任用」；又以契約方式聘雇擔任科技、研究或教學等有時限之工作，亦不受限制。民國九十年國籍法修訂，對於取得外國國籍者在文化、公營事業、各機關約聘職務之任用，已有放寬的規定。2.年滿二十歲：擔任公職者，一般認為至少應具有公法上基本能力，故有此條件要求。唯依公務人員考試法第 7 條之規定，如年滿十八歲參加公務員考試及格而任公職，是為例外。3.具備所任官等或職務之資格：此一資格之取得，包括依法考試及格、銓敘合格、考績升等（公務人員任用法第 9 條）途徑。就考試及格而言，例如高考（三級）及格者，取得薦任六職等之任用資格；經普考及格者，具有委任三職等之任用資格。所謂銓敘合格，指就公務人員之學歷、經歷等各項條件加以審查，認定其具有任用資格之謂。而考績升等則是現職人員在任職一定年限以上，且俸級已敘至某一職級以上，考績合於一定標準，得以考績升等方式，取得同一官等高一職等之任用資格，此稱「考績升任職等」；亦得升任高一官等，此稱「考績升任官等」，如薦任九職等得以考績升任簡任十職等。

唯上述有關資格之要求，公務人員任用法有例外之規定，即有些公務人員之任用不要求具備，如：1.機要人員，此類人員與機關首長同進退，並得隨時免職，不受公務人員任用資格之限制。其進用應注意其公平性、正當性及其條件與所任職務之適當性。2.適用其他法律任用之人員，如技術人員、教育人員、交通事業人員、公營事業人員、司法人員、審計人員、主計人員、關稅人員、稅務人員、外交領事人員、警察人員、聘派人員、政務官等（公務人員任用法第32條至第38條）。

至任用之消極條件，即須不具備公務人員任用法第28條之情形，即1.動員戡亂時期終止後，曾犯內亂罪、外患罪，經判刑確定或通緝有案尚未結案者。2.曾服公務有貪污行為，經判刑確定或通緝有案尚未結案者。3.依法停止任用者。4.褫奪公權尚未復權者。5.受禁治產（監護）宣告，尚未撤銷者。6.經合格醫師證明有精神病者。

㈡任用程序

公務員之任用，除政務官多由憲法規定外，一般公務員之任用，其程序包括以下步驟：

1.錄用及甄選

各機關初任各職等人員之方式包括考試分發、自行遴用與指名商調。原則上，除法律別有規定外，應就考試及格人員分發錄用，如無適當考試及格人員可資分發時，得經分發機關同意，由各機關自行遴用考試及格之人員（公務人員任用法第10條）。用人機關如有特殊需要時，得指名商調其他機關之現職人員（公務人員任用法第22條參照）。可知此一步驟包含考試分發、自行遴用、指名商調等方法。

2.試用及實習

初任各官等人員，未具備擔任擬任職務職責程度相當或低一職等之經驗六個月以上者，得先予試用六個月，並由各機關派專人負責指導；試用期滿成績及格，予以實授。試用期滿成績不及格者，予以解職。

3.先派代理

各機關擬用公務人員，具備任用資格者，得依職權規定先派代理，於

三個月內送請銓敘機關審查，特殊情形得報經銓敘部核准延長二個月。經審定不合格者，應即停止其代理（公務人員任用法第 24 條）。審查結果，除對不合任用者予以退回外，其資格認定包括「合格實授」（試用期滿成績及格或毋需先予試用）、「先予試用」（未具與擬任職務職責程度相當，或低一職等之經驗六個月以上）、「准予登記」（依派用人員派用條例任用者）等，凡取得合格實授資格者，即取得常任文官之地位及保障，銓敘機關並得依法銓敘其級俸。（按：八十四年考試院審查通過公務人員第二階段職務列等調整案，調整範圍達八萬三千多個職位）。

4.正式任命

各機關初任簡任各職等職務公務人員，初任薦任公務人員，經銓敘機關審查合格後，呈請總統任命。初任委任公務人員，經銓敘機關審定合格後，由各主管機關任命之。薦任及委任現職人員調任同官等內各職等職務時，均無需再報請任命（九十三年十二月三十日修正公布公務人員任用法施行細則第 25 條條文）。

(三)任用行為的法律性質

公務員之任用（任官行為），有認為係單方行為，只須國家基於事實需要，作成片面決定即可發生效果。或認為此為公法上的契約，國家與相對當事人係立於對等地位，人民既無擔任公職之義務，而國家欲任命公務員猶須相對當事人同意。此說頗注重民主角度的觀察。另有認為任官行為係一種雙方行為，即由國家與被任命人雙方互動所形成，從客觀角度說明其行為的本質，但不能解釋何以國家得在任官行為之後，對公務員作轉任、調職乃至免職、撤職之處分。

今則以須當事人同意之單方行為說為通說。即公務員之任命，固為國家之單方行為，須經核定，但仍以受任人同意為要件。此說不僅陳述公務員任命的行為內涵，亦能解釋國家對公務員關係有權加以調整、變更或消滅之原因。此說又稱為有條件的單方行為說。而從行為之完成論，此種行為需要當事人協力，故又稱為須當事人協力處分。至約僱人員與一般公務員之任用有別，適用民事契約之規範，不能以此通說解釋其僱用行為。

㈣總統任免文武官員

依「總統府處理文武官員任免作業要點」(總統府九十八年八月十七日修正發布)，總統任免文武官員作業要如下述：

1.各主管機關呈（咨）請總統任派者

⑴初任、升任或調任簡任、簡派各職等公務人員，經銓敘部審定者。⑵具有簡任、簡派第十職等以上實授資格，權理高職等職務，經銓敘部審定者。⑶簡任、簡派公務人員，在同官等內調任低職等職務，經銓敘部審定者。⑷簡任、簡派公務人員，兼任機關組織法規中所定兼職，經銓敘部審定者。⑸初任薦任、薦派官等公務人員，經銓敘部審定者。

2.軍職人員報請總統任免者

⑴軍職少將、中將編階人員，官職異動經核定者。⑵依據陸海空軍軍官士官任官條例第 11 條之規定，經核定追晉、追贈者。

3.警察人員之任官作業

⑴警察人員依法採官職分立制，總統府僅辦理任官，不辦理任職。⑵總統府辦理警察人員任官,以各級警察機關現職執行警察任務之人員為準。⑶初任警正（薦任職）或升任警監（簡任職）各階警察官人員，經銓敘部審查合格者，呈請總統任官。警察官除依警察人員管理條例第 31 條第 2 項之規定免官者外，不辦理免官。

二、公務人員考試

公務人員之任用要件之一是「具備所任官等或職務之資格」，而此要件之取得則包括考試及格、銓敘合格及考績升等途徑。考試及格是初任公務員最重要之資格要件。憲法第 85 條規定：公務人員之選拔應實施公開競爭之考試制度，非經考試及格者不得任用。第 86 條復規定：公務人員之任用資格應經考試院依法考選銓定之。公開考選公務人員是憲法重要的公務員法制。八十五年一月十七日修正公布之公務人員考試法，將公務人員考試分高等考試、普通考試、初等考試三等。高等考試仍維持於必要時得按學歷分級舉行高考一、二、三級之考試，配合用人機關之用人意願，掄拔具

有薦任第九職等、第七職等、第六職等任用資格之人才為國服務。另為因應特殊性質機關之需要，得比照前項考試等級，舉行一、二、三、四、五等之特種考試，錄取人員取得申請舉辦特種考試機關及其所屬機關有關職務任用資格，不得轉調其他機關。如今依考用合一原則，公務人員考試非儲備資格之考試性質，故各種考試及格者須接受訓練，訓練期滿成績及格，始得分發任用。

依據憲法之規定，公務人員之任用、專門職業及技術人員執業資格，應經考試院依法考選銓定之。現行考試體系乃以此兩類考試為主體。考試法早在民國十八年八月一日由國民政府制定公布，民國七十五年一月二十日制定公布公務人員考試法，九十年、九十六年、九十七年、九十九年更不斷修正。有鑑於公務人員職位分類制與簡薦委品位制，兩制合一的要求，考試法乃分為公務人員考試法、專門職業及技術人員考試法二法併行。茲就九十九年一月七日公務人員考試法修正公布之要點述列如次：

㈠公務人員之考試，應依用人機關年度任用需求決定正額錄取人數，依序分發任用。並得視考試成績增列錄取人員，列入候用名冊，於正額錄取人員分發完畢後依序分發任用。

㈡正額錄取人員無法立即接受分發者，得檢具事證申請保留錄取資格，其事由及保留年限如下： 1.服兵役，其保留期限不得逾法定役期。 2.進修碩士，其保留期限不得逾三年；進修博士，其保留期限不得逾五年。 3.疾病、懷孕、生產、父母病危及其他不可歸責事由，其保留期限不得逾二年。

㈢為因應特殊性質機關之需要及照顧身心障礙者、原住民族之就業權益，得比照公務人員考試之等級舉行一、二、三、四、五等之特種考試，除本法另有規定者外，及格人員於六年內不得轉調申請舉辦特種考試機關及其所屬機關以外之機關任職。

㈣各種考試之應考年齡、考試類、科及分類、分科之應試科目，由考試院訂之。考試院得依用人機關請求及任用之實際需要，規定應考人之兵役狀況及性別條件。

㈤規定公務人員考試總成績之計算及限制、成績複查等。考試得視需

要實施體格檢查，其時間及標準由考試院訂之。

㈥增定經低一等級考試及格者須經一定年限後始得應高一等級考試之規定，俾有效導正以考試達到升等目的之現象。

㈦各種考試之應考資格，必要時得視考試等級、類科之需要，增訂相當等級之語文能力檢定合格，提高學歷條件、工作經驗或訓練或專門職業證書。

㈧增列經特種考試退除役軍人轉任公務人員考試及格者及經上校以上軍官外職停役轉任公務人員檢覈及格者得分發或轉任國家安全會議、國家安全局、國防部、行政院退輔會、行政院海岸巡防署及其所屬機關（構）、中央及直轄市政府役政、軍訓單位❺。

參加考試權是憲法保障的基本人權（憲法第 18 條）。國家考試機關需注意公開競爭的考試原則（憲法第 85 條），不僅應配合用人機關的需求，更須考量社會發展趨勢以及平等原則。過去應否舉辦殘障特考、公立學校行政人員任用資格考試等，都曾引發社會各界關切。以公立學校行政人員資格考試言，大法官即先後做成兩次解釋，一再強調考試取材的重要原則。第 278 號解釋指出，七十九年修訂的教育人員任用條例第 21 條，規定未具備公務人員任用資格者，僅得在原學校繼續任職。後來第 405 號解釋，針對八十三年該條文修訂為「並得在各校間調任」，認為違反第 278 號解釋，也不符憲法第 7 條平等原則及第 85 條考試公開競爭原則。因此考試制度及公權力運作，必須隨時因應時代思潮、周邊環境、社會通念，與時俱進，不斷調適。

三、公務人員之陞遷

考績升等，是公務人員任用的途徑之一，又是公務人員陞遷的主要途徑，一般文官多依此陞任職位。政府為期公務員之陞遷有一套合理的標準，乃制定公務人員陞遷法，並自民國八十九年七月十六日起施行。該法首揭

---

❺　蔡良文，《人事行政學：現行考銓制度》，臺北：五南圖書出版公司，三版，2006年，頁 287～288。

「公務人員之陞遷，應本人與事適切配合之旨，考量機關特性與職務需要，依資績並重、內陞與外補兼顧原則，採公開、公平、公正方式，擇優陞任或遷調歷練，以拔擢及培育人才」（該法第 2 條）。本法所稱公務人員之陞遷，係指下列三種情形（包括三種）：㈠陞任較高之職務；㈡非主管職務陞任或遷調主管職務；㈢遷調相當之職務（第 4 條）。作業原則為：「各機關職務出缺時，除依法申請分發考試及格或依本法免經甄審之職缺（即機關首長、副首長、機關內部一級單位主管以上之人員）外，應就本機關或他機關具有該職務任用資格之人員，本功績原則陞遷。各機關職缺如由本機關陞遷時，應辦理甄審。如由他機關人員陞遷時，應公開甄選」（第 5 條）。而各機關應依職務高低及業務需要，訂定陞遷序列表，逐級辦理陞遷（第 6 條參照）。各機關辦理本機關人員之陞任，應注意其品德及對國家之忠誠，並依陞任職務所需知能，就考試、學歷、職務歷練、訓練、進修、年資、考績（考成）、獎懲及發展潛能等項目，訂定標準，評定分數，並得視職缺之職責程度及業務性質，對具有基層服務年資或持有職業證照者酌予加分。必要時，得舉行面試或測驗（第 7 條參照），依績分高低順序或資格條件造列名冊，報請本機關首長交付甄審委員會評議後，依程序報請首長就前三名中圈定陞補之。

第五節　公務員的權利

公務員關係之具體內容，要有權利、義務及責任。而公務員的權利，是公務員經任用後在職期間享有的報酬對待；公務員為社會各種行業之一，盡其執行職務之義務，從而國家給予一定的權利保障。公務員的權利要有：

一、身分保障權

公務員非有法定原因，並經法定程序，不受撤職、免職、或其他不利處分之權利。公務員既依法任用，經銓敘機關銓定其職等，則非依公務員懲戒法或其他法律不得降敘（公務人員俸給法第 16 條），非因刑事訴訟被通緝或羈押、或受褫奪公權之宣告、或受徒刑之宣告在執行中者，不得停

止其職務（公務員懲戒法第 3 條）。唯各機關辦理機要人員，須與機關長官同進退，並得隨時免職（公務人員任用法第 11 條）。凡此法制，皆表明公務員享有身分保障之權利。八十五年公務人員保障法施行，此項身分保障權更加完備，公務人員任用資格經銓敘部審定後，資格和身分非依法不得剝奪，官等非依法不得變更，俸給非依法不得降級或減俸，職務種類和服務地區非依法亦不得任意變更。上級長官不得對公務人員作不當或不法之工作指示。此外，該法並延續公務人員考績法（功過獎懲）之規定明定申訴救濟管道。

二、俸給權與參與考績權

公務員有依公務人員俸給法請求國家給予本俸、年功俸及加給等服勤務酬勞之權利。行政主體負有給付之義務。俸給，不僅在提供公務員維持生活之所需，也反映行政主體對公務員生活照顧之義務。公務員之俸給依法律規定，其支給標準由考試院會同行政院訂定，乃稱俸給法定主義。此有別於民間企業由契約訂定。人事行政局曾訂國家行局退休金給與表，退休金縮減，不合俸給法定主義。公務員之俸給包含本俸、年功俸及加給。本俸視職等而定，每一職等又區分為數級，逐年升級至本俸最高級，因故未能升任高職等時，則開始支領比本俸最高級更高的年功俸。故年功俸是對久任而考績優良者的獎勵。至於加給，包括職務加給、技術或專業加給、地域加給（公務人員俸給法第 5 條）；依職務種類、性質及服務地區，所應得之法定加給，非依法令不得變更（公務人員俸給法第 15 條）。

而為改善我國公務員俸給制度，論者指出有以下途徑：

(一)合理調整俸給結構與差距

我國公務員薪資，根據八十八年十一月十八日行政院經建會人力處的調查報告，高階公務員如次長、司處長及科長，比民間企業同級人員低（分別約少百分之二十六、三十四、三十八），但是三職等人員卻比企業界相當職務人員高出百分之五十以上。因之，公務員薪資應參考民間薪資，同時調高高階公務員的薪資或津貼加給，以鼓勵人員久任並重視績效。

㈡建立俸給待遇調整的基準

公務員待遇調整不能僅視政府財力預算而定,「有錢多調, 沒錢不調」難期客觀。應根據基本工資、生活費用、物價指數、民間薪資水準、個人平均所得等因素, 建立調整的基準。

㈢俸給待遇調整應合理化與法制化

目前公務人員俸給法以及其施行細則, 僅針對公務人員之俸級銓敘而訂定,「全國軍公教員工待遇支給要點」統籌待遇依據, 並未能規範調整作業的具體方法。待遇支給規定、待遇調整目標及決策過程亟待法制化以求合理。

㈣成立公務人員待遇調整專案組織

過去我國公務人員待遇調整作業之權責機關為行政院人事行政局, 參與決策的機關有國防部、財政部、行政院主計處及省市政府等, 在決定之前, 由人事行政局局長向考試院長陳報並經行政院同意後, 呈總統定案。至於公務人員對待遇問題之意見, 僅能以投書表達, 與歐美各國有公務人員團體代表參與協商待遇情形不同。在待遇決策過程中, 缺乏公務人員代表與專家學者參與, 不僅公務人員對待遇調整不能滿意, 更可能引發社會物價上漲的預期心理。因此, 應成立專案組織研議公務員待遇❻。

俸給, 今又以給與稱之。而給與主要包括俸級與獎金, 而二者又與考績有關。公務員參與考績, 亦屬公務員重要權利。而行政院於九十一年九月十八日通過「行政院暨地方各級政府行政機關九十二年實施績效獎金計畫」, 從民國九十二年起全面實施績效獎金制度。期考評制度發揮「綜覈名實, 信賞必罰」的功能。建立績效導向的俸給政策 (及獎金制度), 獎勵「卓越」(excellent) 的公務員, 是其主軸。如此獎勵, 可打破公部門齊頭式的假平等, 激勵公務員士氣。一○○年初, 考試院曾提出考績制度的改進方案, 要點包括增列優等, 並規定每一機關 (單位) 考績丙等者應為百分之三的人數, 而考績丙累積三年者應離開公務部門。傳統考績制度中考列甲等的人數 (慣例上占四分之三) 如何限制, 反映我國考績制度的謬誤寬濫, 少

---

❻ 蔡良文,《人事行政學》, 頁 396 ~ 399。

有獎優汰劣之效用，值得省思檢討。

三、退休金權

公務員不論自願退休或命令退休，得依公務人員退休法請求國家給予退休金。過去，我國公務員退休金係採恩給制，是對長年服務公職的公務員的一種恩惠。今則改採「儲金制」或「共同提撥制」，即由政府與公務員共同撥繳費用，建立基金支付退休及撫卹金，並由政府負最後支付的保證責任（公務人員退休法第8條第1項）。公務員退休，依九十八年八月四日修正公布公務人員退休法規定，採「八五制」，分為兩種：㈠自願退休：公務員任職五年以上年滿六十歲者，或任職滿二十五年者；㈡命令退休（屆齡退休）：任職五年以上年滿六十五歲者，或任職五年以上，心神喪失或身體殘廢不堪勝任職務者（該法第4條及第5條）。本法並明定法官不適用命令退休。退休金之給付方式則有：任職五年以上未滿十五年者，給與一次退休金；任職十五年以上者，得擇一支領：㈠一次退休金；㈡月退休金；㈢兼領部分一次退休金與部分月退休金。九十五年二月，考試院研議「公務人員退休所得合理化改革方案」，修改公務人員退休法，增訂領月退俸者之合理的養老給付優惠存款金額，針對過去「18%優惠存款」研訂改進方案。一〇一年十一月再朝向「九五制」退休條件及退休所得替代率新方案規劃。

除退休外，為促進人事新陳代謝，精簡機關用人，尚有資遣制度。資遣與退休相似，同為公務員關係終了後之金錢給付。公務員得予資遣之原因有：1.因機關裁撤、組織變更或業務緊縮而須裁減人員者；2.現職工作不適任或現職已無工作又無其他適當工作可以調任者；3.經公立醫院證明身體衰弱不能勝任工作者（公務人員任用法第29條）。又因病請長假，逾一年未痊癒者，應辦理退休、退職或資遣，不得予以「停職」。對機要人員不得辦理資遣。

針對軍公教退休金優惠存款（18%優存）引發社會爭議，銓敘部於民國一〇〇年初提議規劃三層年金的第三代退休制度，預計在一〇五年實施，

屆時不再有百分之十八優惠的制度，所得替代率則暫訂在百分之七十至八十。初步規劃，未來退休制度將修法改採三層年金制度，第一層為保險年金（公保）、第二層年金為職業年金（退休金）、第三層年金為個人儲蓄（商業保險）。按八十三年世界銀行提出一般受雇人三層退休年金保障體系之構想：第一層為政府責任之基礎年金；第二層為雇主責任之職業年金；第三層則為個人責任之私人商業年金。一〇一年銓敘部則改稱「繳多少領多少」，在國家財政為主的考量下，公務人員的退休自行負擔的責任比重日趨擴增。

二〇一三年年底，各國領取年金的平均年齡，法國六十點五歲、德國六十五歲、英國六十五點六歲、美國六十六歲、瑞典六十五歲、韓國六十歲，平均約六十四點一歲。繳費時間拉長，領取年金的時間縮短成為趨勢。延後退休，職場老人也要受訓、吸取新知。年金改革必須經各黨協商，精算的報告數據要公開透明。

四、保險金權

公務人員保險是我國社會保險中最早建立的一種，是一種強制保險。公務員於其任職後，所任職務為法定機關編制內之有給職，就有參加公務員保險之權利；保險金係公務員參加公務人員保險，於保險事故發生時，由公務員或其受益人受領之金錢或其他給付。保險由公務員所屬機關代辦投保，每月繳納保險費，由機關與本人雙方負擔。公務人員保險之項目，包括生育、疾病、傷害、殘廢、養老、死亡、眷屬喪葬及育嬰留職停薪等事故，可請領各種現金給付。如發生生育、疾病、傷害事故時，可享受免費醫療服務；發生殘廢、養老、死亡及眷屬喪葬事故時，則可享受現金給付服務，數額以被保險之當月俸給數額為計算標準，至於保險費率則定為被保險人每月俸給百分之四點五至百分之九。

公務人員保險首先是於七十一年七月將保險範圍由公務員本人擴大為公務員之眷屬，民國八十四年三月以後將醫療保險部分併入全民健保體系，故公保現有項目僅餘殘廢、養老、死亡、眷屬喪葬等現金給付及育嬰留職停薪等項目（九十八年七月八日修正公布）。及至八十八年五月二十九日公

務人員保險法又改為「公教人員保險法」，保險對象將公立學校編制內有給職專任人員，以及依私立學校法依法登記為財團法人的私立學校編制內有給職專任教職員包括在內，已不限於公務人員。（任用上，有「公教分途」之說，保險上，則採公教合一制。）

五、撫卹金權

國家為酬謝公務人員生前在職服務期間之辛勞及保障遺族經濟生活安定，於經銓敘機關審定資格登記有案的公務人員，在職期間內因公或普通傷病死亡時，對遺族所提供之金錢給付，所以，撫卹金係公務員在職病故、意外或因公死亡時，給與其遺族之金錢給付。撫卹金之權利乃基於公務員關係而發生，但權利之行使者為公務員之遺族。撫卹金之給與依公務人員撫卹法第 4 條規定分為兩種：1.在職未滿十五年者，按年資給與一次撫卹金；2.在職十五年以上，除一次撫卹金外，另按年資加發若干基數之年撫卹金。公務員死亡如發生於退休之後者，自不能發給撫卹金，為補救公務員遺族生活可能陷於困頓，另規定得發給相當數額之撫慰金，以照顧退休人員遺族之生活。公務人員撫卹配合退休制度採儲金制，應由政府與公務人員共同撥繳費用建立退休撫卹基金。

六、休假權

休假指公務員連續服務相當期間後，於每年之中得享有休閒渡假之日數，這就是公務員的休假權；目前並無法律規範公務員休假，僅有公務人員請假規則將休假視為「獎勵」。休假具有娛樂及保養之功用，為維持工作效率、提高生活品質所必需。公務人員請假規則（九十七年三月十九日修正公布）對公務員休假規定，是按照服務年資計算，服務滿一年者，第二年起應給休假七日，嗣後依年資加多，至服務滿十四年者，第十五年起，每年應准給休假三十日（該規則第 7 條）。公務員除業務性質特殊之機關外，每年至少應休假十四日，按在職月數比例核給，未達休假十四日者，應全部休畢，並均得酌予發給休假補助。確因公務或業務需要經機關長官核准

無法休假時，酌予獎勵。每次休假，應至少半日。政務人員及民選地方首
長未具休假七日資格者，每年應給休假七日。為發揮「休假」功能，休假
應予建立法制，將休假制度建立配套措施，以避免公務員此項權利被剝奪，
並符法律保留原則。八十二年行政院訂有各機關學校自強文康活動實施要
點，補助各項休閒活動，應予統籌規劃。九十二年公務員休假措施配合開
始施行的國民旅遊卡制度。國民旅遊卡制度法源依據為行政院頒布制定的
行政院及所屬各機關公務人員休假改進措施。公務員每年持國民旅遊卡，
申請「強制休假」並獲「國民旅遊補助費」。人員包含了公務員及公立學校
校長、專任教師兼任行政職務者，消費金額由政府補助。為此公務人員休
假規則修訂強制休假與補助措施。

七、結社權

結社權是指公務員得組成及參與代表其利益之團體的權利。我國憲法
第 14 條規定，人民有集會結社之自由。但是工會法第 4 條則規定：「各級
政府行政及教育事業、軍火工業之員工，不得組織工會。」因此，公務員之
結社權即受到限制，亦即不得組織工會。從而公務員自無經由結社權取得
協議權，更難得有爭議權。公務員原是受雇者，是勞動者，其應有的勞動
三權：團結權、協議權與爭議權，顯然受到剝奪。公務人員協會法已公布
施行，該法將公務員協會分為機關公務人員協會及全國公務人員協會二級
（第 10 條），賦予公務人員協會法人地位，並藉此與人民團體、工會等組
織區隔。協會會員採自由入會制，機關公務人員協會由各機關職員三十人
以上發起，並有編制員額三分之一人員加入始得成立，協會設會員大會（或
會員代表大會）及理、監事會。公務人員協會的任務包括對考試、任用、
考績、保障、退撫、保險、訓練等事項提出建議；對辦公環境、行政管理、
工作時間等提出協商（公務人員協會法第 6 條、第 9 條）。其建議事項，多
屬法定事項，所提建議並無拘束力。而提出協商之事項更受到限制（規定
不得提出的事項：㈠法律已有明文規定者；㈡依法得提起申訴、復審、訴
願、行政訴訟之事項；㈢為公務人員個人權益事項者；㈣與國防、安全、

警政、獄政、消防及災害防救等事項有關者），範圍狹窄。而協商不成或未履行協商結果時，將進入調解程序。若未依期限進行調解或調解不成立，則開始爭議裁決程序。爭議裁決委員會之裁決，有拘束當事人及其他關係機關之效力，不得聲明不服。又公務人員協會法規定，「公務人員協會不得發起、主辦、幫助或參與任何罷工、怠職或其他足以產生相當結果之活動，並不得參與政治活動」（第46條），故與工會之具有爭議權不可相提並論。

考試院院會（於九十三年十二月十六日）通過公務人員協會法部分條文修正草案，要點包括：㈠釐清本法排除及適用範圍，各級政府機關、公立學校首長及副首長不適用本法，公營事業機構首長、副首長則可適用本法。㈡明定全國公務人員協會得推派代表參與涉及全體公務人員權益有關的法定機關（構）、團體。㈢修正全國公務人員協會的發起、籌組門檻規定：依本法成立的中央各部及同層級以上機關公務人員協會數超過中央各部及同層級以上機關總數五分之一時及地方直轄市、縣（市）協會數超過直轄市、縣（市）總數三分之一時，即可共同發起、籌組。㈣降低機關公務人員協會的成立門檻規定：修正為招募會員人數已達八百人或超過機關預算員額數五分之一，且不低於三十人時，即可召開成立大會。

八、職務上費用請求權

公務員因執行職務，支出必要之費用，理當有請求服務機關支付之權利。常見者為出差所支領的差旅費，而此項支付，或預先提出申請或事後要求返還皆可。

九、健康維護權

維護身心健康，成為公務員重要權利。為此，自一〇〇年一月起，編制內公務人員四十歲以上者，每年補助健康檢查費三千五百元（上限）。首長每人每年以不超過二萬五千元為原則。

第六節　公務員的義務

公務員享受權利，相對的，亦承擔義務。而義務的履行勿寧是任用公務員之主要用意。義務履行的績效，實為公務員之產能或產值，不只是一種政治系統的「輸出」而已。公務員角色及義務固然深受國人期待，在多元社會的今天，公務員的義務多重而與日俱進。除公務員服務法為主要準據，尚有其他法制為規範。

一、公務員義務的種類

㈠忠實的義務

「公務員應遵守誓言，忠心努力，依法律命令所定，執行其職務」（公務員服務法第 1 條）。除依照宣誓條例宣誓之少數公務員外，公務員於出任職務時，應以明示或默示之信心與決心，忠實於依據法令執行職務。為執行上開規定，以落實公務員忠實義務，公務人員任用法（第 4 條）規定公務人員涉及國家安全或重大利益者，得辦理特殊查核。行政院並會同考試院訂定發布「涉及國家安全或重大利益公務人員特殊查核辦法」（九十二年十二月二十九日）❼。

我國公務員的誓詞：「余誓以至誠，恪遵國家法令，盡忠職守，報效國家，不妄費公帑，不濫用人員，不營私舞弊，不受授賄賂，如違誓言，願受最嚴厲之處罰」，頗重視消極面種種不應為之義務。反觀新加坡公共部門

---

❼　行政院於 84 年月 6 日函示，規定各機關於進用人員時，對於擔任重要性及涉及國家機密性職務人員，應依公務人員任用法及其施行細則有關規定，切實查核其品德及對國家之忠誠。95 年 12 月政府有意將查核對象擴及政務官及民選首長，並另訂公務人員品德及忠誠查核法規。

此外，為規範、監督、統合國家情報工作，維護國家安全及利益，並保障人民之權益，特制定國家情報工作法（民國 100 年 6 月 29 日公布施行）。該法要求情報工作之執行，應兼顧國家安全及人民權益之保障，並以適當之方法為之，不得逾越所欲達成目的之必要限度。並禁止擔任政黨職務、公職候選人，參與黨務或選舉活動（第 6 條）。

向公眾的誓約：「我們要給你提供高素質之服務；我們將做到有禮且公正；我們將盡全力給予協助；我們對自己的工作感到自豪；我們要不斷改進，你們的回饋為我們指出可以做得更好的地方，你們的建議幫助我們做出改進，你們的讚揚幫助我們臉帶笑容地工作；我們需要你們的信任、支持與合作，才能建立一個卓越的公共服務部門」。新加坡公共部門的誓約給人正面的鼓勵，公務員與公眾是互動的、雙向的，故成為高效率高品質的國家。

㈡服從的義務

「長官就其監督範圍以內所發命令，屬官有服從之義務。但屬官對於長官所發命令，如有意見，得隨時陳述」（服務法第 2 條）。「公務員對於兩級長官同時所發命令，以上級長官之命令為準。主管長官與兼管長官同時所發命令，以主管長官之命令為準」（服務法第 3 條）。又，「依所屬上級公務員命令之職務上行為，不罰。但明知命令違法者，不在此限」（刑法第 21 條第 2 項）。公務人員保障法（第 17 條）更明定公務人員對長官在監督範圍內所發之命令有服從義務，並對認為有違法之命令「應負報告之義務」，長官認其命令未違法，並以書面下達時，公務人員應服從。公務人員得請求長官以書面下達命令。

按公務員服從之義務，學說上有三種： 1.絕對服從說：凡長官在其監督範圍內發布之命令，無論是否合法，屬官皆有服從義務。2.相對服從說：謂屬官服從者僅限於長官合法之命令，如命令違法，屬官自得拒絕。 3.陳述意見說：謂屬官對長官之命令，如認為違法者，得隨時向長官陳述意見。公務員服務法上開規定，形式上是採陳述意見說，實為絕對服從說；刑法則採相對服從說。 4.報告及書面確認說：公務人員保障法之規定，要求長官與公務人員以報告為溝通，並由長官以書面下達，再確認所發之命令，如此彼此權責更為明確，命令之執行更具效能。德、奧等國公務人員服從義務之法制，已加入公務員一種「報告的義務」，期長官之命令配合執行情況。而德國服從義務，更有其前提要件，通說上有： 1.長官須有地域管轄及事物管轄之權限； 2.執行命令之屬官亦須有相同之管轄權限； 3.長官命令之下達符合職權行使之方式； 4.下達命令係為職務上之目的； 5.長官應

提供充足之資訊，以示對執行命令之負責； 6.命令須非明顯違法❽。

㈢保密的義務

「公務員有絕對保守政府機關機密之義務，對於機密事件，無論是否
主管事務，均不得洩漏，退職後亦同。公務員未得長官許可，不得以私人
或代表機關名義，任意發表有關職務之談話」（服務法第4條）。公務員掌
握政府機關機密，不得對外洩露，以確保公務之順利執行，並避免國家或
人民遭受重大損害。此保密義務，不論是否在職、是否主管都應切實遵守，
如發表有關職務之談話，應依循行政程序及政府資訊公開法等之規定。此
外，國家機密保護法，除要件、程序外，尚有罰則；刑法有洩露公務機密
的刑事責任；公務人員考績法亦有禁止公務人員洩漏職務上機密的記大過
條款。

㈣保持品位的義務

品位，社會評價、觀感或形象之義。「公務員應誠實清廉，謹慎勤勉，
不得有驕恣貪惰，奢侈放蕩，及冶遊賭博，吸食煙毒等，足以損失名譽之
行為」（服務法第5條）。公務員代表國家及所屬機關執行公務，本身應具
一定品位，以使其執行職務得到民眾尊重與信任。本條文字多屬守則格言
式教條，不若一般法條具體明確，先進國家仍重視此公務倫理價值。行政
院（九十九年七月三十日修正）公布「公務員廉政倫理規範」，提出公務員
「正常社交禮俗標準」、「公務禮儀」，即要求保持一定的品位。

㈤執行職務的義務

公務員執行職務，應力求切實，不得規避、推諉或稽延（服務法第7
條）；奉派之後，除程期外應於一個月內就職（第8條）；奉派出差，應於
一星期內出發，不得藉故遲延，或私自回籍，或往其他地方逗留（第9條）；

---

❽ 吳庚，《行政法之理論與實用》，頁 246～247。此外，為規範、監督、統合國
家情報工作，維護國家安全及利益，並保障人民之權益，特制定國家情報工作
法（民國 100 年 6 月 29 日公布施行）。該法要求情報工作之執行，應兼顧國家
安全及人民權益之保障，並以適當之方法為之，不得逾越所欲達成目的之必要
限度。並禁止擔任政黨職務、公職候選人，參與黨務或選舉活動（第6條）。

公務員未奉長官核准，不得擅離職守，其出差者亦同（第 10 條）；公務員辦公應依法定時間，不得遲到早退，其有特別職務經長官許可者不在此限（八十九年七月十九日修正公布第 11 條）；公務員請假應有正當理由並依請假規則請假（第 12 條），皆為有關此項義務之規定。此外，公務人員保障法更規定公務人員之長官或主管對公務人員不得作違法之工作指派，亦不得以強暴脅迫或其他不正當方法，使公務人員為非法之行為（第 16 條）。

㈥善良保管的義務

「公務員職務上所保管之文書財物，應盡善良保管之責，不得毀損變換私用或借給他人使用」（服務法第 20 條）。

㈦不為一定行為的義務

公務員不僅應保持品位，更應嚴守文官中立，不為違法循私舞弊之情事，公務員服務法為此規範條文甚多，要有：

1. 公務員不得假借權力，以圖本身或他人之利益，並不得利用職務上之機會，加損害於人（第 6 條）。

2. 公務員除法令所規定外，不得兼任他項公職或業務。此所稱「業務」，指須領證執業，且受主管機關監督者；而所兼業務與本職之性質或尊嚴有妨礙者。其依法令兼職者，不得兼薪及兼領公費。依法令或經指派兼職者，於離去本職時，其兼職亦應同時免兼（第 14 條）。按德國公務員義務中單獨列有「兼職」，認定兼職之必然，並詳細規範不得兼職的職務、兼職的專業知識要件❾。

3. 不得經營商業或投機事業。對非其服務機關監督之事業之投資，為其股東，不得超過該事業公司股本總額百分之十（第 13 條）。

4. 公務員於其離職後三年內，不得擔任與其離職前五年內之職務直接相關之營利事業董事、監察人、經理、執行業務之股東或顧問（八十五年一月十五日修正公布增訂第 14 條之 1）。此所謂「旋轉門條款」，將在公務員基準法中通盤檢討。

5. 公務員兼任非以營利為目的之事業或團體之職務，受有報酬者，應

---

❾　林明鏘，《公務員法研究㈠》，臺灣大學法學叢書，2000 年，頁 485～488。

經服務機關許可。機關首長應經上級主管機關許可（第 14 條之 2）。

6.公務員對於屬官不得推薦人員，並不得就其主管事件，有所關說或請託（第 15 條）。

7.公務員對於有隸屬關係者，無論涉及職務與否，不得贈受財物。公務員於所辦事件，不得收受任何餽贈（第 16 條）。

8.公務員對於下列各款與其職務有關係者，不得私相借貸，訂立互利契約，或享受其他不正利益：⑴承辦本機關或所屬機關之工程者。⑵經營本機關或所屬事業來往款項之銀行錢莊。⑶承辦本機關或所屬事業公用物品之商號。⑷受有官署補助費者。

㈧利益迴避的義務

公務員服務法除上開第 14 條之 1「旋轉門條款」外，第 17 條又規定：「公務員執行職務時，遇有涉及本身或其家族之利害事件，應行迴避」。此外，公職人員利益衝突迴避法（第 10 條至第 13 條）、政府採購法（第 15 條）有承辦或監辦採購人員離職後三年內不得向原任職機關接洽處理離職前五年內與職務有關之事務等規定。行政程序法規定行政程序中當事人、關係人、代理人、輔佐人等之自行迴避（第 32 條）與當事人對公務員之申請迴避（第 33 條）。為使公務員離退職務後，再為公務努力，考試院（於九十四年九月二十二日）院會曾通過修改公務員服務法此項規定，將「職務禁止」改採「特定行為禁止」。如此，離職後財金官員可轉任金融機購，但與其原任職單位進行業務往來或遊說行為則仍在禁止之列。

㈨申報財產的義務

民國八十三年九月一日公職人員財產申報法施行，凡屬於該法適用對象之公職人員，包括總統、副總統、五院正副院長、政務官、司法官、部分機關首長、民選首長、軍事首長、部分公營事業主管及縣級以上之民意代表等人員，均有定期（就職三個月內，每年申報一次）或於財產有重大變動時予以申報之義務。其次，受理申報之機關為監察院（設財產申報處）或申報義務人服務機關（或其上級機關）之政風單位，以及各級選舉委員會。其三，申報不實或未依規定申報者，監察院或政風單位之共同上級機

關法務部，得對之科處罰鍰，並限期命其申報或補正，仍不遵行者，應負刑事責任。本法對縣級以上公職人員候選人亦有準用之規定。其四，公務員依法應申報之財產包括不動產、船舶、汽車、航空器、一定金額以上存款、外幣、有價證券及其他具有相當價值之財產（包括珠寶、字畫等）、一定金額以上之債權、債務及對各種事業之投資等。申報制度旨在端正政風，確立公務員之清廉行為，用意良深，執行不易。

㈩行政中立的義務

公務人員執行政府政策，理當摒除價值觀念，以免偏私而臻於價值中立 (value-free, value-neutral) 境地，忠實執行。然則，政策執行非如機械操作般不講人情 (impersonal)，難免夾雜偏好，尤其是裁量的決定。何況執行過程不免要做次要性決策。行政與政策原本難以割裂，二者實交融並蓄。是以公務人員時常面對價值選擇的情境。再者，公務人員亦有參與社會團體、加入政黨的基本人權，此在民主國家勿寧是政治常態。而其結社權又與政策執行應該價值中立的社會期待有落差或衝突。故而有民國九十八年六月十日公務人員行政中立法的公布施行。

公務人員行政中立法之立法目的是「為確保公務人員依法行政、執法公正，並建立行政中立之規範」（特制本法第 1 條）。其適用對象，包括法定機關依法任用、派用之有給專任人員及公立學校依法任用之職員，包括：⑴公立學校校長及公立學校兼任行政職務之教師、留用職員、研究人員、軍訓教官以及聘用、雇用人員。⑵公營事業機構人員。⑶經正式任用為公務人員前，實施學習或訓練人員。⑷行政法人有給專任人員。⑸代表政府或公股出任私法人之董事及監察人。

本法宣示公務人員應有的基本立場，亦即：公務人員應嚴守行政中立，依據法令執行職務，忠實推行政府政策，服務人民；秉持公正立場，對待任何團體或個人；得加入政黨或其他政治團體，但不得兼任其職務，不得介入黨派紛爭（第 3 條至第 5 條）等。

本法規定公務人員禁止作為事項：㈠公務人員不得利用職權，干預他人加入或不加入政黨或其他政治團體；㈡不得於上班時間從事政黨或其他

政治團體之活動；㈢不得利用職權為政黨或其他政治團體或公職候選人從事要求、期約或收受捐款或捐助，或妨礙此類團體或人士依法募款之活動；㈣不得為支持或反對特定之政黨、其他政治團體或公職候選人，從事政治活動或行為；㈤不得利用職權干預他人之投票（第 7 條至第 10 條）；㈥公務人員以其掌管之行政資源，應秉持公正公平之立場，受理政黨或其他政治團體或公職候選人依法申請之事項，不得有差別待遇（第 12 條）；㈦選舉期間，各機關首長或主管人員，禁止政黨、候選人及支持者的造訪活動（第 13 條）。但公務人員之配偶或一親等直系親屬為公職候選人時，允許公務人員「站台」（銓敘部九十八年八月十九日函釋）。

㈢公務員之交代義務

公務員在離職時，應將自己經手的財物、資訊、未處理之案件甚至經驗，向接任者交代清楚，以維持行政之持續性及效率，並釐清責任。公務員離職前應辦理離職手續，至離職日至人事室領取「離職證明書」。依照民國四十二年十二月二十九日修正公布之公務人員交代條例，公務員交代制度要點如次：

公務人員交代之等級區分為機關首長、主管人員與經管人員三級。各有其交代之事項。以首長交代事項言，應包括以下項目：印信、人員名冊、交代月份截至交代日止，與月報相同之會計報告及其存款、未辦或未了之重要案件、當年度施政或工作計劃，及截至交代時之實施情形報告、各直屬主管人員主管之財物事務總目錄。但該總目錄如有錯誤時，各直屬主管人員應負其責任等。

機關首長交代時，應由該管上級機關派員監交；主管人員交代時，應由機關首長派員監交；經管人員交代時，應由機關首長派員會同該管主管人員監交。公務人員之交接，如發生爭執，應由移交人或接收人會同監交人擬具處理意見，呈報其上級主管機關或本機關首長核定之。

機關首長移交時，由後任會同監交人於前任移交後五日內接收完畢；主管人員之移交在三日內，接收完畢；經管人員移交則為十日內，移交完畢；得酌量延長至一個月。三層級人員之移交皆應與前任會銜呈報該管上

級機關，上級機關應於十日內予以核定。

公務人員之移交，應親自辦理，其因職務調動必須先行離開任地，或有其他特別原因者，經該管上級機關或其機關首長核准，得指定負責人代為辦理交代，所有一切責任，仍由原移交人負責。逾期不移交或移交不清者，其上級機關或本機關首長，應以至多不過一個月之限期，責令交代清楚，如再逾限，應即移送懲戒，其卸任後已任他職者，懲戒機關得通知其現職之主管長官，先行停止其職務。財物移交不清者，除依前條規定處理外，並得移送該管法院，就其財產強制執行。至於派駐國外公務人員之交代，適用本條例之規定，其卸任之機關首長，除另有奉派之國外任務者外，應於交代清楚後，三個月內回國，向其主管機關報告交代情形。

二、公務員的義務與行政倫理

法律與倫理，都有約束公務員行為的功能。惟二者不同，法律力求客觀，倫理則是主觀的、內在的、自願的規範❿。公務員在公務範疇講究的倫理即是行政倫理 (Ethics of Public Service)。而公務員的義務雖然包羅廣泛，論其本質，則是法制化的行政倫理（公務倫理、服務倫理），要求公務員不僅在行為上，更應發自內心信守義務。分析各項公務員法制，實多包含行政倫理的概念。以公務員服務法之規定言，即涵蓋道德宣示（恪守誓詞、誠實清廉、謹慎勤勉）、對待長官的倫理（服從的義務）、「有所為」（如執行職務、善良保管公物、申報財產）的義務，以及「有所不為」（不為一定行為）的義務。

倫理與義務為一體之兩面。公務倫理（行政倫理）的建制，已是各國普遍的公務制度。美國於一九七八年公布政府倫理法，聯邦政府更設置政府倫理局掌理相關事務。美國在一九七〇至一九九〇年代，重視公務員倫理，成為行政管理主要取向。其內涵包含法規、個人與團隊（情境）三個面向⓫。世界主要進步國家莫不列舉公務倫理價值或基本核心職能，懸為

---

❿　Phillip J. Cooper, *Public Law and Public Administration*, pp. 521–522.

⓫　Ibid., pp. 515–517.

統計各國所列舉者，依其多少之次序，包括誠實清廉、依法行政、透明公開與公正無私等 ⓬。我國方面，考試院於九十七年三月四日通過公務人員服務守則，以十條文詮釋廉正、忠誠、專業、效能、關懷五大原則。同年六月二十六日，行政院發布公務員廉政規範（九十九年七月三十日修訂），就公務員執行職務以公共利益為依歸、視察出差招待之必要及簡便原則、遭遇請託關說如何簽報、執勤之公務禮儀等設定具體規範。九十九年六月三日銓敘部修正發布公務人員服務誓言，要求公務人員誓以至誠，奉行憲法，恪遵政府法令，忠心努力，切實執行職務，不營私舞弊，不受授賄賂。

第七節　公務員的保障

公務員經依法任用後，即受各項公務員法制的保障。而此項保障，於八十五年公務人員保障法之制訂及施行，更成為公務員重要的權利。

一、文官法庭的成立

民國八十五年一月二十六日公務人員保障暨培訓委員會組織法公布施行，考試院設公務人員保障暨培訓委員會，由主任委員、副主任委員二人及委員十至十四人組成，其中五人至七人專任，兼任委員則包括有機關副首長及專家學者。專任委員具同一黨籍者，不得超過總額二分之一。保訓委員會委員於審議、決定有關公務人員權益保障事件時，應超出黨派，依據法律行使職權。保訓會受理公務人員權益保障事件，如同文官法庭，是公務人員權益救濟制度重要的一環。尤以受理復審案件，比照訴願程序，保訓會類似英國行政法庭。

二、公務人員保障法

憲法第 83 條及憲法增修條文第 6 條第 1 項規定，考試院為國家最高考試機關，掌理各項人事行政，其中包括公務人員之「保障」。為統合公務人

⓬ 施能傑，〈公共服務倫理的理論架構與規範作法〉，《政治科學論叢》，20 期，2004 年，頁 103～140。

員權益之保障制度，乃有八十五年公務人員保障法之制定及施行。該法第1條首揭「本法未規定者，適用其他有關法律之規定」；本法為公務人員保障之特別法，應優先適用，其他散見於公務員服務法、公務人員任用法、公務人員考績法、公務員懲戒法、訴願法、刑法等之有關規定，從其規定。

　　本法保障（適用）對象，為法定機關依法任用、派用之有給專任人員及公立學校編制內依法任用之職員，不包括政務人員及民選公職人員（第3條）。至於準用對象，則包括：㈠教育人員任用條例施行前已進用未經銓敘合格之公立學校職員；㈡私立學校改制為公立學校未具任用資格之留用人員；㈢公營事業依法任用之人員；㈣各機關依法派用、聘用、聘任、雇用或留用人員；㈤應各種公務人員考試錄取占法定機關、公立學校編制職缺參加學習或訓練之人員（第102條）。

　　再者，本法保障之範圍（項目）則為：公務人員身分、工作條件、官職等級、俸給、管理措施等有關權益事項（該法第2條）。大致涵蓋公務人員職位所生的權利，以及服務機關的管理制度、工作環境。

　　再次，本法就公務人員權益救濟設定兩個途徑：復審與申訴再申訴，是本法最重要的規定。二者主要體制如次：

㈠復審程序

1.標　的

　　依公務人員保障法第25條規定，復審應以「行政處分」為標的。查訴願法第3條規定：「本法所稱行政處分，係指中央或地方機關就公法上具體事件所為之決定或其他公權力措施而對外直接發生法律效果之單方行政行為。前項決定或措施之相對人雖非特定，而依一般性特徵可得確定其範圍者，亦為行政處分。有關公物之設定、變更、廢止或一般使用者，亦同。」故復審應具備行政處分所定之要件。凡足以改變公務人員身分關係或於公務人員權利有重大影響者，均屬公法上具體事件，且已發生法律效果，為復審之標的。

　　至於未改變公務人員身分之記過處分、考績評定或上級機關所發之職務命令，均屬內部之管理措施，應依申訴或再申訴之管道救濟之。

2.受理機關

公務人員保障法第 4 條規定，公務人員提起之復審事件，由公務人員保障暨培訓委員會審議決定。同法第 44 條規定，復審人應繕具復審書經由原處分機關向保訓會提起復審。原處分機關對於前項復審應先行重新審查原行政處分是否合法妥當，其認為復審為有理者，得自行變更或撤銷原行政處分，並函知保訓會。其受理機關僅為考試院保訓會，並依訴願程序處理。而其處理之期限，比照訴願，於收受原處分機關答辯書之次日起三個月內為決定；得延長一次，但不得逾二個月。

3.效　力

復審決定，具有與訴願決定相同的效力，因此，復審決定確定後，有拘束各關係機關之效力。復審決定亦屬行政處分的一種，具有行政處分的各種效力。

4.救濟途徑

公務人員保障暨培訓委員會所為之復審決定，當事人如有不服，仍得依法向行政法院提起行政訴訟以為救濟。

㈡申訴再申訴程序

1.標　的

依據公務人員保障法第 77 條之規定，申訴或再申訴應以「服務機關所為之管理措施或有關工作條件之處置」認為不當，致影響其權益者為標的。所稱「服務機關所提供之工作條件之處置」，如服務機關是否提供執行職務必要之機具設備、良好之工作環境、安全及衛生完善措施之提供，又如依法執行職務涉訟時是否提供法律上之協助等；所稱「所為之管理措施不當」，如長官或主管所為之違法工作指派、不改變公務人員身分關係之不當懲處或考績評定等。在解釋上認為係指行政處分以外對機關內部生效之表意行為或事實行為，包括職務命令、內部措施以及紀律守則等，不問其內容屬具體、個別或抽象性及普通性，亦不論以書面下達或用口頭宣示。其由服務機關自主所提供之工作條件或所為管理行為，固屬申訴之標的，其非出於服務機關之自主而係依據上級機關決定由服務機關執行者，理論上亦應

包括在內⓭。

　　教師法（一〇一年一月三日修正公布）第九章申訴及訴訟，第 29 條至第 33 條之申訴、再申訴，兼具有公務人員保障法申訴及復審之性質，不服其決定，得按其性質提起救濟。

　2. 受理機關

　　依據公務人員保障法第 78 條第 1 項規定，申訴應向服務機關提出。服務機關則應依申訴之事件內容或性質，決定案件承辦之主管單位。例如，對於未改變公務人員身分之考績評定不服，應由人事單位辦理；對於執行職務所需之機具設備不足，應由總務單位辦理。再申訴亦應向保訓會提出之⓮。其受理機關乃包括原服務機關與保訓會，而申訴處理程序則依一般公文函復處理，申訴之處理期限為三十日，得延長二十日；再申訴之處理期限為三個月，得延長一個月。再申訴決定則有申訴成立、申訴不成立及不予處理三種，必要時得為調處。亦即再申訴事件審理中，保訓會得依職權或依申請，指定副主委或委員一人進行調處。

　3. 效　力

　　再申訴之決定，性質上屬行政機關內部行為，不對外發生權利義務之影響。其決定雖受相關機關的尊重，但與復審之決定與訴願決定相同的效力，不可相提並論。

　4. 救　濟

　　再申訴決定作成，申訴程序即告終結，對再申訴決定，已無續行救濟的途徑，申訴人不得聲明不服。

第八節　公務員的責任

　　公務員的責任是強化公務員義務的機制，也是公務員違反義務的結果。公務員的責任，可以備而不用，更應求避免。憲法第 24 條規定：「凡公務員違法侵害人民之自由或權利者，除依法律受懲戒外，應負刑事及民事責

⓭　吳庚，《行政法之理論與實用》，頁 252～254。

⓮　蔡良文，《人事行政學》，同前，頁 470～474。

任。被害人民就其所受損害，並得依法律向國家請求賠償。」清楚的揭舉公務員違法時負擔懲戒、民事及刑事責任，另外還有國家賠償責任。此外尚有考績法上的懲處。此為公務員的法律責任。分析之：

　　1.懲戒責任：依公務員懲戒法之規定；

　　2.民事賠償責任：依民法之規定；

　　3.刑事責任：依刑法之規定；

　　4.國家賠償責任：依國家賠償法之規定；

　　5.懲處責任：依公務人員考績法之規定。懲處責任與懲戒責任合稱行政責任。

一、懲戒責任

　　公務員懲戒責任，依公務員懲戒法（七十四年五月三日修正公布）之規定，要點如次：

㈠懲戒原因

　　1.違法；　2.廢弛職務或其他失職行為。

㈡懲戒處分

　　1.撤職；　2.休職；　3.降級；　4.減俸；　5.記過；　6.申誡。政務官僅適用撤職及申誡。九職等或相當於九職等以下公務員之記過及申誡得逕由主管長官行之。法官的懲戒則包括免職、撤職、轉任法官以外之其他職務、罰款、申誡等（法官法第 50 條第 1 項）。

㈢懲戒機關

　　公務員懲戒機關除機關首長（具移送及直接懲戒薦任職以下人員之職權）外，包括公務員懲戒委員會（審議）與監察院（審查及提出彈劾）。公務員懲戒之審議採一審一級制，但原移送機關或受懲戒處分人得向公務員懲戒委員會移請或聲請再審議。

㈣懲戒事件之發動

　　各院、部、會長官，地方最高行政長官或其他相當之主管長官，認為所屬公務員有第 2 條所定情事者，應備文聲敘事由，連同證據送請監察院

審查。但對於所屬九職等或相當於九職等以下之公務員，得逕送公務員懲戒委員會審議。法官的評鑑及懲戒程序，依法官法另有特別規定。

(五)懲戒事件移送之停職

1.當然停職

公務員有下列各款情形之一者，其職務當然停止：⑴依刑事訴訟程序被通緝或羈押者；⑵依刑事確定判決，受褫奪公權之宣告者；⑶依刑事確定判決，受徒刑之宣告，在執行中者。

2.先行停職

公務員懲戒委員會對於受移送之懲戒案件，認為情節重大，有先行停止職務之必要者，得通知該管主管長官，先行停止被付懲戒人之職務。主管長官對於所屬公務員，依第 19 條之規定送請監察院審查或公務員懲戒委員會審議而認為情節重大者，亦得依職權先行停止其職務。至於實務上有「先予撤職」者，視同先行停職（警察人員人事條例第 29 條，對警察人員犯內亂、外患、貪污、詐欺等罪，規定情節重大有具體事實者，得予停職。此停止應屬此先行停職之性質）。

(六)懲戒事件之受理

公務員懲戒委員會收受移送案件後,應將移送書繕本送達被付懲戒人,並命其於指定期間內提出申辯書，必要時得通知被付懲戒人到場申辯。被付懲戒人得聲請閱覽及抄錄卷證。公務員懲戒委員會審議案件，依職權自行調查之，並得囑託其他機關調查。受託機關應將調查情形以書面答覆，並應附具有關資料或調查筆錄。公務員懲戒委員會審議案件，必要時得向有關機關調閱卷宗，並得請其為必要之說明。被付懲戒人無正當理由未依規定於指定期間內提出申辯書或不於指定之期日到場者，公務員懲戒委員會得逕為議決。

(七)懲戒審議之結果

1.不受懲戒；2.免議；3.不受理；4.懲戒議決書等四種可能結果。

(八)刑懲並行原則

同一行為，在刑事偵查或審判中者，不停止懲戒程序。但懲戒處分應

以犯罪是否成立為斷，公務員懲戒委員會認有必要時，得議決於刑事裁判確定前，停止審議程序。即懲戒程序以刑懲並行為原則，兼採刑先懲後原則。

(九)再審議

懲戒事件僅由公務員懲戒委員會審議，但懲戒案件之議決，有下列各款情形之一者，原移送機關或受懲戒處分人，得移請或聲請再審議：1.適用法規顯有錯誤者。2.原議決所憑之證言、鑑定、通譯或證物經確定判決，證明其為虛偽或偽造、變造者。3.原議決所憑之刑事裁判，已經確定裁判變更者。4.原議決後，其相關之刑事確定裁判所認定之事實，與原議決相異者。5.發現確實之新證據，足認應變更原議決者。6.就足以影響原議決之重要證據，漏未斟酌者。再審議之移請或聲請，於原處分執行完畢後，亦得為之。

二、公務員懲戒法之研修

公務員懲戒法自民國七十四年五月三日修正公布，迄今已逾三十年。其間我國的政治、經濟及社會結構均有重大之變革，而有關公務員與國家關係之法理基礎亦有所突破。傳統特別權力關係中，因公務員身分所受處分不得爭訟之理論，業經司法院釋字第 187、243、266、298 號等解釋予以放寬。繼之，於民國八十五年二月二日公布之釋字第 396 號解釋，更明示懲戒機關應採法院之體制，且懲戒案件之審議，亦應本正當法律程序之原則，予被付懲戒人以充分之程序保障。而隨後公布之釋字第 433 號解釋，則指出現行法就撤職停止任用期間及休職期間均無上限規定，對公務員權益不無影響。因此，公務員懲戒制度自有遵循前開各號解釋意旨，予以修正之必要。另一方面，實務上適用公務員懲戒法疑義之處，亦不在少數，舉凡本法適用對象之範圍、懲戒原因之具體化、主管長官懲戒權行使之爭議、懲戒處分之救濟途徑等等，各界屢有應興應革之建議。因此，司法院於八十六年四月間著手公務員懲戒制度之研修，延攬各界人士組成研究修正委員會，初稿完成後並徵求各界意見，八十七年十二月舉辦座談會，邀

集各機關學者代表共同研討。茲引述要者（前十一點）如次：

㈠公務員懲戒案件之審理，在維持現行體制下，強化懲戒之審理程序，使被付懲戒人得以受正當法律程序之保障，以落實司法院釋字第 396 號解釋及第 433 號解釋之精神。

㈡明定公務員懲戒法適用之對象。除維持現行法所適用之政務人員外，並包括法定機關任用或派用之有給專任人員；公立學校校長、兼任行政職務之教師、公立學術研究機構兼任行政職務之研究人員、公立社會教育機構專業人員；公營事業機構經國家或其他公法人指派在該機構代表其執行職務之人員；民選地方首長；軍職人員等，以符司法院釋字第 262 號、第 305 號及第 308 號解釋之意旨。

㈢修正公務員應受懲戒之原因：公務員之行為，須因職務上之作為、不作為或其他失職行為違反法令，或違背公務員法定義務，且須有歸責性者，始得予以懲戒。本法並適用於公務員退職、退休或其他原因離職人員任職時之行為。

㈣資遣或退休為公務員現有之權益，其經監察院提出彈劾案者或因案在公務員懲戒委員會審理中，修正僅限於情節重大者，始不得資遣或申請退休。

㈤公務員懲戒委員會審理懲戒案件，有關委員及其他職員之迴避、辯護人之選任、代理人之委任、輔佐人、文書、送達及強制處分等，參照刑事訴訟法、行政訴訟法相關立法例，於本法自行規定。

㈥維持現行法六種懲戒種類外，並增列「罰款」一種，俾適用於政務人員、法官及退職、退休或其他原因離職之人員。

㈦明定撤職停止任用期間之上限為五年；休職期間之上限為三年（釋字第 433 號解釋）。此建議旨在保障人民服公職之權利，並符合明確性原則。

㈧受撤職之公務員，除得請求撤職生效日前之月俸（薪）給總額、因執行職務支出之必要費用及因個人自行繳付之各種基金外，喪失其撤職前因職務關係所生之請求權。

㈨同一行為不受二次懲戒處罰。主管長官已依其他法律為處分後，經

公務員懲戒委員會為懲戒、不受懲戒或免議之判決確定者，其原處分失其效力。

㈩維持刑懲併罰之原則，並增訂同一行為已受刑罰或秩序罰之制裁，公務員懲戒委員會認已無須科予懲戒罰者，應為免議之判決。

㈢公務員懲戒委員會原則上應本於言詞辯論而為判決，被付懲戒人或移送機關亦得聲請行言詞辯論❶❺。

就上述修正要點而言，著重懲戒原因的明確列舉、懲戒事件的審議參照刑事訴訟及行政訴訟相關立法例、法官及政務官之懲戒增訂為僅適用撤職、罰款及申誡三種、貫徹一事不二罰原則、維持刑懲並行體制、懲戒程序採言詞辯論原則等。

根據一〇三年三月銓敘部公布的統計，一〇三年三月之前三年，共有六百四十名公務人員受懲戒處分，其中，警察人員最多，約占百分之七十九。受懲戒人員中，中央機關約占百分之二十四，地方機關約占百分之七十六。包括撤職五十七人、休職五十七人、降級一百六十人、減俸一人、記過三百三十人、申誡三十五人。懲戒原因依次以偽造文書、洩露機密、經商兼職、違反法官法違失行為以及違反公務人員交待條例等最多。

三、懲處（考績法上）責任

在層級節制的行政機關，長官對部屬有指揮監督之權責，並因此對部屬工作績效及行為表現加以考核，評其優劣等第予以獎懲。公務人員的考績責任，即是行政（工作）績效不彰所負的責任，稱懲處責任。

比較懲戒責任與懲處責任，有以下不同：㈠法律依據不同。懲戒責任依據公務員懲戒法，懲處責任則主要依據公務人員考績法，並適用相關法規，如公務員服務法。㈡處分機關不同。懲戒處分之權責機關為司法院公務員懲戒委員會，但九職等或相當於九職等以下公務員之記過與申誡，得逕由主管長官行之。懲處則由公務員服務機關為之。㈢發動處分情形不同。懲戒，不告不理，公懲會是被動的受理。懲處則由行政機關主動為之，行

❶❺　http://www.judicial.gov.tw/draft/891006j3.htm。

政機關在考績（每年年終的平時考核以及專案考績）上必須同時作出獎懲。
㈣處分事由不同。懲戒原因包括違法、廢弛職務或其他失職行為，懲處則
因工作績效不佳、品性不端或學識才能不足等（考績法施行細則第 13 條一
次記大過，第 14 條一次記二大過之事由有其特定條件，頗為具體）。㈤處
分種類不同。懲戒處分有撤職、休職、降級、減俸、記過與申誡六種。懲
處則包括免職（考績丁等或專案考績記兩大過）、記大過、記過、申誡等。
㈥處罰（適用）對象不同。懲戒對象包括事務官與政務官；懲處則僅以有
考績的事務官為限。㈦處分程序不同。懲戒除記過及申誡得由主管長官逕
行行之外，或由監察院提出彈劾移送司法院公懲會，或由主管長官（對九
職等或相當於九職等以下人員）直接移送公懲會審議。懲處是機關辦理年
度考核或專案考績的結果，經機關內部考績委員會初核，再經首長核定。
重大功過的專案考績或年度考核應送銓敘部審定。㈧先行停職的不同。懲
戒程序中的先行停職，只需公務員懲戒委員會或主管長官認為案件或交付
懲戒之公務員「情節重大」有停職之必要，即得予以先行停職。懲處則因
年終考核或專案考績應予免職人員，在未確定前，得先行停職，為考績法
第 18 條所明定。㈨可否功過相抵的不同。懲戒純屬制裁，為司法權作用，
不能嘉獎賞功，故無功過相抵的問題。懲處與記功嘉獎同為人事考績權作
用，因之得於年度考績（平時考核）功過相抵。但專案考績不得與平時考
核功過相抵（考績法第 12 條）。㈩救濟方法不同。懲戒之議決得聲請再審
議（懲戒法第 33 條）；懲處之免職，得提起復審，不服複審決定者，得提
起行政訴訟（司法院釋字第 243 號解釋）。

　　懲處責任與懲戒責任合稱行政責任，二者關係密切，有競合關係。這
可從以下要點觀察：㈠懲處的免職依釋字第 243 號解釋，「具有懲戒性質」，
如此則與懲戒之撤職難以區分。㈡懲戒案件如交付懲戒人係九職等或相當
於九職等以下人員，其記過及申誡得由主管長官逕行行之；實務上，考績
案大多由機關自行懲處，與移付（監察院及公懲會）懲戒的界線難分❶❻。
㈢懲戒與懲處兩罰的競合：「積極競合」即同一行為（個案事實）既違反懲

❶❻　李震山，《行政法導論》，頁 222。

戒法又違反考績法，以懲戒機關之處罰為準，以免重複處罰而不符一事不
再理原則（或一事不二罰原則）。「消極競合」即同一行為經公務員懲戒委
員會決議不予懲戒，可否再懲處的問題。此視實際情形而論：其一，如係
單純一行為事實，違反一義務，則不再予懲處。其二，如係單一行為事實，
違反多數義務，是為想像競合，與上一種情形一樣，已經懲戒機關判定不
構成違法失職情事，服務機關不應再予懲處。其三，如係數個行為事實，
分別違反多數義務，是為實質競合，則懲戒機關判定不予懲戒者外，其他
違反考績法之行為，自得予以懲處❶。

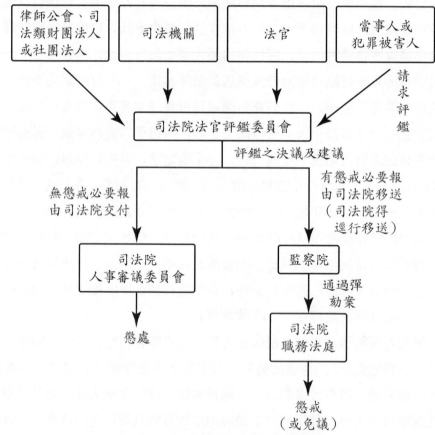

圖 2–2　法官之評鑑、懲戒及懲處關係圖

---

❶　吳庚，《行政法之理論與實用》，頁 273～275。

四、民事責任

公務員的民事責任，即公務員執行職務，因故意或過失不法侵害他人權利，所發生之損害賠償責任。以執行職務之性質而論，公務員此項責任有兩種情形。其一，公務員從事私經濟行政之行為，包括法人與職員之關係、雇用人與受雇人之關係，分別依民法第 28 條及第 188 條之規定：負連帶賠償責任。按民法第 28 條規定：法人對於其董事或其他有代表權之人因執行職務所加於他人之損害，與該行為人連帶負賠償責任。第 188 條規定受雇人因執行職務，不法侵害他人之權利者，由雇用人與行為人連帶負賠償責任。其二，公務員執行職務，行使公權力之行為，此類行為受國家賠償法規範，民法原有（第 186 條）公務員個人之賠償責任，因國家賠償法制之實施而不再適用。

五、刑事責任

公務員之行為，因違反刑事法律應負刑罰制裁之責任。惟依刑法第 21 條之規定，公務員依所屬上級公務員命令之行為，不負刑事責任，但明知命令違法者，不在此限。故其依法令之行為有不負刑事責任的違法阻卻。至於公務員所負刑事責任，其情形有二。其一為職務犯，又稱身分犯，即以公務員身分而成立犯罪行為，如貪污罪、瀆職罪、委棄職務罪等是。在採購案中洩露底標、掩護廠商得標、假造摸彩活動得獎名單、駐外使節擅離職守等是。其二為準職務犯，又稱加重犯，即公務員犯一般人民所犯之罪，以其具公務員身分，故對之特加重其刑罰。

依刑法第 10 條，公務員為依法令服務於國家、地方自治團體所屬機關而具有法定職務權限，以及受上述所屬機關委託，從事於與該委託有關之公共事務者。故擔任行政機關個案審查（評審）委員、委任職教師、兼任學校行政工作之聘任教師，皆包含在內。

六、責任的監督機制

　　公務員的責任，從課責 (accountability) 觀點論之，受到外在及內在的監督。外在的監督機制包括司法、立法、行政、考試、監察體系等法制面的監督機制；內在監督機制則來自倫理的、公職人員（選任職）的代表性，以及專業化等的約束❶。我國公務員之責任，實為懲戒、考績等法制及刑法上的規範，屬外在監督機制。至於行政倫理、民選首長的代表性或選民期望，以及公務員之專業技術及規約、政治家風範❶，則構成其責任的內在監督。

---

❶　Phillip J. Cooper, op. cit., pp. 516–517.

❶　Ibid., chap. 13, "Administrative Responsibility".

Part 行政作用 3

第三篇　行政作用

　　行政法不僅界定行政機關的權力及結構，更規範政府運作的程序及形式，決定個別行政決定的效力❶。行政作用及其法制成為行政法中重要部分。而行政作用即行政權作用，恆因國家目的及職能的進展而多元多變。大致上，國家的行政職能包括權力作用（高權行政）、私經濟行政、干涉行政、給付行政、計畫行政等。

　　依德國行政法學者 H. Maurer 之理論，行政具有整體性、積極性、受法之支配以及公益取向等特徵。以其具整體性、積極性及公益取向，行政行為種類樣式繁多，要以行政處分、法規命令、行政契約、行政罰、行政執行及事實行為等方式表現。其間關係，可略分為事實行為與法律行為兩類，而其結構系統要如下圖（圖 3-1）所示：

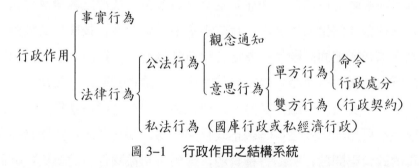

圖 3-1　行政作用之結構系統

　　及至民國八十八年二月三日公布之行政程序法，其規範之行政作用則包括行政處分、行政契約、法規命令及行政規則、行政計畫、行政指導等。行政「受法之支配」之特徵，因行政程序法之頒行而更加彰顯。我國迄今尚未制定行政法總則，行政程序法則在行政行為的規格及手續上，以及人民的參與機制上初步設定基本規範，應有助於提升行政行為之品質及效能，並進一步確保人民權益。

---

❶　Breyer and Stewart, *Administrative Law and Regulatory Policy*, 1992, p. 3.

第一章　行政命令

第一節　概　說

一、行政命令之意義

　　命令（行政命令）是行政機關行使公權力單方面所制定，具有抽象及一般拘束力之規範。訂定及發布命令屬國家高權作用之一種。命令係規定未來法律關係之行政作用，與法律同為抽象的規範，都具有法規範效力，二者關係密切。

二、命令發布的需要

　　現代國家職能日增，而法律制定之手續繁複，法律之數量及立法之速度常難符社會經濟生活的需求；行政事務多具專業性、技術性或細節性，法律條文未必皆能面面顧及；為適應地方特殊需要，以因地制宜等原因，乃允許行政機關發布命令，以補法律之不足。論者指稱，法規命令之制定可以收取以下實益：㈠縮短及簡化行政程序；㈡事先澄清法律並避免新法的衝擊及不可預期的責任；㈢較正式程序簡易、節省資源；㈣因其公布而使機關的政策更開放，吸納各種資源，得到有利益關係者的參與；㈤因發布前事先告知，法規得以有廣泛的大眾參與，避免日後裁決所面對的問題❷。

三、命令與法律之關係及區別

　　命令與法律之關係密切，要之有：㈠命令以法律為依據；㈡命令有補充、解釋及執行法律的作用（故有補充命令、解釋命令與執行命令之說）；

---

❷　Paul S. Dempsey, Administrative Law, Adaptable to Sixth Edition of Schwartz Casebook, Thomson/West, 2007, pp. 44–45.

㈢命令不得牴觸法律（我國憲法第 172 條；此關係稱法律優越原則）；㈣命令有時成為法律之淵源（如七十六年解除戒嚴後各部會發布有關兩岸人民互動之命令，成為八十一年制定的「臺灣地區與大陸地區人民關係條例」之淵源）；㈤命令有公布法律之功能（公布令）等關係。

至於命令與法律之不同，除實質上有法律保留（重要事項由法律規定之，中央法規標準法第 5 條）與法律優越（命令不得牴觸法律，否則無效）兩原則之說明外，形式上，二者有明顯之區別：

㈠名稱不同

法律：有法、律、條例、通則四種名稱。

命令：有規程、規則、細則、辦法、綱要、標準、準則等七種主要名稱。

㈡制定機關

法律：由立法院制定。

命令：由行政機關（或地方政府）制定。

㈢制定程序

法律：須經提案、三讀會、總統公布以及副署等程序，頗為慎重。

命令：較簡易，但仍有作業規則。一般經行政機關發布即生效；法規命令則應送立法院查照。至於地方政府制定自治條例，其他各項地方命令，則依「地方制度法」須踐行法定程序。

第二節　行政命令的種類

從依據、位階及功能綜合觀察，行政命令要有以下幾種❸：

一、緊急命令

依憲法增修條文第 2 條第 3 項之授權，總統為避免國家或人民遭遇緊急危難，或為應付財經上重大變故，得經行政院會議之決議為必要處置。

---

❸　美國行政命令（規章 rule）包含四種：實體命令、程序命令、細節性命令（housekeeping rules）與解釋令等。Ibid., p. 44.

緊急命令之發布須依憲定程序；而所發布之緊急命令，具有取代或變更法律之效力；其採取之「必要處置」實為行政處分之性質（處分性措施）。民國八十八年九二一震災後總統發布緊急命令，行政院據此發布有關施行細則，即送請立法院「督知」，以緊急法制不同於一般法制之故。

二、法規命令

「係指行政機關基於法律授權，對多數不特定人民就一般事項所作抽象之對外發生法律效果之規定（行政程序法第 150 條第 1 項）。」由於法規命令規範人民之權利及義務事項，對社會發生效力，因之一般法治國家要求此類命令應有法律之具體授權，否則不得發布；以其明白由國會委授，故又稱委任立法或授權命令。揆諸立法的不確定性、立法的控制與立法機關的授權，則是委任立法的主要原因❹。而行政機關有此發布法規命令的行政權限，稱為「法規制定權」。依司法院大法官釋字第 367 號解釋，「如法律之授權涉及限制人民自由權利者，其授權之目的、範圍及內容符合具體明確之條件時，亦為憲法之所許」。

再者，命令如係規範人民之權利義務，應屬法規命令，必須經法律授權或有法律依據。因之司法院釋字第 514 號解釋（八十九年十月十三日公布），即指出教育部八十一年修正發布之「遊藝場業輔導管理規則」第 17 條第 3 項撤銷遊藝場營業許可之規定，是未獲法律授權之命令，且侵害人民之工作權及財產權，違反憲法第 23 條法律保留原則，應不予援用。至八十九年尚有此違反法理的重要命令存在，可證行政機關在欠缺法律授權的情形下，訂定法規命令的問題嚴重。

三、行政規則

行政規則，「係指上級機關對下級機關或長官對屬官，依其權限或職權為規範機關內部秩序及運作，所為非直接對外發生法規範效力之一般、抽

---

❹ Susan Rose-Ackerman (ed.), *Economics of Administrative Law*, Cheltenham UK: Eduard Elgar Publishing, 2007, Preface.

象之規定」（行政程序法第 159 條第 1 項）。從此一定義看，行政規則可包含「職權命令」在內。其次，行政機關發布之行政規則，無論名稱、送立法院查照，皆與法規命令無差異，甚至往往在內容上亦涉及人民之權利義務，致行政規則（職權命令）與法規命令實質上難以區別。行政機關的會議記錄、行政方案性質上亦屬之。有關行政規則之說明見下節。

四、特別規則

行政命令中的特別規則，是指在傳統特別權力關係為處理內部事務而下達，以規範相對人的規章，例如學校校規、營造物利用規則（圖書館利用規則、監獄管理規則等是）、公務員服務規章等。特別規則非規範一般人民的權利義務。理論上，這些規則不必有法律依據即可下達，因此不生是否牴觸法律保留原則之問題。惟隨著傳統特別權力關係理論的改變，特別規則亦應符合法律保留原則。

第三節　行政規則

一、定　義

依行政程序法第 159 條第 1 項規定：「本法所稱行政規則，係指上級機關對下級機關，或長官對屬官，依其權限或職權為規範機關內部秩序及運作，所為非直接對外發生法規範效力之一般、抽象之規定。」可知行政規則是用以規範機關內部秩序或行政行為之規定。因此行政規則為「內部法」，而與法規命令不同；法規命令是在法律授權下，以機關外部的人民為規範之相對人，規定其有關之權利義務，稱為「外部法」。

就性質論，有稱行政規則為：替代法律之行政規則。亦即在法律規定欠明確，為順利履行行政任務，而制定實質功能已形同法律的規範性標準。申言之，行政規則的功能在於填補「非經具體化即無法適用」之法律規範漏洞。再者行政規則雖為內部法，因常年重覆運用而間接對外發生規範效力。針對行政規則此一效力，歐洲法院認為仍有爭議且範圍不明，而不利

於當事人的權利保護及救濟❺。

二、種　類

行政規則之種類，依行政程序法第 159 條第 2 項規定，行政規則包括下列各款之規定：

㈠關於機關內部之組織、事務之分配、業務處理方式、人事管理等一般性規定。

㈡上級機關基於監督關係，為協助下級機關或屬官統一解釋法令、認定事實及行使裁量權，而制頒之解釋性及裁量基準。

從行政程序法之規定，以及其他分類標準，行政規則之種類如次：

1. 組織類

規定機關內部之組織結構及職掌，包括分設之單位、業務分配，如部、會的處務規程、辦事細則是。

2. 解釋類

解釋法規之解釋令（函令、釋示）。行政機關就主管所為有關法規之解釋，以闡明統一其含義，如財政部就財稅法規所為釋示即是。

3. 裁量類

即裁量基準。規定行政機關行使裁量權之方式及標準，如貨物稅查核準則、商標近似審查基準是。以其事關人民權益，故此類行政規則須經發布，而其發布目的更在確保裁量的統一性及平等性❻。

4. 作業類

即規定處理業務的規則，如建物及土地登記須知、行政指導之基準、交通及稅務的裁罰倍數表等是。

---

❺ 黃舒芃，《法規命令》，臺北：三民書局，法學啟蒙叢書，2011 年，頁 49～55，以及註 92 文。

❻ H. Maurer，《行政法學總論》，頁 594。

三、制　定

行政規則的制定，乃本於行政機關掌有行政權及指揮權。基於行政權，行政機關具有組織權與業務處理權；基於指揮權，行政機關得以發布命令，對所屬單位及人員發生拘束力。而其制定有實體上以及程序上的手續：

㈠基於法律授權或基於職權（實體手續）

如法律授權行政機關制定規範機關內部行為之法規，行政機關固得發布行政規則；依中央法規標準法第 7 條，各機關依其職權得訂定命令，即包括行政規則。

㈡踐行法定手續（程序手續）

行政規則之制定，原則上不如法規命令之制定有較嚴格之手續規定，惟如有手續規定仍需遵循。以臺北市之行政規則而言，其主要手續即包括業務主管機關擬具草案說明、函送法規委員會審議、得邀請學者專家及相關局處人員提供諮詢、提市政會議審議、通過後以府令發布並刊登市政府公報、函送市議會查照另報行政院備查等主要手續（參「臺北市法規標準自治條例」（九十年六月二十一日臺北市議會通過）；「臺北市政府所屬各機關法制作業應注意事項」（九十五年六月二十八日修正））。行政院即訂有「行政機關法制作業應注意事項」（九十三年十月修訂），為有關手續之基本規範。

㈢下達（及發布）

行政規則性質上屬內部法，只須通知其所屬單位或人員，即為「下達」，並發生效力（依中央法規標準法第 7 條，行政程序法第 160 條第 1 項，行政規則應下達）。惟為協助下級機關或屬官統一解釋法令、認定事實及行使裁量權，所訂之解釋類及裁量類行政規則，本質上雖不直接對外發生法規效力，但仍可經由行政機關之適用而發生對外效力❼。基於法治國家之要求，此等行政規則除下達外並應發布，即由其首長簽署，並登載於政府公報發布之。再者，其中裁量類或解釋類行政規則，常是公務員做成行政處

---

❼　陳敏，《行政法總論》，頁 506。

分的依據，如有瑕疵，也是構成行政處分違法不當的一種原因，因此，行政規則具有對外間接效力或附屬效力，而除下達外並須發布 ❽。美國行政法規有實體法規、程序法規與解釋規章三種，解釋規章具有實際效果（前首席大法官 Burger）。它是為大眾諮商或為機關執行法律而陳述或發布，以其係基於經驗及充分資訊而下的判斷，亦受法院尊重 ❾。

四、效　力

1. 一般行政規則之效力

　　行政規則大部分係以行政部門內部關係為其規制對象，下級單位及人員，必須遵守服從之。因此，行政規則在國家機關之內部發生法律效力，具有「內部效力」。由於行政規則不規範人民之權利義務，故行政法院「對於各機關就其職掌所作有關法規釋示之行政命令」（行政規則），固「未可逕行排斥而不用，但仍得依據法律表示其合法適當之見解」。因之，行政規則在行政法院審理行政訴訟時，不具直接適用的重要性。

　　雖然行政規則原則上僅具有內部效力，但實際上，行政規則仍對人民，亦即對外部發生影響，具有「外部效力」。蓋行政規則大多在指示行政機關及人員，應如何執行其行政任務，行政規則遂因行政機關之適用而發生「事實之外部效力」；目前一般認為此事實的外部效力亦具有法律之外部效力，人民得根據該行政規則之法律上外部效力請求權利保護。進言之，行政規則因經常適用，形成行政實務（行政慣例）；行政機關如違背其經由行政規則之適用所形成之慣例，即違反憲法第 7 條所揭示的平等原則，亦違背「行政自律（自我拘束）原則」，相對人得提起爭訟尋求救濟。因之，行政規則乃經由「行政實務」及「平等原則」，產生對外效力 ❿。

2. 解釋函令之生效

　　解釋函令（解釋類的行政規則）旨在闡明法規之含義，原無法律效力

---

❽　吳庚，《行政法之理論與實用》，11 版，頁 290。

❾　B. Schwartz, *Administrative Law*, 1991, pp. 180–182.

❿　陳敏，前書，頁 509；H. Maurer，《行政法學總論》，頁 599。

可言，惟解釋函令為機關內部規則，對機關所屬單位及人員，應自該函令通知或依規定方式周知時起，發生拘束力。至於產生間接之對外效力，則視是否形成經常性行政實務為斷。而對特定人民所為之法規函示，於成為人民之信賴基礎時，配合其信賴之行為而產生拘束力❶。

　　解釋函令對原法規生效時起之規定事項，理當皆有其適用，不生追溯之問題。如民國七十三年七月三十日公布施行的勞動基準法，往後依此法發布的解釋，自七十三年本法生效日起發生效力。惟同一事項如前後有數解釋並存，而內容不一致，或互相牴觸時，如何適用即生疑問。依司法院釋字第 287 號解釋：「行政主管機關就行政法規所為之釋示，係闡明法規之原意，固應自法規生效之日起有其適用。惟在後之釋示如與在前之釋示不一致時，在前之釋示並非當然錯誤，於後釋示發布前，依前釋示所為之行政處分已確定者，除前釋示確有違法之情形（致原處分損害人民權益，由主管機關予以變更）外，為維持法律秩序之安定，應不受後釋示之影響。」

第四節　地方行政命令

　　依地方制度法，地方政府之命令體制另成一系統，以臺北市而言，市法規之規範，除地方制度法、行政院訂頒之「行政機關法制作業應注意事項」（九十三年十月二十二日修正發布）之外，臺北市政府並訂定「臺北市法規標準自治條例」（九十年六月二十一日臺北市議會審議通過）、「臺北市政府法規及行政規則整理管制作業要點」（九十二年七月二十三日訂定）、「臺北市政府所屬各機關法制作業應注意事項」（九十五年六月二十八日修正）。地方行政命令有關體制，要點如次：

一、種　類

　　地方行政命令主要有以下四種：

㈠自治條例

　　依地方制度法第 28 條之規定，依法規應經地方議會議決者、與地方居

---

❶　陳敏，《行政法總論》，頁 514。

民權利義務有關事項、地方團體及其事業機構之組織以及其他重要事項，必須經地方議會以自治條例規定之。自治條例在直轄市稱某直轄市法規；在縣（市）稱某縣（市）規章；在鄉（鎮、市）稱某鄉（鎮、市）規約。

㈡自治規則

由地方行政機關發布，名稱適用中央法規標準法第 3 條所定之命令七種名稱。各級地方行政機關就其自治事項，得依其法定職權或基於法律、自治條例之授權，訂定自治規則（本法第 27 條參照）。

㈢委辦規則

地方行政機關為辦理上級機關委辦事項,得依其法定職權或基於法律、中央法規之授權，訂定委辦規則。其名稱準用自治規則之規定（本法第 29 條參照）。

㈣自律規則

即地方立法機關有關議事、言論、職業倫理等之內部規範，此種規範由地方立法機關自行訂定。

二、制定程序

㈠法定程序

依地方制度法有關規定，地方行政命令之制定程序依各項法規分別有以下要點：

1. 自治條例

地方自治條例經各該地方（直轄市、縣市、鄉鎮市）立法機關議決後，如有罰則（罰鍰最高以十萬元為限，得連續處罰之；其行政罰限於勒令停工、停止營業、吊扣執照或其他一定期限內限制或禁止為一定行為）時，應分別報經行政院、中央各該主管機關、縣政府核定後發布。其餘除法律或規章另有規定外，直轄市法規發布後，應報中央各該主管機關轉行政院備查；縣（市）規章發布後，應報中央各該主管機關備查；鄉（鎮、市）規約發布後，應報縣政府備查（本法第 26 條）。

2. 自治規則

地方行政機關所訂之自治規則，除法律或自治條例另有規定者外，應於發布後依以下程序處理： 1.其屬法律授權訂定者，函報各該法律所定中央主管機關備查。 2.其屬依法定職權或自治條例授權訂定者，分別函送上級政府及各該地方立法機關備查或查照。

3. 委辦規則

地方委辦規則應函報委辦機關核定後發布之。

4. 自律規則

地方立法機關之自律規則，由各該地方立法機關發布，並報各該上級政府備查。

(二)實務程序

以臺北市法規之制定為例，地方行政命令之制定程序重點包括：

1. 擬制定法規之公告

市政府各機關擬定自治規則，於送市政府法規委員會審議前，除情況急迫，顯然無法事先公告周知者外，應於市政府公報或新聞紙公告，載明擬定機關之名稱、擬定之依據、草案全文或主要內容等事項。

2. 諮商或聽證

市政府各機關擬定市法規，於送市政府法規委員會審議前，必要時，得邀請學者專家提供諮詢意見或依職權舉行聽證或說明會，聽取人民意見。各機關為擬訂市法規，依法舉辦聽證會或說明會者，應於市政府公報或新聞紙公告，載明法規草案及聽證或說明會有關事項。

3. 評估及審議

市政府各機關擬制（訂）定、修正或廢止市法規經評估認具可行性後，應即擬具下列資料並附磁碟片 Word 電子檔，函送本府法規委員會審議：(1)制（訂）定、修正草案總說明（包含制訂定、修正市法規之理由、政策目的及所規定之重點）。(2)制（訂）定草案條文或修正、現行條文草案及立法說明對照表。(3)參照臺北市政府各機關執行行政法規影響評估參考規範製作法規影響評估報告書。(4)臺北市法規制（訂）定、修正作業程序審查

表。(5)自治規則已經預告者，其預告資料。(6)如有涉及本府重大政策事項，應送已簽陳市長政策性裁示簽或簡報紀錄。(7)如有辦公聽會或說明會者，其公聽會或說明會紀錄及結論。(8)如有民意調查者，其調查結果。

三、公布或發布

地方法規經地方立法機關議決後，函送各該地方行政機關，地方行政機關收文後，除要求覆議等情形外，應於三十日內公布。自治法規、委辦規則經核定後，應於核定文送達各該行政機關三十日內公布或發布。逾期未發布者，自該自治法規、委辦規則期限屆滿之日起算至第三日起發生效力，並由地方立法機關代為發布。但經上級政府或委辦機關核定者，由核定機關代為發布。

我國地方命令（自治規章）依其制定機關、分類及名稱，歸納如下圖（圖 3-2）。

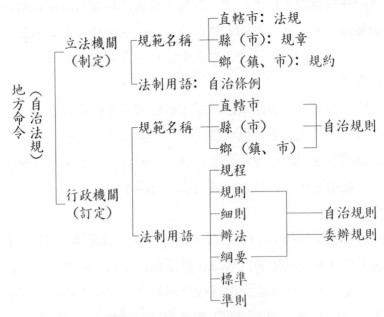

圖 3-2　地方行政命令結構系統

四、地方行政命令之特色

地方行政命令之體制，歸納之，有以下特色：第一、自治條例雖為地方命令，但在尊重地方自治及地方制度法之授權下，得規定有關地方住民之權利義務事項，甚至訂有罰則，不致違背法律保留原則。第二、地方法規及規則之公布或發布訂有三十天之期限，並有自動生效及代為公布或發布之體制，使地方命令之制定過程掌握效率。第三、地方命令之制定，或須經上級自治監督機關之核定，或只須報請備查或查照，顯示地方自治恆有一定範圍，而法制系統有其整體性，此為行政之特徵之一。

第五節　命令之合法要件

行政命令為高權行政之一，受依法行政原則支配，以合法性為生效之前提。其合法要件主要有以下四項：

一、發布之主體為行政機關

行政命令之發布，其主體以行政機關為限。蓋行政機關為行政權主體之運作組織，代表國家行使行政上公權力。因此：㈠行政機關之內部單位不得自行以其名義對外發布行政命令；㈡營造物除下達其內部規範外，不得對外發布命令；㈢公營事業無對外發布行政命令之權限；㈣受委託行使公權力之團體，須有法律之授權始可居於行政機關之地位發布命令；如其行使公權力係由行政機關基於法律規定或本於職權所委託者，則受託團體無發布命令之權限❷。

二、發布命令之機關須有權限

行政機關發布之命令，如為法規命令，以涉及人民自由權利，自須有法律授權；如發布行政規則之職權命令，亦必須屬於其職權範圍之事項。行政機關發布命令如係逾越權限 (ultra vires)，即構成重大瑕疵。司法院釋

---

❷　吳庚，《行政法之理論與實用》，頁 279。

字第 443 號解釋宣告「役男出境處理辦法」違憲,即以該命令欠缺授權依據:「兵役法施行法第 45 條僅授權行政院訂定徵兵規則,對性質上屬於限制人民遷徙自由之役男出境限制事項,並未設有任何具體明確授權行政機關訂定之明文,更無行政院得委由內政部訂定辦法之規定」。該號解釋指出內政部發布之「役男出境處理辦法」違反「禁止再委任原則」,而不具備合權限的要件。

德國行政命令之發布,其一、應有成文法依據;其二、限於聯邦政府、聯邦部長、各邦政府機關,方有發布的權限;其發布,應有法律明確授權的內容、目的及範圍。

三、不牴觸上位規範

行政機關發布命令,不得牴觸上位規範,此上位規範包括:憲法與法律、上級機關發布之命令。一般行政命令固不得違背憲法,除非為法律之特別規定,仍不得牴觸法律。同時,亦不應與上級機關所發布之命令有所牴觸。至於地方自治團體經由地方立法機關所制定之地方法規,如與上級自治監督機關或中央主管機關之命令牴觸,則應聲請司法院解釋以尋求解決。

四、踐行有關手續

命令之發布,如有手續規定,自須踐行始具合法要件,否則不生效力。如依法須經其他機關同意(如財政部發布對欠稅者出境管制的命令,須知會內政部經其同意),或須公告閱覽(地方都市計畫審定前應公開閱覽),或得依職權舉行聽證(行政程序法第 155 條)等,自須踐行始具備完整的合法要件。

至於行政命令如欠缺上述四項合法要件,形成有瑕疵之行政命令,其效果分別如下:

 1. 發布命令之主體非行政機關:構成無效。

 2. 發布命令之機關欠缺權限:逾越權限 (ultra vires),通常非無效,有

權機關得予撤銷，法院得拒絕適用。未明列授權依據者，則不影響
命令的效力。

3.牴觸上位規範：效果同上。即有權審查機關得予以撤銷，法院有權
拒絕適用。

4.未踐行有關手續：該命令不生效力。

各國手續不一，英國採事前諮商制度，先與相關團體諮詢；德國則採
事前經國會審查制度。

第六節　命令之立法監督

我國行政命令之監督,除行政機關之層級監督、司法監督(司法審查)、
考試監督（人事法規之核備）及監察監督（事後糾正）外，尚有立法（議
會）監督。考試機關之法規命令之審查，應以人事行政類之違法性為限，
不應及於目的性及妥當性之審查。而監察機關之審查，得於對行政院及其
所屬各機關行使調查、彈劾、糾舉及糾正時為之，審查範圍則包括違法性、
目的性及妥當性❸。其要如下圖（圖 3-3）所示：

命令之監督
├ 1.行政監督（層級監督）┤ 權限監督 / 專業監督 ├ 包括事前監督及事後監督
├ 2.立法監督 ┤ 原則 ┤ 單純送置（送請查照）：中央法規標準法 / 事後否決（變更或撤銷）：立法院職權行使法
│　　　　　　└ 例外 ┤ 事前同意：兩岸關係條例 / 事後追認：貿易法
├ 3.司法監督 ┤ 各級法院法官：具體規範審查（拒絕適用違法命令） / 大法官：抽象規範審查（宣告違憲或違法之無效）
├ 4.考試監督（事前監督：對地方機關組編有核查權；對有關職稱官等有核備權）
└ 5.監察監督（事後監督：糾正）

圖 3-3　命令的監督體制

---

❸　李震山，《行政法導論》，9 版，頁 335～336。

就中央行政機關發布之命令，所受立法（立法院）之監督而言，我國法制上採取以下主要方式：

1. 單純送置

依中央法規標準法第 7 條規定，「各機關依其法定職權或基於法律授權訂定之命令，應視其性質分別下達或發布，並即送立法院」，即採此方式。法規雖需送立法院，但不以送置立法院為生效要件。此種命令的監督方式效果有限。

2. 保留事後立法否決

為加強命令監督之效果，立法院職權行使法進一步採取保留事後否決之方式，本法規定：

(1)各機關訂定之命令送達立法院後，應提報立法院會議。出席委員如認為命令有違反、變更或牴觸法律的情事，經十五人以上之連署或附議，即交委員會審查（九十七年五月二十八日修正公布，第 60 條）。

(2)命令經立法院各委員會審查，發現有違反或變更法律等情事，應提報院會決議，通知原訂頒機關更正或廢止之。原訂頒機關於立法院通知更正或廢止起，應於二個月內更正，逾期未更正或廢止者，該命令失效（第 62 條）。

(3)其他方式：立法院保留事後立法否決之監督方式，仍與各國國會之監督（如德國對重要法規須經國會同意始生效，英國行政法規經議會審查否決即失效，美國國會對立法性命令有聽證權）效果上有差距，我國仍屬事後的、被動的監督。近年來我國已有例外方式出現，如採「事後追認」（貿易法第 5 條）以及「事前同意」（兩岸人民關係條例第 17 條、第 95 條）的方式❶，是值得注意的發展趨勢。

按德國國會之命令監督，即依命令之性質而採不同方式，其要如下圖（圖 3-4）❶：

---

❶ 吳庚，《行政法之理論與實用》，頁 285～286。

❶ 取材自陳敏，《行政法總論》，頁 492。

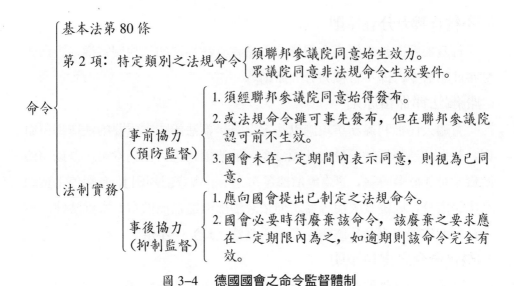

圖3-4　德國國會之命令監督體制

　　我國國會之命令監督，應以法規命令為限，至於行政規則，以其屬行政權範圍，為行政機關自律事項，應不必送立法院。目前可考慮「法規命令應送立法院查照後始能發布」，將來再進一步作「同意權保留」的有效監督。

第七節　職權命令之定位

一、職權命令的概念

　　職權命令應屬行政規則，惟學理及法制上仍有待釐清。職權命令是指行政機關於欠缺法律明文授權的情形下，依其職權發布有關人民權利義務事項之命令。依此界定之含義，職權命令與法規命令（稱委任立法或授權命令），皆有對外性，並規定人民權利義務事項；但職權命令缺乏法律授權之依據，而與法規命令有別。職權命令缺乏法律之明確授權，則又與行政規則類似，但職權命令涉及人民權益則與行政規則之為機關內部規範不同。

　　職權命令受到以下的質疑：

㈠不符合權力分立原則

行政機關既然未經議會授權，不應有立法性質的法規制定權，否則如發布此類命令，即不合權力分立原則。

㈡牴觸法律保留原則

有關人民權利義務事項應以法定之，是為法治國家重要的法律保留原則，若未依法律授權而發布此類命令，法治國理想將徒托空言。是以司法院釋字第 390 號解釋，認為經濟部發布之「工廠登記規則」，有關停工或勒令歇業處分，因涉及人民權益，僅依經濟部組織法而頒布，未經法律（行為法）明確授權為執行職務而發布，為法（理）所不許。

㈢職權命令之定位不明

職權命令之性質與地位，介於法規命令與行政規則間；如歸納於行政規則，卻規範人民自由權利而不受法律保留原則拘束，不免逃避法理拘束。因此，職權命令之性質或規定事項亟待釐清界定。

二、法制上的容許度

我國相關法制上，有關職權命令之對待，頗顯差異。例如：

㈠憲法第 23 條

採法律保留原則，要求限制人民之自由權利，必須依據法律或法律之授權；反面言之，在福利行政領域，職權命令應有存在空間。

㈡中央法規標準法第 7 條

承認各機關得依其法定職權發布命令，此執行命令應含職權命令。

㈢地方制度法第 27 條

本條前項規定如直轄市政府就其自治事項，得依其法定職權或基於法律、自治條例之授權，訂定自治規章。即有肯定職權命令之意。

㈣行政程序法第四章

僅規定「法規命令及行政規則」兩種命令，有意排除職權命令明矣。依行政程序法（第 174 條之 1）規定，職權命令應在九十二年十二月三十一日轉換為法律或法律授權的法規命令，否則應即失效。因之，九十三年

起不應有職權命令。

三、理論見解

從各國有關法制觀之，職權命令似難有定位之處。例如德國即僅有法規命令與行政規則二者；美國則將命令區分為立法性命令 (legislative rule) 與非立法性命令 (non-legislative rule) 兩種，與法規命令及行政規則類似。日本之行政命令主要有具法規性質之法規命令與不具法規性質之行政規則兩種，而前者又區分為委任命令及執行命令。其中執行命令是指日本憲法第 73 條第 6 項規定之「為了實施憲法及法律之規定，應制訂政令」的政令，似有較彈性之法制。各國傾向於將命令劃分為法律命令與行政規則，頗影響國內學界理論。

衡諸大法官解釋，過去多傾向於認定職權命令，只需未逾越機關權限，應許發布此類命令（釋字第 155 號、第 191 號、第 214 號及第 247 號解釋即是）。往後如釋字第 319 號解釋（考試院舉辦之國家考試，考試成績之複查，以事關應考人權益，有關複查規定宜以法律定之）、第 324 號解釋（海關管理貨櫃辦法旨在確保存站貨物之監視效果，防止走私，係對人民基本權利之行使有所限制，應參酌航業法有關規定，以法律或法律授權之命令定之）雖間或否定職權命令之合法性，但仍有多次肯定之解釋（如第 341 號、第 344 號與第 347 號等解釋）。

至大法官於釋字第 367 號解釋則明白指出：行政機關於施行細則之外，為執行法律依職權發布之命令，尤應遵守「法律授權之目的、範圍及內容符合具體明確之條件」之原則。釋字第 360 號解釋（理由書）亦指出：有關人民之權利義務事項，其屬於細節性、技術性者，法律自得授權行政機關以命令定之」。再如釋字第 443 號解釋猶正面肯定職權命令之必要性：「僅屬於執行法律之細節性、技術性次要事項，則得由主管機關發布命令為必要之規範」。

職權命令在法理及法制上，雖受質疑而定位上尚待釐清，然行政具積極性，且廣泛之法律保留根本難以實現，因此歸納論者之論述，職權命令

應有其定位：

　　1.屬干預行政者，必須有法律之授權；其屬授權行政者，只須本於法定職權（即便是依據機關組織法之概括授權），得發布職權命令。

　　2.兼顧憲法第 23 條法律保留原則，中央法規標準法第 5 條及第 6 條職權命令只能規範不涉及人民權利義務之事項，以及行政程序法之排除職權命令，職權命令允宜在福利行政或不涉及人民權利義務的情形下，始有存在之可能。

第二章　行政處分

　　行政處分與行政命令是國家權力作用的主要方式。其中，行政處分更是行政法之核心概念，並且是行政爭訟的主要標的。察考各國相當於我國行政處分之概念者，在日本通稱行政行為；奧國稱裁決；德國亦直譯為行政行為；瑞士則與我國同稱為行政處分。以德國而言，聯邦行政法院在判決中已將行政處分認為是行政法和行政程序的核心概念❶。行政處分界定國家與人民的權利義務關係；是行政救濟的前提要件；決定行政訴訟的種類；成為行政執行的名義；確定行政程序的選用❷，足見行政處分具有重要之地位及功能。我國法制，除訴願法（第 3 條）外，行政程序法（第 92條）都對行政處分的意義加以界定。

第一節　行政處分的意義

　　依行政程序法第 92 條之規定，行政處分有明確的定義。該條文全文為：「本法所稱行政處分，係指行政機關就公法上具體事件所為之決定或其他公權力措施而對外直接發生法律效果之單方行政行為。前項決定或措施之相對人雖非特定，而依一般性特徵可得確定其範圍者，為一般處分，適用本法有關行政處分之規定。有關公物之設定、變更、廢止或其一般使用者，亦同」。

　　行政處分為行政機關的公法行為，申言之，是行政機關就公法上具體事件所為，對外直接發生法律效果之單方行為（一般處分之相對人非特定，是例外的類型）。按「行政處分」在日本行政法著作中稱為行政行為；奧地利則稱「裁決」。而行政處分的概念起源，可追溯到法國行政行為之概念，德國於一八二六年引入。而「行政處分」（Verwaltungsakt 直譯為行政行為），原包括根據公法及私法所採取的一切措施 (measures of the administration)，

---

❶　周偉譯，《德國行政法》，頁 75。

❷　翁岳生主編，《行政法》，頁 541。

後來範圍只限定為公法領域的行政措施。一八九五年墨耶 (Otto Mayer) 在其論著界定為「行政機關對於個別事件，宣示何者為適法行為之公權力行為」。它是早先在行政法院及學術界使用的名詞，在二次戰後，德國行政法始正式使用。依德國一九七六年行政程序法第 35 條，行政處分是指：「官署為處理公法上之具體案件，所為之處分、決定或其他公權力措施，而對外直接發生法律效果者而言」❸。

第二節　行政處分之要素

從以上行政處分冗長之定義及意義，可以得知行政處分具有其概念上之要素（或特徵）。以下分別說明之。

一、行政機關

行政處分係由行政機關所作成，如非屬行政機關，則不能作成行政處分。依行政程序法之規定：「本法所稱行政機關，係指代表國家、地方自治團體或其他行政主體表示意思，從事公共事務，具有單獨法定地位之組織。受託行使公權力之個人或團體，於委託範圍內，視為行政機關。」而應注意者是，此行政組織必須從「功能」角度觀察，不能僅從行政部門（或行政院）之組織「結構」思考。只需行使行政權，雖非行政院、各部會及其所屬機關，亦有作成行政處分的事實。因之：

㈠行政機關不限於中央政府行政部門，亦包括受委託行使公權力之個人或團體（如處理兩岸事務的海峽兩岸基金會即是）。

㈡行政機關除中央政府行政院、各部會及其所屬機關之外，考試院及其所屬部會、監察院公職人員財產申報處於處理業務時皆得作成行政處分，均屬「行政機關」。

㈢行政機關包括中央及地方行政機關，亦包括公法人組織（如農田水利會是）。

❸ 吳庚，《行政法之理論與實用》，11 版，頁 295；陳敏，《行政法總論》，頁 264；周偉譯，《德國行政法》，頁 75～76。

㈣單位除非經所屬機關授權，不得對外行文作成決定，故機關內部單位僅屬行政組織之一部分，非行政機關。

㈤立法機關主席主持會議，行使警察權維持會場秩序，亦有行政官署之地位；立法、司法、監察機關之首長對所屬公務員行使人事權，亦同。至司法機關（法院）於受理律師登錄案件時，亦同；不服登錄有關之決定，當事人得依法提起訴願及行政訴訟。

二、行政行為

行政處分是行政機關所為之「決定或其他公權力措施」之行政行為。此行政行為之方式及意含要有：

㈠方　式

1. 以書面表現

如核發執照、訴願之決定等，必須以書面表現。

2. 以口頭表現

如警察對違規者之口頭警告。

3. 以動作表現

交通警察以手勢指揮交通，亦屬行政處分的表現方式。

4. 以機器或自動化裝置表現或製作

如交通號誌，紅燈亮表示禁止，綠燈亮為許可，皆為行政處分。以機器核定大量的、類似的稅額通知單（稱「行政製成品」），亦屬行政處分。

㈡為意思表示的行為

行政機關作成行政處分，原期望發生一定的法律效果。行政處分為意思表示之行為，有意發生一定法律效果，只須內容合法及適當，如表現方式有些微瑕疵（如誤寫誤算），或為處分之公務員之精神狀態不健全，仍屬有效。

三、公權力

行政處分為公權力措施或公權力作用。此公權力作用，與行政機關之

私法行為不同，猶與統治行為有別。要言之：

(一)行政機關依據民法、商業法等所從事之買賣、經營行為，屬私經濟行為（國庫行政），非行政處分。行政機關移請立法機關覆議法案、總統核可行政院所提覆議案等，皆屬統治行為，亦無行政處分之存在。

(二)實　例

1.公法上金錢給付請求之准駁，是行政處分。例如公務員保險、勞工保險給付之請求的准駁。

2.營造物利用關係，例如郵政之寄件人對郵政機關補償之決定，得以行政處分提起爭訟；電信民營化後，其利用關係應無行政處分之存在。公、私立學校之錄取學生、頒授學位、對學生退學等之決定皆為行政處分。

3.主管機關對人民團體聘用職員之否准（不予核備），如縣政府對漁會聘用總幹事不予核備，行政法院認為係行政處分。

4.土地及建物之登記核准與否，亦屬行政處分。

5.依實施耕者有其田條例所為耕地之徵收及放領行為，亦屬行政處分；依「臺灣省放領公有耕地扶植自耕農實施辦法」所為公地放與農民承租，則為私法行為。而依耕地三七五減租條例之租約登記，其准駁亦為行政處分。

6.役男體位之判定亦屬行政處分。

四、單方性

行政處分為公權力行為，並為單方性之行政行為。而單方性者，不必與對方諮商或徵求同意，即產生片面之權威性的拘束力。行政處分之作成，除依行政程序法，須經意見陳述或舉行言詞辯論外，一般如稅之課徵、兵役之徵集等，不必與相對人磋商或徵詢其同意即可完成；再者，行政處分一旦完成，即具備執行力；如為下命處分，於當事人不履行時，更得以強制執行。行政處分因此特徵（要素）而與行政契約顯然不同。行政契約經要約、承諾、締約之手續而完成，行政機關與相對人間，具相當平等之關係，與行政處分之為單方性、片面完成者不同。

五、具體性（個別性）

　　行政處分係對具體的（個別的）事件為處置之行為。例如核發執照、開罰單，乃針對已存在之具體之個案為規制，這就是行政處分。分析之：

㈠行政處分與行政命令不同

　　行政處分與行政命令，為國家高權行政之兩類型，二者則以是否含具體性而不同。以美國之裁決（行政處分）、法規（行政命令）而言，美國行政程序法第五五一節，將行政行為區分為兩類，即法規 (rule) 與裁定 (order)。而裁定是裁決 (adjudication) 的結果。法規與裁決之區別標準有二：以時間為標準和以適用範圍為標準。以時間為區別標準，以何姆斯 (Justice Holmes) 為代表，認為法規是適用於將來的決定，而裁決則是針對過去和現在情況所作的決定。以適用範圍為區分標準，如前首席大法官柏格 (Chief Justice Burger)，認為法規是對廣泛集體的成員普遍適用的規則；裁決是適用於特定的人或情況的決定。法規抽象地影響個人的權利，裁決則是對特定的人以其個別資格所採取的具體行為❹。法規「平等適用」於任何人，裁決則適用於不受正當法律程序保護的少數人❺。

　　法規（命令）與行政處分的不同，列舉之有五：㈠效力上，法規的效力優於處分（命令常為處分之依據）。㈡公布上，法規除機密及內部管理性質者外，一律要公布，處分則否。㈢內容上，法規命令係對整體義務之性質及範圍之說明陳述，處分則為單一或個別事件之決定。㈣程序上，法規命令之草擬常需由機關及利害關係者會商聽證，以徵求其意見，期獲得其支持；處分僅依行政程序法必要時舉行聽證，不常採行此程序。㈤救濟方面，命令不須起訴及強制，不似行政處分得以提起行政爭訟尋求救濟❻。

　　美國行政程序法延續大法官 Holmes 法規命令具有未來效果的論點，並視處分（如核發許可）為消極的、禁制的及宣告的行為，尤其是駁回處

---

❹　王名揚，《美國行政法》，頁 348～349。

❺　Keith Werhan, *Principles of Administrative Law*, 2008, pp. 111–116.

❻　張劍寒，《行政立法之研究》，1972 年，頁 30。

分，是所謂「消極處分原理」(negative order doctrine)。但法規命令不僅有整體（普遍）的適用性 (general applicability)，更有個別（特殊）的適用性 (particular applicability)，以避免爭議，並確保法規制定及於個人❼。

㈡「一般處分」之相對人不特定（或可得特定）是例外

行政處分之相對人為特定人，其內容為具體之事實關係，是典型的行政處分。因之，行政處分通常是「一次完成」的行政行為。但行政處分仍有特例，就相對人（或對象）是否具體特定而言，「一般處分」是例外，其對象是不特定的或可得確定，如下命非法示威之隊伍解散、禁止民眾行走某座危險橋樑等是。「一般處分」是介於命令與行政處分間的一種形態，兼具二者的部分特徵。

再者，行政處分若係「規制之效力期間」為「長效性」者，則為「持續效力之行政處分」，具有相當長久之效力期間，屬另一特例。例如對某疫區下令「每月定期作防疫措施」，該處分即為持續效力之行政處分。

再次，尚有「聚合處分」者，其相對人為多數而確定的多數人。如遺產繼承人有多數人時，依法對其繼承人課徵遺產稅，即為聚合處分。對聚合處分之相對人，須一一送達處分書（稅單）。至於一般處分，則因相對人不確定，處分書以公告取代個別送達（非以書面公告者，自相對人知悉時生效）。

六、法效性

行政處分一旦作成，即直接對外發生法律上效果。分析之，行政處分具有「對外性」、「規制作用」之性質。因此以下皆非行政處分：

㈠機關之內部行為

如單位間的會簽意見、公文往返，上級機關對下級機關之監督指示等，非行政處分。機關內部之「調職」亦非行政處分（不同機關間之「調任」則屬行政處分）。

---

❼　B. Schwartz, op. cit., pp. 165–166.

(二)準備行為（或程序行為）

為行政機關尚未完成實體決定前，為推動行政程序之相關措施，如舉行公聽會、傳喚關係人、囑託鑑定等，即因欠缺規制之性質，非屬行政處分。如對此行為不服，原則上應於對實體決定聲明不服時一併聲明之（行政程序法第 174 條前段）。

(三)觀念通知

不具法效性，即不是行政處分。唯觀念通知應探求行政機關之本意，方能確定是否為行政處分；如通知具決定性，無後續處置，即視為行政處分，當事人得對此提起行政爭訟。如通知文曰：「台端申請進口之貨物，限七日內提取，逾期沒收。」即已非通常的通知行為，因行政機關不再為駁回或退件之文書，而具決定性。

(四)機關間之互動行為

機關間之互動行為有以下幾種情形：

1.國家對自治團體就委任事務所為之指示，屬行政內部行為；中央部會對自治事務所為之指示，如都市計畫之核定，則可能有行政處分出現。

2.上級自治監督政府對自治團體立於財產主體時，得作成行政處分，如縣政府核定徵收縣內某鄉的公有土地是。

3.機關立於私法主體時，得為行政處分的對象，例如過去臺灣省物資局的貨物被海關沒收，應可提起訴願（司法院釋字第 40 號解釋認為只有人民始得為行政處分之對象，似有不妥）。

4.行政機關變更行政區域，有關劃分區域、升格院轄市、學區改變等之措施，不發生對外效力，稱為「組織性處分」。行政法院認為不屬對特定個人所為發生公法效果之處置，非行政處分。

第三節　行政處分之種類

行政處分的種類，不僅在分析此行政作用之內涵，更有其如何通知、執行、撤銷等之考量的實益。以下就主要類型敘述之。

一、以規制之內容區分

㈠下命處分

下命處分指命相對人作為(如兵役徵集令要求役男服兵役)、不作為(如「禁止」通行某路口)、或忍受（如忍受公共工程施工之不便）之處分。下命處分所課予之義務，於相對人不履行時，得以強制執行促其履行。

㈡形成處分

行政處分之內容在設定、變更或消滅（廢止）法律關係者，為形成處分。如核發執照、撤銷登記、核准遊行等是。其形式有許可、核准、特許、核定等。如原本有當事人間之私法行為存在，須主管機關作成處分介入後，始產生權利義務變更之效果，此行政處分，稱為「形成私法關係的行政處分」。例如主管機關對人民團體呈報核備之決議認為無效，此種處分即是(至於僅對外發生私法上效果之行政處分，則不以當事人間之私法行為存在為前提，例如核准土地移轉登記，即直接對相對人形成私人財產權之處分)。再者，下命處分中，作為義務之解除，有稱為「免除」；不作為義務之解除，稱為「許可」。如服兵役義務之免除；特種營業之許可等是。許可，是自由權之恢復；未經許可前而作為，應受處罰；經許可之行為，為事實行為（如經營銀行、得挖採某河川砂石等）。免除與許可亦屬行政處分之形成處分。

㈢確認處分

對法律關係存在與否，以及對人之地位或物之性質、在法律上具有重要意義事項等之認定，為確認處分。土地所有權登記、海峽兩岸文書認證、自耕能力證明之核發、公務員在職證明之核發等是。確認處分在認定已存在之法律關係及狀態，不僅具拘束力，猶有規制及影響法律關係之效果，為行政訴訟標的之一。

德國行政處分，有區分為：㈠命令類（如禁制令，即下命處分）；㈡組織類(如授予學位、出生證明等)；㈢宣告類(如公告補助、公告公民權等)[8]。

---

[8] 周偉譯，《德國行政法》，頁87。

二、以對關係人之效果區分

㈠授益處分

　　行政處分之效果係對相對人設定或確定權利或法律上之利益者，稱為授益處分。例如核准營業登記，核准商標註冊，核發會計師執業證照是。確認公職候選人資格亦屬授益處分。

㈡負擔處分

　　行政處分之效果係課予相對人義務或產生法律上之不利益者，稱為負擔處分。課徵稅捐、徵兵、要求非法遊行隊伍解散之下命處分，皆為負擔處分。

　　授益處分與負擔處分區別之實益：二者在撤銷或廢止時，所受之限制不同，負擔處分限制較少，而授益處分必須考慮信賴保護之利益，不得任意為之。在訴訟上，當事人不服負擔處分者，應提起撤銷訴訟；當事人請求作成授益處分遭拒絕，則須提課予義務訴訟尋求救濟。

㈢混合處分

　　指行政處分對相對人同時產生負擔及授益之效果。例如經複查後，核定減少稅額之決定即是。因納稅之稅額減少固然是授益，但納稅畢竟是負擔。混合處分早期文獻亦稱為雙重效力處分。

㈣對第三人生效處分（有第三人效力處分）

　　包括兩種情況，即一為對相對人之負擔處分，同時產生對第三人授益之效果；例如主管機關核准某工廠之設立申請，並要求裝設防止噪音之設備，對該工廠之鄰人產生授益之效果即是。由於第三人因該處分而受益，自無提起訴訟之理，法律關係較為單純。其二為相對人之授益處分同時產生對第三人負擔之效果。在此情況，權利受損害之第三人，雖非處分之相對人，仍得提起撤銷訴訟，請求撤銷原處分。最常見的例子是「建築法上鄰人訴訟」，如主管機關核准某建築執照，涉及占據巷道，妨礙通行，鄰地所有人得對該發照處分，提起撤銷訴訟。再如「公害防治法上的鄰人訴訟」，如對核准某化學工廠設立，工廠鄰地居民得以該工廠排放妨害人體健康之

廢棄,而提起爭訟。我國因第三人效力處分而發生爭訟者以商標案件最多。對商標之審定或註冊,或專利(發明專利、新型專利及新式樣專利)之審定,受影響之利害關係人皆得提起救濟。至如「同業競爭者訴訟」,亦與此種行政處分有關,如主管機關核准甲汽車客運公司延長某條營運路線,致經營該路線之乙汽車客運公司權益受到影響,乙汽車客運公司得因之提起行政訴訟尋求救濟❾。

三、以是否須當事人或其他機關協力區分

㈠須申請之處分

行政機關得依職權作成各種行政處分(有「職權處分」之稱),為片面處分,無待相對人之請求。如課徵稅捐、徵兵等是。但實務上常見有必須相對人提出申請始作成處分者,如核發營業執照、核准商標登記即是。如欠缺申請之手續,通說認為屬程序上瑕疵,得經由事後補辦申請而補正,行政處分仍為有效(行政程序法第 114 條即採此說)。

㈡須相對人同意之處分

有些行政處分須經相對人同意始生效,如公務員之任命(任官行為)即是。如欠缺此生效要件而未補正,當構成無效。

㈢多階段處分

行政機關作成之處分,須經其他機關參與或協力者,為多階段處分。其類型有二:㈠平行關係之多階段處分,如市政府建設局之核發營業執照,須會同稅捐、警察、衛生等單位始予核准(或駁回)即是。㈡垂直關係之多階段處分,即參與或協力作成行政處分者為上下隸屬關係之機關。如有關古蹟之發掘、修復、再利用之計畫,報經各該主管機關許可,並送內政部核備後始可為之。

多階段處分之概念的提出,有助於確定行政爭訟之被告機關就是最後作成直接對外發生效果行為之機關。亦即最後階段之行為是行政處分,其他內部各階段行為屬內部行為,非爭訟之標的。至於爭訟受理機關為審查

---

❾　吳庚,《行政法之理論與實用》,頁 338～340。

時，應及於各階段之行為。如應協力而未經協力，即不合生效要件，構成撤銷原因。

在多階段處分中，參與或協力之其他機關之行為，原則上屬機關內部行為，但如某階段內部行為：㈠依法不能變更，而相對人權益因之實質上受損害；㈡具備行政處分之要素；㈢已直接以書面送達或以其他方式使當事人知悉者，則應許當事人直接對先前階段之行為提起爭訟，請求救濟❿。例如內政部入出境管理局限制某人出境，其處分係根據國稅局欠稅之通報資料而作成，當事人被限制出境，原應以入出境管理局限制出境之處分為最後階段行為，提起行政爭訟，但以國稅局之決定通報為限制出境之決定因素，並具上述三項特徵，而為行政爭訟之標的。當事人對此事件，如有不服，應向國稅局之上級機關（財政部）提起訴願。

四、以有無法定方式區分

行政處分以有無法定方式為區別標準，一般分為兩種：

㈠要式處分

依行政程序法第 96 條之規定，書面行政處分應依該條所列事項記載，為法定方式。因之，書面行政處分應屬要式處分。主要有：

1.一般書面方式之處分

即依行政程序法第 96 條之規定，記載相對人個人基本資料；處分之主旨、事實、理由及法令依據；有附款者之附款內容；處分機關及其首長署名蓋章等事項。

2.特別書面方式之行政處分

「應以證書方式作成」之行政處分（簡稱證書處分），即以交付證書方式發布之行政處分，如授予學位之決定，應以證書表示即是。此種處分如未具備證書，即構成無效。

3.須經聽證之處分

須經聽證手續之行政處分，即依較嚴謹之「正式程序」而作成，應以

❿　吳庚，《行政法之理論與實用》，頁 345～347。

書面為之並通知當事人有關聽證舉行之事項。行政程序法第 102 條規定，行政機關作成限制或剝奪人民自由或權利前，應依法通知相對人陳述意見或舉行聽證。聽證是正當程序的要素，而公平的聽證具有以下特徵：㈠通知舉行或停辦的理由、時間及方式；㈡兩造間的面對及對質詰辯；㈢諮商的權利；㈣依聽證所得之理由陳述及證據做成決定；㈤有一位公正無私的決定者（主持人） ❶ 。

㈡不要式處分

不要式處分乃書面以外之行政處分，或法律未明定應依一定方式為之的處分。最主要者為口頭處分，其他如以手勢指揮交通、以手電筒指示車輛接受臨檢等是。行政程序法第 95 條第 2 項並規定，以書面以外方式所為之行政處分，其相對人或利害關係人有正當理由要求作成書面時，處分機關不得拒絕。

五、以所受法律羈束之程度區分

如以行政處分之作成所受法律羈束之程度區分，可分為羈束處分與裁量處分。

㈠羈束處分

羈束處分是指行政機關在法規規定之特定構成要件事實發生時，即應依法規所規定之法律效果為處置之行為。例如社會秩序維護法第 16 條規定：「教唆他人實施違反本法之行為者，依其所教唆之行為處罰」；道路交通管理處罰條例第 22 條規定：「汽車駕駛人有左列情形之一者，吊扣駕駛執照三個月：一、將駕駛執照供他人駕車者……」；訴願法第 28 條第 2 項規定：「訴願決定因撤銷或變更原處分，足以影響第三人權益者，受理訴願機關應於作成訴願決定之前，通知其參加訴願程序，表示意見。」等即是。羈束處分如引起爭訟，不僅可提起訴願，更得進而提起行政訴訟，以尋求合法性的審查。唯羈束處分不得為附款。

---

❶ Paul S. Dempsey, *Administrative Law*, 2007, pp. 73–74.

㈡裁量處分

　　裁量處分是指行政機關在法規規定之特定構成要件事實發生時，得選擇作為或不作為，或選擇作成不同效果之行政處分。選擇作成或不作成之裁量，稱為行為裁量或決策裁量（處分）；例如對某項輕微違規行為，得取締或不取締之選擇；受理訴願機關認為有必要時，亦得通知與訴願人利害關係相同之人參加訴願（訴願法第 28 條第 1 項參照）即是。選擇作成各種不同效果之裁量，稱為選擇裁量（處分）；例如營業稅法第 51 條規定：「納稅義務人，有左列情形之一者，除追繳稅款外，按所漏稅額處一倍至十倍罰鍰，並得停止其營業……」，即有單獨處以罰鍰，或同時處以罰鍰及停止營業兩種選擇，所為處罰是選擇裁量處分。裁量處分如有爭訟，僅得提起訴願，不得進而提起行政訴訟，因為爭議之重點不在合法性之故；再者，由於裁量處分留給行政機關相當的判斷空間，因此得加以附款。裁量處分頗能呈現行政機關裁量權 (discretionary power) 的本質。

　　裁量處分之作成，法規上，雖有多種不同的行為可供選擇，然因特殊的事實關係或行政目的，致使行政機關被迫採取其中之一種，別無他種選擇，稱為「萎縮裁量」。如水利法第 79 條第 1 項規定，水道沿岸之種植物或建造物，主管機關認為有礙水流者，得報經上級主管機關核准，限令當事人修改、遷移或拆毀之。然在嚴重妨礙水流的情況下，只以拆除處理別無其他選擇即是。萎縮裁量或稱裁量收縮，或裁量壓縮至零❿。

　　裁量處分原許可行政機關行使職權時，得為自由判斷，因之，法院原則上不加以審查（裁量處分乃不得提起行政訴訟）。但裁量如違反法理，即構成「裁量瑕疵」，已至發生合法性問題，法院即加以審理，司法權得以介入。這些裁量瑕疵包括：1.裁量逾越（超越外部界限）：如罰鍰金額超越法定得以裁量的範圍；2.裁量濫用（超越內部界限）：裁量出於不相干的動機或超出法律授權之目的；3.裁量怠惰：因故意或過失而消極不行使裁量權，即未認真斟酌事件的個別狀況而為處分。如行政院於九十一年十月四日要求撤換某國家公園管理處處長，追究其監督不周的責任。主要理由是該管

❿　H. Maurer 著，《行政法學總論》，頁 132。

理處允許該公園內建設歐式建築，未能與生態景觀、文化、環保作整體考量，顯然不夠專業。此應可認定為裁量怠惰。又九十二年三月間，我國某駐外單位給予某通緝要犯簽證，其理由是部次長「未做任何指示」，有意推卸責任，亦屬裁量怠惰之瑕疵。前二種裁量瑕疵，視同違法。

裁量與「不確定法律概念」及「判斷餘地」頗有關聯。所謂不確定法律概念，指法規所規定之構成要件事實，使用含義不確定的概念，致在思考運用（涵攝）事實關係時，出現多種不同意義。這種概念稱為不確定法律概念，而有賴解釋或判斷。行政人員應選用其中含義較為適切者，法院對此含義是否適切得加以審查。不確定法律概念與裁量不同者如下表（表3-1）所示❸：

表 3-1　裁量與不確定法律概念之區別

	適用法規	存在層次	自由判斷的程度	法院干預與否
裁量	僅存在於公法	法律效果（如違規如何處罰的選擇）	各種選擇皆合法	法院原則上不加以審查
不確定法律概念	出現於公法及私法法規	法規規定的構成要件事實（如適用的違規法條需要解釋）	只有一種解釋或判斷是正確的	法院以審查為原則

而二者在行政行為的作成過程上之不同，再以下圖（圖3-5）表示之：

---

❸　吳庚，《行政法之理論與實用》，頁133～135。

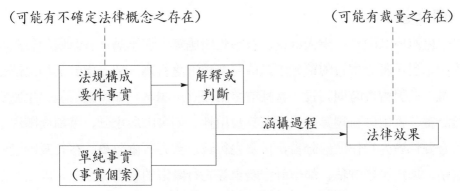

圖 3-5　　不確定法律概念與裁量之關係位置

不確定法律概念包括兩類：㈠經驗性的概念，可加以印證者，如「酒醉」駕車、「營業額」、「近似」等是；㈡規範性的概念，不能加以印證者，如「粗俗不雅」、「公益」、「安寧秩序」、「公序良俗」等是。

至於「判斷餘地」，依 O. Bachof 教授的見解，是指留給行政機關裁量或判斷的範圍，包括考試之評分、公務員的考績（二者為高度屬人性之價值判斷）、專設委員會之決議（集眾人之智慧為綜合之判斷），以及專門性技術性的決定等，法院皆加以尊重不審查。

六、以效力是否具終局性區分

行政處分以效力是否具終局性為區分，有以下類型：

㈠終局處分

一般所見的行政處分，經過全部的製作程序，具備法定形式與要件，故得有效而完全處理特定的公法事件，是為終局處分。

㈡暫行處分

暫行處分（暫時處分）是指行政機關為行政處分前，就相關事實之調查尚未完成，而保留至事實關係完整呈現後，再作成最終處分之臨時措施。如在商店營業條件未具備完整前，先予試行營業之執照。由於此為暫時性措施，故行政處分之撤銷期限及信賴保護原則，不能適用。而終局處分生效時，暫行處分當即失其效力。

㈢部分處分

就高度危險性、重大計畫、技術性設施等人民申請案各階段的行政程序中，對可獨立審查的部分予以許可或核准之行為。部分處分又稱為部分核准。此對審查時間冗長、包括許多階段之申請案，如電廠設施、生物實驗計畫、採取砂石場等之設立有其實用性。如多階段處分，就前面階段中符合要件者先行作成處分者，是為先行裁決或先行處分❹。在行政計畫核定前，環境影響評估、都市計畫變更等先行階段的核准、通過，即出現此類的處分。

七、以是否產生法律效果區分

行政處分以是否變更法律關係，尚可粗分為積極處分與消極處分：

㈠積極處分，對既有法律關係產生影響作用的處分，包括：代理處分、補充處分（認可）與獨立處分。獨立處分又包含確認處分、形成處分（包含創設、廢除、變更與混合處分）、下命處分。創設處分如許可、核准等是。

㈡消極處分，對既有的法律關係未產生變動的處分。消極處分，包括駁回與消極不作為。駁回，如否准人民申請案件。消極不作為，為默示處分，缺乏可辨識的外觀，未對外通知❺。此未為明確之准駁者，依行政法院之判決，視同行政處分。以集會遊行法言，申請集會遊行案件之准駁，主管機關未於法定期限內通知負責人者，特別規定「視為許可」（第十二條）。

至於擬制行政處分，指以法律創設之行政處分。即藉著法律確認一非真實存在的事實，從而得出其不存在的法律結果。以人民申請案件言，這種處分一般包含三種情形。一為逾期不為准駁，二為未為明確之准駁，三為不理會答覆，即不作為（訴願法第二條第一項所指，受理申請案件之機關，於法定期間應作為而不作為即是），亦視同行政處分（損害其權益之處分）。故擬制處分亦屬消極處分。這種處分，沒有更改或以反證推翻的問題。

---

❹　吳庚，《行政法之理論與實用》，頁 350～352；林騰鷂，《行政法總論》，頁 430～432。

❺　李震山，《行政法導論》，頁 333～334。

而「推定」則有更改或以反證推翻的可能，如推定有過失，得以舉證推翻。擬制與推定為「準用」法律的兩種方式。

第四節　行政處分之附款

一、附款的意義及原則

附款是「附加」於行政處分主要意思表示之文句或條款，其效用在於補充或限制行政處分之效力。附款係來自民法上法律行為附款之概念。由於社會生活互動頻繁，在不影響社會公益、擴大人與人互動空間、促進個人人格成長及社會均衡發展的情況下，現代國家乃允許行政機關在作成行政處分之「主意思表示」外，附加「從意思表示」，使行政作用更能調適於社會生活。此「從意思表示」即附款。唯附款未必附記於主要內容之外，也許在行政處分之內容中一併說明，外觀上成為行政處分主要內容之一部分。因此必須探求機關本意才能了解。

再依行政程序法第 93 條第 1 項明定，行政機關作成行政處分有裁量權時，得為附款。無裁量權者，以法律有明文規定或為確保行政處分法定要件之履行而以該要件為附款內容者為限，始得為之。因之附加附款者，有其一定條件，以裁量處分為原則。至於裁量處分附加附款尤必須遵守一些重要法則，如不違背作成處分之目的、合義務性原則、比例原則以及不當聯結之禁止原則等（本法第九十四條）。

二、附款之種類

依據行政程序法第 93 條所列，附款有以下五種：
㈠條　件

條件之效力繫於將來可能發生的事實，屬於一種不確定狀態。條件包括停止條件與解除條件。附停止條件之行政處分，於條件成就時，發生效力；附解除條件之行政處分，於條件成就時，失其效力。如對某項遊行申請案，限定遊行所經過之道路修護完竣始准許遊行，即附停止條件。准許

某工程公司為某項大型工程引進外勞，但限制於工程進度達百分之八十或因故停工時，即應遣返外勞，即附解除條件。

　　民國一○二年二月，有企業集團申請併購某媒體系統業，國家通訊暨傳播委員會以附加條件（如資金切割、建立媒體自律機制等以防止媒體壟斷），予以核准。在條件未成就前，核准處分不生效力。此為附停止條件的附款。

㈡負　擔

　　負擔係附加於授益處分之要求作為、不作為或忍受的義務規定。如准許役男出國留學，但須於接獲徵集令時回國服役之切結即是。附負擔與附條件不同：㈠對附負擔上的義務，行政機關得強制其履行，相對人不履行則原處分將全部或一部廢止；但條件則無強制其實現之可能。㈡負擔若未附加於授益處分，原為獨立之處分；而條件為主行為（行政處分）內容之一部分，與行政處分不可分離。㈢附加負擔，效果立即確定，行政處分相對人即負有義務；附加條件，效果處於不確定狀態，相對人的權利義務亦不確定產生變動。負擔與條件不同，要如下圖（圖3-6）所示。

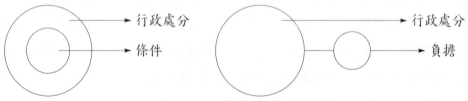

圖 3-6　負擔與條件之不同

㈢期　限

　　在授益處分或負擔處分上，附加效力開始或終止之期日，即附期限。如規定某一時日起，准許申請老人津貼；某一時日起，某道路封閉。前者為附始期之行政處分，後者為附終期之行政處分。惟如專利權、商標專用權之授予定有二十年、十年的期限，此為法律所明定，不屬行政機關之裁量，則非附款。

㈣保留廢止權

　　附加於授益處分，在特定前提或原處分機關所選定之任何時間，得廢止原處分之意思表示，即為「保留廢止權」附款。故保留廢止權，目的在事先向相對人表明，未來有廢止授益處分的可能性，以排除信賴保護原則之適用。例如核准記者採訪軍事基地，但須遵守某些規定，否則廢止採訪證，此附加要求即是。

㈤保留負擔之事後附加或變更

　　保留負擔之事後附加或變更，簡稱「負擔保留」，是指行政機關作成行政處分時，保留事後附加負擔，或對原有之負擔再予變更或補充的條款。由於作成授益處分時，尚無法預見其效果，因此此種保留有其實益，以確保公共利益或行政目的。例如某工廠設立，但限制如日後工廠營運產生影響鄰人之噪音時就應加裝防止噪音之裝置，此負擔之保留即是。教育部於八十九年十一月八日發函通知所屬機關學校聘任人員兼具外國國籍者，應依國籍法第 20 條第 2 項「具有專長或特殊技能而在我國不易覓得之人才」之認定標準認定之。文中表示，「經服務機關學校認定符合並報本部，但經本部審認後，不予核准者，若具結願意放棄兼具之外國國籍，應於服務機關學校將本部不予核准之結果送達當事人之日起一年內完成放棄外國國籍，並繳交放棄生效文件；於限期未完成者，由服務之機關學校免除其職務」。教育部此項對兼具雙重國籍之所屬人員的要求，應屬附款中「保留負擔事後附加或變更」的一種。

　　「負擔之保留」實為一項獨立的行政處分，通常附加於授益處分。以其為獨立處分，通說上認為相對人得對其提起爭訟。

　　附款的種類，除上述五種為行政程序法所明定者外，尚有「法律效果一部除外」（如臺灣光復初期，為平衡醫療資源，乃限制醫師僅能於原居住地執業，一旦遷移即不得執業是）。德國更在判例上及學說上發展出「修正之負擔」，即將行政處分之標的作質量的改變（如申請向甲國進口牛肉，但核准時改為向乙國進口；再如將建築十五層樓之申請，改為建築十二層樓而核准）。「修正之負擔」不是負擔，並非課予受益人作為、不作為或忍受

之義務，而是對人民提出之許可申請的內容，加以變更後予以許可，可稱為「修正的許可」。由於這種許可內容之變更，已成為行政處分之一部分，不能單獨對其表示不服，只能對其全部之行政處分提起爭訟❶。

至在授益處分外，要求申請人提出書面承諾（通常稱為切結書）再作成處分，亦有附款存在的可能。如申請人為改建房屋，向主管機關提出切結書，保證已向鄰地所有人洽購足以保留相當寬度的巷道土地，主管機關乃核准其改建申請案。該切結書所保證之事項，可以視為準負擔附款。

而在行政處分上加以提示、警告之文字，並未影響原處分，不對相對人添加任何義務或限制，則非附款。例如核准某種營業執照，加記應遵守營業法規，不得經營登記範圍以外之業務，此等文字不能視為附款。再者，依法規應負擔之義務，不應構成設定附款之內容，如從事商業應繳納稅捐，此納稅之義務不應成為核准營業之行政處分附款的事項❶。

第五節　行政處分之效力

一、行政處分效力之概念

有關「行政處分之效力」之意含，可從以下幾個面向加以詮釋觀察：

㈠行政處分之效力，包括存續力、確認效力、構成要件效力、拘束力、執行力等

過去以公定力為各種效力概念之首要，並將公定力解為國家行為受合法之推定，係「以權威或勢力充當行政行為合法及有效之基礎，自與民主主義的法治國理念不符」❶。公定力既偏重行政權之維護，已不合時代思潮而不宜再沿用。

㈡行政處分之發生效力（生效）方法

依行政程序法第 100 條第 1 項規定：「書面之行政處分自送達相對人及

---

❶　翁岳生，《法治國家之行政與司法》，頁 13～14。

❶　吳庚，《行政法之理論與實用》，頁 359～361。

❶　吳庚，《行政法之理論與實用》，頁 362，註 104 文。

已知之利害關係人起；書面以外之行政處分自以其他適當方法通知或使其知悉時起，依送達通知或使知悉之內容對其發生效力。」此即行政處分之發生效力。申言之，行政處分生效之方法為：

1.書面行政處分

應送達相對人及已知之利害關係人；書面以外之行政處分，應以其他適當方法通知或使其知悉。

2.一般處分

得以公告或刊登政府公報或新聞紙代替通知。

行政處分之作成與通知，如同民法意思表示之「發出」與「生效」。行政處分作成，如行政處分之發出，於通知相對人始生效。行政處分在作成階段，屬行政機關的內部行為。通常，行政處分之「作成」先於「通知」。惟以「言詞」作成的行政處分，其作成與通知同時完成；以「標誌」（如交通標誌）作成之行政處分，於標誌設立時，通知亦完成（於通行者進入可視及交通標誌之範圍內，受領「通知」）❶⑨。

㈢行政處分之效力，包括「外部效力」與「內部效力」

行政處分因個別通知其規制的相對人，而發生外部效力。行政處分之內容，則產生內部效力。行政處分之外部效力與內部效力，通常同時出現，例如三月一日通知某商店同年三月十日起應停止營業。三月一日起，該停業之處分即發生對外效力，相對人得提起訴願；三月十日起應停止營業，該處分發生內部效力，即具有執行力❷⓪。

二、行政處分之存續力

行政處分之存續力，即指「行政處分未經撤銷、廢止，或未因其他事由而失效者，其效力繼續存在」（行政程序法第 110 條第 3 項）。存續力已成為取代「確定力」之概念。行政處分之存續力包含形式的存續力與實質的存續力。

---

⑲　陳敏，《行政法總論》，頁 324～325。

⑳　同上，頁 326～327。

(一)形式的存續力

對人民（相對人）而言，如不能再行使行政救濟權（訴願及行政訴訟），或已放棄行使救濟權，行政處分即不得加以變更或撤銷，是為行政處分形式上的存續力，亦稱為不可撤銷性。

(二)實質的存續力

對行政機關而言，行政處分一旦完成，具備實質的存續力，其內容對相對人、關係人及原處分機關發生拘束力，行政機關不得任意加以改變，是為行政處分實質的確定力。

過去我國通說，只承認行政處分之形式的存續力，不承認具有實質的存續力（確定力）。如司法院（民國二十五年）院字第 1557 號解釋指「訴願之決定，有拘束原處分及原決定官署之效力，苟原處分原決定或再訴願官署，於訴願再訴願之決定確定後，發現錯誤或因有他種情形，而撤銷原處分另為新處分，倘於訴願人、再訴願人之權利或利益並不因之而受任何損害時，自可本其行政權或監督權之作用，另為處置。」今則基於公益（較當事人之信賴利益有更高價值），仍得撤銷或變更原處分；行政法院亦認為行政處分經過行政救濟程序（尤其是行政訴訟）實體審查決定，應具有實質的（及形式的）確定力。

三、行政處分之構成要件效力

行政處分的構成要件效力，是指行政處分所確認的事實，對其他行政機關或法院有拘束效果（行政處分之存續力則是對處分之相對人及原處分機關的拘束效果）。如某農民持自耕能力證明及有關證件申辦農地買賣，其所持自耕能力證明，所認定之事實，應為受理農地買賣之行政機關所承認尊重，並為其裁決之構成要件事實。在「多階段處分」中，最能顯示行政處分的構成要件效力。再者，行政機關間固然受行政處分構成要件效力拘束，惟對於法院之拘束效果為何？論者認為「從權力分立之觀點言，行政機關之處分，法院亦受其拘束，有如行政機關作成相關行為，應受法院判決之拘束然，但從憲政主義之制衡設計，司法監督相對於行政權之優越性，

以及司法程序恆較行政手續為周密慎重等因素而言，似又未便獲致行政處分亦得拘束法院裁判之結論」❹。因之：㈠如依憲法或法律規定，法院對行政處分有審查權限者，交通法庭對交通裁決處分即有審查權，則作為法院審查對象之行政處分，自無拘束法院之效力。㈡如法院對行政處分無審查權限者，行政處分對法院亦有拘束力；但法院固然有尊重行政處分者，亦有傾向於自我審查，不願受行政處分拘束者。

四、行政處分之確認效力

行政處分之確認效力，與構成要件效力相近，但確認效力只在法規有特別規定時，方能發生。而行政程序法第 113 條第 1 項，「行政處分之無效，行政機關得依職權確認之」，行政處分經行政機關確認其為有效或無效，更顯示行政處分具有此種效力。目前自大陸取得之公文書的認證，由海基會掌理，經其認證之處分書當具有確認效力。國有財產局對已因拍賣而滅失的公有房屋為滅失登記，此登記亦具有確認效力。

五、行政處分之執行力

行政處分之具有執行力者，只限於下命處分。下命處分一旦生效，相對人應按照其內容，負有作為或不作為之義務，如不履行，處分機關得依據該處分書強制執行。其強制執行，依行政執行法（九十四年六月二十二日修正公布）為之。行政處分之執行，是否因相對人提起行政救濟而停止？各國不同。依我國法制，凡提起訴願及行政訴訟均不停止執行，但原處分機關、訴願決定機關或行政法院得依職權或聲請，而停止原處分（原決定）之執行。亦即我國是採不停止執行原則，停止執行是例外。至於其研判標準為「必須執行之標的將來不能回復原狀或回復顯有重大困難者」，符合此標準始可暫緩執行，頗為嚴格。臺北市九家民營客運公司，於民國八十四年聯合罷駛事件，臺北市政府對業者分別科以輕重不同的處罰，但於業者訴願及行政訴訟期間則停止執行。

❹　吳庚，《行政法之理論與實用》，頁 371～373。

第六節　行政處分之合法要件及瑕疵

一、行政處分之合法要件

行政處分之合法要件，包括三個層次要項：

㈠行政處分之容許性

即行政機關對具體事件的處理，可以使用行政處分的方式。反之，若基於行政契約之行政請求權（如廠商不依行政契約履行給付義務，只能提起給付之訴），行政機關不得以命令或行政處分為解決。

㈡行政處分之形式合法性

即行政處分必須由有管轄權之行政機關依法定之方式及程序為之。包括三要件：

1. 作成處分之機關應有管轄權（jurisdiction，包括事物及土地管轄權）

如有重大而明顯的違反管轄權，如未經授權或欠缺權限或違反土地管轄權之規定，行政處分無效。

2. 作成處分之程序合乎法定

依行政程序法第114條之規定，行政處分之作成程序不應有瑕疵；宜遵守以下程序：

⑴須經申請始得作成之行政處分，應有當事人之申請。

⑵須聽取當事人意見陳述者，應依行政程序法第102條至第106條之規定，聽取當事人之意見陳述。

⑶須舉行聽證者，應依行政程序法第54條至第66條之規定程序辦理聽證。

⑷必須記明理由者，應依規定記明。

⑸須經其他機關參與作成行政處分者，應經其他機關參與。

⑹須經有關委員會參與作成行政處分者，應經相關委員會參與。

行政處分之作成如有輕微違反程序規定，於行政處分效力不生影響；如程序上有重大瑕疵，則構成無效或撤銷原因。

3.作成處分之方式應符合規定

依行政程序法第 95 條之規定，行政處分除法規另有要式之規定外，得以書面、言詞或其他方式為之。行政處分如作成的方式未依法規規定，如應以證書方式作成而未給予證書者，即形成無效。

㈢行政處分之實質合法性

即行政處分之內容必須符合法律規定及各項法律原則，亦即：

1.行政處分之作成應合於法律規定

行政處分乃「法律具體化之處分」；行政處分既然為執行法律而作成，首須合於法定。

2.行政處分之作成應合於法律原則

行政程序法於第 5 條至第 9 條揭示明確性、平等、比例、誠信等行政行為之原則，行政處分之作成理當遵守。

3.行政處分之作成須有授權依據

行政處分之作成須有法律依據或其授權依據，以形成合法而效力完整的行政行為。

4.行政處分之作成未具有裁量瑕疵

行政機關如行使裁量權而作成行政處分，「不得逾越法定之裁量範圍，並應符合法規授權之目的」（行政程序法第 10 條）。

5.行政處分之內容須可能實現

行政處分所要求之事項，必須是沒有事實不可能與法律不可能，亦即在事實上及法律上都可以實現。

行政處分之作成，如與法律規定不合或欠缺授權依據，即形成重大瑕疵而無效；如違反比例原則，除有行政程序法第 111 條無效情形外，亦得由行政機關或行政法院予以撤銷。如內容不能實現，亦屬行政程序法第 111 條（第 3 款）所揭示無效的情形。

二、行政處分之瑕疵及其效果

行政處分之瑕疵 (defect)，包括無效與得撤銷兩種情形，以下分別述之：

㈠明顯而重大的瑕疵（無效之事由）

有關行政處分「無效」(void) 之概念，理論方面，早期採「明顯瑕疵說」。主張行政處分雖違法，原則上仍屬有效，僅在瑕疵明顯始承認其為無效。所稱「明顯」指事實不待調查即可認定。如在外觀上全然不屬於國家意志力之表現；或機關濫用權限如同寫在額頭上之程度。此說之立論，係出於國家權威之自我確信的基礎。往後有「重大瑕疵說」：此說與上述明顯瑕疵說在實際運用上並無多大差異，但其立論，則出於保障法律秩序之安定及維護交易安全的目的。

立法方面，奧地利於一般行政程序法雖然列舉官署得宣告原裁決（行政處分）無效的情形，仍無明定行政處分絕對無效之情形，而僅有行政處分「最低要件」的要求（有作成裁決能力之官署，對個別事件以書面所作之意思表示），不符此要求始認定為絕對無效。而德國行政程序法則務實的明定「相對無效的原因」與「絕對無效的原因」(聯邦行政程序法第 44 條)。我國行政程序法第 111 條列舉行政處分應為無效的情形，包括七項：

①不能由書面處分得知處分機關者。

②應以證書方式作成而未給予證書者。

③內容對任何人均屬不能實現者。

④所要求或許可之行為構成犯罪者。

⑤內容違背公共秩序、善良風俗者。

⑥未經授權而違背法規有關專屬管轄權之規定或缺乏事務權限者。

⑦其他具有重大明顯之瑕疵者。

我國行政程序法雖參考德國體例，明列構成行政處分無效的原因，無效採「重大而明顯瑕疵」理論，但學說上及司法實務上，並未進一步區分為絕對無效與相對無效之原因，且往往誤將撤銷視為無效。例如行政程序法第 111 條第 6 款「缺乏事務權限者」，通常非為無效原因，應屬得撤銷問題。而「不合程序」可能構成無效，也可能是撤銷的原因；違反比例原則，如有行政程序法第 111 條無效之情形，亦得由行政機關或行政法院予以撤銷。「明顯而重大瑕疵」不易界定，亦難以此區分無效和得撤銷之瑕疵。

(二)得補正之次級瑕疵（得撤銷之事由）

　　行政處分依法發布、送達後，除有明顯而重大瑕疵構成無效外，為確保法之安定、社會公益以及國家權威，原則上應承認其為有效。對已生效而有違法之行政處分，如行政程序法第 114 條所列之事由（未經申請、未記名理由、未給予當事人陳述意見、未經相關委員會決議、未經其他相關機關參與等），以及超越裁量範圍、判斷瑕疵、違背證據法則等，固應予撤銷以符合依法行政原則。但為避免其影響社會及人民因信賴該行政處分所授利益而從事之生活安排，致不合公平正義，乃限制授益處分之任意撤銷。我國行政程序法仿德國法制，於第 117 條對違法授益處分之撤銷作容許及保留（限制）規定。即違法行政處分於依法提起救濟期間過後，原處分機關得依職權為全部或一部之撤銷；其上級機關亦得為之，但有以下各款情形之一者，不得撤銷：

　　一、撤銷對公益有重大危害者。

　　二、受益人無第 119 條所列信賴不值得保護之情形，而信賴授予利益之行政處分，其信賴利益顯然大於撤銷所欲維護之公益者。

　　行政程序法第 117 條採限制撤銷（相對撤銷）的觀點，將撤銷限定兩個條件。從行政程序法第 120 條第 1 項及第 127 條針對違法處分撤銷之效果，有關補償及返還給付之規定更採取彈性設計，視保護之信賴利益與公益間的衡量而作不同處理。例如其撤銷對公益有重大危害，或信賴利益大於公益者即不得撤銷。其要如下圖（圖 3–7）所示❷。

---

　❷　吳庚，《行政法之理論與實用》，頁 396～399；陳敏，《行政法總論》，頁 417。

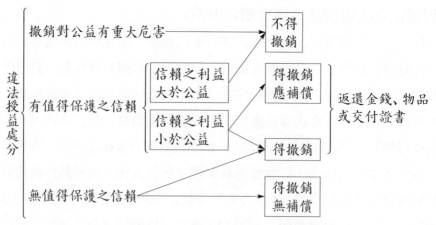

圖 3–7　違法授益處分之撤銷

至於行政處分之撤銷，其有權機關要有以下四者：

1. 依行政程序法第 117 條，原處分機關或其上級機關得依職權為撤銷。

2. 依訴願法第 81 條，受理訴願之機關得撤銷之。

3. 依行政訴訟法第 195 條，行政法院得為撤銷違法行政處分之判決。

4. 依行政院各部會組織法第 2 條、第 3 條，各部會得經由行政院院會撤銷省、市之違法行政處分。

㈢瑕疵之效果

行政處分的瑕疵，如為行政程序法第 111 條所列舉者，是最嚴重的瑕疵，其結果為無效。如為同法第 114 條所列舉者，屬中度瑕疵，得為補正，否則為得撤銷。至於第 101 條所述（如誤寫、誤算），為輕微瑕疵，不影響行政處分之效力❷❸。

第七節　行政處分之補正、轉換及重新進行

行政處分除因有法定無效事由，而自始無效，一般瑕疵則盡量予以補正或轉換。

---

❷❸　吳庚，同上，頁 399~400。

一、行政處分之補正

　　行政機關作成行政處分，應具備合法要件，如要件欠缺即形成瑕疵處分。行政處分之補正（治療），係指在程序上有瑕疵之處分，如表格證件有欠缺，經由事後彌補措施，而成為具合法要件之處分。因之，行政處分之補正，只限於程序瑕疵 (procedural defects) 部分；如行政處分之瑕疵為實體瑕疵 (substantive defects)，如違法，則不能補正成為合法有效之處分。行政程序法第 114 條進而明定補正之措施（方法）及補正之期間：

㈠補正之方法

　　依據行政程序法第 114 條所列舉，主要的補正方式有：

1. 須經申請始得作成之行政處分，當事人已於事後提出者。
2. 必須記明之理由已於事後記明者。
3. 應給予當事人陳述意見之機會已於事後給予者。
4. 應參與行政處分作成之委員會已於事後作成決議者。
5. 應參與行政處分作成之其他機關已於事後參與者。

㈡補正之期間

1. 上述補正方法之第二種至第五種方法，僅得於訴願程序終結前為之；得不經訴願程序者，僅得於提起行政訴訟前為之。
2. 當事人因補正行為致未能於法定期間內聲明不服者，其期間之遲失視為不應歸責於該當事人之事由，其回復原狀期間自該瑕疵補正時起算。

二、行政處分之轉換

　　轉換與補正，都屬行政處分的治療方法。行政處分之轉換，其目的在使違法之處分變成合法處分。

㈠轉換之意義

　　行政機關得將有瑕疵之行政處分轉換為與原處分具有相同實質及程序要件之其他行政處分。

㈡轉換之禁止

行政處分如有以下情形之一者不得轉換（本法第 116 條前二項）：

　1.違法行政處分之撤銷有害公益或人民之信賴利益。

　2.轉換不符作成原行政處分之目的者。

　3.轉換法律效果對當事人更為不利者。

此外，羈束處分不得轉換為裁量處分。

⊜轉換之程序

轉換前應給予當事人陳述意見之機會（本法第 116 條第 3 項）。

三、行政處分之重新進行

㈠重新進行之意義

所謂行政處分之重新進行，是指行政機關對以行政處分決定之事件，重新進行行政程序，再為是否撤銷、廢止或變更原行政處分之決定❷。行政處分此項手續，如同作成裁判的訴訟程序，對已終結之手續重新啟動，在訴訟法上稱再審。

㈡重新進行之要件

　1.處分之當事人（相對人或利害關係人）向行政機關申請。

　2.行政處分須已不可爭訟（救濟期間已經過或已用盡救濟方法）。

　3.有重新進行之事由：

　⑴具有持續效力之行政處分所依據之事實事後發生有利於相對人或利害關係人之變更者。

　⑵發生新事實或發現新證據者，但以如經斟酌可受較有利益之處分者為限。

　⑶其他具有相當於行政訴訟法所定再審事由且足以影響行政處分者。

　4.須當事人非因重大過失，而未能在行政程序或救濟程序中主張其事由。

　5.應自知悉重新進行程序之事由起三個月內為之。但自法定救濟期間經過已逾五年者，不得申請（本法第 128 條）。

---

❷　陳敏，《行政法總論》，頁 445。

㈢**審查及決定**

　　行政機關認為申請為有理由者，應撤銷、廢止或變更原處分；認申請為無理由或雖有重新開始程序之原因，如認為原處分為正當者，應駁回之（本法第 129 條）。亦即，申請有理由，則行政機關應為「第二次裁決（覆審）」，作實體審查，以撤銷、廢止或變更原處分；申請無理由，則駁回其申請。考選機關就國家考試申請複查案，僅做分數加總查核，非此行政處分之重新進行。如另聘閱卷委員重行評鑑試卷，做實體審查，則屬行政處分之重新進行。過去曾有歌手參加中醫師特考，經多年申請成績複查，並提出行政救濟，民國一〇二年考選部終於給予重新評閱試卷而獲考試及格資格，即是此種案例。

第八節　行政處分之廢止

一、行政處分廢止之意義

　　行政處分之廢止，係使合法處分之效力歸於消滅之行為。相對而言，撤銷則是使違法處分之效力歸於消滅之行為。行政處分之廢止，亦屬一種行政處分，仍需具備行政處分之合法要件，否則如有重大瑕疵，廢止處分仍可能被撤銷致被廢止的原行政處分「復活」。

二、行政處分廢止之要件

㈠**授益處分之廢止**

　　依行政程序法第 123 條之規定，授益之合法行政處分，有下列各款情形之一者，得由原處分機關依職權為全部或一部之廢止：

　　1.法規准許廢止者。

　　2.原處分機關保留行政處分之廢止權，而廢止之事由發生者。

　　3.附負擔之行政處分，受益人未履行該負擔者。

　　4.行政處分所依據之法規或事實事後發生變更，致不廢止該處分對公益將有危害者。

5.其他為防止或除去對公益之重大危害者。

授益處分之廢止，應自廢止原因發生後二年內為之（本法第 124 條）。

㈡負擔處分之廢止

負擔處分得隨時廢止，不受期間之限制。依行政程序法第 122 條之規定，非授益之合法處分，得由原處分機關依職權為全部或一部之廢止。但廢止後仍應為同一內容之處分或依法不得廢止者，不在此限。

三、行政處分廢止之效力

行政處分之廢止，依行政程序法之有關規定，具有以下效力：

㈠原則上自廢止之日，原處分失其效力

合法行政處分經廢止後，自廢止時或自廢止機關指定較後之日時起，失其效力。但受益人未履行負擔致行政處分被廢止者，得溯及既往失其效力（本法第 125 條）。

㈡對信賴利益之損失予以補償

原處分因法規或情事變更為維護公益或為防止或除去對公益之重大危害而廢止，對受益人因信賴該處分致遭受財產上之損失，原處分機關應給予合理之補償（本法第 126 條）。廢止授益處分，重視信賴保護原則。而其撤銷，尚要求信賴利益顯然大於所欲維護之公益（本法第 117 條），二者重視之程度有別。

㈢受益人負返還不當得利之義務

授益處分之內容係提供一次或連續之金錢或可分物之給付者，經撤銷、廢止或條件成就而有溯及既往失效之情形，受益人應返還因該處分所受領之給付。其行政處分經確認無效者，亦同。有關返還準用民法有關不當得利之規定（本法第 127 條）。

㈣證書與物品之繳還

行政處分經撤銷或廢止確定，或因其他原因失其效力後，而有收回因該處分而發給之證書或物品之必要者，行政機關得命所有人或占有人返還之（本法第 130 條第 1 項）。

第三章　行政契約

第一節　概　說

行政契約係雙方當事人之意思合致，所締結之發生公法上法律效果之契約。依行政程序法第135條之規定，行政契約是設定、變更或消滅公法關係的一種公法契約。由於「公法」具有單方性、強制性意義，故今以行政契約稱之。

一、行政契約的意義

分析行政契約，有以下要義：

1. 行政契約是由雙方當事人意思合致所締結產生

在契約關係中，雙方當事人之地位平等，其與行政處分係行政機關之單方意思居於優越地位者不同。

2. 行政契約是發生公法上效果的契約

行政契約之內容為公法關係；亦即行政契約為設立、變更或消滅公法關係的一種公法契約。行政契約與私法契約之區別，在於是否發生公法權利義務變動之效果為判斷。而此變動，原則上契約之標的為準，兼取契約之目的加以衡量。

3. 行政契約之當事人，通常有一方是行政機關（行政主體）

其當事人雙方可能都是行政機關，也可能是一方為行政機關，一方為人民（團體）；雙方當事人皆為人民者，必須經法律特別規定，實例上不多見。

4. 行政契約締結之結果，形成委託行政（間接行政）

透過行政契約，行政事務得以委託有關機關或人民處理而擴大執行面，行政效能當可提升增進。

從以上意義，可知行政契約的特徵是包含平等因素，它是由地位平等

的雙方當事人意思合致之行政作用。因此,「須當事人參與或協力之行政處分」,如申請營業執照之核准,必須當事人提出申請,非行政契約。「須當事人同意之行政處分」,如任官行為,必須當事人同意,亦非行政契約。即因在行政處分所形成的法律關係中,行政機關居於優越地位,含有單方性,而與行政契約之當事人為平等關係不同。至於附款之行政處分,其附款內容亦由行政機關片面決定,自非行政契約明矣。如依國民住宅條例,以興建國民住宅解決低收入戶家庭居住問題,由政府機關興建住宅以租、售等方式給此類家庭,如為此簽訂買賣、租賃或借貸契約,即非行使公權力而生的公法關係,故不屬行政契約(釋字第 540 號解釋)。

再者,行政契約的名稱不一,有自願書、保證書、具結等。如教育部為貫徹師資培育法(九十一年七月二十四日修正前條文)第 11 條,所定公費生以畢業後自願至偏遠或特殊地區學校服務學生為原則之立法意旨,以解決教師缺額補充之困難,乃編列預算支應師資培育之公費,並由設有教育學系之大學校院招收公費生加以培育。為確保此類自願享受公費待遇之學生於完成學業後接受分發及服務,由學生於受領公費前,填具自願書、保證書等,以保證其履行義務觀之,就其公益目的及所欲達成之行政目的判斷,並參照司法院釋字第 348 號解釋,本件公費生與教育主管機關間的關係應屬行政契約關係❶,且應屬雙務契約。

二、行政契約的容認

傳統行政法學者,一向認為公法關係幾全屬公權力關係,國家之意思居於優越地位,其與人民締結契約誠然不堪想像。加上政府與人民經由行政契約,「私相授受權利義務」,尤不合法治國家依法行政原則而備受詬病。再者,我國行政法領域中,行政契約更被忽略而不發達。其主要原因是行政法院向來認定契約涉訟只能以民事訴訟尋求救濟。而提起民事訴訟必認定其為私法上法律關係,終致「非行政處分即私法契約」的二分法成見形成,行政契約難有發展空間❷。

❶ 參法務部 91 年 9 月 11 日書函教育部文。

　　實務上，除勞工保險及公務員保險之契約性質的爭議外，近年來，例如依產業升級條例（第 29 條）之開發工業區委託民間辦理、租售及管理等業務；依大眾捷運法（第 7 條），地方主管機關得自行開發或與人民聯合開發大眾捷運系統、站與路線之土地及毗鄰地區之土地，此等鼓勵民間投資或促進土地利用所簽訂之契約，行政法院見解認為屬私法契約。行政法院即以其為「私法上之經濟關係，且契約當事人於締約時乃處於平等地位」❸。實則此等契約所依據者為公法，並為達成行政目的之所必要，而其形成的法律關係已非單純的私法契約可比。

　　然隨著民主憲政的進展，國家與人民非對立關係，行政機關不再居於優越地位而僅以行政處分施政。何況，行政契約與依法行政原則非必然衝突。因此，認為國家可以和私人訂立行政契約的說法，如 Paul Land, Hans Kelsen, Max Layer 等人的理論，逐漸被接受而成為通說。而其理論依據則有除外說與授權說。除外說主張只要法律未有排除訂定行政契約之規定，行政機關得選擇行政契約作為行政作用之方式。授權說則認為行政契約應有法律明文授權才可簽訂。德國一九七六年的行政程序法即採除外說理論。我國行政程序法第 135 條規定：「公法上法律關係得以契約設定、變更或消滅之。但依其性質或法規規定不得締約者，不在此限。」可知我國原則上採除外說，例外採授權說。諒以行政契約可能使公權力轉嫁（被出售），淪為商品，而行政機關居優勢地位，可能致相對人蒙受不利。同時為避免脫離法治主義規範，致生流弊，我國立法建制頗為審慎。

　　我國至司法院釋字第 466 號解釋（八十七年九月二十五日公布），雖已肯定行政契約屬公法事件，但因行政訴訟尚未設給付訴訟，故仍許應向普通法院提起訴訟謀求救濟，及至釋字第 533 號解釋（九十年十一月十六日公布）始確認此公法事件應由行政法院受理有關訴訟。第 540 號解釋再次重申此意旨。

---

❷　吳庚，《行政法之理論與實用》，頁 410～412。

❸　翁岳生主編，《行政法》，頁 647～648。

三、行政契約的功能

行政契約不僅為法制所承認，成為行政作用的重要方式，尤其在現代社會及行政體制中發揮其重要功能。如我國學者所指出，要有：

1. 擴大行政機關選擇行政行為方式的空間。
2. 符合現代法治國家人民與國家對等的行政理念。
3. 減少命令及行政處分的強制色彩。
4. 打破行政作用非行政處分即私法契約二分法的邏輯。
5. 擴大人民參與行政決定的管道，保障人民權利。

近年來，政府各部門經由契約處理行政事務的情形日益普遍。其中尤不乏以行政契約的簽訂表現，如違規車輛的拖吊、海峽兩岸民間文書認證、各種代施檢驗措施等是。公權力的運作因之較具民主化、柔性化，且動員民間力量而更具效果。從現行法制即可見一斑，如行政程序法第 136 條之規定：「行政機關對於行政處分所依據之事實或法律關係，經依職權調查仍不能確定者，為有效達成行政目的，並解決爭執，得與個人和解，締結行政契約，以代替行政處分。」

惟行政機關在辦理委外、行政契約時，必須掌握分際。重要的核心事務應由行政機關掌理，其餘事務方予委外經營或締結行政契約形成委託事務。如此政府方不失主控權並可減低風險，承擔責任。

第二節　行政契約的種類

行政契約依其當事人間的關係、標的、內容等為區分，有以下主要種類：

一、對等契約與隸屬關係契約

對等契約是指締約主體間是對等關係的契約，又稱水平契約或平等關係契約或行政協定。在地位平等之當事人間，無法使公權力以行政處分規制彼此之法律關係，行政契約中對等契約，成為適當而不可或缺之法律行為方式。例如依教育基本法第 7 條第 2 項之規定，政府得將公立學校委託

地位對等的私法人團體辦理，其成立的契約即是。又地方幾個鄰近鄉鎮，協議在某鄉境內設置垃圾處理場，所成立的協議亦屬之❹。行政院大陸事務委員會根據「行政院委託民間團體處理大陸事務要點」，以締約方式委託海基會處理有關文書認證事務。及至八十二年二月三日臺灣地區與大陸地區人民關係條例修訂公布，第 4 條第 1 項明定行政院得設立或指定機構或委託民間團體，處理兩岸人民往來有關之事項。行政院與財團法人海基會間，在對等關係上成立的行政契約即屬對等契約之一種。

　　隸屬關係契約，簡稱隸屬契約。它是由上下隸屬關係之當事人間所成立的行政契約。此當事人包括人民與行政機關（下級行政機關）。亦即行政機關與人民或其下級機關間，得成立此種行政契約。高速公路電子收費系統，係由交通部與廠商訂定之行政契約，其內容涉及公益，政府又有明顯的公權力介入及特許性質。例如依行政執行法第 17 條之規定，行政機關得命公法上金錢給付義務人提供相當擔保或提出擔保人，而擔保人與行政機關得簽訂提供擔保之契約。上級自治監督機關對地方政府之都市計畫之核可，不以行政處分表示，而以行政契約為之即是。一般提供擔保（如司法交保）、稅捐抵銷契約（如允許暫緩繳納工程受益費，俟領取土地補償費後再行抵繳）、公費生畢業後服務義務之協議、國家賠償或土地徵收補償之協議皆屬之（但土地徵收出於政府單方面的決定，在我國應無成立行政契約的可能性。如土地可經由協議移轉所有權或使用權，則依民法買賣或設定地上權已足）。

二、義務契約與處分契約

　　義務契約，指行政契約之一方或雙方負有特定給付（作為）義務，而他方則有履行該給付義務之請求權的契約，又稱為負擔契約。例如房屋建造人支付一定金額以代替設置停車場，而由行政機關另建多數人使用之停

---

❹　陳敏，《行政法總論》，頁 527。惟協議之各方，意思表示一致，而行政契約之
　　雙方，意思表示是相對的。協議是一種行政立法（命令），而行政契約則可取
　　代行政處分。

車場，並核准建築房屋，以此內容而訂之契約即是。委託私人行使公權力，如拖吊違規停放之車輛，成立之契約亦屬之。

處分契約，指因履行法定義務、契約義務或其他原因所生義務而簽訂，並直接引起行政法上權利或義務變動之契約。此種契約原可以附附款之行政處分的方式推動行政業務。例如警察機關與攤販或違建戶間，為定期拆除攤架或違建所簽訂之契約即是❺。

三、和解契約與雙務契約

我國行政程序法上僅列和解契約與雙務契約。和解契約，乃行政機關對於行政處分所依據之事實或法律關係，經依職權調查仍不確定者，為有效達成行政目的，並解決爭執，得與人民和解，締結行政契約，以代替行政處分（行政程序法第 136 條）。唯「公法上法律關係得以契約設定、變更或消滅之」（行政程序法第 135 條前段），行政機關得與人民締結有關行政處分之行政契約，對無關行政處分之事項，非不得締結和解契約；行政程序法第 136 條「締結行政契約，以代替行政處分」之用語，易滋誤會。有關和解契約的實例❻：

例如某甲申請五萬元的救助金，依法律規定應具備一定的事實前提始得核准。而某甲所提出的事實前提必須傳喚在國外之證人，耗費龐大，因此，主管機關與某甲協議，先予核准發給三萬元。此協議即屬和解契約。

而和解契約的成立，應具有以下要件： 1.須事實或法律關係不確定，包括主觀上及客觀上的不明。 2.須該不確定狀況無法經由職權調查排除，或其排除必須耗費鉅資。3.須雙方當事人互相退讓，蓋「契約乃雙方協議」之本質。 4.合義務性與合目的性以及「主觀上合理存在之不確定性」（甚至客觀上當事人所不知的不確定性）。再者性質上屬非獨立因素，或先決問題者，不得為和解契約之標的，如發給醫師執業執照之前提為具備醫師資格，

---

❺ 此兩種行政契約，可參考廖宏明，《行政契約之研究》，司法院印行，84 年 6 月，頁 65。翁岳生主編，《行政法》，頁 643~644。李震山，《行政法導論》，頁 374~375。

❻ 陳敏，同上，頁 532。

即不得成立和解；又如當事人雙方對於應適用何項法規意見不一致時，亦不得互相退讓尋求和解❼。

雙務契約則是雙方當事人互負給付義務之行政契約。又稱為交換契約或互易契約。行政程序法第137條規定，行政機關與人民締結行政契約，互負給付義務者，應符合下列各款之規定：

　　1.契約中應約定人民給付之特定用途。

　　2.人民之給付有助於行政機關執行其職務。

　　3.人民之給付與行政機關之給付應相當，並具有正當合理之關聯。

行政程序法上開之條件要求，即禁止行政機關有不當之連結。亦即為避免行政機關與民爭利，甚至欺壓人民，或利用國家資源，以其行使職務之方便而圖利他人，因之在雙務契約簽訂時，設定這些要求條件作為規範。此外，該條第3項又規定，行政機關與人民簽訂雙務契約時，「應載明人民給付之特定用途及僅供該特定用途使用之意旨」，防止行政機關藉雙務契約而「出售國家高權❽」。

第三節　行政契約的合法要件

行政契約係重要的行政作用，依行政程序法第135條但書所稱「依其性質或法規規定不得締約」，亦即無論依法律明文規定，或因法律關係之性質，可認為須以行政處分作成行政行為時，即不得締結行政契約。學說上，我國以「除外說」容認行政契約。於此基本要件外，行政契約之合法要件，原則上與私法契約之合法要件相同，如當事人有權利及行為能力、標的合法、可能、明確、意思表示無瑕疵等。

---

❼　吳庚，《行政法之理論與實用》，頁419～420。

❽　臺灣光復初期有「包稅」制度，由人民（私人）透過契約向官署認包稅捐，應屬行政契約。不因對方係私人而影響其為行政契約之性質。此種收稅制度，與阿拉伯帝國曾由哈里發（阿拉伯帝國最高領導人）委派各省總督承包稅捐，有些不同；但與狄更生小說描述的早期歐洲財主受委託代收稅捐，卻相當類似。

一、形式上的合法要件

行政契約應具有以下形式上的合法要件：

1. 須締約之機關有權限

行政機關就契約標的須有事物及土地管轄權。

2. 須依法定方式

行政契約涉及公權力之行使，並由公務員參與而形成，通常以書面方式為之（行政程序法第 139 條）。但法規另有其他方式之規定者，依其規定。

3. 須符合法定程序

依行政程序法之規定，行政契約之締結在程序上有三項應注意事項：(1)締約前之公告與意見表示：行政契約當事人之一方為人民，依法應以甄選或其他競爭方式決定該當事人時，行政機關應事先公告應具之資格及決定之程序。決定前，並應予參與競爭者表示意見之機會（第 138 條）。(2)經權益受影響的第三人同意：行政契約依約定內容履行將侵害第三人之權利者，應經該第三人書面之同意，始生效力（第 140 條第 1 項）。(3)須經有關機關會同辦理者應踐行：行政處分之作成，依法規之規定應經其他行政機關之核准、同意或會同辦理者，代替該行政處分而締結之行政契約，亦應經該行政機關之核准、同意或會同辦理，始生效力（第 140 條第 2 項）。

二、實質上的合法要件

行政契約為行政程序法所規定之行政程序行為，尤受行政程序法之規範。有關行政程序法對於行政契約之內容，主要有以下要求： 1.合於法律及一般法律原則。法律原則中尤以法律保留原則及不當聯結之禁止原則，與行政契約之內容較有密切關係。 2.符合明確性原則。內容明確為行政程序法上對行政行為直接的要求，內容明確始為合法。 3.契約之程序合於民法規定。行政契約準用民法規定（如要約、承諾之到達、生效等）之結果為無效者，無效。 4.符合公序良俗。

再者，行政機關在羈束行政處分下，因欠缺裁量權，依行政程序法第

93 條第 1 項規定，非有法律依據，不得附加附款。因此，本法第 137 條第 2 項乃規定：「行政處分之作成，行政機關無裁量權時，代替行政處分之行政契約所約定之人民給付，以依第 93 條第 1 項規定得為附款者為限」。

三、行政契約之瑕疵及其效果

　　行政契約如不具備上述合法要件，即為有瑕疵之行政契約。歸納其瑕疵有三類：㈠機關權限欠缺，未依法定方式、內容不合法及違反法定程序者；㈡有民法上有關意思表示或契約行為之瑕疵者（諸如無行為能力、虛偽、無代理權、內容不能、出於錯誤詐欺或脅迫、違反公序良俗等）；㈢若作成與行政處分內容相宜之替代性行政契約，而該行政處分有瑕疵者❾。

　　至於行政契約無效之後果，要有：㈠不生契約之目的效果：亦即不產生當事人所欲達到的法律效果，所約定之權利義務之變動不受影響。㈡給付之返還請求權：根據無效契約而受領之給付，其受領人無法律原因而受有利益，構成公法上不當得利，理當返還之。為給付之契約當事人，具有公法上之返還請求權。㈢履行處分之無效或廢棄：基於無效行政契約所為之行政處分，如別無其他法律根據，為違法之行政處分，應適用有關違法行政處分之規定及法理處理之。亦即可以提起行政爭訟或依職權撤銷之，僅於例外情形始為無效。㈣損害賠償請求權：因內容錯誤或傳達錯誤，而撤銷締結行政契約之意思表示，致行政契約不能成立者，對受損害之善意相對人，應負賠償責任。行政契約因標的為不能給付而無效者，有過失的當事人，對因之而受損害之他方無過失之當事人，亦應負損害賠償責任❿。

第四節　行政契約之履行、調整、終止及執行

㈠行政契約之履行

　　行政契約以行政機關為當事人之一方，契約之履行與民事契約不同。依行政程序法之規定，其要如下：

---

❾　吳庚，《行政法之理論與實用》，頁 424。

❿　陳敏，《行政法總論》，頁 551。

1.行政機關得為指導或協助

行政契約當事人之一方為人民者，因資訊不對稱，人民之資訊較為缺漏，行政機關得就相對人契約之履行，依書面約定之方式，為必要之指導或協助（同法第 144 條）。此項規定係基於（法國）「監督理論」，締約之機關有權對他造給予履行契約之指導或對契約之內容加以解釋或調整，否則他造當可對此訴請賠償損害❶。

2.契約外公權力行使之損失補償

行政程序法第 145 條，就此作以下規定：

⑴行政契約當事人之一方為人民者，其締約後，因締約機關所屬公法人之其他機關於契約關係外行使公權力，致相對人履行契約義務時，顯增費用或受其他不可預期之損失者，相對人得向締約機關請求補償其損失。但公權力之行使與契約之履行無直接必要之關聯者，不在此限。

⑵締約機關應就前項請求，以書面並敘明理由決定之。

⑶第 1 項補償之請求，應自相對人知有損失時起一年內為之。

⑷關於補償之爭議及補償之金額，相對人有不服者，得向行政法院提起給付訴訟。

此項行政契約履行之損失補償，係基於（法國）「不可預期理論」，於締約後發生戰亂、災變、財政危機等造成締約人嚴重的額外負擔，締約機關基於公益仍得要求他造履行契約，但應彌補其損失。

㈡**行政契約之調整及終止**

行政契約係行政機關為達成行政目的而與人民或其他機關締結，因之，行政契約於履行過程中，行政機關得為調整或終止。我國行政程序法有關行政契約之規定於此，係以德國法制為藍本，並引進法國「王之行為理論」與「公益優先理論」。按所謂「王之行為」，係指作為公權力主體的行政機關（即所謂「王」），因其行為加重締約他造因履行契約之負擔時，應補償他造之損失；行政機關依職權修改契約內容，亦屬「王之行為理論」之運用❷。我國行政程序法為第 146 條及第 147 條分別就行政契約之調整及終

---

❶ 吳庚，《行政法之理論與實用》，頁 427，註 35 文。

止的兩種情況加以規定，其要如下：

　　1. 行政機關單方調整或終止契約之權利

　　　　行政契約當事人之一方為人民者，行政機關為防止或除去對公益之重大危害，得於必要範圍內調整契約內容或終止契約。但此調整或終止，非補償相對人因此所受之財產上損失，不得為之。相對人對補償金額不同意時，得向行政法院提起給付訴訟。

　　2. 情事變更後契約之調整或終止

　　　　行政契約締結後，因有情事重大變更，非當時所得預料，而依原約定顯失公平者，當事人之一方得請求他方適當調整契約內容。如不能調整，得終止契約。但行政契約當事人之一方為人民時，行政機關為維護公益及行政目的，得於補償相對人之損失後，命其繼續履行原約定之義務。相對人對補償金額不同意時，得向行政法院提起給付訴訟。可知我國注重公益優先理論。

㈢行政契約之執行

　　　有關行政契約之履行，如有爭議，應屬向行政法院提起之公法事件，進而藉強制執行以貫徹契約請求權。1. 在隸屬關係之行政契約：如欲強制實現其契約之權利，皆須提起給付訴訟，以取得強制執行之名義。2. 在行政契約中當事人得約定自願接受執行：於債務人不為給付時，債權人得以該契約為強制執行之執行名義。如此，行政契約可以發揮功能，減少訟源。惟締約之一方為中央行政機關時，應經主管院、部或同等級機關之認可；締約之一方為地方自治團體之行政機關時，應經該地方自治團體行政首長之認可；契約內容涉及委辦事項者，並應經委辦機關之認可，始生效力。

---

　❷　王之行為在語源上與英國之國家行為 (act of state) 有相近之處；吳庚，同上，頁434。

第四章　事實行為

第一節　概　說

一、事實行為之概念

通說上事實行為之作用不產生行政法上權利義務之變動，無法律效果。事實行為僅發生事實效果，如清除垃圾，撲殺狂犬。事實行為與行政指導（企業輔導、資訊提供、規勸守法等）機關內部公文往返、觀念通知屬「單純高權行政」。其中，事實行為種類、形式繁多，難以規範，有稱之為「不定形式或非正式的行政行為」，成為「立於立法的灰色地帶」。

行政行為常因持續進行而夾雜著各種作用。例如一○三年二月，中央食品藥物管理局對市面疑似順丁烯二酸食品進行調查，主管人員前往製造廠商稽查，三月該局建立檢驗方法，隨即購置相關商品檢驗。四月，該局檢驗出幾件含此毒素的食品，並函請相關地方政府追查上游廠商。五月，食品藥物管理局公布含此毒素產品的廠商，同時發布新聞。在此一連串緊密過程，歷經數個步驟，俱屬事實行為。其間如主管機關採取強制措施，強制檢查等，即可能出現行政處分。而公布違規廠商名單實為行政罰的方法之一。

唯亦有認為事實行為，不以效果意思為要素，與法律行為不同。但其產生的事實效果，也可能形成違法之效果（如拆除違建損及鄰屋）。在一定條件下，也可能產生法律效果，特別是在準備或執行的行政行為，即發生法律效果（如通知行為、驅離違法的遊行）。此見解與上述通說顯然不同，足證事實行為性質不易認定。以「行業導正」為例。有認為此行政行為對被導正的事業，是一種「警告與建議」，尚不直接發生法律效果，故屬事實行為性質之行政指導。但亦有認為，就其文字內容觀之，固屬警告，但配之以屆時處罰之恫嚇，其強制性可說已強到使相對人幾乎不可能抗拒的程

度，事實上已發生不作為義務之法律效果，故應屬行政處分。而實務上更
視案例而定其性質❶。

　　過去行政法學中「準法律行為之行政行為」理論中，「受理」、「通知」，
應歸類為事實行為。

　　以警察臨檢而言，有認為是事實行為（為行政檢查或行政調查的一種）；
亦有認為是一種行政處分❷。事實行為的性質尚有爭論。

　　事實行為的研判，關係行政機關的責任。如臺北市政府於八十五年執
行「八五九專案」，對四家經營旅館的業者斷水斷電，曾引起國家賠償一案，
經判決臺北市政府敗訴，工務局並應賠償業者七十萬四千多元。判決指出
臺北市工務局（根據警察機關的查報）未查明違規事實即予處分，顯然違
法，已屬「故意不法侵害人民權利」。而市警察局提報於工務局有關查報資
料，其行為是機關內部「觀念通知」，非行政處分。因此，業者應向工務局
請求國家賠償。

二、類　型

㈠第一種（功能作用）分類

　　⑴執行性的事實行為　即實現行政行為（如行政處分、行政計畫）之
事實行為，警察依法下達驅散非法遊行隊伍之下命處分後，所採取的驅離
行動即是。

　　⑵通知性的事實行為　指行政機關所為無拘束力的意見表示行為，如
提供各種商情資訊是。

　　⑶協商性的事實行為　行政機關就某些問題或觀點與人民進行不具法
律效果的協商，如舉行公聽會、座談會、協調會等是。

　　⑷維持性或建設性之事實行為　包括行政機關設立、經營及維持公共
機構（公法營造物）之行為，以及政府所從事公共設施之建設行為，如設
置路燈、興建學校等之行為❸。

---

❶　參廖義男，〈行政處分之概念〉，《行政法爭議問題研究（上）》，頁 411～412。

❷　《月旦法學教室》，公法學篇，頁 115。

㈡第二種（機關行為）分類

⑴機關內部行為　單位相互間交換意見、文書往返；上下級機關間的指示、請示等是。

⑵認知表示（通知行為）與行政指導　通知行為指常見的觀念通知。行政指導則指行政機關對外所作之報導、勸告、建議、資訊提供等行為。

⑶實施行為　實施行為通常是指實施行政處分或行政計畫之行為，如課稅處分確定後，稅捐稽徵機關收受稅款之繳納，都市計畫細部計畫核定實施後，豎立椿誌、座標、辦理測量等是。

按行政檢查（行政調查），是指行政機關為達成行政上目的，依法令規定對人、處所或物件所為之訪視、查詢、查察或檢驗等之行為的總稱。其作用或功能，有單純蒐集資訊提供施政之參考者，如戶口普查、工商調查；有預防違法行為或狀態發生者，如廠礦安全檢查；有屬於作成行政處分前之準備行為者，如施加行政罰前之調查及蒐證；有監察機關行使糾正彈劾前之調查等，態樣繁多。其執行手段，通常需要關係人配合（如陳述意見、交付物件文書等），如招致抗拒則有罰鍰等之處罰，甚至得強制執行。至於程序，有些事實行為明定嚴格的程序，如公文處理程序。其種類有預防性（規劃性）或制止性（取締性）調查、普遍性或個別性調查、任意性或強制性調查等❹。其間，有些已有法效性、公權力作用及單方性，已具行政處分的性質。

㈢第三種（社會生活）分類

⑴日常實行活動的事實行為　如道路之維修、清除垃圾、空氣品質的監測等是。民國九十年年初「牡蠣事件」造成民眾恐慌，行政院環保署由督察大隊至受污染海域採水樣檢測，並擬建立有機污染物的源頭監測機制長期檢測。其所為檢測即為一種事實行為。

⑵法規執行的事實行為　指對規制性權力處分的執行行為，特別是行

---

❸　陳新民，《行政法學總論》，頁 424～427。

❹　吳庚，《行政法之理論與實用》，11 版，頁 449，註 7 之 1 文；李震山，《行政法導論》，第九版，第 17 章。

政處分之執行。例如對違規停放的車輛施以拖吊，行政機關為執行兵役徵集處分所提供的交通協助等是。

(3)無拘束力的提供資訊及通報　如行政院大陸委員會與海基會提供海峽兩岸商情投資有關的資訊、就業輔導中心提供的職場資訊、環保單位的水質檢測、衛生單位的食品化驗等是。雖然此類行為無拘束力，但資訊內容仍須準確完全，若行政機關所為之行政處分與所提供的資訊牴觸，則因提供資訊的事實行為將產生間接的拘束力，人民如因此權益受損害（誤信資訊所致），國家應有賠償責任。至於通報是對特定範圍的國民所為的一般性公告周知，與提供資訊是針對特定私人而為不同。通報是溝通消息的行政行為，有警告（對吸菸者之警告）、提示（教育主管機關向學校提示不適任教師名單）或建議（主管機關向廠商建議如何渡過金融危機）等是。又機關無拘束力的報告（包括報告、鑑定及調查結果等），如警察機關有關車禍事故的調查報告，亦是通報行為的一種。

(4)行政上非正式的行政行為　如行政機關與人民間基於相互利益而訂定無法律效果之意向書、非正式協議，以取代行政處分或行政契約即屬之❺。

(四)第四種（干預程度）分類

除以上三種分類外，H. Maurer 在「事實行為」理論，舉二種類型：(一)公共警告。如政府主管機關提示居民注意工商業產品，或呼籲青少年注意身心保健。公共警告有點類似命令或禁令，但公共警告的對象範圍無限，而且效果直接，並任由行政機關掌握方向。故法律上有管轄權及法律依據（法律保留）兩個主要問題。(二)非正式行政活動。它主要是指行政機關在決定形成前，與公民進行協商或其他接觸的行為。非正式行政活動不受法律拘束。由於經濟影響日重、科技發展神速、環境惡化日劇，非正式行政活動越來越重要，「凡不能納入傳統法定方式的行政活動均屬之」，如「單方主權活動」的行政警告、建議和諮詢皆是❻。

---

❺　翁岳生主編，《行政法》，頁 766～768。

❻　陳新民，《行政法學總論》，頁 393～403。

第二節　事實行為的屬性、要件及救濟

事實行為即是行政事務。行政法上重視其屬性、救濟等，其實行政效率亦不能忽略。

一、事實行為的法律屬性

機關內部行為及通知行為，屬公法性質。此類行為，除例外情形，如具有決定性的通知外，不對外發生法律效果，不影響人民權利義務關係，人民對此類行為不能直接發動司法程序請求審查其合法性。但此類行為仍受有關法律，包括機關組織法、公務員服務法、公文程式條例等，以及有關行政規則，如處務規程、辦事細則等規範，並受機關內部之層級監督。

實施行為，若是行政機關依法執行業務的各種行為，如土地測量、水質檢測、食品化驗等，係屬公法性質，自受機關組織及程序等公法規範❼。

二、合法要件

事實行為形式不一，其規範多在行為採行之後的民、刑事以及國家賠償責任，成為行政法之「法外行為」。然法治國家，行政行為崇尚依法行政，事實行為自不能排除。如上述 H. Maurer 提出的公共警告的提示，應有法律依據的考量。事實行為應本於機關的法定職權，程序上合於公文程式條例的規範。

三、行政救濟

(一)是否得提起行政救濟

事實行為包括各種類型，是否得提起行政救濟，必需個別認定。其要如下：

1.機關內部行為、通知行為及行政指導：機關內部行為多為職務上之行為，非人民所得訴請撤銷之行政處分。通知行為除發生決定性作用者外，

---

❼　吳庚，《行政法之理論與實用》，頁 452～453。

亦非行政處分；無拘束力之行政指導，亦非行政處分，依傳統理論，不得提起行政救濟。

2.行政機關發動事實行為前之預告，視為行政處分，得針對之提起行政救濟。最常見的是執行拆除違建前，主管機關以公函對當事人之告戒。

3.對實施行為完成後發布之公告，亦得提起救濟。如都市計畫之測定樁位及埋設中心樁，原屬事實行為，但於樁位測定公告後，利害關係人得申請複測，若有疑義經申請再複測，則已具行政處分的性質❽。道路、橋樑的設置或管理，如有欠缺，皆得提起救濟。

㈡救濟途徑

1.提起國家賠償

事實行為一旦造成權利侵害之後果，主管機關應負國家賠償責任。例如公共設施之設置或管理有欠缺，得依國家賠償法請求國家賠償。

2.行使「結果除去請求權」

有些事實行為，如公共設施造成對人民的干預不便，應許相對當事人行使一般「結果除去請求權」，排除侵害。

3.提起一般給付訴訟

如警察機關拒絕塗銷、更正、封存個人之檔案或鑑識記錄之申請，即屬一種事實行為之拒絕，得提起一般給付訴訟，請求該機關為一定行為（按一般給付訴訟為人民對行政機關「因公法上原因發生財產上之給付或請求作成行政處分以外之其他非財產上之給付」，所提起之訴訟）❾。亦即得提起請求作成或不作成特定事實行為之訴訟。

第三節　行政指導

一、法制背景

日本在二次戰後，追求經濟及政治自由化，其間，由著名大學畢業生

---

❽　同上，頁 455～457。

❾　林騰鷂，《行政法總論》，頁 469。

所建構形成的文官階層崛起，以柔性方式推動政策。而通產省善用各種委員會及會議，結合政府與民間，活用行政指導最為顯著。「行政指導」一詞，在振興經濟的過程中，就首度出現在通產省一九六二年的年報。其實，行政指導是在過去國家統制與企業自主兩個極端間，尋求政府與企業合作以推動產業政策的方式。它是一種「誘導式行政」，期行政得到人民支持。對這種日本特有的行政方式，英國《經濟學人》雜誌，將它稱為「（日本）不成文的法令」❿。

行政指導性質上原是非正式的、柔性的勸導與建議，一九九四年十月一日施行的日本行政手續法（行政程序法）將它納入規範，是有意迴避行政處分及行政訴訟的強制性及爭訟問題。但是法制化後，受到立法制約，反而使輕易採取的非正式方式成為不可能。行政處分或行政指導，遂陷入難以抉擇的困境⓫。亦有認為行政指導是溫和的手段，應該是自由裁量的概念，卻在（行政程序法）法律架構進行，頗為矛盾⓬。

二、行政指導的概念

行政指導是指行政機關對外所作之報導、勸告、建議、資訊提供等行為，是事實行為的一種。日本是第一個將「行政指導」訂於行政手續法（行政程序法）的國家。日本法制文化，習於由行政機關與行政客體間以合作方式及非正式之方式，處理有關行政事務，並且使行政客體理解行政實務。行政指導，乃成為行政機關在正式的行政行為（如行政處分、行政契約等）之外，所提供的非正式的、彈性運用的手段⓭。

---

❿ C. Johnson 著，姜雪影等譯，〈推動日本奇蹟的手——通產省〉，《天下叢書》，臺北：經濟與生活出版社，1985 年，頁 317。又，城山三郎著《官僚之夏》，描述日本通產省一位主管，透過行政指導努力於產業振興法的立法過程。

⓫ 南博方，〈日本行政法的現狀與課題〉，2003 年 9 月，《行政法學研究》，1996 年第一期，楊建順譯，Google 網站，2006 年 5 月列印。

⓬ 塩野宏，2005 年 9 月 14 日臺大法學院，日本行政法最新發展研討會，Google 網站，2006 年 5 月列印。

我國行政程序法（於第 165 條）揭示行政指導的意義：「本法所稱行政指導，謂行政機關在其職權或所掌事務範圍內，為實現一定之行政目的，以輔導、協助、勸告、建議或其他不具法律上強制力之方法，促請特定人為一定作為或不作為之行為。」從此定義可知：

1.行政指導為一種事實行為

行政指導不具有法律效果，並不對相對人發生權利義務之變動，因此，不得作為訴願爭訟之標的，而與行政處分不同。如農業主管機關為推動農業經營管理資訊化，而對農民團體輔導建立農業資訊應用環境及資訊蒐集機制即是（農業發展條例第 5 條第 1 項參照）。

2.行政指導為不具強制力之行政行為

行政指導係以輔導、協助、勸告、建議或其他不具強制力之方法所為之行政行為，是以行政指導並不以後續之強制執行為後盾。同時，行政指導僅期待相對人任意的協助，並無所謂違反義務並對相對人課予行政罰的問題。亦即行政指導僅是「道德勸說」。

一〇一年三月，高雄市環保局以行政指導發函中鋼公司等八家廠商，要求對某民間公司在處理大量堆積的金屬礦渣前，嚴禁交付給該公司各類爐渣。該局隨即在六月間再發函中鋼公司等，將前「斷料函」作廢，理由是行政指導之目的已完成。就此案例觀察，地方環保局嚴禁相關事業提供原料給特定廠商，此舉具高度強制性、拘束性，已屬高權行政，應非行政指導[14]。

3.行政指導乃屬行政機關在其職權或所掌事務範圍內之行政行為

行政指導雖不必一定有明確的法律依據，但應屬職權或所掌事務之範圍內的行為，故不應牴觸相關法令，不得濫用。

---

[13]　翁岳生主編，《行政法》，頁 775。又，有將行政指導與行政契約二者，並列為「非權利的行政作用」；山代義雄，《行政法入門》，日本大阪經濟法科大學，2002 年，第 6 章。

[14]　林宏聰，〈後令壓前令〉，《中國時報》，2012 年 8 月 2 日。

4.行政指導係出於為實現一定之行政目的

行政指導促請特定人為一定作為或不作為，乃為實現其一定之行政目的，以適應多變多元的現代社會。亦即是，行政指導為行政機關主動積極的採取非強制性手段，以彌補法規之欠缺不足，係出於實現一定之行政目的而為，具公目的取向。行政指導與行政機關之私經濟活動也有不同。

三、行政指導的方式及種類

㈠行政指導的方式

依行政程序法（第 167 條）規定，行政指導之方式：

1.行政指導原則上不採書面要式主義。行政指導得以書面、言詞或其他方式表現，以適應各種現實狀況及需要，不以書面方式為必要。

2.相對人得請求交付文書，即要求交付書面之指導。由於現代社會專業化、科技化，行政指導必然繁複或涉及多數人，因而允許人民得請求以交付書面為行政指導。如相對人提出此項要求而行政機關不回應，在無法證明行政指導存在的情況下，推定行政指導不存在[15]。同時，交付之書面指導，亦得作為日後行政機關有無越權或違背法令之憑證[16]。

㈡行政指導之種類

行政指導的種類多樣，依行政之目的而採行，理論上有以下區分[17]：

1.依有無法律依據區分

⑴法定行政指導　行政指導有法令依據者，如憲法第 145 條規定：「國民生產事業及對外貿易，應受國家之獎勵、指導及保護。」集會遊行法第 12 條第 2 項規定，室外集會、遊行不予許可之通知書，應載明理由及不服之救濟程序。訴願法（第 61 條第 2 項、第 62 條、第 90 條）有關誤向管轄機關以外之機關提起訴願之協助、通知補正以及於訴願決定書附記不服決定之進一步救濟等，即是法定之行政指導。

---

[15]　翁岳生主編，《行政法》，頁 779。

[16]　陳新民，《行政法學總論》，頁 441。

[17]　翁岳生主編，《行政法》，頁 777～778；林騰鷂，《行政法總論》，頁 506～507。

(2)法外行政指導　行政指導欠缺明確的法令依據者，如依農業發展條例（九十二年二月七日修訂公布）第 6 條規定：「農業主管機關為執行保護農業資源、救災、防治植物病蟲害、家畜或水產動植物疾病等特定任務時，得指定人員為必要之措施。」農業主管機關為控制金門地區豬隻口蹄疫危害臺灣地區，建議臺灣地區豬農暫勿對其豬隻施打疫苗，即為法外行政指導。

2.依指導的機能區分

(1)規制性行政指導　如依菸害防制法第 15 條之規定，於禁菸場所吸菸者，政府機關主管、各場所負責人或從業人員應予「勸阻」，不聽勸阻者依法加以罰鍰之處罰。勸阻即為規制性行政指導。在對騎乘機車未戴安全帽者依法處罰之前，政府所為之規勸；八十一年兩岸人民關係條例實施至八十六年對違規赴大陸投資廠商之處罰前，政府主管機關基於「戒急用忍」政策，對廠商所為呼籲及「道德勸說」即屬之。九十九年十一月衛生署於菸害防制策進會上決議，建議教育部加強校園菸害防制，如考慮以「不吸菸」納入校長遴選的資格條件；教育部因此在一〇〇年五月六日發函各縣市，建議研議未來校長甄選之條件，並採漸進宣導方式，鼓勵有抽菸習慣的教師戒菸。此「建議」應屬此類行為❸。

(2)調整性行政指導　如為調和住民與業者間利害衝突、解決其紛爭，主管機關以斡旋、協助、建議、仲裁等方式介入，而要求相關人為法定外之作為或不作為之行為之指導。公害糾紛之調解、勸導。

(3)助成（助長）性行政指導　對人民提供資訊、技術，以助長其人格、事業之成長發展，如依兒童福利法、少年福利法、中小企業發展條例所為之輔導、協助、指導等是。九十九年四月，國內陶瓷業者面對歐洲等地相關瓷磚產品的進口憂心忡忡，且兩岸 ECFA 簽訂在即，於是要求政府主管部門給予必要之輔導與協助。同時，桃園大溪豆乾疑似有食安問題，桃園地方政府在聽取報告後，立即決定輔導廠商推動商標認證，進行安全衛生檢查，以求補救。凡此皆屬助長性行政指導。

---

❸　許育典，〈「校長禁菸」條款是否違憲?〉，《月旦法學教室》，116 期，2012 年 6 月，頁 6~8。

四、行政指導之原則及救濟

行政指導雖屬行政機關主動性、單方性之事實行為，但畢竟是社會性及任意性的行政作用。其原則及救濟不如行政處分等其他作用之嚴謹。

㈠行政指導之原則

1.不以法律授權為必要

行政指導允許以法外方式為之，因此不必須有法律明確授權，不受「法律保留原則」拘束。因此，行政指導頗能表現行政的主動性及積極性。

2.應遵守法律優越原則

「行政機關為行政指導時，應注意有關法規規定之目的，不得濫用」（行政程序法第 166 條第 1 項）。行政指導不牴觸相關法令，是其最低度的要求。

3.應考量信賴保護原則

行政指導有關法制尚未健全，其運用後，如行政機關之行動與先前之行政指導矛盾，致人民之信賴落空，即可能構成信賴保護的問題。日本之行政指導即因此負損害賠償責任[19]。

行政指導是一種「非正式的行政行為」[20]，雖然我國行政程序法將其納入規範，步武日本行政手續法之後塵，但論者或以其為極鬆散之法制，而質疑其運用之能否成功[21]；或認為除塑造此一法典燦然大備之形象外，其實際之影響有限[22]。惟行政指導畢竟為行政作用態樣之一，而有其原則界限。

如我國智慧財產主管機關為社會各界提供著名商標名錄相關資訊，俾便各界對使用該商標者之產品或服務，並了解其知名度。這是一種額外的資訊服務，應適時更新，非為具有法律拘束效力的行政處分。相關業界不可針對此項服務提起救濟，而僅可申請「再審查」或有新情況時重新提出

---

[19] 塩野宏，劉宗德譯，《行政法(1)》，頁 185。

[20] 陳敏，《行政法總論》，頁 577。

[21] 陳新民，《行政法學總論》，頁 441～442。

[22] 陳敏，《行政法總論》，頁 583。

申請。此商標名錄，在法院審理商標事件時，得作為證據的一部分❷。

㈡行政指導之救濟

　　行政指導為行政機關柔性的社會性作用，其是否適當，不以其是否有法律依據判斷之，而是依其內容是否妥當、必要，以及相對人之負擔程度等加以研判。其救濟途徑要有以下幾種❷：

　1.請求上級機關、民意及監察機關控制

　　行政指導為行政機關職掌範圍內之行為，且「相對人明確拒絕指導時，行政機關應即停止，並不得據此對相對人為不利之處置」（行政程序法第166條第2項）。行政指導之內容如有不當及違法，相對人得向該指導機關之上級機關、民意機關、監察機關請求注意控制，進而防止之。

　2.提起行政訴訟或請求國家賠償

　　訴願法及行政訴訟法（於八十七年）修正公布後，行政爭訟已大幅改進，尤以行政訴訟之標的，已不限於行政處分，舉凡公法上爭議或公權力措施，除法律另有規定外，均得提起行政訴訟。如指導不當、違法或錯誤，致相對人因遵循該指導而權利遭受損害，應允許其請求國家賠償。

　3.請求損失補償

　　違法授益處分之撤銷與合法授益處分之廢止，因信賴該處分致遭受財產上之損失者，應給予相對人合理之補償（行政程序法第120條與第126條）。

---

❷　劉孔中，〈政府資訊公開適當方式之探討——以著名商標之公示為例〉，中央研究院法律所籌備處，「2008行政管制與行政爭訟學術研討會」，2008年11月15日，該研討會論文集。

❷　林騰鷂，《行政法總論》，頁489；翁岳生主編，《行政法》，頁779～781。

第五章　行政罰

第一節　行政罰之概念

一、意　義

行政罰即行政上的制裁。亦即，政府為維持行政上之秩序，達成國家行政目的，對違反行政上義務者，所科之制裁。行政罰又稱為（行政）秩序罰。科處行政罰之機關，通常為行政機關，由法院裁定科罰則屬例外，如依社會秩序維護法，有關拘留及勒令歇業之制裁，即由地方法院簡易法庭裁罰是。申言之，其涵義如次：

㈠行政罰乃出於維持社會生活及行政上之秩序的目的。

㈡行政罰為對過去違反行政上義務者之處罰。

㈢行政罰原則上以行政機關為主管機關，例外則由法院裁罰。

由上可知，行政罰是針對「過去」違反行政上義務者之制裁，與強迫行政上義務人「未來」能履行該義務之強迫手段不同。強迫義務人履行義務之強制手段，稱行政執行（包括執行罰），並無處罰性質。此外，對於違反行政上義務者，有時科以刑罰，採用刑名，依行政法規移送法院審理，稱為行政刑罰。行政罰與行政執行之執行罰以及行政刑罰三者雖然不同，但關係密切。如行政罰之「（按日）連續處罰」，第二次以後針對同一違規行為之處罰，實務上視之為執行罰；而同一行政法規，對違反義務上之行為，除行政罰外，間或採取刑罰，如環境保護法規常見有此規定，乃有「具有罰鍰性質之罰金」的處罰出現。學說更有從「質的不同說」與「量的不同說」加以區分的理論❶。

---

❶　陳新民，《行政法總論》，頁 380。

二、行政罰法立法之需要

行政處罰包括行政刑罰與行政罰。其中屬行政刑罰者，因為屬刑事特別刑法，適用刑法等有關規定，由司法機關追訴及處罰，學界及實務上已有定論。惟由行政機關裁處執行之行政罰，其處罰名稱及種類不一，程序及標準互異，且因缺乏共同的統一法典，致得否類推適用刑法總則等法理，見解分歧，而屢生爭議。為健全行政罰體制，維護行政效能，保障人民權益，實有制定統一的、綜合性的共通法典之必要。法務部於九十年一月二十日，曾提出「行政罰法草案」，供各界諮商。九十四年一月十四日立法院三讀通過，並訂於公布一年後實施。

三、行政罰法的立法原則

本法之立法即包含以下重要原則：㈠處罰法定主義，㈡從新從輕原則，㈢機關與人民均得為處罰對象，㈣明定處罰範圍，㈤一事不二罰原則及例外，㈥處罰時效制度，㈦微罪不舉之便宜主義，㈧有責任始有處罰原則，㈨法人或非法人組織之董事或代表權人、代表人、管理人併同處罰，㈩明定裁處程序及方式。

第二節　行政罰法之要點

一、主管機關

行政罰以行政機關為主，行政機關在行政處罰上更先於檢察機關或法院，具有先位管轄權，是主要權責機關。至於依社會秩序維護法所處之拘留、勒令歇業、停止營業等之處罰，則由地方法院簡易法庭裁處。

二、適用範圍

本法之適用範圍，依第 1 條規定，限於違反行政法上義務而受罰鍰、沒入或其他種類行政罰之處罰，不包括行政刑罰在內。並將本法定位為普

通法，其他法律有特別規定時應優先適用。而所稱「其他種類行政罰，是指限制或禁止行為、剝奪或消滅權利或資格、警告性或對名譽所為具有裁罰性之不利處分」（第 2 條）。這些「其他種類行政罰」細目上是指：

㈠限制或禁止行為之處分

限制或停止營業、吊扣證照、命令停工或停止使用、禁止行駛、禁止出入港口、機場或特定場所、禁止製造、販賣、輸出入、禁止申請或其他限制或禁止為一定行為之處分。

㈡剝奪或消滅資格、權利之處分

命令歇業、命令解散、撤銷或廢止許可或登記、吊銷證照、強制拆除或其他剝奪或消滅一定資格或權利之處分。

㈢影響名譽之處分

公布姓名或名稱、公布照片或其他相類似之處分。

㈣警告性處分

警告、告誡、記點、記次、講習、輔導教育或其他相類似之處分。

三、行為人的定義

本法所稱行為人，係指實施違反行政法上義務行為之自然人、法人、設有代表人或管理人之非法人團體、中央或地方機關或其他組織（第 3 條）。可知本法所稱行為人，除自然人、法人外，包括非法人團體以及政府機關。

四、責　任

㈠責任要件：採過失責任主義

違反行政法上義務之行為非出於故意或過失者，不予處罰（司法院釋字第 275 號解釋、本法第 7 條）。法人、設有代表人或管理人之非法人團體、中央或地方機關或其他組織違反行政法上義務者，其代表人、管理人、其他有代表權之人或實際行為之職員、受僱人或從業人員之故意、過失，推定為該等組織之故意、過失。

(二)責任能力：得免除或減輕處罰

不得因不知法規而免除行政處罰責任。但按其情節，得減輕或免除其處罰。未滿十四歲人之行為，不予處罰。十四歲以上未滿十八歲人之行為，得減輕處罰。行為時因精神障礙或其他心智缺陷，致不能辨識其行為違法或欠缺依其辨識而行為之能力者，不予處罰。行為時因前項之原因，致其辨識行為違法或依其辨識而行為之能力，顯著減低者，得減輕處罰。前二項規定，於因故意或過失自行招致者，不適用之。

(三)行為的違法性及阻却違法

行為人因其不法行為違反行政法上之義務，自應受行政上制裁。但如在特定法規之價值目的下，此違法行為即有阻卻違法事由之設。行政罰法對此即設定這些排除違法性的事由，包括第 11 條：「依法令之行為，不予處罰。依所屬上級公務員職務命令之行為，不予處罰。但明知職務命令違法，而未依法定程序向該上級公務員陳述意見者，不在此限。」第 12 條：「對於現在不法之侵害，而出於防衛自己或他人權利之行為，不予處罰。但防衛行為過當者，得減輕或免除其處罰。」第 13 條：「因避免自己或他人生命、身體、自由、名譽或財產之緊急危難而出於不得已之行為，不予處罰。但避難行為過當者，得減輕或免除其處罰。」

五、共同違法及併同處罰

(一)共同違法之處罰

行政罰雖應用共犯概念，但因行政法上共同參與違反行政法上義務之行為者，其究竟係共同正犯、教唆犯、幫助犯或間接正犯，實務上常不易區分，且均具有可非難性。因此，行政罰法不區分其共犯身分，由行政機關斟酌其參與行為之程度及可非難性之高低因素，予以處罰。本法規定故意共同實施違反行政法上義務之行為者，依其行為情節之輕重，分別處罰之。因身分或其他特定關係成立之違反行政法上義務行為，其無此身分或特定關係者，仍處罰之。因身分或其他特定關係致處罰有重輕或免除時，其無此身分或特定關係者，仍處以通常之處罰。

㈡併同處罰

私法人（如公司）之機關或機關構成員，或有代表權之人，係實際上為行為且足資代表私法人之自然人，負有遵守行政法所課予私法人之義務，倘因其執行職務或為私法人之利益而為行為，除應對該私法人加以制裁外，該等自然人違反社會倫理意識，具有可非難性及可歸責性，自應就其行為與私法人併同受同一規定之處罰。蓋為貫徹行政秩序之維護，健全私法人運作，並避免利用私法人以權謀私，防止鑽漏洞，因之對違反行政法上義務者均應加以處罰。本法乃規定私法人之董事或其他有代表權之人，因執行其職務或為私法人之利益為行為，致使私法人違反行政法上義務應受處罰者，該行為人如有故意或重大過失時，應並受同一規定罰鍰之處罰。私法人之職員、受雇人或從業人員，因執行其職務或為私法人之利益為行為，致使私法人違反行政法上義務應受處罰者，私法人之董事或其他有代表權之人，如對該行政法上義務之違反，因故意或重大過失，未盡其防止義務時，應並受同一規定罰鍰之處罰。而受同一規定處罰之罰鍰，不得逾新臺幣一百萬元。但其所得之利益逾新臺幣一百萬元者，得於其所得利益之範圍內裁處之。此外，於設有代表人或管理人之非法人團體，或法人以外之其他私法組織，違反行政法上義務者，亦同。

國立故宮博物院於一〇一年七月間因院內工作人員驅趕一位母親哺乳事件，臺北市衛生局經調查後，八月十三日依公共場所母乳哺育條例，對該工作人員及該院首長各處六千元罰鍰。除行為人違反行政法規，主管因未善盡管理教育責任，而併同處罰。

六、裁處之審酌

行政罰法第四章，有關裁處之審酌加減及擴張，規定相當詳盡。裁處罰鍰，應審酌違反行政法上義務行為應受責難程度、所生影響及因違反行政法上義務所得之利益，並得考量受處罰者之資力。其所得之利益超過法定罰鍰最高額者，得於所得利益之範圍內酌量加重，不受法定罰鍰最高額之限制。（行政罰法第十八條前二項）

　　釋字第六四一號解釋，指菸酒稅法施行前專賣之米酒，超過原定價格出售者，處每瓶二千元之罰鍰，此採劃一之處罰，不符比例原則，於個案顯然過於嚴苛。應依菸酒稅法規定之立法目的與個案實質正義之要求，斟酌出售價格、販賣數量、實際獲利情形、影響交易秩序之程度，以及個案其他相關情狀等適當處置。

　　依行政罰法規定減輕處罰時，裁處之罰鍰不得逾法定罰鍰最高額之二分之一，亦不得低於法定罰鍰最低額之二分之一；同時有免除處罰之規定者，不得逾法定罰鍰最高額之三分之一，亦不得低於法定罰鍰最低額之三分之一。違反行政法上義務應受法定最高額新臺幣三千元以下罰鍰之處罰，其情節輕微，認以不處罰為適當者，得免予處罰。

　　裁處之審酌，以臺北市政府處理違反兒童及少年福利與權益保障法事件統一裁罰基準（民國一○一年七月十九日修正發布）為例，部分裁罰之本法規定及裁罰基準如下表：

違反事件	法條依據	法定罰鍰額度	統一裁罰基準
供應酒或檳榔予兒童及少年者	兒童及少年福利與權益保障法第九十一條第二項	處三千元以上一萬五千元以下罰鍰	1. 第一次處三千元以上九千元以下罰鍰 2. 第二次以上或情節嚴重者處九千元以上一萬五千元以下罰鍰
供應有關暴力（或猥褻等）出版品、圖畫、錄影節目帶、影片、光碟、電子訊號、遊戲軟體或其他物品予兒童及少年者	兒童及少年福利與權益保障法第九十一條第四項	處二萬元以上十萬元以下罰鍰	1. 第一次處二萬元以上五萬元以下罰鍰 2. 第二次處五萬元以上八萬元以下罰鍰 3. 第三次以上或情節嚴重者處八萬元以上十萬元以下罰鍰

七、不當得利之追繳

為他人利益而實施行為,致使他人違反行政法上義務應受處罰者,該行為人因其行為受有財產上利益而未受處罰時,得於其所受財產上利益價值範圍內,酌予追繳。行為人違反行政法上義務應受處罰,他人因該行為受有財產上利益而未受處罰時,得於其所受財產上利益價值範圍內,酌予追繳(第 20 條前二項)。此規定係為填補制裁法制之漏洞,防止脫法行為,以符公平正義原則。唯前二項追繳,由為裁處之主管機關以行政處分為之。實務上,九十七年政府環境保護部門針對違法廠商為害環境者,開始採取此項措施。繼而,一〇二年九月國內某些糧商被檢舉以劣質米混充為臺灣米,農業部門決定對初次違法廠商即吊銷糧商執照,進而研修相關法制,無上限地追討廠商不當得利。

八、沒入之裁處

本法有關沒入之規定,要點包括:

㈠範　圍

沒入之物,除本法或其他法律另有規定者外,以屬於受處罰者所有為限。不屬於受處罰者所有之物,因所有人之故意或重大過失,致使該物成為違反行政法上義務行為之工具者,仍得裁處沒入。物之所有人明知該物得沒入,為規避沒入之裁處而取得所有權者,亦同。

㈡沒入物之價值及追繳

得沒入之物,受處罰者或物之所有人於受裁處沒入前,予以處分、使用或以他法致不能裁處沒入者,得裁處沒入其物之價額;其致物之價值減損者,得裁處沒入其物及減損之差額。

得沒入之物,受處罰者或物之所有人於受裁處沒入後,予以處分、使用或以他法致不能執行沒入者,得追徵其物之價額;其致物之價值減損者,得另追徵其減損之差額。

九、單一行為及數行為之處罰

(一)單一行為的處罰

一行為違反數個行政法上義務規定而應處罰鍰者，依法定罰鍰額最高之規定裁處。但裁處之額度，不得低於各該規定之罰鍰最低額。前項違反行政法上義務行為，除應處罰鍰外，另有沒入或其他種類行政罰之處罰者，得依該規定併為裁處。但其處罰種類相同，如從一重處罰已足以達成行政目的者，不得重複裁處。一行為違反社會秩序維護法及其他行政法上義務規定而應受處罰，如已裁處拘留者，不再受罰鍰之處罰。

案例：

所謂一行為違反數個行政法上義務規定，應處罰鍰者，如在防制區內之道路旁燃燒物品，產生明顯濃煙，足以妨礙行車視線者，除違反空氣污染防制法，亦符合道路交通管理處罰條例處罰之有關規定，並皆處以罰鍰。因行為單一，且違反數個規定之效果均為罰鍰，處罰種類相同，從一重處罰已足以達成行政目的，故僅得裁處一個罰鍰。因之，明定從法定罰鍰額最高之規定裁處，同時限制裁處之最低額。

(二)數行為的處罰

數行為違反同一或不同行政法上義務之規定者，分別處罰之。

案例：

數個行為，分別違反數個行政法上義務之規定。例如原申請經營開設房屋仲介行，經查獲經營旅館業務，該行為係違反商業登記法（第 8 條及第 33 條）；又因該建築物隔間裝潢為套房，並掛出套房出租招牌，顯然已達變更建築物使用之程度，其行為又違反建築法（第 73 條及第 90 條）之規定。因二項相關法律規定之違法行為不同，處罰要件亦不相同，故應分別依據各該法律所定之罰則處罰之。

十、犯罪行為與違反行政法上義務行為之競合

一行為同時觸犯刑事法律及行政法上義務規定者,依刑事法律處罰之。但其行為應處以其他種類行政罰或得沒入而未經法院宣告沒收者,亦得裁處之。蓋行政罰為刑罰之補充法制,刑罰之懲罰作用較強,故如依刑事法律處罰,即足資警惕時,實無一事二罰之必要。但罰鍰以外之沒入或其他種類行政罰,因具維護公共秩序之作用,仍應併予處罰。又違法行為未受刑罰之宣告,得依違反行政法上義務規定裁處之。即因刑罰追訴時效消滅或其他原因致未受刑罰之宣告時,行政罰之裁處無一事二罰之疑慮,此時仍得依行政法規予以裁處。此外,犯罪行為如經不起訴處分或為無罪、免訴、不受理、不付審理之裁判確定者,得依違反行政法上義務規定裁處之。

十一、時　效

行政罰裁處權之行使不宜久懸,致處罰關係處於不確定狀態;惟亦不宜過於短促,以免影響社會秩序之維護。因此,行政罰應依其處罰鍰之種類及輕重,分別規定其時效期間。並明定時效之起算點及停止事由,以杜紛爭。本法首先明定行政罰之裁處權,因三年期間之經過而消滅。前項期間,自違反行政法上義務之行為終了時起算。但行為之結果發生在後者,自該結果發生時起算。其次規定犯罪行為自不起訴處分或無罪、免訴、不受理、不付審理之裁判確定日起算。再次,行政罰之裁處因訴願、行政訴訟或其他救濟程序經撤銷而須另為裁處者,期間自原裁處被撤銷確定之日起算。裁處權時效,因天災、事變或依法律規定不能開始或進行裁處時,停止其進行。

十二、明定管轄機關

為期權責分明,並解決權限衝突,明定行政機關對於違反行政法上義務行為之地域管轄、共同管轄及競合管轄。違反行政法上義務之行為,原則上由行為地、結果地、行為之住所、居所或營業所、事務所或公務所所

在地之主管機關管轄。共同參與違反行政法上義務之行為，而涉及多數不同管轄機關者，各該行為地、住所、居所等所在地之主管機關均有管轄權。而一行為違反同一行政法上義務，數機關均有管轄權者，由處理在先之機關管轄；不能分別處理之先後者，由各該機關協議之；不能協議或有統一管轄之必要者，由其共同上級機關指定之。

十三、裁處程序

行政罰法第八章明定「裁處程序」，規定行政機關對現行違反行政法上義務之行為人，得為下列之處置：㈠即時制止其行為；㈡製作書面紀錄；㈢為保全證據之措施，遇有抗拒保全證據之行為且情況急迫者，得使用強制力排除其抗拒；㈣確認其身分。其拒絕或規避身分之查證，經勸導無效，致確實無法辨認其身分且情況急迫者，得令其隨同到指定處所查證身分；其不隨同到指定處所接受身分查證者，得會同警察人員強制為之。而所為強制，不得逾越保全證據或確認身分目的之必要程度。

唯行政機關執行職務之人員，應向行為人出示有關執行職務之證明文件或顯示足資辨別之標誌，並告知其違反之法規。

十四、裁處之救濟及處理

行為人對於行政機關依上述所為之強制排除抗拒保全證據或強制到指定處所查證身分不服者，得向該行政機關執行職務之人員，當場陳述理由表示異議。

行政機關執行職務之人員，認前項異議有理由者，應停止或變更強制排除抗拒保全證據或強制到指定處所查證身分之處置；認無理由者，得繼續執行。經行為人請求者，應將其異議要旨製作紀錄交付之。

十五、扣留及其救濟

得沒入或可為證據之物，得扣留之。依本法第 40 條第 2 項之規定，扣留物之應受發還人所在不明，或因其他事故不能發還者，應公告之；自公

告之日起滿六個月，無人申請發還者，以其物歸屬公庫。依本法第 41 條規定，物之所有人、持有人、保管人或利害關係人對扣留不服者，得向扣留機關聲明異議。前項聲明異議，扣留機關認有理由者，應發還扣留物或變更扣留行為；認無理由者，應加具意見，送直接上級機關決定之。對於直接上級機關之決定不服者，僅得於對裁處案件之實體決定聲明不服時一併聲明之。但第 1 項之人依法不得對裁處案件之實體決定聲明不服時，得單獨對第 1 項之扣留逕行提起行政爭訟。

十六、陳述意見或舉行聽證

行政機關於裁處前，應給予受處罰者陳述意見之機會。但有下列情形之一者，不在此限：㈠已依（行政程序法第 39 條）規定通知受處罰者陳述意見。㈡已依（職權或依第 43 條）規定舉行聽證。㈢大量作成同種類之裁處。㈣情況急迫，如給予陳述意見之機會，顯然違背公益。㈤受法定期間之限制，如給予陳述意見之機會，顯然不能遵行。㈥裁處所根據之事實，客觀上明白足以確認。㈦法律有特別規定。

再者，行政機關為本法各種行政罰之裁處前，應依受處罰者之申請，舉行聽證。但有下列情形之一者，不在此限：㈠有前揭（上段）但書各款情形之一。㈡影響自由或權利之內容及程度顯屬輕微。㈢經依（行政程序法第 104 條）規定通知受處罰者陳述意見，而未於期限內陳述意見。

第三節　行政罰相關法理

一、行政罰與刑罰的關係及區別

行政罰為對違反行政上義務之人民的處罰，常因出於一定的行政目的，並依特定行政法律，故稱相對當事人為「行政犯」或「法定犯」。至刑罰則是因懲罰之對象，係危害社會、道德，違反人類自然正義，故刑事犯又稱「自然犯」。就此二種處罰的關係而言，刑罰為維持社會秩序之主要手段，行政罰則僅具補充性，補充刑罰之不足。申言之，第一、同一行為如同時

為符合犯罪及行政罰之構成要件，則只適用刑罰法律，不再適用行政罰之法律。我國以刑罰與行政罰性質不同，往往二者併科，值得商榷。第二、基於憲法比例原則，一行為同時符合刑事罰及行政罰之構成要件，如有關規定之法律目的相同，處罰之手段又有相似或關連之情形，則應科處刑罰，而不另科處行政罰❷。故行政罰法公布施行後，廢棄物清理法（第 64 條）罰鍰與刑罰得併科之規定，應予修訂。

　　至於行政罰與刑罰之不同，學說上有質的不同與量的不同兩種說法。質的不同說，認為刑罰所處罰之對象，係反社會、反倫理道德之行為；行政罰所處罰者，則係違反行政法規、違反行政義務之行為。我國傳統上，於判例及解釋上採質的不同說，認為二者性質上根本不同，如社會秩序維護法（第 44 條），違法行為「情節輕微」處以罰鍰；集會遊行法（第 29 條）規定經命令解散而仍繼續舉行經制止而不遵從，首謀者處以刑罰。因之，在行政罰上衍生出有別於刑罰之法則，如責任要件（不以過失為要件）、不分既遂未遂一律處罰，甚至無追訴及執行之時效問題。如今，刑罰與行政罰二者，只有量的不同已成通說。二者皆為違法行為，而某種行為究竟應科處刑罰或行政罰，往往為立法政策之考慮，而與行為之本質無必然關聯。例如「酒駕」以血液中酒精含量設定具體標準（如 0.25 毫克至 0.55 毫克）處行政罰，以上則處以刑罰。又過去依懲治走私條例第 2 條規定，管制物品項目及數額由行政院公告之，民國四十七年間數額以七千元（銀元）為準，七千元以上者適用該條例治罪，未達七千元者乃為行政上之制裁。二者為「量」之不同可知。近年來臺商赴大陸投資貿易，未經核准者，究竟應科以行政罰或兼及刑罰，於立法過程中曾有過激烈論辯，則足證其區別為立法政策上的考量問題，並非本質上絕對不同。

　　按行政罰與刑罰之質的不同，其區別標準，要有：㈠非難程度（具道德倫理非難性之違法行為，即非難程度高，為刑罰之對象）；㈡危險程度（具高度危險性之行為，應科以刑罰）；㈢侵害之法益（對法益真正構成侵害，

---

❷　吳庚，《行政法之理論與實用》，頁 468～470；陳新民，《行政法學總論》，頁 380；林騰鷂，《行政法總論》，頁 530。

即應為刑罰之行為；如僅構成危險，則屬輕微違法，得受行政罰）；㈣發生之頻率與數量（重大而較少發生的不法行為，所侵害之法益較重，應科以刑罰；至常見之違規行為，所侵害法益較輕，且有盡速處理之必要之不法行為，宜處以行政罰）等。

二、刑事罰與行政罰的競合

行政罰法施行後，有指出一違規行為同時觸犯刑事法律及違反行政法上義務規定，經檢察官為緩起訴處分確定並繳納緩起訴處分金後，行政機關得否依行政罰法第 26 條第 2 項規定裁處罰鍰之疑義如何處置？為此經行政院提案，立法院於一○○年十一月八日三讀通過「行政罰法部分條文修正草案」，同年月二十三日公布。修正重點包括：㈠一違規行為同時觸犯刑事法律及違反行政法上義務規定，經緩起訴處分或不付保護處分（少年事件）、免刑、緩刑之裁判確定者，明定行政機關得依違反行政法上義務規定裁處。依修正條文第 26 條第 2 項規定，一行為如經緩起訴處分確定，不待緩起訴期間屆滿而未撤銷，即得依違反行政法上義務規定裁處。㈡違規行為人依緩起訴處分或緩刑裁判所支付一定金額或提供義務勞務，應扣抵罰鍰金額。故往後，如「酒駕」、所得稅法上的漏稅罰等事例，即依據新規定處置。

這次行政罰法之修訂，落實「刑罰與罰鍰不二罰」之憲法原則。同時也強化唯有罰鍰始具有行政制裁本質之觀念❸。

三、「重複處罰」的問題──「一事不二罰原則」

行政罰為行政上制裁，應依一事不二罰原則為之，以符法治及人權保障之理想。刑事訴訟程序上，嚴守此一原則，主要在避免同一行為受二次以上之追訴處罰；美國憲法上「雙重危險保護條款」即在宣示此項原則。行政事務複雜交錯，行政法保障之法益常互相重疊，致一項違反行政上義

---

❸ 李建良，〈刑事罰與行政罰之關係及其競合問題〉，《台灣法學雜誌》，202 期，2012 年 6 月 15 日，頁 1～13。

務之行為，可能符合一個或數個行政罰之規定。如此，形成是否一事二罰或重複處罰的問題。對此各國立法原則，有採併罰主義者，如奧國、瑞士；有採吸收主義者，如德國。我國以往多採併罰方式，近年來行政法院之裁判頗見分歧，要有❹：

㈠從重原則（吸收主義）

單純同一行為同時觸犯不同法律之規定，此種「法規競合」情形，應採從重原則，以從重處斷之法理解決，只處罰一次。尤其是多種法律所規定之處罰方法相同時，自應從一重處斷。其選擇標準是：

⑴相競合之規定皆科處罰鍰，擇其金額較高者科處。

⑵相競合之規定皆停止營業，擇其期間較長者。

相競合之規定，一者勒令歇業或解散，另一者則停止營業，依前者處罰。

㈡併罰原則

如競合的法規，所規定之處罰方法不同，如分別為罰鍰和停業，得予併罰，合併一起處罰。或競合的法規中，另有附隨之處罰方法，如甲、乙兩種交通法規，對同一種違規行為都設有處罰規定（罰則），甲法規之罰鍰金額高，乙法規之罰鍰金額較少但附有吊扣駕駛執照之處罰（從罰），為達成行政上目的，則不妨依甲法規之罰鍰併同乙法規之吊扣駕駛執照處罰之。

㈢行為罰與漏稅罰問題——對有先後關係之違法行為的處理

有關行為罰與漏稅罰二者之關係，應以吸收關係為宜。按營業稅法第45條前段規定，營業人未依規定申請營業登記者，應科處罰鍰，同法第51條第1款亦明定，未依規定申請登記而營業者，科予按所漏稅額倍數計算之罰鍰，前者為行為罰，後者乃漏稅罰。兩者處罰要件固不盡相同，惟違反營業稅法第45條規定義務之行為，係同法第51條第1款規定漏稅之先行階段，有後行為吸收先行為之關係，只處以漏稅罰已足達成行政上之目的，兩者勿庸併罰。行政法院八十三年判字第 2591 號判決即採此立場。

---

❹　如一行為違反數個處罰法律時，適用法定罰鍰最高額之規定處罰，如數個處罰法律有特別法與普通法，仍依法定罰鍰最高額之規定裁處；吳庚，《行政法之理論與實用》，頁 488～491。

民國八十九年四月二十日司法院公布之釋字第 503 號解釋指出:「納稅義務人違反作為義務而被處行為罰,僅須其有違反作為義務之行為即應受處罰;而逃漏稅捐之被處漏稅罰者,則須具有處罰法定要件之漏稅事實方得為之。二者處罰目的及處罰要件雖不相同,惟其行為如同時符合行為罰及漏稅罰之處罰要件時,除處罰之性質與種類不同,必須採用不同之處罰方法或手段,以達行政目的所必要者外,不得重複處罰,乃現代民主法治國家之基本原則。是違反作為義務之行為,同時構成漏稅行為之一部或係漏稅行為之方法而處罰種類相同者,如從其一重處罰已足達成行政目的時,即不得再就其他行為併予處罰,始符憲法保障人民權利之意旨。」即採行政罰上一事不二罰原則之解釋。

㈣「連續處罰」的法理

針對違法狀態不改善之行為,現今行政法規常企圖藉由不斷增加之處罰,達到逼迫行為人改善之目的。這些手段具有不斷累積的特性,發揮強大壓迫的效力,「連續處罰」、「按日連續加重處罰」等,為常見的規定。如地方制度法第 26 條第 2 項,規定縣(市)以上之自治條例得訂定罰鍰或其他行政罰;第 3 項且規定罰鍰之上限為十萬元,並得「連續處罰之」。有將其視為特別的或新型的秩序罰(行政罰)。行政法院則一向視其為行政執行罰。亦有從「連續犯」角度觀察,將行為之概念劃分,如「按日連續處罰」,於第一次處罰後,隔日仍未改善,則該日之行為狀態又構成另一個違反秩序之行為,如仍未改善,得再予處罰,成為採行之一種見解❺。對同一地點持續違規停放的車輛,因對公益及公共秩序影響至鉅,每逾兩小時舉發一次,以遏阻違規行為,亦不生一事二罰之問題(釋字第 604 號解釋)。

㈤責任要件之演進

有關行政罰之責任要件,上文已有論述。惟實務上,早期曾「不以故意過失為要件」(最高法院 62 年之判例,今已不再援用)。此說即不論行為人之心理狀態,皆予以處罰,藉以促進行政目的之實現。其不論行為之心

---

❺ 陳新民,《行政法學總論》,頁 404;洪家殷,《行政秩序罰論》,臺北:五南圖書出版公司,1998 年,頁 131。

理狀態一律處罰，被批評較之刑罰更為嚴厲。及至八十年公布的社會秩序維護法（第七條）則規定「不問出於故意或過失，均應處罰」。易言之，未具故意過失，應不得處罰。此規定雖符合「有責任始有處罰」之原則，但寬鬆之規定用意無非在保障人權。然釋字第275號解釋（八十年三月八日公布）則採折衷觀點，即「過失責任」即「定過失責任」兩原則。該解釋文指出：「人民違反法律上之義務而應受行政罰之行為，法律無特別規定時，雖不以出於故意為必要，仍須以過失為其責任條件。但應受行政罰之行為，僅須違反禁止規定或作為義務，而不以發生損害或危險為其要件者，推定為有過失，於行為人不能舉證證明自己無過失時，即應受處罰。」

　　然495號解釋則指海關緝私條例（第31條之1）規定：「船舶、航空器、車輛或其他運輸工具所載進口貨物或轉運本國其他港口之轉運貨物，經海關查明與艙口單、載貨清單、轉運艙單或運送契約文件所載不符者，沒入其貨物。但經證明確屬誤裝者，不在此限」，係課進、出口人遵循國際貿易及航運常規程序，誠實記載有關文件及申報之義務。（理由書指）人民違反法律上義務而應受行政罰之行為，法律上無特別規定時，雖不以出於故意為必要，仍須以過失為其責任條件。但應受行政罰之行為，僅需違反禁止規定或作為義務，而不以發生損害或危險為要件者，推定為有過失，於行為人不能舉證證明自己無過失時，即應受處罰。上開規定，其責任條件未排除釋字第275號解釋之適用，為增進公共利益所必要，與憲法第二十三條尚無牴觸。

　　上開495號解釋，進而採「推定故意原則」，非故意（誤裝貨物）即可免罰。亦即人民只要能證明貨物清單與載貨不符是「誤裝」，即可免除貨物被沒入❻。此解釋所採責任要件顯然頗為寬鬆。

　　至於法人、非法人團體、機關或其他組織，以其無主觀意思，過失是因為其代表人、管理人等所表現，為明其責任，行政罰法第7條第2項規定：「法人、設有代表人或管理人之非法人團體、中央或地方機關或其他組織違反行政法上義務者，其代表人、管理人、其他有代表權之人或實際行

---

❻　陳新民，《行政法學總論》，頁391。李震山，《行政法導論》，頁424～4426。

為之職員、受僱人或從業人員之故意、過失，推定為該等組織之故意、過失。」因此亦採取推定過失責任之原則。

此外行政罰法第 8 條規定:「不得因不知法規而免除行政處罰責任。但按其情節，得減輕或免除其處罰。」行為不知法規之存在並進而不知其行為係違反行政上之義務，仍不得免除其責任。但因其主觀意識能力侷限，值得同情，故得按其情節減輕或免除處罰。

㈥個案歸納

從實務個案上，可以歸納行政罰的一事不二罰要義:

1.於高速公路上超速行駛，每逾六公里或間隔六分鐘以上，連續開罰單，並非同一行為，係不同的個別獨立違規行為，其分別處罰不牴觸一事不二罰原則。

2.酗酒駕車肇禍，除刑事責任外，並有罰鍰及令參加交通講習之處罰。因刑罰與行政罰「性質不同」，不生重複科罰;而依交通法規，科以罰鍰及令參加交通講習，有主、從罰之關係，應無一事二罰的問題。

3.商店未辦理商業登記而營業，因無法開立發票，如何處罰其「未依規定申請營業登記」、「未開立憑證」以及逃漏稅捐? 這些違反營業稅法上義務之行為，依司法院釋字第 503 號解釋，逃漏稅之行為與先前未辦理商業登記之違法行為，有後行為吸收先行為之關係，如二者之處罰種類相同，從一重處罰已足以達成行政目的時，不得併罰。

4.斷水斷電是行政罰還是執行罰? 依行政執行法第 28 條之規定，斷水斷電應屬執行罰中的「直接強制執行」方法。行政執行法第 28 條所規定之強制方法第 4 款為「斷絕營業場所必須之自來水、電力或其他能源」。故在一般行政罰之後，再施以斷水斷電之措施，不生一事二罰的問題。

5.酒駕違規，不得同時受罰金與罰鍰之制裁，但得處以罰金及扣留肇事車輛之併罰。刑罰與行政罰之性質及目的不同，二者之方法相近者，不應併罰。

第六章　行政執行

第一節　概　說

一、行政執行之意義

行政執行即行政上強制執行，是指行政機關以自己的強制方法，對不履行行政上義務的相對人，強迫其履行。依行政執行法第 2 條之規定，其強制方法，包括公法上金錢給付義務、行為或不行為義務之強制執行，以及即時強制。申言之：

1. 行政執行係因人民違反行政上金錢給付義務、行為或不行為義務，而以強迫手段使其履行之行政作用。因之，行政執行或執行罰，不是一種處罰，而是一種督促的方法。如果義務人不履行義務，可以反覆進行；一旦義務已履行，執行罰即必須停止❶。

2. 行政執行係由行政機關自行採取強迫手段，與民事上依強制執行法藉由法院為強制執行不同。我國長久以來，依司法院大法官釋字第 35 號（及第 16 號）解釋，一切金錢給付義務均由法院為強制執行機關，直到民國八十九年六月二十一日行政執行法修正公布，始將公法上金錢給付義務之強制執行，於第 4 條第 1 項文中規定：「公法上金錢給付義務逾期不履行者，移送法務部行政執行署所屬行政執行處執行之。」

3. 方法上，行政執行包括公法上金錢給付義務之執行、行為或不行為義務之執行（直接強制與間接強制），以及即時強制。分別由行政執行法第二章、第三章及第四章規定之。

4. 行政執行係以執行相對人因行政處分所負擔之義務為原則。即時強制則例外，不以違反義務為前提。

有關行政執行（行政上強制執行）之現行體制，要如下圖（圖 3–8）所示：

---

❶　H. Maurer,《行政法學總論》，頁 487。

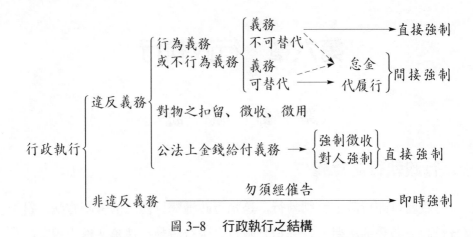

圖 3-8　行政執行之結構

再者，行政罰與行政執行外觀有相似之處，然二者畢竟不同，要如下表（表3-2）所示：

表 3-2　行政罰與行政執行之區別

	行政罰	行政執行（執行罰）
1.依據	依據各種行政法規，並有行政罰法。	僅依據行政執行法。
2.目的	以制裁違法為目的。	強制當事人履行義務（如斷水斷電，以強制當事人繳稅）。
3.性質	是當事人對違法行為的「贖罪」，本質為制裁。	是一種強制手段，並非制裁。
4.程序	不必預為告誡。	應先行告誡（即時強制是例外）。
5.裁量性	裁處罰鍰依法規就責難程度及違法所得利益等為審酌，其加減擴張依法律規定。應依法行政，採行法治主義。	如何履行義務、履行之程度及反覆強制執行次數具高度裁量性。得採便宜主義。
6.關係	處罰在先。	強制在後（第二次以後之連續處罰具有強制性）。

二、行政執行的基本原則

依行政執行法（九十四年六月二十二日修正公布），第一章「總則」，行政上強制執行有以下基本原則：

1.原則及限度

行政執行，應依公平合理之原則，兼顧公共利益與人民權益之維護，以適當之方法為之，不得逾達成執行目的之必要限度。（按強制措施的合法要件，要有：(1)須有合法依據；(2)如有法定手續應踐行；(3)不得逾越必要限度，即比例原則。）

行政執行為重要行政行為，應依法行政，注重平等原則，避免不公。但應否強制，採行方式等，有斟酌餘地。實施前，應考量其實施之後果，義務人反抗之程度，執行之代價。如可以不執行或暫緩執行，或以協議使當事人自願履行義務，更能收效。是為便宜主義。至稅捐稽徵法（第 100 條）對一定數額以下之稅款，得免徵或免退，即採行此原則❷。

2.執行機關

行政執行，由原處分機關或該管行政機關為之。但公法上金錢給付義務逾期不履行者，移送法務部行政執行署行政執行處執行之。

3.執行時間之限制

行政執行不得於夜間、星期日或其他休息日為之。但執行機關認為情況急迫或徵得義務人同意者，不在此限。日間已開始執行者，得繼續至夜間。執行人員於執行時，應對義務人出示足以證明身分之文件；必要時得命義務人或利害關係人提出國民身分證或其他文件。

4.執行機關得請求其他機關協助

執行機關遇有下列情形之一者，得於必要時請求其他機關協助之：(1)須在管轄區域外執行者。(2)無適當之執行人員者。(3)執行時有遭遇抗拒之虞者。(4)執行目的有難於實現之虞者。(5)執行事項涉及其他機關者。

被請求協助機關非有正當理由，不得拒絕；其不能協助者，應附理由即時通知請求機關。被請求協助機關因協助執行所支出之費用，由請求機關負擔之。實務上，警察機關以其具有實力，掌握國家非軍事方面有力資源，成為最常見的被請求協助的機關。而其請求協助，應以遇有障礙，必需協助始能排除，並與社會安寧秩序之維持目的有關，始構成請求協助之

❷　吳庚，《行政法之理論與實用》，11 版，頁 546～547。

要件❸。為此，內政部於九十三年三月三日函教育部轉知各大學，為尊重校園自主及大學自治之精神，警察機關進入校園協助巡邏，應遵守警政署八十四年六月的一項通令：於學校上課期間，警察人員未經學校同意不得隨意進入校園；寒、暑假、例假日，經學校主動要求時，警察機關應派人配合共同執行，以防範遏止治安事故發生；於受理偵辦校園內之刑事案件，進入校園時，亦應由校方派人會同，以避免警察之協助引起校園及社會的誤解。

5.執行期間之限制

行政執行，自處分、裁定確定之日或其他依法令負有義務經通知限期履行之文書所定期間屆滿之日起，五年內未經執行者，不再執行；其於五年期間屆滿前已開始執行者，仍得繼續執行。但自五年期間屆滿之日起已逾五年尚未執行終結者，不得再執行。但法律有特別規定者，不適用之。

6.得終止執行

行政執行有下列情形之一者，執行機關應依職權或因義務人、利害關係人之申請終止執行：

一、義務已全部履行或執行完畢者。

二、行政處分或裁定經撤銷或變更確定者。

三、義務之履行經證明為不可能者。

行政處分或裁定經部分撤銷或變更確定者，執行機關應就原處分或裁定經撤銷或變更部分終止執行。

7.行政救濟

有關行政執行之救濟，行政執行法設定兩項基本的途徑：

(1)聲明異議

義務人或利害關係人對執行命令、執行方法、應遵守之程序或其他侵害利益之情事，得於執行程序終結前向執行機關聲明異議。對該聲明異議，執行機關認其有理由者，應即停止執行，並撤銷或更正已為之執行行為；認其無理由者，應於十日內加具意見，送直接上級主管機關於三十日內決

❸ 陳新民，《行政法學總論》，頁398。

定之。行政執行，除法律另有規定外，不因聲明異議而停止執行。但執行機關因必要情形，得依職權或申請停止之。

(2)請求國家賠償

行政執行，有國家賠償法所定國家應負賠償責任之情事者，受損害人得依該法請求損害賠償。

第二節　公法上金錢給付義務之執行

有關公法上金錢給付義務之執行，於行政執行法第二章設有規定；該法並於第 26 條規定，此項執行，除本法另有規定者外，準用強制執行法之規定。依行政執行法之規定，有關公法上金錢給付義務之執行，要點如次：

一、執行要件

1.義務人負有公法上金錢給付之義務。此項義務來自：(1)依法令，(2)或本於法令之行政處分，(3)或法院之裁定，(4)法院依法律就公法上義務所為之假扣押、假處分之裁定經主管機關移送者。

2.須義務人之給付義務已屆履行期間。其逾期情形包括：

(1)其處分文書或裁定書定有履行期間或有法定履行期間者。

(2)其處分文書或裁定書未定履行期間，經以書面限期催告履行者。

(3)依法令負有義務，經以書面通知限期履行者。

3.須經限期催告後，義務人不履行。

公法上金錢給付義務事件在移送執行機關前，除法令另有規定或以執行憑證移送執行外，主管機關應對義務人「盡量催繳」（至少兩次以上），並允許義務人視其能力決定繳納方式（如分期付款）。

4.須經主管機關移送。

二、執行機關

公法上金錢給付義務之執行事件，由行政執行處之行政執行官、執行

書記官督同執行員辦理之，不受非法或不當之干涉。

三、執行作業及方法

公法上金錢給付義務之執行，包括一般移送行政執行機關之執行，對義務人之強制（拘提管收）以及執行擔保等作業。

1. 移送行政執行處調查應檢附之文件

移送機關於移送行政執行處執行時，應檢附下列文件：

(1)移送書。(2)處分文書、裁定書或義務人依法令負有義務之證明文件。(3)義務人之財產目錄。但移送機關不知悉義務人之財產者，免予檢附。(4)義務人經限期履行而逾期仍不履行之證明文件。(5)其他相關文件。

前項第 1 款移送書應載明義務人姓名、年齡、性別、職業、住居所，如係法人或其他設有管理人或代表人之團體，其名稱、事務所或營業所，及管理人或代表人之姓名、性別、年齡、職業、住居所；義務發生之原因及日期；應納金額。

2. 執行機關對義務人之通知

行政執行處為辦理執行事件，得通知義務人到場或自動清繳應納金額、報告其財產狀況或為其他必要之陳述。

3. 對義務人遺產強制執行

義務人死亡遺有遺產者，行政執行處得逕對其遺產強制執行。

4. 再行查封財產之限制

執行人員於查封前，發見義務人之財產業經其他機關查封者，不得再行查封。行政執行處已查封之財產，其他機關不得再行查封。此即「雙重執行之禁止原則」，執行機關應相互尊重權限。亦即依強制執行法第 33 條之規定，執行法院於依強制執行法之執行時，發現義務人之財產業經行政執行機關查封者，執行法院應將執行案件連同卷宗函送執行機關合併辦理。反之，執行法院已查封之財產，行政執行機關不得再行查封；行政執行機關應將執行案件連同卷宗，函送執行法院合併辦理。

5.對人之強制

(1)釋字第 588 號解釋的指摘

司法院釋字第 588 號解釋(九十四年一月二十八日公布),指出過去(八十九年六月二十一日修正公布之) 行政執行法有關公法上金錢給付義務之執行的部分規定,違反憲法第 8 條及第 23 條之自由權利保障原則。亦即該次修訂,注重實體要件,忽略程序正義。其要有二:

第一、違反正當法律程序: 依憲法第 8 條規定,拘束人民身體自由,應踐行必要之程序,即由法院審問,並予義務人得有防禦之機會,提出有利之抗辯。行政執行法第 17 條第 3 項,法院對於管收之聲請應於五日內為之,亦即可於管收聲請後,不予即時審問,其於人權之保障顯有未週。同條第 2 項第 6 款:「經合法通知,無正當理由而不到場」之規定聲請管收者,該義務人既猶未到場,法院自亦不可能踐行審問程序,乃竟得為管收之裁定,亦有悖於前述正當法律程序之憲法意旨。

第二、違反比例原則: 憲法第 23 條宣示,人民自由權利之限制,應考量「必要」之比例原則,手段與目的間有適當合理關係。行政執行法有關裁定「管收」之事由 (第 17 條第 1 項第 4、5、6 款)規定:「於調查執行標的物時,對於執行人員拒絕陳述」、「經命其報告財產狀況,不為報告或為虛偽之報告」、「經合法通知,無正當理由而不到場」,如此要件即予管收,顯已逾越必要程度,與憲法第 23 條規定之意旨不能謂無違背。

其次,有關聲請「拘提」之事宜 (第 17 條第 1 項第 1、3、4、5 款)規定:「顯有履行義務之可能,故不履行」、「就應供強制執行之財產有隱匿或處分之情事」、「於調查執行標的物時,對於執行人員拒絕陳述」、「經命其報告財產狀況,不為報告或為虛偽之報告」規定,即予拘提,限制人身自由,顯已逾越必要程度,與前揭憲法第 23 條規定意旨亦有未符。

(2)行政執行法的修訂要點

因應司法院釋字第 588 號解釋,行政執行法即加以修正 (於九十四年六月二十二日公布),修訂後其第 17 條規定之要點如次:

第一、提供擔保,限期履行,並得限制住居、禁止奢侈之生活:

義務人有下列情形之一者，行政執行處得命其提供相當擔保，限期履行，並得限制其住居：一、顯有履行義務之可能，故不履行。二、顯有逃匿之虞。三、就應供強制執行之財產有隱匿或處分之情事。四、於調查執行標的物時，對於執行人員拒絕陳述。五、經命其報告財產狀況，不為報告或虛偽之報告。六、經合法通知，無正當理由而不到場。其次，對欠稅人依稅捐稽徵法（第 24 條第 1 項及第 2 項）之規定，為保全稅捐，得對積欠一定稅額者（如營利事業欠稅達二百萬元以上之負責人）限制出境❹。又義務人為自然人，其滯欠合計達一定金額，已發現之財產不足清償其所負義務，且生活逾越一般人通常程度者，行政執行處得依職權或利害關係人之申請對其核發下列各款之禁止命令，並通知應予配合之第三人（禁止提供奢侈生活的資源）：一、禁止購買、租賃或使用一定金額以上之商品或服務。二、禁止搭乘特定之交通工具。三、禁止為特定之投資。四、禁止進入特定之高消費場所消費。五、禁止贈與或借貸他人一定金額以上之財物。六、禁止每月生活費用超過一定金額。七、其他必要之禁止命令（行政執行法第 17 條之 1，「禁奢條款」）。對有能力履行公法上債的義務者，執行機關得依此條款限制其過當的行為，甚至聲請管收。

第二、拘提：

義務人經行政執行處依前項規定命其提供相當擔保，限期履行，屆期不履行亦未提供相當擔保，有下列情形之一，而有強制其到場之必要者，行政執行處得聲請法院裁定拘提之：一、顯有逃匿之虞。二、經合法通知，無正當理由而不到場。法院對於第二項聲請，應於五日內裁定，其情況急迫者，應即時裁定。義務人經拘提到場，行政執行官應即訊問其人有無錯誤，並應命義務人據實報告其財產狀況或為其他必要調查。

第三、管收：

行政執行官訊問義務人後，認有（本條第 5 項）下列各款情形之一，而有管收必要者，行政執行處應自拘提時起二十四小時內，聲請法院裁定管收

---

❹ 李建良，〈公法類實務導讀〉，《台灣法學雜誌》，195 期，2012 年 3 月 1 日，頁 133～135；最高行政法院之見解。

之：一、顯有履行義務之可能，故不履行。二、顯有逃匿之虞。三、就應供強制執行之財產有隱匿或處分之情事。四、已發見之義務人財產不足清償其所負義務，於審酌義務人整體收入、財產狀況及工作能力，認有履行義務之可能，別無其他執行方法，而拒絕報告其財產狀況或為虛偽之報告。

　　義務人經通知或自行到場，經行政執行官訊問後，認有第五項各款情形之一，而有聲請管收必要者，行政執行處得將義務人暫予留置；其訊問及暫予留置時間合計不得逾二十四小時。

　　拘提、管收之聲請，應向行政執行處所在地之地方法院為之。

　6.拘提管收之手續

　　⑴由法院裁定　法院為拘提管收之裁定後，應將拘票及管收票交由行政執行處派執行員執行拘提，並將被管收人逕送管收所。

　　⑵管收期限不得逾三個月　有管收新原因發生或停止管收原因消滅時，對於義務人仍得聲請該管法院裁定再行管收。但以一次為限。

　　⑶被管收人之提詢及送返程式　行政執行處應隨時提詢被管收人，每月不得少於三次。提詢或送返被管收人時，應以書面通知管收所。

　　⑷不得管收及停止管收之情形　義務人或其他依法得管收之人有下列情形之一者，不得管收；其情形發生於管收後者，行政執行處應以書面停止管收：①因管收而其一家生計有難以維持之虞者。②懷胎五月以上或生產後二月未滿者。③現罹疾病，恐因管收而不能治療者。

　　⑸應釋放被管收人之情形　有下列情形之一者，行政執行處應即釋放義務人：一、義務已全部履行。二、義務人就義務之履行已提供確實之擔保者。三、不符合聲請管收之要件。

　　⑹提出報告　行政執行處執行拘提管收之結果，應向裁定法院提出報告。提詢、停止管收及釋放被管收人時，亦同。

　7.執行擔保

　　擔保人於擔保書狀載明義務人逃亡或不履行義務由其負清償責任者，行政執行處於義務人逾法定期限仍不履行時，得逕就擔保人之財產執行之。

　8.執行費用之負擔

　　有關公法上金錢給付義務之執行，不徵收費用。但因強制執行所支出

之必要費用，如為拍賣、鑑價、估價、查詢、登報、保管等所需費用，由義務人負擔之。

四、執行程序

公法上金錢給付義務之執行程序，要有以下步驟：

1. 調查財產；
2. 查封、拍賣、變賣、強制管理、參與分配；
3. 提供擔保、限制住居；
4. 拘提管收（或禁止奢侈）；
5. 停止管收、釋放；
6. 拘提管收執行之報告。

第三節　行為或不行為義務之執行

有關行為或不行為義務之執行，行政執行法於第三章設有規定，其要點如次：

一、執行要件

依本法第 27 條之規定，其要件有：

1. 義務人負有行為或不行為之義務：此項義務可能依據法令，亦可能為依據法令之行政處分。
2. 經處分書或另以書面限定義務履行的期限（須經告戒程序）。
3. 義務人逾期仍不履行行為或不行為之義務。

二、執行方法

依本法規定，行為或不行為義務之執行方法包括間接強制及直接強制兩種。

㈠間接強制

其方法有二：

第一、代履行：負有行為義務而不為，其行為能由他人代為履行者，執行機關得委託第三人或指定人員代履行之。如義務人不履行拆除違建之義務時之代履行是。又，代履行之費用，由執行機關估計其數額，命義務人繳納；其繳納數額與實支不一致時，退還其餘額或追繳其差額。

代履行以義務由第三人代為履行，再由義務人負擔費用為特徵，而在行政機關為代履行前，應先「告戒」義務人應履行之義務，以促使其履行；及至採取代履行之行動前，須再發一次書面「通知」。此為典型的要式行為。

第二、怠金：怠金是科以金錢之負擔，強迫義務人履行法定義務，又稱為「強制金」。又以義務人所違反的是不可替代之義務，或不作為義務，故又稱為「執行罰」。依現行行政執行法之規定，負有行為義務而不為，其行為不能由他人代為履行者，依其情節輕重處新臺幣五千元以上三十萬元以下怠金。依法令或本於法令之行政處分，負有不行為義務而為之者，亦同（本法第 30 條）。此外，處以怠金仍不履行義務者，得連續處以怠金，如對違規車輛按日連續處罰（釋字第 604 號解釋）。連續處以怠金前，原則上仍應以書面限期履行。

㈡直接強制

直接強制，包括對人的拘留、拘提、管收，還包括對物之強制。對物之直接強制方法包括：

1. 扣留、收取交付、解除占有、處置、使用或限制使用動產、不動產。
2. 進入、封閉、拆除住宅、建築物或其他處所。
3. 收繳、註銷證照。
4. 斷絕營業所必須之自來水、電力或其他能源。
5. 其他以實力直接實現與履行義務同一內容狀態之方法。

可知，斷絕營業所必須之自來水、電力，是行政上強制執行之方法，非行政罰。

㈢物之交付義務之強制執行

依行政執行法第三章「行為或不行為義務之執行」規定執行。

㈣**逾期未繳代履行費用或怠金**

移送行政執行處依「公法上金錢給付義務之執行」的規定執行之。

㈤**間接及直接強制方法之轉換**

經間接強制不能達成執行目的，或因情況急迫，如不及時執行，顯難達成執行目的時，執行機關得依直接強制方法行之。亦即執行機關得依比例原則、公平合理原則，先考量採行間接強制方法，於應付急迫情況，必需及時執行時，始得採取直接強制方法。同時執行方法之變換必須為法律所許可。此項轉換不僅包括不同種類執行方法間的轉換，亦包括同種類執行方法之變換或加重。對商店違反營業法規，應先就營業法規之行政罰規定科罰業者，如仍未履行義務，再施用間接強制手段，仍未履行其義務，最後始加強斷水電等嚴厲的直接強制方法，迫使業者履行營業法規上之義務。

三、執行程序

歸納行為或不行為義務之執行，其程序主要有三個步驟，依序是：㈠告戒，告知執行方法及費用等；㈡決定，主管機關做成執行的決定；㈢採取執行的方法❺。

第四節　即時強制

行政執行法第四章規定即時強制。其要如次：

㈠**意義及特徵**

本法第 36 條第 1 項規定：「行政機關為阻止犯罪、危害之發生或避免急迫危險，而有即時處置之必要時，得為即時強制。」即時強制不以義務存在為前提要件，而與上述其他強制不同。此外，即時強制通常由警察人員為之，又稱警察即時強制。又以其為緊急處置措施，事前不必經告戒程序。皆屬其特徵。例如消防人員為救人，拆除圍牆或鋸開鐵門是常見的例子。

㈡**執行方法**

即時強制之方法，包括四項：

---

❺　H. Maurer,《行政法學總論》，頁 488～489。

1. 對於人之管束

　　對於人之管束，以合於下列情形之一者為限：一、瘋狂或酗酒泥醉，非管束不能救護其生命、身體之危險，及預防他人生命、身體之危險者。二、意圖自殺，非管束不能救護其生命者。三、暴行或鬥毆，非管束不能預防其傷害者。四、其他認為必須救護或有害公共安全之虞，非管束不能救護或不能預防危害者。對人之管束，不得逾二十四小時。

2. 對於物之扣留、使用、處置或限制其使用

　　包括：⑴對於危險物之扣留：軍器、凶器及其他危險物，為預防危害之必要，得扣留之。扣留之物，除依法應沒收、沒入、毀棄或應變價發還者外，其扣留期間不得逾三十日。但扣留之原因未消失時，得延長之，延長期間不得逾兩個月。扣留之物無繼續扣留必要者，應即發還；於一年內無人領取或無法發還者，其所有權歸屬國庫；其應變價發還者亦同。⑵得使用、處置或限制使用土地等物：遇有天災、事變或交通上衛生上或公共安全上有危害情形，非使用或處置其土地、住宅、建築物、物品或限制其使用，不能達防護之目的時，得使用、處置或限制其使用。

3. 對於住宅、建築物或其他處所之進入

　　對於住宅、建築物或其他處所之進入，以人民之生命、身體、財產有迫切之危害，非進入不能救護者為限。

4. 其他依法定職權所為之必要處置

㈢損失補償

　　本法第 41 條規定即時強制之實施所致損失的補償，其規定如次：

1. 人民因執行機關依法實施即時強制，致其生命、身體或財產遭受特別損失時，得請求補償。但因可歸責於該人民事由者，不在此限。

2. 前項損失補償，應以金錢為之，並以補償實際所受之特別損失為限。

3. 對於執行機關所為損失補償之決定不服者，得依法提起訴願及行政訴訟。

4. 損失補償，應於知有損失後，二年內向執行機關請求之。但自損失發生後，經過五年者，不得為之。

第七章 行政程序

「行政作用」篇，所論述者皆為行政作用或行政行為，僅本章「行政程序」為例外。「行政程序」為行政權運作的過程及手續，非屬行政作用或行政行為。再者，我國於八十八年公布、九十年施行的行政程序法，對「行政程序」開始有法律界定的概念，亦對行政作用或行政行為發揮規範效力，「行政程序」不再是學理名詞而已。

第一節　行政程序之意義

行政程序 (Administrative Procedure)，即行政權運作的過程及手續。由於行政權的運作常產生一定行政行為，因此，行政程序亦即公行政作成各種行政行為之程序。依行政程序法第 2 條第 1 項之規定:「本法所稱行政程序，係指行政機關作成行政處分、締結行政契約、訂定法規命令與行政規則、確定行政計畫、實施行政指導及處理陳情等行為之程序。」

依行政程序法有關定義，行政程序係指行政機關對外運用公權力（職權），作成一般行政行為（訂定行政規則是例外）之程序。因此，若非運用公權力，或是在機關內部為之者，其手續並非該法所稱之行政程序。簡言之，行政程序之意義要為:

1.行政程序是行政機關運用公權力（職權）之程序。

2.行政程序是行政機關作成一般行政行為之程序。它並不包括作成一般行政行為前之準備及決策階段之過程 (process)，也不包括作成一般行政行為後之爭訟程序。

第二節　行政程序之功能

一、法制分析

行政程序係行政機關運用行政權（公權力）的程序。由於行政事務千

頭萬緒，數量繁多而種類殊異，制訂行政程序是否造成運作上窒礙難行，膠柱鼓瑟，導致行政上綁手綁腳，失卻其主動性與積極性，向為論者所關切。但衡諸世界各國，自一九二五年奧地利首先完成行政程序法典化工作至今，相繼制定有關法律，可見行政程序之建立，有其重要功能。我國於八十八年二月三日公布，九十年一月一日施行的行政程序法，第1條首揭立法目的有五項：

1.遵循公正、公開與民主之程序。

2.確保依法行政原則。

3.保障人民權益。

4.提高行政效能。

5.增進人民對行政之信賴。

論者歸納行政程序（亦可謂行政程序法典化）之功能，要有：

㈠確保行政行為之合法及正當

行政程序係用以實現實體法之工具；在行政行為作成之前，要求其作成的手續合於規定，如此，方能確保行政行為內容之合法及正當，這就是所謂「經由程序達成合法性」。

㈡保障人民基本權利

行政程序（法）一方面以保障人民權益為最終目的，一如國家之其他立法建制之旨意；另一方面以舉行聽證、公開政府資訊、提供人民閱覽卷宗及參與行政決定的機會等程序，使行政機關運用公權力符合公開、公正及民主的原則，實現立法建制之本意。

㈢提高行政行為的品質

行政機關作成行政行為，經由行政程序得以維持一定品質；又因統一的行政程序，而保持一致的規格，避免雜沓分歧；再加上手續公開及人民的參與，而增進人民對行政的信賴，行政行為的執行必然可以提高效率。行政程序法進而仿奧地利等國，於第109條規定，經過聽證程序作成之行政處分，相對人如有不服，得逕行提起撤銷訴訟，無須再踐行訴願程序。即相信行政處分之作成如經由人民參與，應具備較完整的行政程序，提高

行政行為的品質之故。此種經過聽證而作成行政處分的程序稱為正式的行政程序 (formal procedure)。

二、理論觀點

行政程序（法），從消極的傳統法治觀點言，是用以限制行政機關裁量的方法。機關的內部目標，從而受到所選用的程序所影響。如今，從程序保障的積極面觀察，行政程序配合機關職權的運作，可以達到以下幾個重要的目的：

㈠協助機關確保在權限之實質界限內運作

行政機關依其內部行政法或行政程序法行使職權，則不致有違法或不當的行政發生。美國聯邦勞工局 (NLRB) 從行政作業中挖掘出「不公平的勞工實務」；環保署 (EPA) 訂定河川及湖泊「可釣魚及可游泳」的水污染標準，皆在限制行政機關的實際作業符合權限。

㈡增加選擇最有效解決問題的方法之可能性

行政程序允許當事人參與決策過程，機關行為的精確度可為之提高，此有助於完整分析問題及提出解決問題的方法。當然，這種程序必需付出代價。例如，美國食品醫藥署曾經為了決定花生奶油適當的成分，花了好幾年的時間舉行聽證，並耗費數百萬元打官司。這證明程序保障反而增加了資源及時間的負擔。

㈢程序保障增進行政機關的政治及公共課責

除了司法官，立法及行政機關以及公共部門，甚至學者專家，都有機會揭露機關決策及授權法規之瑕疵，間接審查機關的裁量。如此，透過揭露及監控之程序，增益行政機關的政治及公共課責 (political and public accountability)。

㈣開放外界監督決策程序減少外界壓力

行政部門常面對來自國會、社會各方面的壓力，如能遵守行政程序，應可避開不斷地應付及反應。甚至可減免以利用行政機關作為施加恩惠或懲罰的手段。

㈤促進公眾接受政府政策

　　時至今日，行政機關決策的課責體制已減弱，致機關決策時常發生政治及憲法上的合法性問題。處此情境，一個明顯而合理的決策過程，是獲取公眾接受政府政策的重要因素❶。

第三節　行政程序法之適用範圍

　　行政程序法第 2 條第 1 項，將行政程序限於行政作成一定的一般行政行為所應遵循之程序。因此，非行政機關之行政行為，或行政機關之一般行政行為，其作成即不適用行政程序法之規定；其第 3 條即列舉不適用本法之機關及事項如下：

　　一、各級民意機關。

　　二、司法機關。

　　三、監察機關。

　　下列事項，不適用本法之程序規定：

　　一、有關外交行為、軍事行為或國家安全保障事項之行為。

　　二、外國人出、入境、難民認定及國籍變更之行為。

　　三、刑事案件犯罪偵查程序。

　　四、犯罪矯正機關或其他收容處所為達成收容目的所為之行為。

　　五、有關私權爭執之行政裁決程序。

　　六、學校或其他教育機構為達成教育目的之內部程序。

　　七、對公務員所為之人事行政行為。

　　八、考試院有關考選命題及評分之行為。

　　行政程序法之適用範圍，兼採機關及事項雙重規定原則。然司法機關處理非訟事件，監察機關處理公職人員財產申報（有罰鍰及爭訟救濟）仍有行政程序法之適用的需要。而事項中對公務人員之人事行政行為，如免職，亦有本法之適用。故此項規定有斟酌修訂之必要。

---

❶　Richard J. Pierce, et al., *Administrative Law and Process*, pp. 228–231.

第四節　各國行政程序法立法例

行政程序的法典化，多集中在歐陸國家，此外，二次戰後美國、日本亦相繼制定行政程序法。以下略述主要國家法制概況❷。

一、奧　國

奧地利的行政程序，除一九二五年制定的一般行政程序法外，尚有行政程序施行法、行政罰法、行政執行法，以及有關公務員法及租稅執行等行政程序法，係採多元程序法典化體系。以一般行政程序而言，其主要內容包括：㈠本法以行政機關作成行政處分為核心，規定行政官署及當事人程序權利等有關法制；㈡言詞審理得依職權或當事人聲請為之，官署對於聲請之准駁有裁量權；㈢採用簡易程序，不須舉行言詞審理；㈣行政救濟途徑，包括普通途徑（提起與訴願相當的「上告」）與特別途徑（回復原狀及再審），以及對無法提起救濟之裁決，於兼顧既得利益及避免公益重大損害之條件下，仍得予以變更。

二、瑞　士

瑞士於一九六八年制定，翌年施行的行政程序法，將行政程序分別為兩部分加以規定，即作成及執行行政處分之程序、訴願程序，亦分別稱為非爭訟程序與爭訟程序。其要點為：㈠規定適用範圍：聯邦政府以下各級官署、營造物、公企業、委員會及受委託行使公權力團體；各邦最高級官署執行聯邦法律時，亦部分適用本法；㈡非爭訟程序，包括作成行政處分之手續，如聽審、意見陳述等；㈢行政執行手續；㈣爭訟程序，即訴願程序（採二級制；除以原處分機關之直接上級機關為訴願受理機關外。對各邦政府之處分，經聯邦政府為訴願決定仍有不服者，得向聯邦議會訴願。國會受理訴願是瑞士獨特的制度）。

---

❷　吳庚，《行政法之理論與實用》，11 版，頁 556～562。

三、德 國

德國於一九七六年五月二十五日完成行政程序法的立法工作，翌年一月一日生效。該法「內容之複雜為各國立法例之冠」，適用之行政作用，除行政處分外，尚包括公法契約、行政計畫確定之手續等，尤其在行政實體法上的問題，如行政處分之種類、附款、存續力、無效與得撤銷之區別、公法契約之類型等作創設性之規定，最為特出。將各種行政作用之作成區分為正式程序與非正式程序，凡經正式程序（以聽取當事人陳述，通常為言詞辯論是必備手續），得向行政法院提起訴訟，不須經訴願先行程序，亦為特色之一。

四、日 本

日本行政程序法（即行政手續法）的立法，時輟時續；一九五二年國會議員曾提出國家行政運營法草案，惜因國會解散，未作實質審查即廢棄。一九六四年的草案，只適用於行政處分及其他行使公權力行為，不包括行政命令、行政契約等。一九八三年草案則受西德體制影響，將適用範圍擴及命令制定程序、行政計畫等程序。一九九三年草案則縮小適用範圍，僅適用於行政處分、行政指導與申報三項，並以此完成立法。而對地方自治團體之行政處分及申報亦適用本法，行政指導則以為求因地制宜而排除適用❸。

五、美 國

美國於一九四六年公布行政程序法 (Administrative Procedure Act)，歷經多次修訂，主要規定法規制定、裁決、行政制裁及司法審查之正當程序，於行政部門並設置行政法法官。行政程序法制頒後，更有資訊（情報）自由法（一九六六年）、聯邦諮詢委員會法（一九七二年）、隱私權法（一九七四年）以及政府陽光法（一九七六年）等相關法制配合，形成人民權利保障的整體體系。

---

❸ 塩野宏，《行政法⑴》，頁 255。

第五節　行政程序之當事人

一、當事人之概念

行政程序當事人，是指行政程序開始進行或已開始進行，即取得或已具有程序法上法律地位之人，享有當事人權利。實體法上之利害關係人，並非當然成為程序法之當事人，必須依法律之規定或行政機關之表示，作為行政決定之相對人、申請人或申請之相對人，取得程序地位，或作為其他利害關係人而通知其參與行政程序，始能成為行政程序之當事人❹。行政程序法第 20 條明列行政程序之當事人，有以下六種：

⑴申請人及申請之相對人。

⑵行政機關所為行政處分之相對人。

⑶與行政機關締結行政契約之相對人。

⑷行政機關實施行政指導之相對人。

⑸對行政機關陳情之人。

⑹其他依本法規定參加行政程序之人。

具有當事人地位者，始享有本法所定屬於當事人之各種權利，諸如委任代理人、申請公務員迴避、提出證據或申請調查證據、申請閱覽卷宗及取得資料、陳述意見、參與聽證等。如為利害關係人則不能享有與當事人同等之權利。至於人民或團體，得提議訂定法規命令，但並非屬行政程序法上之當事人。

二、當事人能力及主體

當事人能力指有參與行政程序，作為該行政程序當事人之能力。無當事人能力者，固然不得作為合法之當事人，但並非不能成為行政程序之當事人。亦即當事人能力與「正當當事人」或「當事人適格」不同。例如非法人團體，對其法律上不能享有之權利，申請行政機關作成授益處分，雖

---

❹　陳敏，《行政法總論》，頁 679。

不具有當事人能力，但於該申請而啟動之行政程序，仍為當事人，具有「當事人地位」。唯經主管機關依職權調查，發現申請者非「當事人適格」應予駁回。

依行政程序法第 21 條規定，具有當事人能力之主體包括：㈠自然人；㈡法人；㈢非法人之團體設有代表人或管理人者；㈣行政機關；㈤其他依法律規定得為權利義務之主體者。本法之規定除採權利主體原則外，亦將行政機關（有當事人能力，但非權利主體）包括在內，故兼採機關原則 ❺。

三、程序行為能力

行政程序之行為能力，係指在行政程序中，得為法律行為之能力，如作成表示、接受表示或設定代理人。行政程序行為能力與訴訟能力相當。依行政程序法第 22 條之規定，有行政程序行為能力者包括上開當事人能力之主體。無行政程序行為能力者，應由其法定代理人代為行政程序行為。外國人依其本國法律無行政程序之行為能力，而依中華民國法律有行政程序之行為能力者，視為有行政程序之行為能力。

當事人如不願參與行政程序，得委任代理人為之。每一當事人委任之代理人，不得逾三人。代理權之授與，及於該行政程序有關之全部程序行為。行政程序代理人應於最初為行政程序行為時，提出委任書。代理權授與之撤回應經通知行政機關始生效力。

第六節　行政程序之開始及進行

一、行政程序之開始

行政程序法第 34 條規定：「行政程序之開始，由行政機關依職權定之。但依本法或其他法規之規定有開始行政程序之義務，或當事人已依法規之規定提出申請者，不在此限。」可知行政程序之開始有三種情形：

1. 依法律規定之義務而開始：如主管機關依有關稅法而為稅捐稽徵，

---

❺　吳庚，《行政法之理論與實用》，頁 576。

依兵役法規定而為徵集兵役。

2.本於行政機關之職權：即依職權發動，亦即由行政機關為裁量決定程序之發動，如選擇適當時候拆除違建。

3.基於人民之申請：如人民提出營業執照之申請，依法開始處理程序。「當事人依法向行政機關提出申請者，除法規另有規定外，得以書面或言詞為之。以言詞為申請者，受理之行政機關應作成紀錄，經向申請人朗讀或使閱覽，確認其內容無誤後由其簽名或蓋章」（同法第35條）。

二、迴　避

(一)自行迴避

行政程序發動前或開始後，公務員有本法第32條明定事項，應自行迴避：㈠本人或其配偶、前配偶、四親等內之血親或三親等內之姻親或曾有此關係者為事件之當事人時。㈡本人或其配偶、前配偶，就該事件與當事人有共同權利人或共同義務人之關係者。㈢現為或曾為該事件當事人之代理人、輔佐人者。㈣於該事件，曾為證人、鑑定人者。

(二)申請迴避

公務員有上述各款情形而不自行迴避；或有足認其執行職務有偏頗之虞的具體事實者，當事人得向該公務員所屬機關申請迴避。公務員有上述各款情形不自行迴避，而未經當事人申請迴避者，應由該機關依職權命其迴避。

三、程序之開展──調查事實及證據

(一)職權調查原則

行政機關應依職權調查證據，不受當事人主張之拘束，對當事人有利及不利事項一律注意。當事人於行政程序中，除得自行提出證據外，亦得向行政機關申請調查事實及證據。但行政機關認為無調查之必要者，得不為調查。亦即在職權調查原則之外，不排除當事人亦得向行政機關「申請調查證據」為輔助，但行政機關並不受其申請之拘束。

㈡調查之方法及程序

1.調查後得「製作書面記錄」。2.行政機關得通知相關人到場「陳述意見」。3.行政機關得要求當事人或第三人「提供必要之文書，資料或物品」。4.行政機關得選定適當之人為「鑑定」。5.並得實施「勘驗」。6.「採證」，斟酌全部陳述與調查事實及證據之結果，依論理及經驗法則判斷事實之真偽。

四、資訊公開

基於國民主權原則，遵循公正、公開及民主之程序，是我國行政程序法首揭之立法目的。近年來政府建立各種陽光法案，如政府資訊公開法，即在求行政資訊公開透明，行政程序合理正當以提高行政行為之品質。專利法中有各種「於專利公報公告」、「充分揭露」說明書及圖式（第84條、第126條）等規定。而政府資訊公開制度，附隨而來的是人民申請閱覽卷宗的權利。同時，行政機關及人員應遵守「禁止片面接觸原則」。依行政程序法「總則」章第七節「資訊公開」以及政府資訊公開法之有關規定，要點如次：

㈠行政資訊以公開為原則，限制為例外❻

㈡行政機關應主動公開其持有或保有之資訊——主動公開資訊制度

政府應主動公開之資訊有：1.條約、對外關係文書、法律、緊急命令、中央法規標準法所定之命令、法規命令及地方自治法規。2.政府機關為協助下級機關或屬官統一解釋法令，認定事實及行使裁量權而訂頒之解釋性

---

❻　行政程序法第44條第1項。惟本法第44條、第45條，於本法94年12月28日修正時已刪除。而依第44條第三項規定，政府資訊公開及限制之法律，應於本法公布二年內完成立法。政府資訊公開法草案於91年9月13日經行政院核定送立法院審議，立法院卻先通過國家機密保護法，法務部（於92年1月15日）指稱這種立法順序與內涵為德不卒（www.ptcg.gov.tw/home 3920115.htm）。政府資訊公開法則至94年12月28日公布。

規定及裁量基準。3.政府機關之組織、職業、地址、電話、傳真、網址及電子信件信箱帳號。4.行政指導有關文書。5.施政計畫、業務統計及研究報告。6.預算、決算書。7.請願之處理結果及訴願之決定。8.書面之公共工程及採購契約。9.支付或接受之補助。10.合議制機關之會議紀錄（按行政程序法第 45 條已於九十四年十二月二十八日行政程序法修正公布後刪除。上開條文為政府資訊公開法，立法院於九十四年十二月二十八日公布，第 7 條之規定）。

至於公開之方式，依規定：政府資訊之主動公開，除法律另有規定外，應斟酌公開技術之可行性，選擇其適當之下列方式之：

1.刊載於政府機關公報或其他出版品。

2.利用電信網路傳送或其他方式供公眾線上查詢。

3.提供公開閱覽、抄錄、影印、錄音、錄影或攝影。

4.舉行記者會、說明會。

5.其他足以使公眾得知之方式。

前條第 1 項第 1 款之政府資訊，應採前項第一款之方式主動公開（政府資訊公開法第 8 條）。

(三)申請閱覽卷宗——被動公開資訊制度

當事人或利害關係人得向行政機關申請閱覽、抄寫、複印或攝影有關資料或卷宗。但以主張或維護其法律上利益有必要者為限。行政機關對前項之申請，除有下列情形之一者外，不得拒絕：

1.行政決定前之擬稿或其他準備作業文件。

2.涉及國防、軍事、外交及一般公務機密，依法規規定有保密之必要者。

3.涉及個人隱私、職業秘密、營業秘密，依法規規定有保密之必要者。

4.有侵害第三人權利之虞者。

5.有嚴重妨礙有關社會治安、公共安全或其他公共利益之職務正常進行之虞者（本法第 46 條第 1 項）。

此外，依政府資訊公開法第 18 條之規定，政府資訊屬於下列各款情形

之一者，應限制公開或不予提供之：

1.經依法核定為國家機密或其他法律、法規命令規定應為秘密事項或限制，禁止公開者。

2.公開或提供有礙犯罪之偵查、追訴、執行或足以妨害刑事被告受公正之裁判或有危害他人生命、身體、自由、財產者。

3.政府機關作成意思決定前，內部單位之擬稿或其他準備作業。但對公益有必要者，得公開或提供之。

4.政府機關為實施監督、管理、檢（調）查，取締等業務，而取得或製作監督、管理、檢（調）查，取締對象之相關資料，其公開或提供將對實施目的造成困難或妨害者。

5.有關專門知識，技能或資格所為之考試、檢定或鑑定等有關資料，其公開或提供將影響其公正效率之執行者。

6.公開或提供有侵害個人隱私、職業上秘密或著作權人之公開發表權者。但對公益有必要或為保護人民生命、身體、健康有必要或經當事人同意者，不在此限。

7.個人、法人或團體營業上秘密或經營事業有關之資訊，其公開或提供有侵害該個人、法人或團體之權利、競爭地位或其他正當利益者。但對公益有必要或為保護人民生命、身體、健康有必要或經當事人同意者，不在此限。

8.為保存文化資產必須特別管理，而公開或提供有滅失或減損其價值之虞者。

9.公營事業機構經營之有關資料，其公開或提供將妨害其經營上之正當利益者。但對公益有必要者，得公開或提供之。

㈣禁止片面接觸原則

公務員與當事人於行政程序中，除基於職務上之必要外，不得與當事人或代表其利益之人為行政程序外之接觸（程序外禁止接觸原則）。公務員與當事人或代表其利益之人為行政程序外之接觸時，應將所有往來之書面文件附卷，並對其他當事人公開。接觸非以書面為之者，應作成書面紀錄，

載明接觸對象、時間、地點及內容（本法第 47 條）。

五、期日與期間

行政程序為適用公法行為之程序；考量公法關係之特殊性、避免與民法規定有爭議，並加強保障人民的權益，行政程序法於「總則」章第八節特設「期日與期間」之規定。其要點如次：

㈠期間之起算

期間以時計算者，即時起算。期間以日、星期、月或年計算者，其始日不計算在內。但法律規定即日起算者，不在此限。

㈡期間之末日

期間不以星期、月或年之始日起算者，以最後之星期、月或年與起算日相當日之前一日為期間之末日。但以月或年定期間，而於最後之月無相當日者，以其月之末日為期間之末日。期間之末日為星期日、國定假日或其他休息日者，以該日之次日為期間之末日；期間之末日為星期六者，以其次星期一上午為期間末日。

㈢期間涉及人民之處罰或其他不利行政處分者

其始日不計時刻以一日論；其末日為星期日、國定假日或其他休息日者，照計。但如以休息日之次日或其次星期一上午為末日，對人民有利者，則仍予以延後。

㈣回復原狀之申請期間

因天災或其他不應歸責於申請人之事由，致基於法規之申請不能於法定期間內提出者，得於其原因消滅後十日內，申請回復原狀。如該法定期間少於十日者，於相等之日數內得申請回復原狀。

㈤人民申請案件之處理期間

行政機關對於人民依法規之申請，除法規另有規定外，應按各事項類別，訂定處理期間公告之。未依規定訂定處理期間者，其處理期間為二個月。行政機關未能於前二項所定期間內處理終結者，得於原處理期間之限度內延長之，但以一次為限（如遇天災或其他不歸責原因則停止處理期間

之進行)。本法將人民申請案件之處理期間，限定為二個月，為我國行政機
關之行政程序設定明確規範，並配合行政訴訟法增設課予義務訴訟新制，
應有助於提高行政效率。

六、聽證程序

　　聽證於行政程序法中，具有特殊而關鍵性的地位。本法規定，行政機
關基於調查事實及證據之必要，得以書面通知相關人陳述意見；作成限制
或剝奪人民自由權利之行政處分前，除已依法通知相對人陳述意見，或決
定舉行聽證者外，應給予該處分相對人陳述意見之機會；訂定法規命令，
得依職權舉行聽證；對特殊的行政計畫，確定裁決時，亦應經公開及聽證
程序。行政程序法上重視人民的聽證權 (right of hearing) 可見一斑。依「總
則」章第十節之規定，一般行政程序聽證原則要點如次：

㈠聽證之通知

　　聽證前，應以書面通知當事人及其他已知的利害關係人；若涉及公眾
所關注或眾多利害關係人，並應公告。如依法規規定，舉行聽證應預先公
告者，行政機關應於政府公報或以其他適當方法公告之。應通知或公告之
事項，包括聽證之事由及依據、當事人之姓名或名稱及其住居所、事務所
或營業所等，並包括「缺席聽證之處理」。依行政程序法立法精神，不採強
制聽證制度。而聽證期日及場所之決定，應視事件之性質，預留相當期間，
便利當事人或其代理人參加。

㈡聽證之進行

　1.聽證之主持人

　　聽證，由行政機關首長或其指定人員為主持人，必要時得由律師、相
關專業人員或其他熟諳法令之人員在場協助之。

　2.得於聽證期日前舉行預備聽證

　3.聽證之原則

　　除法律另有規定外，聽證應公開以言詞為之。如「一、公開顯然有違
背公益之虞者。二、公開對當事人利益有重大損害之虞者」，主持人得依職

權或當事人之申請，決定全部或一部不公開。而所以以言詞為之，乃為維護當事人地位平等，促進證據完整呈現之故。

4.聽證以主持人說明案由為開始

5.聽證當事人之權利

當事人於聽證時，得陳述意見、提出證據，經主持人同意後並得對機關指定之人員、證人、鑑定人、其他當事人或其代理人發問。

6.聽證當事人之異議權

當事人認為主持人於聽證程序進行中所為之處置違法或不當者，得即時聲明異議。主持人認為異議有理由者，應即撤銷原處置，認為無理由者，應即駁回異議。

7.聽證紀錄之作成

⑴聽證應作成聽證紀錄。聽證紀錄應載明到場人所為之陳述、發問要旨及其提出之文書證據，並記明當事人所提聲明異議之事由及主持人對異議之處置。聽證紀錄得以錄音、錄影輔助之。⑵聽證紀錄當場製作完成者，由陳述或發問人簽名或蓋章；未當場製作完成者，由主持人指定日期、場所供陳述或發問人閱覽，並由其簽名或蓋章。如陳述或發問人拒絕簽名、蓋章或未於指定日期、場所閱覽者，應記明其事由。⑶陳述或發問人對聽證紀錄之記載有異議者，得即時提出。主持人認異議有理由者，應予更正或補充；無理由者，應記明其異議。

㈢聽證之終結

主持人認當事人意見業經充分陳述，而事件已達可為決定之程度者，應即終結聽證。聽證終結後，決定作成前，行政機關認為必要時，得再為聽證。

美國行政聽證，包含以下一些要素：㈠由行政法法官主持。㈡當事人諮商的權利。㈢呈現證據的權利。除書面外，當事人有權利以口頭陳述證據。㈣交叉詰問的權利。但此項權利非無限的，當事人謹具充分而非無限的權利。㈤舉證責任。於此對法院而言，是說服的責任；對當事人而言，是生產證據的責任。㈥證據標準。證據應達到民事訴訟「證據優勢」原則，不僅是「更有可能性」而已。㈦證據法則。排除不相干、不具體、不當重

複的證據，並排除傳聞。㈧職權告知當事人有關卷證上未呈現的具體事實❼。

第七節　行政處分之作成程序

行政程序法第二章有關行政處分之作成程序，要點如下：

一、書面行政處分之作成

㈠行政處分除法規另有要式之規定者外，得以書面、言詞或其他方式為之

以書面以外方式所為之行政處分，其相對人或利害關係人有正當理由要求作成書面時，處分機關不得拒絕。

㈡書面行政處分應記載之內容

包括處分相對人之各項基本資料；主旨、事實、理由及其法令依據；有附款者，附款之內容；處分機關及其首長署名、簽章，該機關有代理人或受任人者，須同時於其下簽名；發文字號及年、月、日；表明不服本處分之救濟方法、期間及其受理機關。

㈢書面處分得不記明理由之情形

依行政程序法第 97 條之規定包括：1.未限制人民之權益者。2.處分相對人或利害關係人無待處分機關之說明已知悉或可知悉作成處分之理由者。3.大量作成之同種類行政處分或以自動機器作成之行政處分依其狀況無須說明理由者。4.一般處分經公告或刊登政府公報或新聞紙者。5.有關專門知識、技能或資格所為之考試、檢定或鑑定等程序。6.依法律規定無須記明理由者。

㈣通　知

書面之行政處分，應送達相對人及已知之利害關係人；書面以外之行政處分，應以其他適當方法通知或使其知悉。一般處分之送達，得以公告或刊登政府公報或新聞紙代替之。

---

❼　Keith Werhan, op. cit., pp. 203–205.

(五)更　正

行政處分如有誤寫、誤算或其他類此之顯然錯誤者，處分機關得隨時或依申請更正之。

二、經意見表達作成之行政處分

行政機關於行政程序中，行使公權力作成行政行為，如對相對人法律上之利益產生影響，應給予其對程序、程序標的、應作成之決定及其事實基礎，乃至於重要之法律觀點等表示意見之機會（法律聽審原則）。從而司法聽證 (judicial hearing) 乃被應用於行政行為的作成。唯行政程序之聽證雖與訴訟程序之言詞辯論相當，二者仍有不同。我國行政程序上之聽證，係任意的言詞辯論，行政訴訟則為必要的言詞辯論；行政處分之作成非以聽證所得為唯一依據，行政法院之判決則必須依據言詞辯論之結果；在行政程序中，未參與聽證之公務員仍得主導或參與行政處分之作成，行政訴訟則為直接審理。茲依行政程序法相關規定述要如下❽。

(一)經意見陳述作成之行政處分

作成行政處分不以經過聽證程序為常態，但於不必舉行聽證時，仍負有聽取陳述之義務。行政機關作成限制或剝奪人民自由或權利之行政處分前，除已依第 39 條規定，通知處分相對人陳述意見，或決定舉行聽證者外，應給予該處分相對人陳述意見之機會。但法規另有規定者，從其規定。但有下列各款情形之一者，行政機關得不給予陳述意見之機會：1.大量作成同種類之處分。2.情況急迫，如予陳述意見之機會，顯然違背公益者。3.受法定期間之限制，如予陳述意見之機會，顯然不能遵行者。4.行政強制執行時所採取之各種處置。5.行政處分所根據之事實，客觀上明白足以確認者。6.限制自由或權利之內容及程度，顯屬輕微，而無事先聽取相對人意見之必要者（此即「免除聽取陳述義務之條款」）。

(二)經聽證作成之行政處分

行政機關於作成行政處分時，1.法規明文規定應舉行聽證者；2.行政

---

❽　陳敏，《行政法總論》，頁 700；吳庚，《行政法之理論與實用》，頁 607～609。

機關認為有舉行聽證之必要者，應舉行聽證。諒以我國公務員習於片面作成決定，視聽證或言詞辯論為畏途，處此行政文化，行政程序法乃採最低限度規範，僅於第 108 條明列兩項舉行聽證之事由。

㈢經聽證作成之行政處分的實益效果

不服經聽證作成之行政處分，其救濟程序，免除訴願及其先行程序（本法第 109 條）。

聽證，具有催化劑、信息接收與引起注意的功能❾。而經由聽證的「正式裁決」，如同行政審訊 (administrative trial)，是檢察及審判人員的重要職掌。其主要內涵是調查法律執行是否違反授權法及規章的責任問題。美國大法官有指出，此程序結合法律之執行及裁決，並提供個人公平的聽證。聯邦最高法院肯定行政部門此職權與權力分立原則是協同的、不相衝突的。Withrow v. Larkin (1975) 一案，最高法院堅信應給人民公正裁決者以及依循正當程序的權利。而美國行政程序法規範「正式裁決」，更反映國會努力於兼顧行政效率與程序公平❿。

第八節　送　達

送達為行政程序重要步驟之一，由行政機關依職權為之。其方式主要有由行政機關自行送達以及由郵政機關送達兩種。行政機關之文書依法規以電報交換、電傳文件、傳真或其他電子文件行之者，視為自行送達。由郵政機關送達者，以一般郵遞方式為之。但文書內容對人民權利義務有重大影響者，應為掛號。有關要點如次：

一、送達人

文書由行政機關自行送達者，以承辦人員或辦理送達事務人員為送達人；其交郵政機關送達者，以郵務人員為送達人。

---

❾　Stephen Breyer，《規制及其改革》，頁 466～477。

❿　Keith Werhan, *Principles of Administrative Law*, 2008, pp. 191–192.

二、送達之處所

送達，於應受送達人之住居所、事務所或營業所為之。但在行政機關辦公處所或他處會晤應受送達人時，得於會晤處所為之。對於機關、法人、非法人之團體之代表人或管理人為送達者，應向其機關所在地、事務所或營業所行之。但必要時亦得於會晤之處所或其住居所行之。應受送達人有就業處所者，亦得向該處所為送達。

三、補充送達與留置送達

於應送達處所不獲會晤應受送達人時，得將文書付與有辨別事理能力之同居人、受雇人或應送達處所之接收郵件人員，此為補充送達。如此類人員與應受送達人在該行政程序上利害關係相反者，不適用之。又應受送達人或其同居人、受雇人、接收郵件人員無正當理由拒絕收領文書時，得將文書留置於應送達處所，以為送達，是為留置送達。

四、寄存送達

送達於無法送達至法定處所，或不能為補充送達或留置送達時，得將文書寄存送達地之地方自治或警察機關，並作送達通知書兩份，一份黏貼於應受送達人住居所、事務所、營業所或其就業處所門首，另一份交由鄰居轉交或置於該送達處所信箱或其他適當位置，以為送達。於此情形，由郵政機關為送達者，得將文書寄存於送達地之郵政機關。寄存機關自收受寄存文書之日起，應保存三個月。

可知，寄存送達是補充送達或留置送達的後續進一步的送達方式。亦即必須先行經由補充送達或留置送達，於不能達成時，始得為寄存送達。不得一開始即逕以寄存送達為政府文書的送達方式。

五、公示送達

㈠公示送達之原因

對於當事人之送達，有下列各款情形之一者，行政機關得依申請，准為公示送達（行政程序法第78條）：

1. 應為送達之處所不明者。

2. 於有治外法權人之住居所或事務所為送達而無效者。

3. 於外國或境外為送達，不能依第86條之規定辦理或預知雖依該規定辦理而無效者。

有前項所列各款之情形而無人為公示送達之申請者，行政機關為避免行政程序遲延，認為有必要時，得依職權命為公示送達。當事人變更其送達之處所而不向行政機關陳明，致有第1項之情形者，行政機關得依職權命為公示送達。

另依行政訴訟法第81條規定公示送達之事由，與上開行政程序法第78條同。而實務上，應送達之文書如送予被告之通知答辯書，由行政法院書記官保管，被告得隨時到院領取。

㈡公示送達之方式

公示送達應由行政機關保管送達之文書，而於行政機關公告欄黏貼公告，告知應受送達人得隨時領取；並得由行政機關將文書或其節本刊登政府公報或新聞紙。

㈢公示送達之生效日期

公示送達自公告於行政機關公告欄之日起，其刊登於政府公報或新聞紙者，自最後刊登之日起，經二十日發生效力；於外國或境外為送達者，經六十日發生效力。

一般交通類的罰單之送達增訂「寄存送達」，對違規戶直接將罰單張貼於其住家門口（「適當位置」），期防止當事人以「拒收」或「沒收到」避開交通處罰。交通裁決書之送達，往往因當事人住址變更而遭退回，亦將以公示送達處理。至於停車繳費通知單為觀念通知，非處分書，因此仍維持

將單據放置於汽車擋風玻璃，採行留置送達，不須採公示送達。行政程序法之施行，對於人民之生活與法制認知，以及行政機關之作業方式，產生一定的調整與提升作用。

第九節　對法規命令之提議

行政程序法上，不僅於各種行政行為作成過程規定人民參與的權利，如陳述意見、參與聽證、閱覽卷宗等，更於第四章「法規命令及行政規則」中，賦予人民有提議訂定法規命令之權。其有關規定（第 152 條、第 153 條）要點如次：

一、法規命令之提議：法規命令之訂定，除由行政機關自行草擬者外，並得由人民或團體提議為之。

二、提議之方式：法規命令之提議，應以書面敘明其目的、依據及理由，並附具相關資料。

三、提議之處理原則：㈠非主管之事項，應移送有管轄權之機關，並通知當事人。㈡依法不得以法規命令規定之事項，附述理由通知原提議者。㈢無須訂定法規命令之事項，附述理由通知原提議者。㈣有訂定法規命令之必要者，著手研擬草案。

民國七十年代初期，立法院人民請願案，成為法案的增多，其中以「請求修改法律」的原因最多，其次「請求修改稅法」，再次是「請求制定法律」。而「請求修改法律」又以「現行法顯有缺失應即修正」為成案主因❶。

第十節　行政計畫之確定程序

一、行政計畫之意義

行政計畫，係指行政機關為將來一定期限內達成特定之目的或實現一定之構想，事前就達成該目的或實現該構想有關之方法、步驟或措施等所為之設計與規劃（行政程序法第 163 條）。實際上，行政計畫具有目標設定

❶　吳萬得，《立法院人民請願案之研究》，臺北：經世書局，1985 年，頁 190。

及手段綜合之特性，為達成其目標而運用各種手段及資源，並調和各種公益與私益之一種行政作用。

二、行政計畫程序確定適用之範圍

依行政程序法第 164 條第 1 項規定，涉及多數不同利益之人及多數不同行政機關權限者，確定其計畫之裁決，應經公開及聽證程序，並得有集中事權，提高行政效率之效果，其範圍包括❶:

㈠有關一定地區土地之特定利用

如都市計畫、區域計畫、土地重劃、都市更新等。

㈡重大公共設施之設置

如大眾捷運系統、航空站、水庫、電廠等的興建。

行政程序法本條規定，適用「計畫確定程序」之行政計畫，須具備三個要件，即:

⑴計畫內容須涉及一定地區土地之特定利用或重大公共設施之設置。亦即在處理具體事件之專案規劃者。

⑵計畫之作用及其措施，涉及多數不同利益之人。

⑶計畫之事務涉及多數行政機關之權限，因而須透過單一之計畫確定程序，加以確定之必要。

三、行政計畫確定之程序

依行政程序法第 164 條第 2 項之規定，行政計畫之擬訂、確定、修訂及廢棄之程序，由行政院另定之。惟行政院尚未制定有關法制，目前只能依據「行政院所屬各機關年度施政計畫編審辦法」、「行政院所屬各機關中長程計畫編審辦法」以及區域計畫法、都市計畫法等個別法律為規劃。有關確定之程序要有:

---

❶ 廖義男，〈計畫確定程序規範之探討〉，《台灣本土法學》，第一期，1999 年 4 月，頁 20～36。

㈠計畫之提出

如都市計畫之市計畫，由市政府擬定；國道公路路線之規劃由交通部擬定是。

㈡計畫之公開

如都市計畫法第 19 條第 1 項規定，主要計畫擬定後，應於地方政府或公所公開展覽三十天，並將公開展覽之日期及地點登報周知，任何公民或團體得在公開展覽期間內以書面向該管政府提出意見。

㈢聽證之舉行

依行政程序法第 164 條第 1 項，一定地區之土地特定利用，即應舉行聽證，並適用本法第一章第十節之有關規定。

㈣計畫之裁決

如都市計畫由各級政府所設都市計畫委員會審議決定。此確定計畫之裁決，為行政處分。具有「核准作用」（是公權力作用）、「集中事權作用」（以單一窗口處理多階段處分）及「形成作用」（具有創設權利義務之作用）多面向的性質。

㈤計畫之變更

行政計畫得變更之，並應依原計畫之確定程序進行。

四、行政計畫之救濟途徑

行政計畫適用「計畫確定程序」者，其確定或裁決既為行政處分，因此其救濟得適用訴願及行政訴訟方式。

第十一節　陳情之處理程序

陳情案件，過去依據行政院（於六十二年一月三日發布，八十四年十月修正）頒布之「行政機關處理人民陳情案件要點」處理。今行政程序法將陳情案件之處理法典化，有確保人民基本權益之用意。行政程序法設第七章「陳情」加以規範。

陳情係人民對於行政興革之建議、行政法令之查詢、行政違失之舉發

或行政上權益之維護，得向主管機關表示陳明。陳情得以書面或言詞為之；以言詞為之者，受理機關應作成紀錄，並向陳情人朗讀或使閱覽後命其簽名或蓋章。陳情人對紀錄有異議者，應更正之。

一、迅速確實的處理原則

行政機關對人民之陳情，應訂定作業規定，指派人員迅速、確實處理之。人民之陳情有保密之必要者，受理機關處理時，應不予公開。

二、有正當程序之處理步驟

受理機關認為人民之陳情有理由者，應採取適當之措施；認為無理由者，應通知陳情人，並說明其意旨。受理機關認為陳情之重要內容不明確或有疑義者，得通知陳情人補陳之。

三、陳情之事項得提起行政爭訟

陳情之事項，依法得提起訴願、訴訟或請求國家賠償者，受理機關應告知陳情人。就陳情此項性質而言，與請願（應依法提起訴願或訴訟之事項不得請願）有別。

第十二節　行政程序法述評

美國行政法學主要包含實體法（呈現各種行政目的）與程序法。而其行政法則聚焦於行政程序，這樣可以使行政機關保持在國會設定的軌道上運行。行政程序法（聯邦行政程序法與模範州行政程序法）更被視為行政法之法源（此外包括司法審查）❸，其重要性可見一斑。

一、法典化的意義

我國行政法學在實務上，法理上建基於歐陸法系的傳統法學（如德國係以權力行政為中心），重視實體法輕程序法。因之，以英國「自然正義」

---

❸　Paul S. Dempsey, *Administrative Law*, pp. 1–2.

及美國「正當法律程序」為基礎之行政程序理念難以形塑建立。行政程序法典化工作，自民國六十年代之提議，至八十八年一月十五日立法院完成三讀通過，二月三日總統公布，並訂於九十年一月一日起施行，立法過程歷經多年。其間版本不次更迭，包括行政院研考會（六十六年）、經建會（七十九年）、法務部（八十三年）、行政院（八十四年）等各次草案以及立法委員多種提案，意見紛陳。行政程序法的制定，政府各相關部門交替接手，參考各方論點，揉合各國法制，從戒嚴時期跨進解嚴回歸民主憲政時期，此項立法為我國行政民主化及現代化提供見證。

二、本法的性質

我國行政程序法共八章，一百七十五條條文，除有統一立法，完成法典化的意義外，本法具有以下性質：

㈠本法係普通法

行政程序法具有普通法之地位，從本法第 3 條第 1 項規定：「行政機關為行政行為時，除法律另有規定外，應依本法規定為之」，可以清楚明瞭行政程序法之補充其他相關法律之功用。此種補充功用，例如都市計畫之主要計畫或細部計畫如何擬定、核定及公布，應依都市計畫法有關規定，但有關一定地區土地之特定利用或重大公共設施之設置，都市計畫法無聽證程序之規定，自應適用行政程序法。本法為行政程序設定了「最低限度之程序保障標準」。而所謂「本法另有規定」，係指在本法所規範之各種行政作用之程序外，排除本法之適用。例如行政執行（行政上強制執行）及行政罰等程序，即排除本法之適用。

㈡本法兼具實體規範

本法雖為程序法典，然有關行政法之一般法律原則、機關管轄、當事人、行政處分之成立、效力及無效原因、行政契約之種類及要件等實體規定，猶占重要分量（其有關條文約占三分之一以上）。行政程序法實兼具程序與實體規範之性質，甚至粗具「行政實體法總則」之性質。尤以行政程序核心的聽證及意見陳述過於簡陋，不免顯露重實體而輕程序之法律文化

之傳統。

三、本法的缺失

㈠行政程序的理念亟待落實

　　理論上，行政程序包含三個基本理念：「權利利益保護程序」、「一般國民參加程序」與「公正公開程序」。其中，最重要者為「權利利益保護程序」，而落實此一理念之核心程序之聽證，依我國行政程序法則操縱在行政機關的裁量（第 107 條），非採義務條款之規定。至於「一般國民參加程序」（如國民有法規命令訂定之提議權）與「公正公開程序」（如確定重大行政計畫程序之公開），相關制度規定更顯薄弱欠缺❹。我國公務人員習慣作片面之決策，視聽證或言詞辯論為畏途，本法原有意建立最低度必要之言詞辯論（行政機關作成課予義務或其他不利益行政處分前，該處分相對人得申請舉行聽證）即遭刪除，而聽取相對人意見陳述義務更訂有免除條款（第 103 條），行政程序之精華可謂喪失殆盡。聽證之範圍侷限於第 107 條舉行聽證之規定，其參與決策、保障人權及維持行政處分之正確性等意義，應能深刻體認❺。重要決定上，行政機關應多運用聽證（一〇一年七月國家通訊傳播委員會為一項媒體重大併購案舉行的是公聽會而非聽證）。

㈡規範範圍過於廣泛

　　我國行政程序法自第二章至第七章，分別規範行政處分、行政契約、法規命令及行政規則、行政計畫、行政指導、陳情等，涵蓋項目頗多，幾乎集各先進國家體例之大成。其中，將行政命令納入規範，與一般先進國家（美國例外）立法例不合，也和我國命令受立法機關監督之法制重疊雜沓。再如設行政指導專章，尤引發見仁見智的議論，以其無強制規範力，一旦人民相信行政指導致生權利受損害之爭議，如何賠償或補償❻。至於

---

❹　參考蔡秀卿，〈行政程序法制定之意義與課題〉，《月旦法學雜誌》，50 期，1999
　　年 7 月，頁 18～33。

❺　吳庚，《行政法之理論與實用》，頁 605。

❻　陳新民，《行政法學總論》，頁 441。

陳情「僅屬人民發動行政權行使之誘因，並非行政作用之方式，列為適用
對象，不外遷就行政作業之現實情況」❶，因行政院曾經頒布「行政機關
處理人民陳情案件要點」。察考我國法制，將行政命令納入規範，係仿效美
國；將行政計畫列入規範對象，是德國所獨有；日本列入行政指導猶有其
特殊的文化背景。我國擷取各國體例，未及考量行政機關文化心態的調適，
其施行成效不免令人質疑。

(三)組織結構必需配合

　　行政程序法典化歷經多年，終於完成，然而迄今行政機關的組織結構
的配合仍有落差，而為論者所擔心。具體言之，聽證主持人的素養、協調
溝通的技巧，法制及政策分析的能力，乃至程序專責單位或人員等，都亟
需培育型塑建立。今天，在電子化政府及學習型組織的趨勢下，行政程序
相關組織結構的調適，猶需齊頭並進。今政府資訊公開法之條文，已出現
「磁碟」、「光碟片」、「網址」、「電子郵件信箱帳號」、「檢索」等資訊電子
化的概念。而在經由「網際網路之公民參與機制」，人民對法規命令之提議、
陳情案件的處理、聽證、公文（處分）書的送達方式（如寄存送達與公示
送達）等，都需要因應改進其程序，以兼顧電子化科技的便利與隱私權的
維護。再如政府資訊主動公開，除了何種資訊公開之外，最重要的問題是
採用何種方式公開。依據政府資訊公開法第 8 條之規定，公開的方式中包
括利用電信網路傳送或其他方式供公眾線上查詢，一向都少有研討論述❶，
是值得注意的課題。

(四)忽視非正式的行政程序

　　行政程序法提出經由聽證作成行政處分的正式程序，正式程序固然有
其重要性，但是與非正式程序比較，以非正式程序為取捨原則，絕大部分
的行政行為是由非正式程序作成❶。在公共政策、專業及速度要件之背景，
論者盛讚非正式程序，重協商溝通，指其為「行政程序的命脈」❷。

---

❶　吳庚，《行政法之理論與實用》，頁 605～606。

❶　劉孔中，前文。

❶　湯德宗，《行政程序法論》，頁 65。

　　以美國環境保護署的法規制定為例，其一般主要法規制定主要程序包括：㈠內部準備及提議：約十八至二十個月；㈡公開評論：約六個月；㈢公開評論及最後成案：約十六個月。至於少數主要法規，得採協商式法規制定 (Negotiated Rulemaking) 程序。由於這類法規制定受當事人影響，而關係人不多，並可經由協商而各獲利益，故得採取此程序。其時程如次：㈠開始內部作業：約三個月；㈡評估：約四點五個月；㈢協商：約六個月；㈣公開評論：約三個月；㈤分析及公布：約十個月。經由此程序制定之法規，注重相關利益團體之參與，相當程度排除專業與非授權原則受到法院審查之比例，遠低於傳統法規制定程序百分之八十五，法院審查較受限制❷⓵。

　　我國行政程序法在二者間，倚重倚輕，顯然忽略非正式程序。「事實行為」、「行政指導」以及「行政處分」等行政作用上，有關非正式程序之規範應多做思考。如意見陳述，已被認定為重要的非正式程序。

---

❷⓿　Phillip Cooper, *Public Law and Public Administration*, 2000, p. 273.

❷⓵　Stephen G. Breyer and Richard B. Stewart, op. cit., pp.606–611。

Part 行政救濟 4

第四篇　行政救濟

　　行政救濟是矯正行政違法行為的機制。狹義上，行政救濟特別指訴願及行政訴訟；廣義上，更包括陳情、聲明異議、請願，以及國家賠償和補償等。

　　從當事人關係觀察，訴願與行政訴訟係人民與行政機關對立攻防的程序，故又稱行政爭訟。而其爭訟之目的則在尋求權利受侵害時之補救，乃稱之為行政救濟。

　　訴願與行政訴訟是行政救濟的核心，其標的主要是包括行政處分在內的公權力措施。我國行政救濟至八十七年訴願法、行政訴訟法大幅增修而提昇效能。

第一章　概　說

一、行政救濟的意義

　　法治國家以依法行政為基本原則，行政機關的行政行為，應依據法規，或在法規範圍內活動，但行政人員適用法規，不可能盡美盡善，而針對其違法或不當，應許人民請求矯正，並對人民所受損害加以賠償，凡此相關方法，是為行政救濟。狹義的行政救濟即訴願及行政訴訟，以人民與行政機關間，就有無人民指摘事實，通常係處於一爭議狀態，因此，可稱為「行政爭訟」。行政救濟則除狹義的行政救濟外，猶包含無爭訟狀態的請願、陳情等其他救濟方法❶。

二、行政救濟的功能

　　行政救濟的功能有以下幾方面：

---

❶　陳敏，《行政法總論》，頁 1105。

(一)保障人民權益

人民提起行政爭訟，旨在冀望所受損害得以回復、補償，並將違法之行政處分撤銷或變更。行政救濟對於人民權益之保障，具有直接而有效的作用。我國憲法不僅明列人民各項自由權利，更明定重要的行政救濟權如訴願及行政訴訟。語云有權利就有救濟，行政救濟是人民的權利，也是確保人民權利的重要手段。

(二)實現法治行政目的

依法治行政原則，為防止違法不當行政行為的發生，國家對行政機關職權的行使，建立各種制度加以監督和限制。惟在實際上行政機關或人員仍不免有違法不當的措施發生，致人民權利受到損害，遇有此種情事發生，給予受害人民透過行政救濟制度，獲得直接申訴的機會，揭發行政機關或人員違法濫權行為，促使公務員經常保持守法的警惕，確保行政權行使之合法性。行政救濟制度實有助於建立法的安定原則，實現法治行政的目的。

(三)加強監督與矯正措施

行政救濟制度，對因行政機關違法不當行為受到損害的人民，授予申訴與舉發的權利，然後由有權機關對有關的爭議案件加以審查與覆審違法不當的情事，並作適當的矯正，以增進行政措施的合法性與合理性，故行政救濟制度實為一種直接而有效的監督措施。

(四)維護政府及公權力威信

行政爭訟制度與普通訴訟制度不同，在此種制度中，國家一方面為當事人，另一方面又是裁判者，因此其立場應公正無私。如行政機關措施確有違法不當情事，國家自不能予以袒護，對於人民權益則應力求保全。反之，如行政機關措施，並無違法不當情事，則應就爭議案件予以澄清，對行政機關措施予以全力支持。如此以公正守法、審慎客觀的態度處理行政爭訟，自有助於政府威信的樹立，維護行政上公權力之尊嚴。

(五)促進行政司法化

行政爭訟制度具有行政司法的性質，其所採程序及處理案件的方法與態度，均與一般行政機關所作單方行為不同，著重於吸收司法制度的精神，

使行政爭訟獲得合法合理的裁決。如訴願為主要行政訴訟之先行程序，有認為訴願應為行政訴訟的「第一審」；訴願審議機關（訴願會）相當於「準司法機關」。

(六)提高行政效率

行政權作用對效率的要求極為重視，因而對行政爭訟的解決，不宜循普通司法訴訟途徑，以免拖延時日，使行政法關係處於不確定狀態，影響業務的處理。而採用行政救濟制度，部分管轄權歸屬行政機關，適用簡易程序審理，與行政效率的要求相符合，爭訟問題得以迅速獲得解決，對雙方當事人均屬有利。

三、行政救濟的特性

行政救濟制度由來已久，係大陸法系國家法律制度的一部分，行政救濟和民事訴訟劃分是大陸法系國家的特徵❷。行政救濟制度起源於法國，它是行政機關為處理人民不服行政機關之行為引起的法律上爭議而設置，所以法國的行政法院實際上是在行政機關內部的組織，有其特殊的歷史背景。論者研討行政救濟制度的特性，有以下要點❸：

1. 權利性

語云有權利就有救濟；行政救濟不僅是人民的權利，也是一種救濟權利的機制。

2. 法定性

我國憲法明定人民有請願、訴願及訴訟之權（第16條），並且制定專門法律加以保障。

3. 彌補性

行政救濟本質上在糾正矯治行政機關的違失行為，並對權利受損害之

---

❷　翁岳生，〈我國行政救濟制度之展望〉，《軍法專刊》，1 期，第 37 卷，1991 年 1 月，頁 2～5。

❸　楊解君、溫晉鋒，《行政救濟法——基本內容及評析》，南京大學出版社，1997 年出版，頁 18～21。

人民予以補救，具有彌補性特質。

4. 監督性

行政救濟包括訴願與行政訴訟兩個主要途徑，訴願係由行政機關自我監控的制度；行政訴訟則係經由外在的司法機關加以審理的制度。故行政救濟包括自律與他律的監督。

5. 責任性

行政救濟係由政府負起監控行政行為，並對受害人民予以賠償之責任。

第二章　聲明異議

聲明異議，係人民因行政處分違法或不當，而致權利或利益受有損害，向原處分機關請求撤銷或變更之意思表示。此項行政救濟制度，由原處分機關先行自我省察糾正，期能以速辦速結之簡易程序，解決爭執。

一、聲明異議制度要點

依現行有關法制，聲明異議之提起及處理，有關規定如次：

㈠聲明異議的要件

1. 聲明異議須為法律所容許

聲明異議事關人民權利之救濟及公權力運作，必須依行政，有法律依據。如法律有不得提出異議之特別規定者，自不得聲明異議。

2. 聲明異議須於法定期間內為之

法律規定提出異議之期間，不盡相同：有規定於處罰通知送達後七日內提起者，如藥物藥商管理法、動物藥品管理法、飼料管理法等是；有規定於收到處分書後十日內者，如海關緝私案件；有規定於收到海關填發稅款繳納證之日起十四日內者，如關稅案件；有規定於處罰通知送達十五日內提出異議，申請復核者，如藥事法（第 99 條第 1 項）；有規定於繳納期間屆滿或核定稅額通知書送達三十日內者，如稅捐之申請復查是；有規定於接到證明書或通知書後三十日內或審定書送達之次日起三十日內者，如對免役、禁役、緩徵、緩召核定之申請複核；專利法（第 48 條）發明專利申請人對於不予專利之審定不服者，得於審定書送達後二個月內具備理由書，申請再審查。商標之註冊有違法者，任何人得於商標註冊公告日後三個月內向專責機關提出異議（商標法第 48 條）。

3. 聲明異議不須經先行程序或提供擔保

如稅捐方面申請復查，過去規定須先繳納一定稅款、保證金或提供相當擔保，司法院釋字第 224 號解釋（七十七年四月二十二日公布），已宣告

稅捐稽徵法等此類規定違背憲法精神，自該解釋公布之日起，至遲於二年屆滿時失其效力。故此項提出之程序規定已不再適用。

　　4.提出異議須具書面為之

　　依各項法律規定聲明異議，須以書面，記載事實及理由，故為要式行為。例如稅捐申請復查、專利請求再審查、商標提出異議者；關稅向海關聲明異議，請求復查以及海關緝私向原處分海關聲明異議等是。提出異議既須備具書面，其未以書面，而以口頭提出者，必須補行提出書面。

㈡申請人

　　提出異議之申請人，除專利法對於公告中發明、新型或新式樣，任何人於具有法定原因，得向主管機關提出異議，請求再審查；通常商標之異議事件，須具有利害關係人之身分始得提起。此外，一般聲明異議，須因行政處分違法或不當，而致權利或利益受損害者始得聲請。

㈢聲明異議的處理

　　關於聲明異議之處理，第一、應由專責委員或委員會掌理。如專利再審查時，專利局長應指定未經審查原案之審查委員審查之。法律亦有規定應由委員會為之者，如遺產及贈與稅復查案件交由復查委員會、關稅案件應設置稅則分類估價評議會審查即是。

　　第二、聲明異議之處理程序，應首就程序上審查，是否合乎法定要件，如法律規定不得提出異議者，自不許其提出；其合於法定程序者，始就實體上加以審理。至於實體之審理，法律殊少特為規定，大抵均與原處分採同一之程序。從有關法律，如所得稅聲明異議所為之復查程序，如飭申請人提出各種帳簿文據，或命承辦人調查有關課稅資料，或通知申請人到達辦公處所備詢，或囑託公私組織提供證明文件參考，與原處分程序類似。

　　第三、關於處理異議之期間，一般稅務案件，應於接到申請書後二個月內復查決定；關稅法規定，海關應於接到異議書後十二日內將該案重行審核，其轉呈關務署評定者，至多以二個月為評定期限。

　　第四、至於聲明異議之決定，稅捐稽徵法規定，對申請複查應作成決定書通知納稅義務人，而如何決定尚乏明文；關稅法則規定海關重行審核，

認為有理由者，應變更原核定之稅則號別或完稅價格；認為無理由者，應加具意見，連同該案呈請上級機關轉呈關務署評定。海關緝私受處分人不服緝私案件之處分，應於收受處分書後三十日內申請復查。海關於收到異議書後，經審核認為有理由者，應撤銷原處分或另為適當之處分；認為無理由者，維持原處分，並以書面通知受處分人。對於決定書之內容，專利暨商標異議審定書應記載理由，而其他法律對於處理異議之期限、以及決定書之內容，多未加以規定，悉由原處分機關裁量。

二、聲明異議之特質

根據以上分析，可知聲明異議為：

㈠係對於行政不服之意思表示，屬工具性權益。聲明異議旨在保障有關目的性之權利，堪稱為公法上之權利保護請求權。

㈡以人民為主體。聲明異議為人民受公權力之損害，請求救濟之權利，故以一般人民（包括自然人、法人及其他設有管理人或代表人之團體）為請求之主體。

㈢聲明異議係以中央或地方之行政機關為請求之對象。

㈣聲明異議係對於行政處分表示不服。

㈤聲明異議乃以行政處分違法或不當為請求之理由。

㈥聲明異議係因自己之權利或利益遭受行政處分之損害。

㈦聲明異議通常應備有書面，載明事實及理由。

㈧聲明異議旨在請求撤銷或變更原行政處分，以謀救濟。

三、聲明異議之名稱

聲明異議，或稱「異議」，由立法機關規定其方式，其名稱亦頗多不一，例如：

㈠異　議

商標法（第 48 條）規定任何人對商標註冊得提出異議。性別工作平等法（第 34 條）規定僱主、受僱者或求職者對地方主管機關所為之處分有異

議時，得申請審議或逕行提起訴願。土地徵收條例（第 22 條）規定權利關係人對土地徵收有關公告事項，得以書面提出異議。

㈡聲明異議

海關緝私條例（第 47 條）即稱之。

㈢再審查

專利法（第 48 條）規定不服專利之審定者向專利權責機關提出再審查。

㈣申請復查

稅捐稽徵法（第 35 條）規定，納稅義務人對核定稅額通知書所載之稅額，提出申請復查。

㈤申　復

集會遊行法（第 16 條）規定，對主管機關不予許可、許可限制事項、變更許可事項之通知，得提出申復。發明專利申請案經主管機關「不予專利之審定」，主管機關為此審定前，應通知申請人限期申復（專利法第 46 條）。

㈥複　核

兵役法施行法（第 40 條）規定，對於免役、禁役、緩徵等之核定不服者，得請求複核即是。

㈦聲明不服

依行政程序法第 98 條規定：「處分機關未告知救濟期間或告知錯誤未為更正，致相對人或利害關係人遲誤者，如自處分書送達後一年內聲明不服，視為於法定期間內所為。」

㈧評　議

金融消費者保護法規定，消費者爭議事件經向金融服務業提出申訴後，當事人不接受其處理結果，得申請評議（第 14 條）。

四、訴願與聲明異議的比較

比較聲明異議與訴願主要的異同點如次：

㈠相同之點

1. 救濟之目的相同

兩者均為人民因行政措施侵害權益，表示不服，而請求救濟的方法。

2. 決定之效力相同

聲明異議係依各相關行政法提出，行政機關負有受理審查並作決定的義務，其決定之效力，與訴願相同，皆為行政處分。

㈡相異之點

1. 受理機關

聲明異議係向原處分機關提出，亦即以原處分機關為受理機關。而訴願則以由原處分機關的上級機關為管轄（審理）機關。聲明異議表現行政機關「自我審查」性質，頗為明顯，而與訴願之為「層級管轄」有別。

2. 提出時限

聲明異議係依據各別法規的規定，其時限長短不一；而訴願的時限依訴願法的規定，為處分書到達後的三十日內。

3. 提出方式

聲明異議的提出方式，各依相關法令之規定；而訴願則須依訴願法規定應繕具訴願書，具備統一的格式。

4. 先後關係

程序上，依法律規定，訴願有先行程序者，如聲明異議，則訴願應踐行此程序方得提起。

五、聲明異議之評論

歸納聲明異議的缺失或問題要有：㈠聲明異議的用語應統一。㈡提起之期間，宜統一為三十天。㈢應由受理之機關設置特設委員會審理，以集思廣益而收客觀判斷之效。㈣審理程序宜明確，並予人民有言詞陳述的機會。㈤處理異議期間以及如何提出訴願，應有一致的明確規定。

聲明異議係我國特殊的行政救濟制度。聲明異議是依個別行政法規定是否應提起，並且大部分是訴願的先行程序。因此，我國行政救濟（爭訟）

成為聲明異議、訴願與行政訴訟多層級。唯我國憲法上未規定此項救濟方法，究竟聲明異議之採行，是多一道手續，形成對訴願的不必要限制，抑或多一道手續，多一層保障，減少上級機關的負荷，增進行政效能，尚難定論❶。

再者，聲明異議畢竟是我國傳統的行政救濟制度，至（民國七十七年四月二十二日公布）釋字第224號解釋，方指出此一制度的合憲性問題。該號解釋宣告各項稅法，包括稅捐稽徵法，規定核定之稅款應先行繳納部分稅款或保證金或提供擔保始得為之，限制人民行政救濟的機會，違背憲法精神，有關規定，自該解釋公布之日起二年內失其效力。聲明異議制度的存廢再度受到檢討。

近年來，由於行政程序法的立法、行政執行法的修訂，聲明異議的救濟功能，顯現其重要性。例如：㈠行政程序法第63條第1項：「當事人認為主持人於聽證程序進行所為之處置違法或不當，得即聲明異議。」第99條：「對於行政處分聲明不服，因處分機關未為告知或告知錯誤致向無管轄權之機關為之者，該機關應於十日內移送有管轄權之機關，並通知當事人。前項情形，視為自始向有管轄權之機關聲明不服。」㈡行政程序法第114條第3項：當事人因行政行為之補正致未能於法定期間內聲明不服者，其期間之遲誤視為不應歸責於當事人之事由，其恢復原狀期間自該瑕疵補正時起算。㈢行政執行法（九十四年六月二十二日修訂公布）第9條：「義務人或利害關係人對執行命令、執行方法、應遵守之程序或其他侵害利益之情事，得於執行程序終結前，向執行機關聲明異議。」

---

❶ 李震山，《行政法導論》，2012年，頁541～542。

第三章 訴 願

第一節 概 說

一、訴願的意義

依訴願法第 1 條與第 2 條第 1 項之規定，訴願之意義可列述如次：

1. 人民對於中央或地方機關之行政處分，認為違法或不當，致損害其權利或利益者，得依本法提起訴願。

2. 各級地方自治團體或其他公法人對上級監督機關之行政處分，認為違法或不當，致損害其權利或利益者，亦得依本法提起訴願。

3. 人民因中央或地方機關對其依法申請之案件，於法定期間內應作為而不作為，認為損害其權利或利益者，亦得提起訴願。

訴願 (administrative appeal)，為人民對中央或地方機關之違法或不當之行政處分，致其權利或利益受損害時；或因中央或地方機關對於人民依法申請之案件，於法定期限內應作為而不作為，致損害人民之權利或利益者；請求原處分機關之上級機關或該原處分機關本身，依據一定程序，審查該處分之當否，而為一定決定之一種救濟方法。訴願由行政機關管轄，是行政（裁決）權的作用。對撤銷訴訟而言，訴願且構成行政訴訟的先行程序。

二、訴願的性質

訴願本質上屬行政程序。訴願為正式（法定）的救濟手段，可謂在立憲主義盛行之前就已存在。及至行政法院成為行政爭訟事件之終審機關，提起行政訴訟（撤銷訴訟）前，訴願則為先行程序，是稱「訴願前置主義」。而訴願與行政訴訟分別隸屬不同系統，訴願屬行政權作用，為行政程序；行政訴訟則屬司法權作用，為司法程序。依行政程序法之規定，凡經正式手續（如舉行聽證）作成之行政處分，提起行政訴訟者，無須經過訴願先

行程序。我國訴願制度與歐陸國家之「異議」相類似，為行政程序之性質。

唯揆諸我國行政爭訟體系，訴願前聲明異議之先行程序在訴願法修改時猶未見減少，行政救濟自聲明異議起，經訴願至行政訴訟（二審二級制），形成四級的漫長爭訟，違背國家行為應符合效能的要求。行政機關對創設聲明異議制度上，應知所節制，不影響人民行使憲法第 16 條行政爭訟的權利❶。

傳統上，訴願為行政訴訟的前置程序，是十九世紀下半葉起源於南德意志各邦及奧地利，經由日本傳至我國。而體制上，各國則有不同。日本以行政不服審查法加以規範；英國以行政法庭或稱行政裁判所處理類似訴願的申訴案件；美國獨立管制委員會之裁決程序，相當於訴願程序，有稱「行政法官制度」。德國則以「異議審查或異議」取代過去的訴願（其異議審查或可稱是由聲明異議與訴願兩部分組成）。奧地利體制與我國相近，對行政處分聲明不服或提起異議後，得「上告」，此「上告」與訴願相當。瑞士亦採訴願制度，其行政程序法僅規範行政處分與訴願兩種程序。法國是最早採行政救濟制度的國家，亦有類似我國的聲明異議（善意救濟）及訴願（層級救濟），二者合稱「行政救濟」。法國的訴願形成任意制，對行政處分得不經過訴願程序，逕提行政訴訟。中國大陸則有「行政復議」的採行。

訴願與行政訴訟係針對行政處分違法或不當之救濟，為傳統的主要行政爭訟方法。其範圍較國家賠償法嚴格認定。再者，有些救濟方法不稱訴願，但比照訴願辦理，如公務人員保障法中的「復審」（有「實質訴願」之稱）；技師、會計師懲戒之覆審決議（「實質上相當於最終之訴願決定」，參考司法院大法官釋字第 295 號解釋）等是。當事人對其決定不服，仍可續行提起行政訴訟尋求救濟。

---

❶ 吳庚，《行政法之理論與實用》，11 版，頁 635；《行政爭訟法論》，6 版，頁 376。

三、訴願的功能

訴願為我國憲法保障的人民權利之一，也是重要的行政救濟途徑。司法院釋字第 295 號解釋理由書，曾說明：「憲法保障人民有訴願權，其目的在使為行政處分之機關或其上級機關自行矯正其違法或不當處分，以維護人民之權益」，可知訴願更屬行政機關內部「自我審查的救濟程序」。簡言之，訴願具有以下主要功能❷：

1. 解決公法上爭議

訴願係針對人民與行政機關之爭訟事件為裁決，不處理私法事件。

2. 減輕行政法院之負擔

訴願案件經過具有專業能力的訴願會「初審」，即可減少案件，亦可減免行政法院法官從事非其專長的專業判斷。訴願對行政訴訟有互補關係。

3. 維持法規的正確適用

訴願為行政機關內部「自我審查的救濟程序」，並經由撤銷或變更違法或不當的行政處分，維持法規的正確適用。

4. 確保行政的妥當性、合目的性

基於權力分立原則，行政法院運用司法權，其審理行政訴訟注重行政處分之合法性審查，而有關行政處分是否符合立法目的，政府政策等之妥當性、合目的性審查，則是訴願審理之重點。

5. 保障人民權益

訴願不僅是人民的權利，更為人民的救濟權，其提起訴願畢竟是以維護權益，免受公權力侵害為職志。故訴願為憲法為第二章人權條款所列舉的基本人權之一。

第二節　訴願法修訂後的特色

於八十七年十月二十八日修正公布之訴願法，將原有二十八條條文擴充為一百零一條，訴願法制已有重大變革。而此際，行政訴訟法與行政執

---

❷　翁岳生主編，《行政法》，頁 1061；吳庚，《行政爭訟法論》，頁 283～284。

行法的修正以及行政程序法的立法，都同時進行，訴願體制融合進步的觀念。這次訴願法之修正，其主要特色如次❸：

一、刪除再訴願，縮短行政救濟層級

為配合行政訴訟法之修訂，將行政訴訟改採二審二級制，訴願法修訂後，刪除再訴願，縮短行政程序之訴願手續，增加人民所信賴之司法程序之行政訴訟審級。

二、改變訴願受理方式，增加行政機關自省功能

訴願書改經由原處分機關向訴願管轄機關提起，如此，原處分機關得盡快自省原處分是否妥當合法，及時更正違法不當之行政處分，訴願人亦不致誤認訴願管轄機關（依舊法規定，訴願應向原處分機關之上級機關提起）。

三、擴大訴願主體之範圍，增益提起救濟的機會

新訴願法，將提起訴願之主體「人民」明定為自然人、法人、非法人之團體或其他受行政處分之相對人及利害關係人；甚至地方自治團體及其他公法人，如權利受侵害時，亦得為訴願之主體，提起訴願。

四、增設參加制度，維護利害關係人之權益

訴願事件涉及多數人時，經由共同訴願或訴願參加，並給予因訴願決定而受不利益影響之利害關係人參與訴願程序，表達意見，以維護其權益。

五、採當事人參與原則，得申請閱覽卷證及言詞辯論

舊制的訴願程序採書面審理原則，例外始行辯論，不利於事證之查明。今則允許訴願人、參加人或訴願代理人得請求閱覽原處分機關所提起之證

---

❸ 陳敏，《行政法總論》，頁 118～119；陳清秀，《行政訴訟法》，頁 182～183；林騰鷂，《行政法總論》，頁 586～588。

據資料。受理訴願機關必要時得通知訴願人、參加人或利害關係人陳述意見或與原處分機關派員為言詞辯論。

六、改進訴願會組織，強化其中立地位與專業性

新訴願法明定各級政府所設訴願審議委員會，委員中社會公正人士、學者及專家不得少於二分之一；訴願會所需承辦人員，由機關首長就本機關職員中具有法制專長者調派之。訴願會掌理訴願事件之審議，強化其中立地位與專業性。

七、增設情況裁決制度，平衡公私利益

新訴願法參考日本立法例，增設情況裁決，於違法或不當行政處分撤銷或變更，對公益有重大損害時，斟酌訴願人所受損害、賠償程度、防止方法及其他一切情事後，得駁回其訴願，並指示原處分機關與訴願人進行協議賠償。旨在兼顧公、私利益，使訴願之救濟合情合理。

八、合併審議及決定，促進訴願制度的效能

修正後訴願法規定，合併提起之數宗訴願係基於同一或同種類之事實或法律上之原因者，受理訴願機關得合併審議，並得合併決定。在行政救濟日益增加的情況下，如此改進，有助於訴願的經濟化與效能的提升。

九、附記救濟方式，加重訴願管轄機關的責任

規定訴願決定書應附記「如不服決定，得於決定書送達之次日起二個月內向高等行政法院提起行政訴訟」。對於得提起行政訴訟之訴願決定，因訴願決定機關附記錯誤，向非管轄機關提起行政訴訟，該機關應於十日內將行政訴訟書狀連同有關資料移送管轄行政法院，並即通知原提起行政訴訟之人。明定附記錯誤之後果，以加重訴願管轄機關之責任，促進訴願的功能。

十、增列再審程序，確保人民權益

在有一定之事由時，訴願人、參加人或其他利害關係人，得對已確定之訴願決定，向原訴願決定機關聲請再審，以確保訴願改為一審一級制後人民的救濟權。

十一、增訂「課予義務訴願」，發揮訴願功能

修訂後，新訴願法引進「課予義務訴願」，亦即人民對於依法申請的案件，於遭行政機關駁回或怠為決定時，得提起訴願，請求行政機關作成一定行政處分（訴願法第 2 條、第 82 條）。增訂此項救濟方法，彌補過去僅有撤銷訴願的缺失❹。

「總體而言，新（訴願）法在訴願程序的精緻化以及內容的充實上，作了許多重要而進步的修正，相信新法的實施，必能提高保障人民權益的功能」❺。

第三節　訴願之一般規定

有關訴願之一般規定（總則規定），舉述其要如次：

一、訴願事件

訴願事件，係指人民得提起訴願者，係機關之何種行政作用之事件？就此，各國規定之法制不一，有採列舉主義者，列舉事件之各種類型，有採概括主義者，規定事件之性質。我國訴願法第一章總則第一節有關訴願事件之規定，採概括主義。依本法第 1 條（二項）及第 2 條之規定要有三項：

---

❹　翁岳生，〈台灣近年來行政法之發展〉，《法令月刊》，3 期，第 52 卷，2001 年 3 月，頁 3～11。

❺　同上。

㈠為違法或不當之行政處分致損害權益事件

人民對於中央或地方機關之行政處分，認為違法或不當，致損害其權利或利益，得依本法提起訴願。但法律另有規定者，從其規定。訴願之客體，僅限於行政處分；且行政處分之相對人或利害關係人之第三人，提起訴願時，須主張其權利或利益受損害。至如法律有明文規定，則不受上開限制；如專利法規定，有些專利權之舉發事件任何人皆可為之，即是例外。

㈡為違反作為義務之消極行為

人民因中央或地方機關對其依法申請之案件，於法定期間內應作為而不作為，認為損害其權利或利益者，亦得提起訴願。前項期間法令未規定者，自機關受理申請之日起為二個月（訴願法第 5 條）。此類消極不作為，視同行政處分，提起訴願，如遭決定駁回，得依行政訴訟法（第 5 條）提起課予義務訴訟，請求作成行政處分❻。而所以限定二個月之依法處理申請案件期限，乃配合行政程序法（第 51 條）之規定。

㈢自治監督機關違法或不當之行政處分

各級地方自治團體或其他公法人對上級監督機關之行政處分，認為違法或不當，致損害其權利或利益者，亦同。此項規定，擴大行政處分及訴願人之涵義，明白表示包括自治監督機關之處分以及地方自治團體或其他公法人。

二、訴願人（提起訴願之人）

㈠訴願主體為人民

依訴願法之規定，訴願人有以下種類：

1.自然人、法人、非法人團體

依訴願法第 18 條規定：「自然人、法人、非法人之團體或其他受行政處分之相對人及利害關係人得提起訴願。」其中，自然人包括外國自然人；法人包括外國法人。至於法人應由其代表人提起訴願；非法人團體應由其管理人為訴願行為。亦即提起訴願之人不以自然人或本國人為限。

---

❻　吳庚，《行政爭訟法論》，頁 386。

2.地方自治團體、其他公法人

各級地方自治團體或其他公法人對上級監督機關之行政處分，認為違法或不當，致損害其權利或利益者，亦得提起訴願。縣（市）鄉鎮（市）及農田水利會提起訴願，亦應由其代表人為之（至於省政府於民國八十七年「精省」後，如尚有行使地方自治權限之事項，依司法院釋字第467號解釋，仍有公法人地位，自得提起訴願，惟實際上鮮有可能）。

㈡訴願人不以行政處分之相對人為限

按訴願法及相關法規，對於訴願人不加限制之行政法規甚少，僅商標法（第46條、第50條），專利法（第41條、第46條），「任何人」皆可依訴願法指摘行政處分違法或不當。其次，訴願人不以相對人為限，利害關係人亦得提起訴願，此大多涉及行政處分對第三人生效之情形，如相鄰事件（建築物開有門窗之外牆面或設有雨遮、陽臺之外線，其與鄰地境界線間之距離不合於規定；享有公用地役之鄉近居住人，於其公用地役關係之存在否有質疑；防火巷被占用不能通過等情事，鄰地居住人可依訴願法提起訴願），或同業競爭事件等❼。再次，公法人，如地方自治團體，是否得提起訴願，須視其是否「立於準私人地位」（或「立於與人民同一地位」）而受行政處分而定（司法院三十四年院解字第2990號解釋）。所謂「人民」應包括行政機關或鄉鎮自治機關，基於與人民同一之地位而受違法不當之行政處分者在內（行政法院七十六年判字第642號）。鄉、鎮依都市計畫法皆享有擬定都市計畫之「計畫公權」，若遭受侵害者，自得以權利人身分主張其權利受損害而請求救濟❽。

㈢共同訴願人

二人以上得對於同一原因事實之行政處分，共同提起訴願。共同訴願之提起，以同一機關管轄者為限。例如建築物之共有人不服稽徵機關對該建築物之房屋稅復查之決定，而向同一稽徵機關提起訴願，允許共同提起訴願，乃為達訴願經濟之目的。共同提起訴願，得選定其中之一至三人為

❼ 參閱李震山，《行政法導論》，2005年，頁495～496。

❽ 廖義男，《公共建設與行政法理》，1994年；參閱李震山，同上，頁498～499。

代表人。未選定代表人者，受理訴願機關得限期通知其選定，逾期不選定，並得依職權指定之。經選定或指定共同訴願代表人，即得代表全體訴願人為訴願行為，但撤回訴願，須經全體訴願人書面同意。代表人有二人以上者，均得單獨代表訴願人為訴願行為。代表人經選定或指定後，仍得予以更換或增減；惟此一更換或增減，非以書面通知受理訴願機關不生效力。

㈣**參加訴願人**

訴願參加為新訴願法增設的制度。依訴願法第 28 條之規定，訴願參加有兩種形態，並分別有其條件要求：

第一、訴願參加（輔助參加、利害相同之參加）。其要件如次：

⑴參加訴願人須與訴願人利害關係相同。例如主管機關為開發工業區，分批徵收土地，土地所有權人對地價補償偏低不服，提起訴願；第二批徵收對象之鄰地所有權人，與訴願人即屬利害關係相同，得參與訴願❾。⑵須為訴願人利益而參加，因參加人職在輔助訴願人為一切訴願行為。⑶須經受理訴願機關允許參加，或由受理訴願機關依職權命其參加。

第二、必要（必須）參加。其要件如次：

⑴訴願決定因撤銷或變更處分，足以影響第三人權益。例如某甲申請商標，其提出之商標與已註冊之商標構成近似；如某甲之申請案經主管機關核駁不准註冊，甲提起訴願，若受理訴願機關以其訴願有理由而撤銷原核駁之處分，於決定前即應通知原已註冊之商標專用人參加即是。⑵第三人將受不利益之後果。訴願決定如發生此一後果，始有通知第三人參加之必要❿。⑶受理訴願機關應依職權通知參加人，並副知訴願人。

訴願決定對於參加人亦有效力。經受理訴願機關通知其參加或允許其參加而未參加者，亦同。

㈤**訴願代理人**

「訴願人或參加人得委任代理人進行訴願。每一訴願人或參加人委任之訴願代理人不得超過三人」（訴願法第 32 條）。訴願代理人與代表人不同，

---

❾　吳庚，《行政爭訟法論》，頁 408。

❿　同上，頁 409。

本身無利害關係，僅係代訴願人為訴願行為之人。有關訴願代理人主要規定如下：

(1)訴願代理人之資格：①律師；②依法令取得與訴願事件有關之代理人資格；③具有該訴願事件之專業知識者；④因業務或職務關係為訴願人之代理人者；⑤與訴願人有親屬關係者。

(2)訴願代理人之委任及解除委任手續：①訴願代理人應於最初為訴願時，向受理訴願機關提出委任書，以證明其受委任；②如解除對訴願代理人之委任，應由訴願人、參加人或訴願代理人以書面通知訴願受理機關。

(3)訴願代理人之權能：①訴願代理人就其受委任之事件，得為一切訴願行為，但撤回訴願，非受特別委任不得為之。②訴願代理人有二人以上者，均得單獨代理訴願人。③訴願代理人得為各種陳述，包括法律上及事實上之陳述，其中就事實之陳述，經到場之訴願人本人即時撤銷或更正者，不生效力。

(六)其他得參加訴願之人

除了參加訴願人，訴願法（於第 41 條）引進輔佐人制度，規定：①輔佐人偕同到場的義務：訴願輔佐人乃訴願人、參加人或訴願代理人於言詞辯論期日，偕同到場輔佐其為訴願行為之第三人。②輔佐人之參加訴願：輔佐人參與訴願，應由被輔佐者向受理訴願機關申請許可；受理訴願機關認為必要時，例如訴願人或參加人欠缺陳述能力又未委任代理人時，亦得依職權命其偕同輔佐人到場。輔佐人之資格，受理訴願機關認為不當者，得隨時撤銷其許可或禁止其續為輔佐人。③輔佐人陳述之效力：輔佐人到場所為之陳述，訴願人、參加人或訴願代理人不即時撤銷或變更者，視為其所自為。

比較上述各種訴願人，訴願輔佐人僅具輔助地位，本身與訴願系爭標的無利害關係。輔佐人與代理人之具資格條件並代理訴願之提起職務上也不同。

三、訴願之管轄

有關訴願事件之管轄，訴願法（八十九年六月十四日修正公布）第 4 條至第 13 條規定如次：

㈠基本管轄（層級管轄）

訴願事件以原處分機關之上級機關管轄為常態，因之訴願法第 4 條首先列舉依行政系統確定訴願事件之管轄：

1. 不服鄉（鎮、市）公所之行政處分者，向縣（市）政府提起訴願。

2. 不服縣（市）政府所屬各級機關之行政處分者，向縣（市）政府提起訴願。

3. 不服縣（市）政府之行政處分者，向中央主管部、會、行、處、局、署提起訴願。

4. 不服直轄市政府所屬各級機關之行政處分者，向直轄市政府提起訴願。

5. 不服直轄市政府之行政處分者，向中央主管部、會、行、處、局、署提起訴願。

6. 不服中央各部、會、行、處、局、署所屬機關之行政處分者，向各部、會、行、處、局、署提起訴願。

7. 不服中央各部、會、行、處、局、署之行政處分者，向主管院提起訴願。

8. 不服中央各院之行政處分者，向原院提起訴願。

上述規定，將「精省」後的省政府排除其為管轄機關，這是因為省政府對縣（市）之監督權限已大幅縮減，且省政府已成為中央派出機關，省已非自治團體之故。而第八款不服中央各院之行政處分者，向原院提起訴願，則是層級管轄由上級機關管轄之例外。

至於獨立（管制）機關，國家通訊及傳播、公平交易及中央選舉等委員會，對其處分不服，則向行政院提起訴願。即比照部、會，以行政院為訴願管轄機關。

㈡比照管轄

除基本管轄外，對其他行政機關之行政處分提起訴願，並按其管轄等級，比照基本管轄決定其管轄機關。例如對經濟部國際貿易局之行政處分不服，應向經濟部提起訴願；對新北市政府某地政事務所之處分不服，其訴願事件之管轄機關為臺北縣政府等是。

㈢共為處分之管轄

訴願法第6條規定，對於二以上不同隸屬或不同層級之機關共為之行政處分，應向其共同之上級機關提起訴願。例如直轄市政府與縣政府為開發地方共同作成行政處分，不服者應向有事務管轄權的中央部、會（環保署）提起訴願，即為不同層級機關共為處分之管轄。

㈣委託事件之管轄

1.無隸屬關係之機關間委託事件之管轄

因此委託所為之行政處分，視為委託機關之行政處分，其訴願之管轄，比照基本管轄，向原委託機關或其直接上級機關提起訴願。例如考選部將臺灣省基層公務人員特種考試委託臺灣省政府辦理試務及分發工作，錄取人員不服臺灣省政府之處分，應視同原委託機關考選部之處分，以其上級機關為訴願管轄機關。

2.受委託行使公權力之團體或個人之委託事件之管轄

在此委託關係，對受託團體或個人以其名義所為之行政處分，其訴願之管轄機關為委託機關。海基會為行政院大陸委員會的受託團體，以處理海峽兩岸人民互動事件為任務，海基會在此委託關係所為之處分，相對人如提起訴願，委託機關大陸委員會是管轄機關。

㈤委任事件之管轄

委任係存在於上下級機關間的關係，不僅行政事務交付下級機關，且依法將公權力委由下級機關行使。依訴願法第8條之規定，有隸屬關係之下級機關依法辦理上級委任事件所為之行政處分，為受委任機關之行政處分，其訴願之管轄，比照基本管轄，向受委任機關或其直接上級機關提起訴願。

㈥委辦事件之管轄

訴願法增訂縣（市）政府或其所屬機關及鄉（鎮、市）公所依法辦理上級政府或其所屬機關委辦事件所為之行政處分，為受委辦機關之行政處分。此委辦事件之訴願事件之管轄比照上述委任事件之管轄。

㈦承受管轄

原行政處分機關裁撤或改組，應以承受其業務之機關視為原行政處分機關，向承受其業務之機關或其直接上級機關提起訴願。承受管轄體制，旨在解決原處分機關作成行政處分之後，或在訴願受理程序中，遭裁撤或改組所衍生的問題。而此所稱原行政處分機關之認定，是以實施行政處分時之名義為何機關認定之。如上級機關本於法定職權所為之行政處分，交由下級機關執行者，以該上級機關為原處分機關。

㈧交付執行事件之管轄

基本上，原行政處分機關之認定，以實施行政處分時之名義為準。但上級機關本於法定職權所為之行政處分，交由下級機關執行者，仍應以上級機關為原行政處分機關（訴願法第 13 條）。至於先由下級機關呈經上級機關指示辦法而遵照奉行之事件，於實施處分時，既以下級機關名義為之，應以該下級機關為原處分機關，自不待言。

㈨多階段處分之管轄

行政處分由二以上機關先後參與為之者，依訴願法第 13 條前段之規定，原行政處分機關之認定，以實施行政處分時之名義為準，故上開多階段處分應以最後作成行政處分之機關為原處分機關，並以之認定訴願管轄機關❶。

㈩管轄有爭議或有瑕疵之認定

依訴願法第 12 條第 1 項規定，數機關於管轄權有爭議或因管轄不明致不能辨明有管轄權之機關者，由其共同之直接上級機關確定之。至於無管轄權之機關就訴願所為決定，依訴願法第 12 條第 2 項規定，其上級機關應依職權或依申請撤銷之，並命移送於有管轄權之機關。

❶ 李建良 等，《行政法入門》，頁 429～430。

四、訴願之期日及期間

提起訴願之不變期間，事關人民行使訴願的基本權利。訴願法自第 14 條至第 17 條詳細規定訴願提起之期日及期間，以及其計算方式。此外，依訴願法之規定，訴願之期間並分為不服積極行政處分與消極行政處分作不同計算。

㈠不服積極行政處分提起訴願之期間

不服積極行政處分（積極行為），提起訴願之期間，依訴願法第 14 條第 1 項，訴願人提起訴願，應自行政處分達到或公告期滿之次日起三十日內為之。而行政處分之利害關係人，則自知悉有行政處分時起算三十日內依法提起訴願，但利害關係人自行政處分達到或公告期滿後，已逾三年者，不得提起訴願（同條第 2 項規定）。按訴願期間，我國是採「達到（到達）主義」，不採「發信主義」。亦即訴願之提起，以原處分機關或受理訴願機關實際收受訴願書之日期為準❷。

至於訴願是否已依法提起，以何日為準？依訴願法第 14 條第 3 項規定，應以原處分機關或受理訴願機關收受訴願書之日為準。若訴願人誤向原處分機關或受理訴願機關以外之機關提起訴願者，依同條第 4 項規定，以該機關收受之日，視為提起訴願之日。

又訴願人已在法定訴願期間內，向訴願管轄機關或原處分機關，為不服原行政處分之表示者，亦視為已在法定期間內提起訴願，但應於三十日內補送訴願書。

㈡不服消極行政處分提起訴願之期間

不服消極行政處分（消極行為或怠為處分），提起訴願之期間，應自人民依法申請之案件到達主管機關之日起，算足法定期間屆滿；法令未規定者，自機關受理申請之日起為二個月。如人民申請執照或許可，甚至不利益之處分，皆以二個月為最長處理期間，以及早確定權益範圍、確保法律安定的狀況。行政程序法（第 51 條）亦規定法令未訂定行政機關處理人民

---

❷ 陳清秀，《行政訴訟法》，頁 195～196。

申請案件之期間者，其處理期間為二個月。

㈢訴願提起期間之變更——回復原狀

訴願人因天災或其他不應歸責於己之事由，致遲誤前述之期間者，於其原因消滅後十日內，得以書面敘明理由向受理訴願機關申請回復原狀。但遲誤訴願已逾一年者，不得為之。申請回復原狀，應同時補行期間內應為之訴願行為。訴願之提起，以行政處分達到或公告期滿之三十日內為期間，惟如發生天災或其他不可歸責於訴願人之事由時，應許變更期間，提起申請回復原狀，以維法律之公正衡平原則。

當事人因不可歸責之事由致未能遵守訴願期間者，得申請回復原狀。此項回復原狀，如僅有不可歸責之遲誤期間之可能性存在，尚有未足，而必須釋明具體之情況，並確信有高度的蓋然性排除歸責存在，始足當之。但如果行政處分欠缺必要的理由記載或對於當事人不為必要的聽審，而因此遲誤於法定期間提起爭訟時，則應為有利於訴願人之推定其不可歸責❸。

㈣在途期間之扣除

以上有關訴願提起之期間的計算，如訴願人或其代理人不在受理訴願機關所在地住居者，應扣除其在途期間。但有訴願代理人住居受理訴願機關所在地，得為期間內應為之訴願行為者，不在此限。而有關扣除在途期間辦法，由行政院定之（訴願法第 16 條）。

㈤訴願提起期間適用民法規定

五、訴願文書之送達及訴願卷宗

新訴願法就訴願文書之送達有關事項詳加規定，以避免爭議。其要點如次：

㈠送達屬受理訴願機關之職權。

㈡對於無訴願能力之人為送達者，應向其法定代理人為之；未經陳明法定代理人者，得向該無訴願能力人為送達。

㈢對於法人或非法人之團體為送達者，應向其代表人或管理人為之。

---

❸ 德國行政手續法第 45 條第 3 項前文；陳清秀，《行政訴訟法》，頁 196。

法定代理人，代表人或管理人有二人以上者，送達得僅向其中一人為之。對於在中華民國有事務所或營業所之外國法人或團體為送達者，應向其在中華民國之代表人或管理人為之。

㈣訴願代理人除受送達之權限受有限制者外，送達應向該代理人為之。但受理訴願機關認為必要時，得送達於訴願人或參加人本人。

㈤訴願文書以郵政送達為原則，即交付郵政機關以訴願文書郵務送達證書發送；囑託原處分機關或警察機關送達為例外。

㈥訴願文書之送達，訴願法除作上述規定外，並準用行政訴訟法指定送達代收人，以及補充送達、寄存送達、留置送達等第四章第二節之規定。

新訴願法並仿訴訟卷宗之體例，增訂有關訴願卷宗之編卷保存、閱覽、影繕、節錄等事項，期合乎資訊公開，保障人民知的權利。

第四節　訴願審議委員會

各機關辦理訴願事件，應設訴願審議委員會（訴願法第 52 條第 1 項前段），訴願法特設專章（第二章）加以規定。

一、訴願會的組織原則

㈠委員中立原則

依訴願法第 52 條第 2 項之規定：「訴願審議委員會委員，由本機關高級職員及遴選社會公正人士、學者、專家擔任之；其中社會公正人士、學者、專家人數不得少於二分之一」。行政院及各級行政機關訴願審議委員會組織規程（八十九年五月十九日修正公布）第 4 條第 1 項更具體規定：「訴願會置委員五人至十五人，其中一人為主任委員，由機關首長就本機關副首長或具法制專長之高級職員調派專任或兼任；其餘委員由機關首長就本機關高級職員調派專任或兼任，並遴聘社會公正人士、學者、專家擔任；其中社會公正人士、學者、專家不得少於委員人數二分之一。委員應有二分之一以上具有法制專長」。委員成員涵蓋行政人員、社會公正人士、學者及專家，且社會公正人士、專家及學者不得少於二分之一，即求取審議會

成員中立超然的立場。論者認為委員會成員結構的要求，乃為確保訴願決定之公正性。而訴願會實扮演「事實審」，具有準司法功能。

設置訴願審議委員會之理由，主要為補充行政法院司法審查的不足。今訴願法規定訴願委員會中，遴選社會公正人士、學者、專家人數不得少於二分之一。如此，訴願會之審查應具有充分及必要的專業知識，得以審查行政處分之合目的性、妥當性問題。以其具有社會公正人士代表，得以有不受干涉的獨立地位，享有最後權威判斷之權利。行政法院法官多為合法性審查，與訴願案之審查包括目的性、妥當性及合法性審查者不同，主管機關之成員資格條件當有別❶。

㈡幕僚專業原則

依訴願法第 52 條第 1 項之規定：「各機關辦理訴願事件，應設訴願審議委員會，組成人員以具有法制專長者為原則」。再者，「訴願會所需承辦人員，由機關首長就本機關職員中具有法制專長者調派之，並得指定一人為執行秘書」（行政院及各級行政機關訴願審議委員會組織規程第 4 條第 2 項）。

二、訴願會的性質

從地位及功能觀察，行政機關設置之訴願會具有的性質如下：

㈠參與機關

訴願會係行政機關為審理訴願案件而設置，以參與機關之意思決定為任務，為參與機關。訴願之審議及決定，由訴願會掌理之始能發生合法效力。

㈡準司法機關

訴願會審理訴願案件，逐漸採取意見陳述、合議等方式，必要時得舉行聽證，準司法程序受到尊重。訴願會是「類似法院」的準司法機關。

㈢常設機關

行政院及各級行政機關應依其業務需要訂定訴願會編組表，列明職稱、職等、員額，報經行政院核定後實施。前項編組所需專責人員，於本機關

---

❶ 陳清秀，《行政訴訟法》，頁 175。

預算員額內勻用（上述「組織規程」第 3 條）。事實上訴願會在部會組織法中，已趨向常設化。

三、訴願會的運作

依訴願法之規定，訴願會之運作主要有以下要點：

㈠以多數決決議（多數決原則）

訴願決定應經訴願會會議之決議，其決議以委員過半數之出席，出席委員過半數之同意行之（訴願法第 53 條）。

㈡紀錄及筆錄之製作（案卷排他性原則）

訴願會審議訴願案件，應指定人員製作紀錄附卷。委員於審議中所持與決議不同之意見，經其請求者，應列入紀錄。訴願審議經言詞辯論者，應另行製作筆錄，編為前項紀錄之附件。而此將言詞辯論之筆錄作為審議紀錄之附件 ❺，與行政爭訟之重言詞辯論之精神似有不合。

㈢委員之迴避（利益迴避原則）

訴願會主任委員或委員對於訴願案件有利害關係者，應自行迴避，不得參與審議（本法第 55 條）。其目的在於避免偏見 (bias)，追求公正原則。

第五節　訴願之提起

一、訴願之提起

㈠提起的期間

訴願之提起，應自行政處分達到或公告期滿之次日起三十日內為之（訴願法第十四條）。可知訴願期間自「知悉時」起算，並採「到達主義」。而為防止行政處分長久處於不確定狀態，訴願法乃規定自行政處分達到或公告期滿後，已逾三年者，不得提起（第 2 項）。

---

❺ 以聽證所得之案卷上之事實，作成裁決之基礎，此稱案卷排他性原則。參王名揚，《美國行政法》，頁 492～493。

㈡具備訴願書及相關附件

訴願應具備訴願書，載明以下事項，由訴願人或代理人簽名或蓋章：

1.訴願人之姓名、出生年月日、住、居所、身分證明文件字號。如係法人或其他設有管理人或代表人之團體，其名稱、事務所或營業所及管理人或代表人之姓名、出生年月日、住、居所。2.有訴願代理人者，其姓名、出生年月日、住、居所、身分證明文件字號。3.原行政處分機關。4.訴願請求事項。5.訴願之事實及理由。6.收受或知悉行政處分之年、月、日。7.受理訴願之機關。8.證據。其為文書者，應添具繕本或影本。9.年、月、日。

訴願應附原行政處分書影本（訴願法第 56 條）。

訴願為要式行為，如受理訴願機關認為訴願書不合法定程式，而其瑕疵尚可補正者，依訴願法第 62 條規定，「應通知訴願人於二十日內補正」。若逾期不為補正，或補正仍不合程式規定，始予以程序上不受理。如今以電子文書送達者，亦可。

㈢以口頭表示不服應補送訴願書

訴願人在法定期間向訴願管轄機關或原行政處分機關作不服原行政處分之表示者，視為已在法定期間內提出訴願。但應於三十日內補送訴願書（訴願法第 57 條）。

㈣訴願應經由原處分機關提起——間接提起

依訴願法第 50 條規定，訴願提起程序之內涵如次：

1.訴願人應繕具訴願書經由原行政處分機關向訴願管轄機關提起訴願。

2.原行政處分機關對於前項訴願應先行重新審查原處分是否合法妥當，其認訴願為有理由者，得自行撤銷或變更原行政處分，並陳報訴願管轄機關。

3.原行政處分機關不依訴願人之請求撤銷或變更原行政處分者，應盡速附具答辯書，並將必要之關係文件，送於訴願管轄機關。

4.原行政處分機關檢卷答辯時，應將前項答辯書抄送訴願人。

新訴願法此項改進，與聲明異議體制類似，有及早審查原處分之用意。

(五)訴願向受理訴願之機關提起——直接提起

依訴願法第 59 條規定:「訴願人向受理訴願機關提起訴願者,受理訴願機關應將訴願書影本或副本送交原行政處分機關依前條第 2 項至第 4 項規定辦理。」可知新訴願法並不排斥訴願人逕向訴願管轄機關提起訴願,蓋機關複雜,應考量便民原則,此外,訴願提起後亦得捨棄。

(六)訴願之撤回

依訴願法第 60 條規定:「訴願提起後,於決定書送達前,訴願人得撤回之。訴願經撤回後,不得復提起同一之訴願。」以符一事不再理原則。此外,訴願提起後亦得捨棄或撤回。

(七)誤認機關表示不服之處理

訴願人誤向訴願管轄機關或原行政處分機關以外之機關作不服原行政處分之表示者,視為自始向訴願管轄機關提起訴願。前項收受之機關應於十日內將該事件移送於原行政處分機關,並通知訴願人(訴願法第 61 條)。

(八)訴願之承受

訴願進行中,發生訴願人死亡或法人因合併而消滅,訴願法有以下規定處置措施:

1.訴願人死亡者,由其繼承人或其他依法得繼受原行政處分所涉權利或利益之人,承受其訴願。法人因合併而消滅者,由因合併或合併後存續之法人,承受其訴願(第 87 條前 2 項)。

2.受讓原行政處分所涉權利或利益之人,得檢具受讓證明文件,向受理訴願機關申請許其承受訴願(第 88 條)。

二、訴願提起之效力

訴願提起後,有以下三項效力:

(一)繫屬效力

訴願經提起而受理,管轄機關即有審理之權責,訴願課責機制亦告確定,亦即,訴願案件成立,無論該訴願是否合法,有無理由,管轄機關皆應予以處理。此發生「連結」、「懸掛」而等待管轄機關介入及審議之效果,

是為訴願之繫屬效力。

㈡延宕（阻卻確定或執行的）效力

行政機關所為之行政處分，如經相對人或利害關係人提起訴願，該行政處分即處於爭訟狀態，其存續力（形式上存續力）不能發生，有時並阻止該行政處分之執行，是為訴願之延宕效力。惟依我國現制，行政處分具有執行力，並不因訴願或行政訴訟之提起而當然阻止行政處分的執行力（訴願法第 93 條參照）。如原行政處分之合法性顯有疑義者，或原行政處分之執行將發生難以回復之損害，且有急迫情事，並非為維護重大公共利益所必要者，受理訴願機關或原行政處分機關得依職權或依申請，就原行政處分之全部或一部，停止執行。行政法院亦得依聲請，停止執行。

㈢移審效力

依訴願法第 58 條第 1 項規定：「訴願人應繕具訴願書經由原行政處分機關向訴願管轄機關提起訴願。」因訴願之提起，該事件即由原處分機關移歸受理訴願機關管轄，管轄機關原則上應作成一定之決定，避免發回原處分機關，以求取迅速救濟之目的，是為訴願之移審效力❶⑥。

第六節　訴願之審議

一、訴願審議的一般程序

訴願事件之審理，先程序再實體，然後作成決定書。再依「行政院及各級行政機關訴願審議委員會審議規則」（民國八十九年五月十九日修正公布），訴願會審理訴願案件之程序，要點如次：

㈠程序審理

1.訴願人應繕具訴願書經由原處分機關向訴願管轄機關提起訴願。

2.得請求閱覽、抄錄、影印或攝影訴願卷宗內文書：訴願人、參加人或訴願代理人，應以書面向訴願受理機關為之。

3.受理訴願機關收受合法程序之訴願案件，應函請原處分機關於二十

---

❶⑥　陳敏，《行政法總論》，頁 1143～1146。

日內先行重新審查原處分是否合法妥當，其認訴願為有理由者，得自行撤銷或變更原處分；否則應盡速附具答辯書，並將必要之關係文件，送於訴願管轄機關。

4.如須補正,受理訴願機關應通知訴願人於文到次日起二十日內補正。

5.對於訴願事件，應先為程序上之審查，其無應不受理之情形者，再進而為實體上之審查。

6.請求陳述意見：訴願人或參加人得請求陳述意見。如無正當理由者，受理訴願機關得通知拒絕，或於決定理由中指明。訴願會主任委員得指定委員偕同承辦人員，聽取意見陳述，並作成紀錄附訴願卷宗。

㈡實體審查

1.分組審查：訴願事件經答辯完備，並踐行訴願法規定之審理程序，承辦人員應即擬具處理意見，連同卷證，送由訴願會全體委員或三人以上分組委員審查。委員於詳閱卷證、研析事實及應行適用之法規後，檢提審查意見，供審議之準備。

2.指定開會審議之期日：訴願事件經訴願會委員提出審查昔後，應由主任委員指定期日開會審議。

3.訴願會會議：訴願會會議由主任委員召集，委員應親自出席，不得由他人代理，開會時並以主任委員為主席。主任委員因故不能召集或出席時，指定委員一人代行主席職務。

4.言詞辯論（即聽證）：受理訴願機關應依訴願人、參加人之申請或認為有必要時，得依職權審酌後，通知訴願人、參加人或其代表人、訴願代理人、輔佐人及原處分機關派員，於指定期日到達指定處所為言詞辯論，並得通知其他人員或有關機關派員到場備詢。言詞辯論應於訴願會會議中進行。

5.調查、檢驗、勘驗或鑑定：訴願事件有調查、檢驗、勘驗或送請鑑定之必要時，受理訴願機關應依職權或囑託有關機關、學校、團體或人員實施之。

(三)審議之結果

1.訴願之決定：訴願之決定，自收受訴願書之次日起，應於三個月內為之，必要時，得予延長，並以一次為限，最長不得逾二個月。

2.製作決定書：訴願會承辦人員應按訴願會審議訴願案件所為之決議，依訴願法第 89 條第 1 項規定，製作決定書原本，層送本機關長官依其權責判行作成正本，於決定後十五日內送達訴願人、參加人及原處分機關。

3.送達訴願決定書。

4.提出檢討簽提意見：訴願決定經撤銷者，承辦人員應即分析檢討簽提意見，供本機關及原處分機關改進業務參考。

二、訴願事件的實體審理

(一)實體審理的主要程序

訴願事件經程序審查，如無上述不受理或管轄不合等情事，受理訴願機關應命原處分機關答辯。原處分機關理當自行主動擬具答辯書，於限期內答辯，並於完成補正及聽取意見陳述後，進行實體審理。其主要程序是：(1)分組審查：由訴願會委員分組閱卷、研析事證法規。(2)調查證據：訴願應遵循依法行政原則，其實體決定必須掌握事實真相，然後依據該當法規作成決定。為了解事實真相，必須運用各種有關的證據方法，包括書證、物證、人證，必要時可調查、檢驗、勘驗或交付鑑定，甚至到場舉行言詞辯論。調查證據，原則上採職權探知（調查）主義，由訴願管轄機關本於職權蒐集、調查證據。(3)言詞辯論：依訴願法規定，訴願審理雖以書面審查為原則，但受理訴願機關應依訴願人、參加人之申請或於必要時，得依職權通知訴願人、參加人或其代表人、訴願代理人、輔佐人及原處分機關派員於指定期日到達指定處所為言詞辯論。有認為此言詞辯論之舉行，除受理訴願機關依職權舉行者外，凡訴願人或參加人申請舉行言詞辯論者，即須舉行❶。

---

❶　翁岳生主編，《行政法》，頁 1103～1104。

(二)實體審理的性質

1.對訴願事件作全面審查。訴願管轄機關就訴願事件為實體審理，通常係基於上級機關或監督機關之地位，對原處分機關之行政處分加以審查，因此，其審查得為全面審查。亦即對於原處分，不論是裁量處分或羈束處分，均得審查其合法性及妥適性（目的性），為全方位的廣度審查。但若原處分屬高度屬人性之處分，如學生受退學之處分，或是高度科技判斷事項，如專利事件，除非訴願管轄機關具有更高級人力智慧及設備，否則訴願審查宜謹守分寸，以免招致外行充任內行之譏❶❽。

2.對地方自治事務作合法性審查。為尊重地方自治，對地方自治團體之自治事項所為之行政處分，上級監督機關應僅作合法性監督，不應及於專業性監督。新訴願法乃於第 79 條第 3 項規定：「訴願事件涉及地方自治團體之地方自治事務者，其受理訴願之上級機關僅就原處分之合法性進行審查決定。」因之，訴願管轄機關不得審議有關地方自治事項之處分的適當性及合目的性，在決定時，亦僅得為撤銷，不能自為決定。至於對上級政府的委辦事項，得為適當性及目的性監督。

(三)實質審理的重點

訴願的實體審查要點，首要者在審查行政處分是否違法或不當，「所謂違法處分，係指行政處分違反法規者而言，若於法規並無違反，而實際上有害公益者，即屬不當處分」（參照司法院院字第 354 號解釋）。而當或不當多發生於裁量權的行使❶❾，但裁量權之行使已至濫用或逾越之瑕疵，應以違法論。其次，應審查行政處分是否侵害人民的權利或利益。權利係受法律上任許特定人享有，如選舉權、財產權、集會結社權等，又稱主觀公權或公權。權利可用以支配標的物，亦可以對抗他人；權利是指法律上可以作為主張其利益之力量❷⓿。利益則是法律基於公益目的，命令行政主體為特定作為或不作為時，特定個人因而受有某種利益，其因法規執行而偶

---

❶❽ 同上，頁 1105～1106。

❶❾ 陳新民，《行政法總論》，頁 338；陳清秀，《行政訴訟法》，頁 215。

❷⓿ 李震山，《行政法導論》，2012 年，頁 566～567。

然受益，屬單純反射之法律效果。由於利益未賦與關係人民得於裁判上主張自己利益之請求權，故與主觀之公權有別（如公務員參加考績是一種權利，但考績所涉及之升遷，則非公務員所當然主張，僅為反射利益。兒童上小學接受教育是一種權利，但因學校規模小被合併，改至其他學校上課，所造成的不便，即所失利益僅為反射利益）。最後，訴願實體審查要點，在於違反行政處分與權益受損害間，是否有直接因果關係。若有此關係，訴願方屬有理由（行政法院四十八年判字第 96 號；七十九年判字第 1426 號）[21]。

　　至於合法性（違法性）審查，包含：1.形式的合法性：如機關管轄權、作成行政處分之程序、形式（方式）、行政處分之（內容）特定性、理由記載通知等。2.實質的合法性：如法規依據（法規根據的有效性、構成要件前提之存在）、裁量決定有無瑕疵、正確的相對人、行政處分合比例原則、符合上位規範[22]。

　　而為不當審查，涉及合目的性審查，亦即就行政處分是否合於其所追求之行政目的之審查。其重點在行政處分是否可以發揮功效、是否合於「事物正義」（必要或適當）。行政處分是否合於所追求的行政目的，須斟酌政策貫徹的可能性、符合政策計畫及目標、經濟效果以及成本效益。而行政手段間的裁量選擇是否適當，也應考慮合目的性[23]。

三、訴願審理之原則

　　依訴願法規定，訴願審理之原則要有下列幾項：

㈠以書面審理為原則，兼採辯論主義

　　訴願就書面審查決定之。受理訴願機關必要時得通知訴願人、參加人或利害關係人到達指定處所陳述意見（本法第 63 條前二項）。受理訴願機關應依訴願人、參加人之申請或於必要時，得依職權通知訴願人、參加人

---

[21]　李震山，同上，頁 388。

[22]　陳清秀，《行政訴訟法》，頁 215。

[23]　陳清秀，《行政訴訟法》，頁 216。

或其代表人、訴願代理人、輔佐人及原行政處分機關派員於指定期日到達指定處所言詞辯論 (本法第 65 條)。訴願以書面審理為原則,兼採言詞辯論主義。因此為訴願決定之事實資料,均須經由書面文件或言詞辯論之程序❷。

㈡處分(權)主義

公法上爭訟,係人民權利受公權力措施侵害,或因公法上權利義務關係發生爭議,向主管機關請求救濟之程序。因之,行政爭訟之發動首須人民有請求救濟之表示。處分(權)主義即是「就具體事件是否請求法律救濟以及請求之範圍如何,應取決於利害關係人之主觀意願」。亦即訴願之開始、進行、終了,訴願標的之決定,均尊重當事人意願,受當事人聲明之拘束。如要求訴願之開始,應具訴願書為之;訴願是人民的權利,訴願人自得於訴願提起後,訴願決定書送達前撤回訴願。

㈢職權調查及進行主義

受理訴願機關應依職權或囑託有關機關或人員,實施調查、檢驗或勘驗,不受訴願人主張之拘束。訴願有理由者,受理訴願機關應以決定撤銷原處分之全部或一部,並得視事件之情節,逕為變更之決定或發回原處分機關另為處分,即認定實體審查採職權進行主義。惟在國民主權的今天,猶重視「權利維護說」,故訴願之審理兼採當事人主義(包括處分主義)。

㈣先程序、後實體與程序從新、實體從舊原則

從審理步驟而言,訴願之審理採「先程序、後實體原則」,先審查訴願事件之程序是否合法,再審究其實體問題,即行政處分是否違法不當。其採此原則之目的,在追求程序之經濟原則。從審理之準據法的選擇而言,訴願之審理採「程序從新、實體從舊原則」,如據以審議之程序法規有變更,應以每一審議階段有效之最新法規為準;而訴願所涉之程序標的(行政處分)是否合法,以及訴願標的(訴願請求事項權利)是否存在之問題,則採實體從舊原則,適用舊法。採此原則之目的,在於維護法的安定原則。

㈤一事不再理原則

訴願制度上,亦適用一事不再理原則 (Ne bis in idem.),意指:凡訴願

---

❷ 翁岳生主編,《行政法》,頁 1088。

已經合法審結或撤回者，不僅訴願人或其他關係人，不得要求訴願審理機關就同一事件，重新審理；即訴願審議機關亦不得重新審議或就已消滅繫屬關係之訴願案件，更為決定。訴願法（第 60 條）乃規定：「訴願提起後，於決定書送達前，訴願人得撤回之。訴願經撤回後，不得復提起同一之訴願」。再者，訴願決定對於訴願人及其他關係人，具有拘束力，基於既判力理論、法的安定性原則、行政處分之存續力等要求，故適用此原則。

四、訴願的正當程序要素

民國八十七年十月二十八日公布修正之訴願法，重視正當程序的要素，這些要素如受告知權、聽證權、公正作為的義務以及說明理由等。申言之：㈠受告知權：指受理訴願機關在作成訴願決定前，訴願人有受預先「告知」(notice) 的權利。如通知利害關係人參加訴願，通知訴願人到達指定處所陳述意見，乃至於訴願決定書附記不服決定時如何提起行政訴訟等是。㈡聽證權 (right to be heard; right to hearing)：包括給予當事人言詞辯論、書面陳述意見與口頭陳述意見的權利。㈢公正作為的義務 (duty to act fairly)：新訴願法為確保訴願受理機關公正作為，設定三個要件，即迴避制度、組織適法與片面接觸之禁止。亦即要求訴願委員會成員自行迴避有利害關係之訴願事件；訴願委員會成員之組成應合乎訴願法之規定；訴願會成員不得與訴願程序之當事人或代表其利益之人，為訴願程序以外之接觸。㈣說明理由的義務 (duty to give reasons)：受理訴願機關為訴願決定時，應斟酌全部陳述與調查事實及證據之結果（其經言詞辯論者，並應斟酌全部辯論意旨），依論理及經驗法則判斷事實之真偽。依前項判斷而得心證之理由，應記明於決定書❷❺。

其中，參加訴願制度，應注意未經訴願人參加表達意見之後果。尤其是受理訴願機關調查證據之結果，非經賦予訴願人及參加人表示意見之機會，不得採為對之不利之訴願決定之基礎（訴願法第 67 條第 3 項），訴願

---

❷❺　湯德宗，〈論訴願的正當程序〉，《月旦法學雜誌》，61 期，2000 年 6 月，頁 127～137。

受理機關應該嚴守此規定❷❻。

第七節　訴願之決定

一、訴願決定之期限

　　受理訴願機關，對於審理之結果，必須於一定期間內為一定之決定；所謂一定期間，即「訴願之決定，自收受訴願書之次日起，應於三個月內為之；必要時，得予延長，並通知訴願人及參加人。延長以一次為限，最長不得逾二個月」。此決定期限，係屬法律上注意規定，為使訴願案件之迅速決定，仍以三個月為原則；在通知訴願人的前提下，至遲於訴願提出至受理機關的五個月內，應獲訴願之決定。反之，於訴願人未獲通知時，三個月內即應為決定。如在此兩種情況（五個月及三個月內）未獲決定，訴願人得逕提行政訴訟，以加多行政救濟之功能而保障人民之行政上受益權。

二、訴願決定之程式

　　訴願的決定，乃行政機關代表國家所作的意思表示，並產生法律上的效果。由於應為要式行為，訴願決定書的製作應具備法定程式。訴願決定書應載明訴願人基本資料，有代理人者其個人資料，主文、事實及理由等。上述決定書，應於決定後十五日內作成正本，送達訴願人、參加人及原行政處分或原決定機關。訴願決定書並應附記如不服決定，得於決定書達到之次日起二個月內，向高等行政法院提起行政訴訟（救濟之教示制度）。

三、訴願決定之原則

㈠不為更不利益之變更（更不利決定之禁止）

　　訴願有理由者，受理訴願機關應以決定撤銷原行政處分之全部或一部，並得視事件之情節，逕為變更之決定或發回原行政處分機關另為處分。但

---

❷❻　廖義男，〈我國訴願制度沿革〉，《憲政時代》，1 期，第 36 卷，2010 年 7 月，頁 89～119。

於訴願人表示不服之範圍內，不得為更不利益之變更或處分。訴願為權利救濟的方法，理當對訴願人不得更為不利。再從行政監督論，對原處分應另為處置，應尋其他途徑為之，不得在訴願中為更不利益之變更。

㈡公益優先原則及信賴保護原則

依訴願法第 80 條，提起訴願因逾法定期間而為不受理決定時，原行政處分顯屬違法或不當者，原行政處分機關或其上級機關得依職權撤銷或變更之。但有下列情形之一者，不得為之：⑴其撤銷或變更對公益有重大危害者。⑵行政處分受益人之信賴利益顯然較行政處分撤銷或變更所欲維護之公益更值得保護者。是為公益優先及信賴保護原則。

㈢程序迅速性原則

為適切保障人民權益，訴願之決定在正確之前提下，應盡速完成。訴願之決定，自收受訴願書之次日起，應於三個月內為之；必要時，得予延長。延長以一次為限，最長不得逾二個月。此亦稱「迅速裁判原則」。

四、訴願決定之內容

訴願決定，是受理訴願機關終結訴願程序之裁決。訴願如未經原處分機關撤銷原處分，或未經訴願人撤回其訴願，受理訴願機關應做成訴願決定。訴願決定亦屬行政處分的一種。訴願決定書依其內容，有以下幾種：

㈠不受理

依訴願法第 77 條，訴願有不合法者，應不受理。其情形有訴願書不合法定程式不能補正或逾期不補正、提起訴願逾法定期限、訴願人非行政處分之相對人或利害關係人、訴願人無訴願能力而未由代理人代理訴願行為者、行政處分已不存在者等。

㈡駁　回

訴願因無理由而駁回。其情形有二：一、訴願事件經實體審查，其合法性及合目的性均屬無理由；若原處分所憑理由雖屬不當，但依其他理由認為正當者，仍應以訴願為無理由（訴願法第 79 條）。二、對不作為提起訴願，在訴願決定前，應作為之機關已作成行政處分者，受理訴願機關應

以無理由駁回（參照同法第 82 條第 2 項）。

此外，「情況決定」亦為一種駁回的方式。依訴願法第 83 條，受理訴願機關發現原處分雖屬違法或不當，但其撤銷或變更於公益有重大損害，經斟酌訴願人所受損害、賠償程度、防止方法及其他一切情事，認原處分之撤銷或變更與公益相違背時，得駁回其訴願。但訴願決定主文應同時宣示原處分之違法或不當，並指示原處分機關與訴願人協議賠償（訴願法第 84 條）。

訴願法第 83 條及行政訴訟法第 198 條揭示的情況裁決及情況判決，涉及法治主義與公益維護兩項對立衝突的價值。它一方面注意法治主義與私權保障，一方面尊重既存事實與公益維護。但其被詬病的缺失頗為嚴峻，諸如違背第一次權利保護程序的主旨（即行政訴訟制度，旨在撤銷違法的行政處分，納入情況裁判，混淆行政訴訟制度的基本精神）、違反依法行政原則、以公益作為違法行政合理化藉口等。

情況判決是存在於日本行政救濟法制上的制度，在我國法制中，則係於民國八十七年行政爭訟法修訂時引入。主要規定於上開訴願法及行政訴訟法之中。其旨在於針對違法之行政處分，倘若法院認為其撤銷反而於公共利益有害，則可駁回原告之訴。例如地方政府徵收，然後興建國民學校乙所。由於有地主認為該徵收處分違法而提起撤銷之訴。行政法院經過審理，證實原告（地主）之主張，原處分的確違法有瑕疵。但學校已蓋成，若判決撤銷徵收處分並進而命市政府拆校還地，將影響學生受教權，於公共利益反而有害。於是法院引用此條文駁回原告之請求。

情況判決之要件：㈠當事人提起撤銷之訴。㈡公益考量大於當事人之權利保護。情況判決之效果：㈠原告敗訴，但法院應在判決中明確指出「原處分確有違法」此一情形（行政訴訟法第 198 條第 2 項）。㈡法院應依當事人之聲請，命機關補償原告之損失。行政訴訟法第 199 條前條規定：「行政法院為前條判決時，應依原告之聲明，將其因違法處分或決定所受之損害，於判決內命被告機關賠償。」情況判決之制度因容許違法之行政處分因公益理由存在，被認為是以公益名義違反法律優位原則，因此一直存有爭議。

此制度可謂為維護公共利益而犧牲私人利益，從效益觀點分析，是依循最小損害手段之比例原則而作的決定。

(三)撤銷或變更原處分

訴願管轄機關經實體審查，認原處分確有違法或不當情事，應於訴願人所聲明之範圍內，撤銷原處分；但訴願之理由雖無可採，而依其他理由認為原處分確有違法或不當，仍應以訴願為有理由，撤銷或變更原處分。其主要形態如次：

1. 撤銷原處分，另為適法或適當處分。

2. 撤銷原處分，全部撤銷；或一部撤銷，一部駁回。如訴願人權利或利益即可回復原狀，無須另為處分。

3. 逕為變更原處分（即自為決定）。即由受理訴願機關代為新的處分，為避免案件延宕徘徊於有關機關，應勇於有此作為。但為使原處分機關自省檢討原處分，並不牴觸公務員服從義務，此決定應慎重斟酌。

訴願審理機關因訴願案件發生移審效力，對訴願案件掌有管轄權限，更為避免因發回原處分機關，致妨礙人民迅速請求權利救濟的程序，原則上應自行做出訴願人請求之行政處分。德國通說，亦認為受理訴願（管轄）機關原則上應自行做成訴願人申請之行政處分（如課予義務訴願）。如此以求迅速、公正客觀，以免拖延程序而符基本權保障及法治國原則❷。

4. 依職權撤銷或變更：在訴願逾期提出，而原處分顯屬違法不當者，原處分機關或其上級機關得依職權撤銷或變更之。

5. 命為一定之處分：因行政機關不作為而提起訴願，受理訴願機關認為有理由，應指定相當期間，命應作為機關速為一定處分（訴願法第 82 條第 1 項）。

五、訴願決定書之附記（教示）

訴願決定書應附記，如不服決定，得於決定書送達之次日起二個月內

---

❷　張文郁，〈論訴願決定及其效力〉，《月旦法學雜誌》，165 期，2009 年 2 月，頁137～151。

提起行政訴訟。如訴願決定機關附記錯誤，致當事人向非管轄機關提起行政訴訟，該機關應於十日內將該行政訴訟書狀連同有關資料移送管轄行政法院，並即通知原提起行政訴訟之人。訴願決定機關附記提起行政訴訟期間錯誤時，應由訴願決定機關以通知更正之，並自更正通知送達之日起，計算法定期間。訴願決定機關未依規定為附記，或附記錯誤而未依照規定通知更正，致原提起行政訴訟之人遲誤行政訴訟期間者，如自訴願決定書送達之日起一年內提起行政訴訟，視為於法定期間內提起。

六、訴願案件之合併審議及決定

為促進訴願之程序經濟與便捷，並避免決定之紛歧，訴願法第78條規定：「分別提起之數宗訴願係基於同一或同種類之事實上或法律上之原因者，受理訴願機關得合併審議，並得合併決定。」例如為興建某一公共事業，主管機關分別徵收數筆土地，其所有權人先後提起訴願之情形，即得合併審議。此種合併審議之事件常合併決定（但因訴願人或原處分機關非屬同一，決定書製作有所不便，合併審議後仍得分別決定）。而性質上，此一程序上之合併屬客觀之合併（共同訴願則為主觀合併）。惟合併與否，由訴願受理機關裁量，非訴願人所得請求或反對❷❽。

七、訴願決定之效力

訴願決定，亦為一種行政處分，具有確定力、拘束力及執行力：
㈠確定力
訴願決定如有以下情形之一者，訴願決定即發生確定力：
1. 提起行政訴訟之法定期間已經過
一般訴願案件，如訴願人於訴願決定書到達後二個月內之不變期間內未提起撤銷訴訟，即不得再行提起。因此，訴願決定即告確定。
2. 經行政法院裁判
不服訴願決定提起行政訴訟，經高等行政法院裁判，而未依限向最高

---

❷❽ 翁岳生主編，《行政法》，頁1109。

行政法院提起抗告或上訴，原裁判即確定；經高等行政法院裁判，不得再行上訴，原判決亦確定。因為提起行政訴訟而繫屬於行政法院之原訴願決定，亦因而隨行政法院判決而告確定。

(二)拘束力

「訴願之決定確定後，就其事件，有拘束各關係機關之效力」(訴願法第 95 條前段)。而所謂各關係機關，包括原機關之上級機關、普通法院等，如無法規依據不得變更、撤銷或違反原決定。其次，原處分機關亦包括在內。原處分機關不得違反最終之決定，而對原處分任意變更或撤銷之，亦不得任意執行或不執行。惟過去有些地方政府，對特種營業採嚴格管制政策，往往因業者提起訴願，雖經訴願決定撤銷斷水斷電及停止營業之原處分，原處分機關仍不變更原處分。原處分機關以維護社會風氣為由，不尊重訴願決定之約束力，不免有違法之缺失。故論者指訴願決定原具有拘束作用，理論上本無須明文，然實務上常囿於機關本位主義，致原處分機關偶有忽視訴願決定之情事，而應由立法明定訴願決定之拘束力❷。

(三)執行力

訴願決定，如為維持原處分，自無訴願決定之執行力問題。如為撤銷或變更原處分，並命另為適法處分，則應依照訴願決定執行，是為訴願決定之執行力。依訴願法規定，原處分機關另為適法處分，或逕由訴願受理機關自為決定，應遵守「更不利決定之禁止原則」，即應依訴願法第 81 條「不得為更不利益之變更或處分」之規定執行之。此外，該條文末項並規定：「訴願決定撤銷原行政處分，發回原行政處分機關另為處分時，應指定相當期間命其為之」。訴願決定之執行力，在執行之程度及期間上應考量訴願法的本意❸。

第八節　再　審

訴願法增訂第四章「再審程序」，規定訴願再審之聲請人、聲請理由或

❷　張文郁，同前文。

❸　陳敏，《行政法總論》，頁 1186～1188。

原因、期限等。要點如次：

一、聲請人

　　訴願人、參加人或其他利害關係人得對於確定訴願決定，向原訴願決定機關申請再審。但訴願人、參加人或其他利害關係人已依行政訴訟主張其事由或知其事由而不為主張者，不在此限。

二、聲請事由

　　提起訴願之再審，理由或原因如下：

㈠適用法規顯有錯誤者。

㈡決定理由與主文顯有矛盾者。

㈢決定機關之組織不合法者。

㈣依法令應迴避之委員參與決定者。

㈤參與決定之委員關於該訴願違背職務，犯刑事上之罪者。

㈥訴願之代理人，關於該訴願有刑事上應罰之行為，影響於決定者。

㈦為決定基礎之證物，係偽造或變造者。

㈧證人、鑑定人或通譯就為決定基礎之證言、鑑定為虛偽陳述者。

㈨為決定基礎之民事、刑事或行政訴訟判決或行政處分已變更者。

㈩發見未經斟酌之證物或得使用該證物者。

三、聲請期限

　　聲請再審，應於三十日內提起。此期間，自訴願決定確定時起算。但再審之事由發生在後或知悉在後者，自知悉時起算。唯逾五年不得提起。

第四章 行政訴訟

第一節 行政訴訟之概念

一、行政訴訟是一種司法審查程序

行政爭訟主要包含訴願與行政訴訟。訴願由行政機關設訴願審議委員會審理，雖有訴願法嚴謹的準司法程序及專業幕僚，畢竟屬行政範疇，為行政審查。行政訴訟則由司法機關以中立地位（第三者）地位審理公法爭議事件，屬司法權作用，踐行訴訟程序。二者顯然有別。再者，司法審查為一包含多層次審查公法爭議事件的程序。以美國對機關行為的司法審查而論，其審查路徑圖 (roadmap to judicial review) 包括：㈠特別法制的審查，即依各授權法為之；㈡依行政程序法的審查，即依循行政程序法為之；㈢非法制的審查，即不必依據授權法或行政程序法而為之審查❶。

二、行政訴訟審判權之範圍

㈠行政訴訟審判權之認定

行政訴訟法第 2 條規定：「公法上之爭議，除法律別有規定外，得依本法提起行政訴訟」，此即行政訴訟之範圍，或稱行政訴訟審判權之範圍。過去行政訴訟僅撤銷訴訟一種，其範圍僅限於行政處分爭議事件，如今修訂之行政訴訟法，則將行政訴訟之範圍擴及「公法上爭議事件」。

分析行政訴訟之範圍，除為公法爭議事件外，必須以行政法院為最終管轄之審級者。如憲法上爭議事件由司法院大法官審理者，或公務員懲戒事件由公務員懲戒委員會審理者，皆非行政訴訟之範圍。但公務員受免職處分得以提起行政訴訟尋求救濟，則屬行政訴訟之範圍。至於「公法爭議事件」，應具有爭議性，不限於有兩造當事人對立,並由法院居間裁判者外,

---

❶ Keith Werhan, *Principles of Administrative Law*, 2008, pp. 270–273.

亦包括對公權力主體單方面所為之處分行為，有所不服而生之爭議在內。例如新行政訴訟法增設確認訴訟及給付訴訟，即屬於類似民事訴訟爭議性之事件。但不服處分行為之抗告性的爭議事件，亦即訴訟事件，雖未必有當事人對立，受理訴願之機關則為原處分機關之上級機關或原處分機關本身，經過訴願程序權益受損害仍未獲救濟者，即可提起撤銷訴訟（或稱抗告訴訟）❷。

　　依我國法制，我國係採概括主義的行政訴訟審判（判決）權。我國行政訴訟法自民初公布以來，即採除法律另有規定外，一切不服行政處分之事件，均可提起行政訴訟之原則，而非以法律所列舉之事項為限，故屬概括主義的行政判決權❸。八十七年行政訴訟法修訂，以「公法上之爭訟事件」為行政訴訟判決權之範圍，仍採概括主義，非列舉主義。德國行政法院法第40條第1項規定：「凡公法上之爭議，非屬憲法爭議者，均得於行政法院提起之……」亦採概括主義。

㈡公法上爭議事件

　　論者具體列舉公法上爭議事件，除行政處分爭議事件外，尚有以下項目有待進一步釐清❹：

　　1.出售公產事件：非公法上爭議事件。

　　2.公地放領事件：除有關公有山坡地放領外，非屬公法上爭議事件。

　　3.耕地收回自耕之核定與調處事件。

　　4.公法上給付之返還請求權事件。

　　5.公法上之債權讓與、概括承受事件。

　　6.公法上債權債務之繼承事件。

　　7.依契約對於他人之稅捐債務關係負擔義務事件：非屬公法上爭議事件。

　　8.公法上債權債務抵銷之爭議事件：如係公法上債務人主張公法上請求權，則屬公法上爭議事件。

---

　　❷　吳庚，《行政爭訟法論》，6版，頁2~3。

　　❸　吳庚，《行政法之理論與實用》，8版，頁591。

　　❹　陳清秀，《行政訴訟法》，頁60~69。

9.欠稅之執行事件。

10.第三人在強制執行中之權利事件：非屬公法上爭議事件。

11.公法上之假扣押、假處分事件：非屬公法上爭議事件。

12.公營事業與其人員之關係事件：如人員係經政府指派、任用，定有官等，屬公法上爭議事件。

13.公立學校教師之聘任關係事件：非屬公法上爭議事件。

14.公立學校與公費學生之契約事件。

15.特許民間機構興建營運交通建設之特許合約事件：合約之內容定有公法上權利義務或公權力事項，是公法事件。

因之，公法上爭議事件除行政處分爭議事件外，尚包括因行政契約、公地出租或放領、交通設施興建營運移轉契約（一般稱 BOT 契約）等之爭訟事件。又依司法院大法官釋字第 466 號解釋，公務員保險給付之爭議，亦屬之，應以行政訴訟解決❺。第 695 號解釋指行政院農業委員會林務局所屬各林管處，對於人民依據「國有林地濫墾地補辦清理作業要點」申請訂立租地契約未為准許之決定，具公法性質，申請人如有不服，其訴訟應由行政法院審判。

至於法律另有規定解決方式之爭議，雖屬公法上爭議事件，則非屬行政訴訟審判權範圍。例如：㈠憲法爭議事件；㈡選舉罷免爭議事件；㈢交通違規事件；㈣違反社會秩序維護法事件；㈤律師懲戒事件；㈥冤獄賠償（刑事補償）事件；㈦國家賠償事件；㈧公務員懲戒事件等是❻。

行政訴訟法第 12 條之 2 第 2 至第 4 項，行政法院認其對原告之訴無審判權時，非直接裁定駁回原告之訴，而是將該案移至其認定之有受理訴訟權限之管轄法院。受移送之法院認其亦無受理訴訟權限者，應以裁定停止訴訟程序，並聲請司法院大法官統一解釋法令。最後據此解釋決定，決定有受理訴訟權之法院。

以美國為例，有些行政事件免於司法審查，如：

---

❺　林騰鷂，《行政法總論》，頁 681～682。

❻　吳庚，《行政爭訟法論》，頁 44～46。

一、退伍軍人津貼的核發：就退伍軍人署拒絕支付教育津貼（在當事人以公職代替服兵役的兩年期間）一事，制定法明顯反對法院審查，不論是法律或事實問題 (Johnson v. Robison, 1974)。美國聯邦最高法院崇信，制定法阻止司法審查及於機關發現的事實，以及機關應用法律於事實。

二、行政機關完全裁量之行為：當行政行為是法律所容許的裁量行為，而授權法提供行政人員「完全」的決定裁量，法院無可據以審查的標準（缺乏有司法上意涵的標準），即屬機關裁量範圍 (Heckler v. Chaney, 1985)。相對的，法官掌握行政行為的審查標準，亦即制定法提供行政機關運作權利的指引，法院當得審查行政機關之行為。行政機關掌握良善的設備，有足夠的資源執行力，總比法官在變戲法要好 (Dunlop v. Backowski, 1975)。

三、停止某族群之健康檢查補助計畫：傳統上，美國聯邦最高法院認定機關對族群健康計畫之停止，涉及經費（撥款總額）之分配，屬裁量範圍 (Lincoln v. Vigil, 1993)。

四、首長人事權：美國前中央情報局局長偉斯特 (Webster) 曾開除一職員，只因其性向有引發危害國家安全之虞。而觀察該局有關法制，未限制局長必須在必要且經諮詢的情況下，方得免除同僚職務。因為人事制度常產生高度信任問題，所以最高法院對此類案件一向不受理 (Webster v. Doe,1988)。

至於行政機關拒絕法規制定之請求，則應受司法審查。在 Massachusetts v. Environmental Protection Agency (2007) 一案，美國聯邦最高法院指出，行政機關拒絕法規制定之請求，比行政機關不願執行公務，更應接受司法審查。畢竟這是行政程序法所創設的程序權利，應賦予利益相關者提出立法請求。以其涉及人民參與權，而需接受司法審查❼。

三、行政訴訟之標的

從訴訟法技術意義言之，訴訟標的是當事人在訴訟中所為法律爭執之標的。依此意義，「訴訟標的」乃原告根據特定之事實，請求法院作成一定

❼ Keith Werhan, *Principles of Administrative Law*, p.276–279.

內容之判決，以為權利保護之訴訟請求權❽。行政訴訟之標的要如下述：

㈠撤銷訴訟之訴訟標的

包括原告要求確認該行政處分為違法並侵害其權利，以及廢棄該行政處分之訴訟上請求。

㈡課予義務訴訟之訴訟標的

為原告要求行政機關作成所申請之行政處分，或依合義務裁量或依法院之指示而為行政處分之訴訟請求。

㈢確認訴訟之訴訟標的

為原告要求確認特定行政處分是否有效，或特定法律關係是否存在之訴訟上請求。

㈣給付訴訟之訴訟標的

為原告要求被告給付，或不為特定行為之訴訟上請求。

四、行政訴訟與民事訴訟之關係及區別

行政訴訟與民事訴訟二者，有密切關係，行政訴訟法第 21 條規定：「民事或刑事訴訟之裁判，以行政處分是否無效或違法為據者，應依行政爭訟程序確定之。前項行政爭訟程序已經開始者，於其程序確定前，民事或刑事法院應停止其審判程序。」訴願及行政訴訟之爭訴程序益趨嚴格，且明確準用民事訴訟法之具體條款。行政訴訟法有關程序事項盡量採用民事訴訟法之相關規定，而有民事訴訟化之趨勢❾，惟在本質上，二者仍有顯著區別：

㈠管轄之不同

行政訴訟之審判，係由行政法院受理；而民事訴訟之審判，則屬於普通法院職掌。行政訴訟為特別法院，僅受理行政事件上之爭訟，與普通法院掌理民、刑事訴訟不同。

---

❽　陳敏，《行政法總論》，頁 1243。

❾　吳庚，《行政法之理論與實用》，頁 626。

(二)程序之不同

行政訴訟係採職權進行主義與職權審理主義及書面審理主義為原則，其訴訟程序則依職權進行，並以職權調查審理，不為當事人之陳述所拘束，通常以書面審理為主，但當事人得隨時聲請為言詞辯論，行政法院認為必要時，亦得令為言詞辯論。而民事訴訟則採當事人進行主義與辯論主義（亦稱不干涉主義）及言詞審理主義為原則，其訴訟程序之進行，則以當事人之意思為主，法院並不積極干涉，在當事人所陳述之範圍以外，亦不得積極調查審理。二者之程序，採行不同之主義。

(三)適用法規之不同

行政訴訟，係為適用行政法規之爭訟，除依法適用私法法規外，必須以公法為依據，判斷行政處分是否違法；而民事訴訟，則為關於民事上法律關係之爭訟，係就私權爭執事件，以私法為其審判之依據。

(四)目的之不同

行政訴訟係因中央或地方機關違法之行政處分，致損害人民權利，而予行政救濟之審判程序，其目的在保護公權與私權；而民事訴訟則係確定私權之審判程序，其目的則在保護私權，而以私法上之請求權為其標的。

(五)判決之不同

民事訴訟之判決，多係對當事人課予履行債務之義務、損害賠償責任、確定私法上之權利等；過去我國行政訴訟制度，注重撤銷之訴的審判，其結果多為維持、撤銷或變更原處分或決定之判決，如今行政訴訟除撤銷訴訟外，尚有確認訴訟及給付訴訟，有關判決多元，較民事判決複雜。

(六)撤銷訴訟與課予義務訴訟須先經訴願程序

故此類行政訴訟學理上稱為「後置管轄」。民事訴訟則通常無須先經過前置程序，屬「原始管轄」。

按行政訴訟審判權，是指屬於行政法院審判權範圍之案件，依事務管轄、土地管轄、專屬管轄之分類標準，判定由何行政法院審判。我國採司法二元主義，行政法院審理公法上之爭議事件，普通法院則審理私法上之爭議事件。惟公、私法爭議之事實認定，非屬先決問題者，應由不同之受

理法院互相尊重對方所認定之事實，此殆已成為常例，如學校聘用人員之解聘，公立大學與學生關係等，行政法院與最高法院即相互認定管轄權歸屬❿。又學者進一步指出行政事件與民事事件劃分的準據：㈠依事件所適用之法規的屬性定之；㈡依判例法或習慣法定之；㈢類推適用性質相同之事件；㈣依不成文法律原則定之⓫。

五、行政訴訟的功能

行政訴訟法第 1 條宣示：「行政訴訟以保障人民權益，確保國家行政權之合法行使，增進司法功能為宗旨。」行政訴訟的功能，向來有多種理論：

㈠法規維持說

此說認為行政訴訟之功能，在促使法規之正當適用，以維持法規之尊嚴，至於個人權利之保護只為附帶之結果。

㈡權利保護說

此說認為行政訴訟以保護個人權利為主要目的，雖然審判之際亦有行政處分違法與否之爭，其審判作為亦在於排除行政關係中之違法狀態，然此際法院之判決，只不過係保護個人權利之手段而已。

㈢訴願補充說

此說認為訴願亦為救濟損害權利之違法行政處分而設，既有訴願，何以仍須行政訴訟？蓋訴願係屬行政機關自我審查或自我監督之措置，由行政機關自己裁決其本身之案件，難期客觀公平，而行政訴訟係由第三者居於客觀之立場為公平之判斷，故行政訴訟所以有補訴願之不足的功能。

㈣行政控制或行政監督說

此說認為行政訴訟之目的在於防止行政機關之專橫，以建立民主法治的理想法制。

我國憲法第 16 條規定：「人民有請願、訴願及訴訟之權」，訴願制度所以為糾正行政機關違法或不當處分，保護人民之權利或利益，以貫徹法治

---

❿　李震山，《行政法導論》，2012 年，頁 584〜586。

⓫　吳庚，〈行政事件與民事事件之劃分〉，《月旦法學雜誌》，1 期，1995 年，頁 72。

之本旨。而在訴願之外,又建立行政訴訟制度,亦復基於相同的理由。行政訴訟法第 1 條,開宗明義說明「行政訴訟以保障人民權益,確保國家行政權之合法行使,增進司法功能為宗旨」。可以說行政訴訟為兼具多項功能的救濟及爭訟體制。

六、我國行政訴訟法的發展沿革

我國在民國成立以前,尚無現行行政訴訟制度。滿清末年,雖曾致力於法制之西化與現代化,但行政爭訟終未有所變革。至民國肇造,元年三月十一日,臨時約法公布,其第 49 條規定:「法院依法律審判民事訴訟及刑事訴訟,但關於行政訴訟及其他特別訴訟,另以法律定之」。是為我國法制上第一次承認行政訴訟制度。

民國三年五月十八日,北京政府公布行政訴訟條例,並於同日施行,此為我國最早之行政訴訟法。其後於民國三年七月二十日,又有行政訴訟法之公布施行。現行行政訴訟法則係民國二十一年十一月十七日由國民政府所公布,於二十二年六月二十三日正式施行,條文初僅二十七條,其間雖歷經五次修正,增為三十四條,但其內容仍過於簡略。近數十年來,我國政治、經濟、文化等各方面突飛猛進,工商發展迅速,社會結構重大變遷,加以教育普及,民智日開,行政訴訟事件大量增加,依行政法院現存最早之統計資料顯示,民國三十九年,行政法院全年受理案件僅二十三件,至民國六十九年,增至二千零四十六件,最近幾年皆已達三千件以上。行政訴訟業務擴大,而傳統法制則依舊,如此,勢必難以因應事實需要。尤以過去行政訴訟採一級一審制,集初審及終審、事實審及法律審於一審,對人民權利之保護,殊欠周詳健全。又對於「確認行政處分無效之訴訟」、「確認公法上法律關係成立或不成立之訴訟」、「確認已執行完畢或因其他事由而消滅之行政處分為違法之訴訟」及「公法上給付之訴訟」等公法上爭議事件,當時因不得提起行政訴訟致無救濟途徑,亟待增加行政訴訟之種類,以保障人民之權益。司法院爰於民國七十年七月間,著手於行政訴訟制度之研修,七十七年五月,提出行政訴訟法修正草案,並擬定修正原則。

　　七十七年五月，司法院行政訴訟制度研究修正委員會，於行政訴訟法修正草案總說明中，提出修正原則二十項。其要點如次：

　　1.行政訴訟之審級，由原來一審終結，增加為二級二審，以初審為事實審兼法律審，終審原則上為法律審，以順應世界潮流，並符合社會之實際需要。

　　2.增加訴訟種類，除原有之撤銷訴訟外，增加確認訴訟及給付訴訟。惟得提起撤銷訴訟者，仍以行政機關之違法行政處分為限，並不包括不當之行政處分。

　　3.訴願制度仍予維持。惟提起行政訴訟須先經訴願程序者，只適用於撤銷訴訟，若提起其他種類之訴訟，依其性質，則無從適用訴願前置主義。

　　4.行政法院與普通法院間，就同一事件關於審判權之誰屬發生爭議時，應由司法院大法官會議解釋解決。

　　5.修訂訴訟參加制度，以符合訴訟經濟原則，並可防止裁判結果之分歧。

　　6.行政訴訟不徵收裁判費，但其他進行訴訟必要之費用應由敗訴之當事人負擔。九十六年七月四日行政訴訟法修訂，自八月十五日起，開始徵收裁判費，自一千元（如抗告）至六千元（如上訴事件）不等。

　　7.行政訴訟程序之開始，採當事人進行主義；訴訟程序之進行及終結，則視其性質兼採職權進行主義。

　　8.有關訴訟標的之處分，除當事人有處分權，並與公益無關者外，不得任意為之，亦即當事人處分權主義應予限制。

　　9.行政處分或決定之執行，與現行法相同，原則上不因提起行政訴訟而停止，行政處分應有其執行力。

　　10.第一審採言詞審理主義為原則；第二審採書面審理主義，惟於特定條件下亦得行言詞辯論。

　　11.行政法院於撤銷訴訟，應依職權調查證據；於其他訴訟，為維護公益者亦同。

　　12.採用情況判決制度。仿日本體制，規定行政法院受理撤銷訴訟，發

現原處分或決定雖屬違法，但其撤銷或變更於公益有重大損害，經斟酌原告所受損害、賠償程度、防止方法及其他一切情事，認原處分或決定之撤銷或變更顯與公益相違背時，得駁回原告之訴。行政法院為此種情況判決時，應依原告之聲明，將其因違法處分或決定所為給付或所受之損害，於判決內命被告機關返還或賠償，以兼顧原告之利益。

13.於給付訴訟採用情事變更原則，以維持訴訟當事人實質之公平。亦即因情事變遷，非當初訂約時可預期，應為變更效果之判決。

14.輕微之行政訴訟事件，應適用簡易訴訟程序，以節省行政法院與當事人之勞費。

15.增訂上訴審及抗告程序。使當事人對裁判有表示不服的機會。惟對地區行政法院之裁判提起上訴者，應予嚴格限制，除須以判決違背法令為理由始得上訴外，對於適用簡易程序之裁判提起上訴或抗告者，須經最高行政法院之許可，並以訴訟事件所涉之法律見解具有原則性者為限。

16.修訂再審程序，使當事人對於已確定之行政法院判決聲明不服之方法更為完備。

17.增設重新審理之規定，使有利害關係之善意第三人亦得以對於確定之終局判決聲請救濟。

18.採納假扣押、假處分制度，以保全強制執行，進而維護金錢請求權及其他權利。

19.增訂強制執行程序，以實現行政法院裁判內容。

20.行政訴訟法與民事訴訟法之間，雖不乏性質相通之處，惟行政訴訟法為處理公法上爭議之法律，與民事訴訟法為處理私法上法律關係者，究有不同。其與行政訴訟法性質相通必要準用者，則依各編章節次，逐條例舉，規定為得準用，以期明確。

行政訴訟法的修訂，經多年研議，於民國八十七年十月二十八日經總統公布施行，條文達三〇八條，行政訴訟體制作根本的變革。往後，至一〇〇年十一月二十三日，迭經修訂，行政訴訟成為二審三級制，地方法院增設行政訴訟庭，行政法院擴增，體制更形完備。

第二節　行政訴訟之當事人

　　訴訟之當事人，係訴訟關係之主體，以自己名義向法院起訴之人及其相對人而言。在民事訴訟上，為法律關係之當事人，同時亦即訴訟程序之當事人，故在訴訟上立於原告、被告之地位，常以權利之主體為限（學理上稱當事人訴訟）。而在行政訴訟之當事人，未必對於訴訟系爭之標的，皆有實質之利害關係，而僅係在訴訟程序上，互為不同之主張，是為訴訟程序之當事人，未必即為法律關係之當事人，故立於原告、被告之地位者，不以權利主體為限（學理稱抗告訴訟）。此外，尚有利害關係之參加人。故行政訴訟之當事人，謂原告、被告及參加訴訟之人。

　　惟所謂當事人，又得委任他人代理；而無論是自然人、法人、行政機關、非法人團體，皆有當事人能力，除自然人外，應由其代表人或管理人為訴訟行為。是以「行政訴訟之當事人」，猶有頗為複雜的內涵。爰分別敘述如次：

一、原　告

　　原告係指具有當事人能力，依法有起訴權，而且係實際上起訴之人。其範圍包含：

　　1.自然人及本國國民為主要，亦包括法人及其他非法人團體；後者在訴訟程序中，由代表人或管理人行之。而外國人，如有條約之依據或法令之許可，亦得為行政訴訟之原告。

　　2.政府機關及公務員：政府機關，除立於財產權主體，或準私人地位外，不得為行政訴訟之原告。至於公務員而言，如受免職處分，依司法院釋字第 243 號解釋，已改變公務員之身分關係，允許提起行政訴訟，此外，尚不得為原告。

　　3.現行行政訴訟法，所增設四種訴訟，除確認及給付之訴外，撤銷之訴與請求應為行政處分之訴，為人民對政府機關之訴訟，行政機關自不得提起，即不得為原告。

二、被　告

被告，係指在行政訴訟上與原告處於對立地位之相對當事人，或稱對造。行政訴訟原係人民不服政府機關的違法處分而提起，故其被告應為政府機關。而所謂政府機關包括下列機關：

1.駁回訴願時之原處分機關。即受理訴願機關，認原處分為有理由，而駁回訴願之案件時，提起行政訴訟，仍以原處分機關為被告。

2.撤銷或變更原處分或決定時，為最後撤銷或變更之機關。即受理訴願機關，撤銷或變更原處分，認為其撤銷變更適當，則以該受理訴願機關為被告。

再者，除以上原則規定外，被告機關之認定，尚有以下原則：

⑴在委託行政，以委託機關為被告機關。

⑵因機關組織變更或裁併，以承受其業務之機關，或對系爭事件有決定權限之機關為被告。

⑶依行政訴訟之種類分別認定。請求為行政處分之訴，因為中央或地方機關不依法就申請案件有所作為，故以該原受理申請案件之機關為被告。確認之訴：如涉及確認行政處分無效，因須向原處分機關請求宣告無效未被許可，故應以該處分之原處分機關為被告機關。給付之訴中，公法上財產給付之訴，以負有給付義務者為被告機關；因行政（公法）契約而發生之給付，除另有約定給付義務人外，以締約之權責機關之一方，為被告機關。

三、參加人

參加人，係指在原告、被告以外，就他人所提起之行政訴訟事件，具有利害關係，而於該訴訟繫屬中，參加訴訟的第三人。由於行政訴訟之審判，其結果可能導致第三人之權利受到影響，為求審判之確實與公允，乃有使利害關係人參加訴訟之必要。再者，參加人在訴訟上與原告有同一的權能，得為獨立的主張，不一定是在輔助當事人之一方。故與民事訴訟之

參加人不同。行政訴訟之參加人，應可視同訴訟之當事人。

　　察考所以除法院得依職權命參加外，當事人或第三人亦均得聲請參加，其目的無非為確保第三人參加制度有被廣泛運用的機會。如此可收以下效果：㈠因訴訟之結果，權利有受損害之虞之第三人，於訴訟上有攻擊防禦之機會，以保障其權利。㈡使案件之審理及裁判得以獲致適當正確之結果。㈢避免第三人提起再審之訴，妨害裁判之安定性❷。

　　依行政訴訟法第一編第三章第四節規定，訴訟參加有三種，要如下述：

㈠必要共同訴訟之獨立參加（必要參加）

　　訴訟標的對於第三人及當事人一造必須合一確定者，行政法院應以裁定命該第三人參加訴訟。參加人不僅得提出獨立之攻擊防禦方法，並且得為與其參加之主要當事人不一致主張，但僅對其本身生效。例如建築主管機關對起造人甲核發建造執照，相鄰人乙認為該發照行為違反保護其權益之建築法規而提起撤銷訴訟，或提起課予義務訴訟，請求添加足以保護其權益之負擔附款。在行政訴訟中，行政法院應命起造人甲參加訴訟即是。

㈡利害關係人之獨立參加（獨立參加、普通參加）

　　行政法院認為撤銷訴訟或其他訴訟之結果，第三人之權利或法律上利益將受損害者，得依職權命其獨立參加訴訟，並得因該第三人之聲請，裁定允許其參加。例如未獲核發營業執照者甲，以主管機關為被告，訴請撤銷其對競爭者乙所核發營業執照。由於甲如勝訴，則乙之權利受損，行政法院應以乙為該訴訟之參加人。獨立參加人係為自己之權利或利益而參加訴訟，故得提出獨立之攻擊或防禦方法，以維護其利益。

㈢輔助參加（從參加）

　　行政法院認其他行政機關有輔助一造之必要者，得命其參加訴訟。該行政機關或有利害關係之第三人，亦得聲請參加。輔助參加人得按參加時之訴訟程度，輔助當事人為一切訴訟行為，但其行為與該當事人之行為相牴觸者，不生效力。例如農民甲以勞工保險局為被告，訴請依法給付保險

---

❷　張瓊文，〈日本行政訴訟參加制度〉，《法律評論》，1 至 3 期合刊，第 67 卷，2001 年 3 月，頁 6～20。

金，由於行政院農業委員會係勞工保險局農保之委託機關，行政法院得命該委員會參加訴訟❸。

四、代理人

當事人得委任代理人為訴訟行為，但每一當事人委任之訴訟代理人不得逾三人。訴訟代理制度，為行政訴訟法之所許，當事人不以自為訴訟行為之必要，可以委任他人，以當事人本人之名義，為訴訟行為。行政訴訟之代理人，視稅務、專利等事件有法定資格限制（本法第 49 條第 2 項），而代理人，包括以下幾種類型：

㈠法定代理人

乃代理權之產生，非基於本人之意思，而係依法令之規定，於訴訟上有代理權之人。如未成年人之父母或監護人、禁治產人之監護人、社團或財團法人之董事等是。

㈡代表人

非法人團體之代表人或管理人，原非當事人之法定代理人，又未經當事人之委任，僅類推適用法定代理人之規定，如商號經理人、船舶經理人等，依法令有代理其商業主體為訴訟行為之權。

㈢特別選任代理人

無訴訟能力人為必要之訴訟行為者，因其無法定代理人或其法定代理人不能使行代理權，得准其聲請使行政法院審判長為無訴訟能力人選任特別代理人，以救濟其權利。

㈣委任代理人

凡當事人或法定代理人本人，均許其自為訴訟行為，亦得委任代理人為之。所委任之代理人，不以律師為限，但原告如以非律師為代理人時，行政法院若認為其人不適任者，得以裁定禁止之。

此外，當事人或訴訟代理人經審判長之許可，得於期日偕同輔佐人到場。但輔佐人人數不得逾二人。

---

❸ 陳敏，《行政法總論》，頁 1225～1228。

第三節　行政訴訟之種類及要件

一、行政訴訟的種類

行政訴訟法第 3 條僅明定行政訴訟，包括撤銷訴訟、確認訴訟及給付訴訟三種，其中，撤銷訴訟為我國過去唯一的行政訴訟，最具悠久歷史。唯此三種主要型態之行政訴訟並涵蓋多種次類型之訴訟，種類頗多。茲就其要點敘述如次：

㈠撤銷訴訟

指人民因行政機關之違法處分，認為損害其權利或法律上之利益，經依訴願法提起訴願而不服其決定，或提起訴願逾三個月不為決定或延長訴願決定期間逾二個月不為決定者，得向高等行政法院提起之訴訟。可知撤銷訴訟僅針對違法處分提起爭訟，對不當之行政處分則不得提起。而所謂法律上之利益，即法律上「一切值得保護之個人利益」均包括在內。至於以往以權利與反射利益作為可否提起行政訴訟的區別標準，今天已被認為有欠周延。司法院釋字第 469 號解釋即指出，過去認為反射利益不得請求國家賠償的看法應該修正。

㈡課予義務訴訟

修訂後之行政訴訟法，引進德國體例，許原告得訴請行政法院判命行政機關應為行政處分或特定內容之行政處分，顯示「司法積極主義」之精神。此訴訟包括：

1.怠為處分之訴

人民因中央或地方機關對其依法申請之案件，於法令所定期間內應作為而不作為，認為其權利或利益受損害者，經依訴願程序提起訴願後，得向高等行政法院提起請求該機關應為行政處分或特定內容之行政處分之訴訟。例如申請營業執照逾期尚不知結果，即得經訴願後，提起此項訴訟。

2.拒絕申請之訴（對於申請駁回之訴）

人民因中央或地方機關對其依法申請之案件予以駁回，認為其權利或

法律上利益遭受違法損害者，經訴願程序提起訴願後，得向高等行政法院提起請求該機關應為行政處分或特定內容之行政處分之訴訟。例如申請營業執照遭拒絕申請（或稱否准、駁回）時，申請人得提起此訴。

(三)確認訴訟

行政訴訟法之修訂，參考德、日等國立法例，增列確認訴訟；此訴訟又包括以下三者：

1.確認行政處分無效之訴

人民認為行政處分無效，並有即受確認判決之法律上利益，經向原處分機關請求確認原處分無效而未被允許，或經請求後三十日內不為確答者，得提起之訴訟。

2.確認行政處分違法之訴訟

即確認已執行完畢或因其他事由而消滅之行政處分為違法之訴訟。此為德國法制上之「追加確認訴訟」。亦即，對於已執行完畢或已消滅之行政處分不得提起確認行政處分無效之訴。

3.確認公法上法律關係成立或不成立之訴

人民有即受確認判決之法律上利益，且已不得提起撤銷訴訟時，如行政處分已執行或因其他事由而消滅，而確認其違法，得提起此訴。

以往，例如臺北高等行政法院（九十六年度訴第三三一○號）判決認為：公立國民小學聘任之教師之若因停聘發生爭執，致聘任之公法法律關係成立、不成立或存在、不存在不明，應循確認訴訟救濟之。而原告遭停聘後影響每月可領薪資，無法支領考績獎金及年終獎金，其提起本件確認訴訟，有即受確認判決之法律上利益。但最新實務上則持不同見解（最高行政法院九十八年度七月份第一次庭長法官聯席會議決議）：公立學校具有機關之地位，教師之聘任，為行政契約。公立學校解聘、停聘或不續聘通知當事人教師，具有行政處分之性質，並由該公立學校依法定程序通知當事人者，應係該公立學校就公法上具體事件，所為得對外發生法律效果之單方行政行為。當事人不服此行政處分，得俟主管教育行政機關核准該行政處分生效後，始提起申訴、再申訴（視為訴願）或依法逕提訴願，再以

學校為被告依法提起撤銷訴訟（教師法之申訴與公務人員保障法之申訴性質不同）。

㈣給付訴訟

給付訴訟，包括一般給付訴訟與課予義務訴訟。一般給付訴訟則包括：

1.公法上財產給付訴訟

即公法上原因之財產給付訴訟。人民對於中央或地方機關，因公法上原因發生財產上之給付爭議，得提起此訴。此項給付請求，包括金錢與物品之給付請求，如人民對於溢繳稅款之不當得利返還請求，對被徵用物品之返還請求。

2.請求作成行政處分以外之其他非財產上給付訴訟

依行政訴訟法第8條第1項，人民得提起此訴。所謂給付，包括作為、不作為及忍受等，故此訴訟包括：

⑴請求積極作為之給付訴訟　例如請求抄閱卷宗、行政處分補正理由，或如申請服務機關發給服務年資證明等是。

⑵請求消極不作為之給付訴訟　如食品公司請求衛生主管機關阻止消費團體未經嚴格程序不應公布危害健康之食品品牌之訴訟；或訴請行政機關停止道路施工等是。

⑶預防性不作為訴訟　人民得提起之請判命行政機關不得作成某種行政處分或其他職務行為之訴訟。如利害關係人為防護其權益，阻止掌理卷宗之機關將卷宗資料交付他人抄閱，得提起此訴。

一般給付訴訟功能發揮，得以確立各種財產請求權：㈠結果除去請求權（對違法行政行為所造成之結果，請求行政法院判決予以除去，以回復未受侵害前狀態），㈡公法上無因管理請求權（公法上未受委任，原無義務為行政主體或他人處理事務，亦為公法上債之關係成立的原因之一），㈢公法上（不當得利）返還請求權。

一般給付訴訟之要件，除須因公法上原因發生之給付，須主張給付義務之違反損害原告之權利，更包括「須不屬於得在撤銷訴訟中併為請求之給付」❶。如此撤銷訴訟方能發揮其功能，使行政處分之合法性受到審查。

(五)其他訴訟

除以上各種訴訟，行政訴訟尚有以下兩種：

1.合併請求財產上給付之訴訟

對同一被告之數宗訴訟，除定有專屬管轄權者外，得向就其中之一訴訟有管轄權之法院合併提起之。又提起行政訴訟，得於同一程序中，合併請求損害賠償或其他財產給付。得提出合併請求者，包括撤銷、確認及課予義務訴訟。

2.民眾訴訟

(1)維護公益訴訟　行政訴訟法第 9 條規定：「人民為維護公益，就無關自己權利及法律上利益之事項，對於行政機關之違法行為得提起行政訴訟。但以法律有特別規定者為限。」對此，行政訴訟法僅作基本性的規定，須依相關法律始能適用。如依環保法律，許受害人民或公益團體得敘明行政機關疏於執行法令之具體內容，以書面告知主管機關，該機關仍未依法執行，得以該機關為被告，提起行政訴訟。此訴訟是環保團體督促行政機關執法的一項利器 ❺。此項具前瞻性的行政訴訟係仿日本制度而來。我國有關此訴訟者，有專利上舉發仿冒等之行政訴訟、空氣污染事件受害人或公益團體所提之訴訟等。日本更有「住民訴訟」，乃具有住民資格之人，為防止及糾正公共團體之機關的違法支出公款之訴訟。公益訴訟是國民或住民立於監督地位，監督行政法之客觀公正的運用，透過行政法院判斷是否違法，以維持行政秩序 ❻。

(2)選舉罷免訴訟　行政訴訟法第 10 條規定：「選舉罷免事件之爭議，除法律別有規定外，得依本法提起行政訴訟。」如依各項公職人員選舉罷免法所規定由普通法院受理之選罷訴訟，非此所指之選舉罷免訴訟，而是指一般人民團體（不具公法人資格之公益團體）之選舉罷免爭訟事件。

---

❶⁴ 吳庚，《行政法之理論與實用》，頁 679～683。

❶⁵ 翁岳生，《台灣近年來行政法之發展》，《法令月刊》，2 期，第 52 卷，1990 年 3 月，頁 3～11。

❶⁶ 陳清秀，《行政訴訟法》，頁 113～114。

歸納以上行政訴訟之種類，要如下圖（圖 4-1）所示：

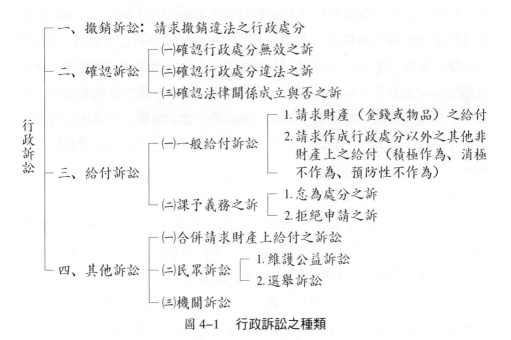

圖 4-1　行政訴訟之種類

另外，日、德等國尚有機關訴訟。所稱機關訴訟，依日本行政事件訴訟法（第 6 條）規定，是指國家或公共團體之機關相互間就有關權限的存否，或其行使的爭執所提起的訴訟。例如地方自治團體的機關，因委任權限的爭議，由上級機關首長對於下級機關首長提起職務執行命令訴訟（日本地方自治法第 146 條、國家行政組織法第 15 條）。德國對於機關訴訟尚無明文規定，但通說判例皆加以肯定。就公法人、公營造物的機關爭訟，尤其地方公共團體的機關或其他各單位間，有關權限及其行使的爭議，皆可能提起此種訴訟。此種爭議是因個別法律規定的機關及權限爭議，因此，非屬憲法性質，而是行政法性質。亦即機關訴訟所涉及的是一般公法上爭議，屬一般行政法院裁判權之範圍❶。

㈥行政訴訟的新變革

1. 國家賠償事件及刑事補償事件

國家賠償依國家賠償法（第 11 條規定）係由普通法院民事庭審理，（依

---

❶　陳清秀，同上，頁 110～111。

同法第 12 條規定），並適用民事訴訟程序。「冤獄賠償法」業於一○○年七月六日修正公布其法律名稱及全文為刑事補償法，並自同年九月一日施行。依該法第 9 條第 1 項規定：「刑事補償，由原處分或撤回起訴機關，或為駁回起訴、無罪、免訴、不受理、不付審理、不付保護處分、撤銷保安處分或駁回保安處分之聲請、諭知第一條第五款、第六款裁判之機關管轄。但依第一條第七款規定請求補償者，由為羈押、鑑定留置、收容或執行之機關所在地或受害人之住所地、居所地或最後住所地之地方法院管轄；軍法案件，由地方軍事法院管轄。」

2.道路交通管理爭訟事件

司法院大法官釋字第 418 號解釋認為：「道路交通管理處罰條例第 87 條規定，受處分人因交通違規事件，不服主管機關所為之處罰，得向管轄地方法院聲明異議。」惟該條例第 87 條規定已於一○○年十一月二十三日經修正公布：「受處分人不服第八條或第三十七條第五項處罰之裁決者，應以原處分機關為被告，逕向管轄之地方法院行政訴訟庭提起訴訟；其中撤銷訴訟之提起，應於裁決書送達後三十日之不變期間內為之。」又同日修正而於一○一年九月六日施行之行政訴訟法，自一○一年九月六日起，道路交通管理處罰條例有關處罰之裁決事件，改為適用行政訴訟法之行政訴訟事件，以受處分之人民為原告，以原處分機關為被告，由原告住所地、居所地、所在地或違規行為地之地方法院行政訴訟庭管轄（道路交通管理處罰條例第 87 條；行政訴訟法第 237 條之 2），裁判得不經言詞辯論為之。

3.違反社會秩序維護事件

按社會秩序維護法第 43 條至第 45 條規定，依事件性質，分別由警察機關裁罰或地方法院簡易庭裁定。不服警察機關之裁罰者，得依同法第 55 條規定，向地方法院普通庭提起抗告。而其救濟程序，依同法第 92 條規定，法院受理違反本法案件，除本法有規定者外，準用刑事訴訟法之規定 ⓲。

⓲ 國家文官學院，依法行政講義，2012 年 7 月。

二、各種行政訴訟之實體判決要件

各種行政訴訟之實體判決要件，要如下述：

1. 撤銷訴訟

   (1)須有行政處分存在：客觀上有行政處分存在。

   (2)須原告主張行政處分違法並損害其權利或法律上利益。

   (3)須經訴願程序而未獲救濟。

   (4)須於法定期間內提起：於訴願決定書送達二個月內為之。

2. 課予義務訴訟（又稱請求作成行政處分訴訟）

   (1)怠為處分之訴

   ①原告所申請者須為行政處分或特定內容之行政處分。

   ②須該管機關於法定期間內應作為而不作為。

   ③須先經訴願程序。

   ④須原告主張損害其權利或法律上利益。

   (2)拒絕申請之訴

   又稱為拒絕處分之訴，即不服拒絕申請之訴。其要件與怠為處分之訴相同。

3. 確認訴訟

   (1)確認行政處分無效或違法之訴

   行政訴訟法第 6 條第 1 項所規定之確認訴訟，包括確認行政處分無效之訴及確認法律關係存否之訴。就前者言：

   ①確認之對象須為行政處分之無效或違法。

   ②須先經行政程序：已向原行政處分機關請求確認無效，或經請求後於三十日內不為確答者，始得提起之。

   ③須有即受確認判決之法律上利益。

   (2)確認法律關係存否之訴

   ①確認之對象須為公法上法律關係之成立或不成立。

   ②須有即受判決之法律上利益。

③須已不得提起撤銷訴訟。

4.一般給付訴訟

行政訴訟法第 8 條第 1 項之訴訟即學理上所稱一般給付訴訟，其要件：

(1)須因公法上原因之給付：包括基於法規之規定、公法契約之約定或因事實行為等各種因素，不一而足。

(2)須限於財產上之給付或請求作成行政處分以外之其他非財產上之給付。

(3)須主張給付義務之違反損害原告之權利。

(4)須不屬於得在撤銷訴訟中併為請求之給付。

(5)不必先行訴願程序：給付訴訟不涉及行政處分是否撤銷問題，故不必經訴願程序。

第四節　行政訴訟程序之進行

一、訴的提起、變更及撤回

㈠具備訴訟書狀

依行政訴訟法第 57 條規定：「提起行政訴訟應以書狀為之。訴狀應記載左列各款，由原告或代理人簽名、蓋章或按指印；其不能簽名或按指印者，得使他人代書姓名，並由代書人記明其事由並簽名」：

1.當事人之姓名、性別、籍貫、職業、住所或居所；當事人為法人機關或其他團體者，其名稱及所在地、事務所、或營業所。

2.有法定代理人、代表人或管理人者，其姓名、性別、年齡、身分證明文件字號、職業、住所或居所，及其與法人、機關或團體之關係。

3.有訴訟代理人者，其姓名、性別、年齡、身分證明文件字號、職業、住所或居所。

4.應為之聲明。

5.事實上及法律上之陳述。

6.供證明或釋明用之證據。

7.附屬文件及其件數。

8.行政法院。

9.年、月、日。

可知提起行政訴訟，應具訴狀，記載法定事項。再者，縱使當事人在法定期間內，曾向其他機關有不服訴願決定之表示，經該機關移送行政法院受理，依法可視其已在法定期間內起訴。行政訴訟之訴狀，須符合法定程序，足見提起行政訴訟為要式行為。如訴狀內容不合法定形式，即為形式要件欠缺，如有補正必要者，應由審判長限期命其補正，而不得逕行裁定駁回；惟如逾期未補正時，自得以裁定駁回其訴。

㈡**起　訴**

行政訴訟開始於原告之起訴。如行政法院認原告之訴所訴事實，在法律上顯無理由者，得逕以判決駁回；或因無管轄權應依職權或聲請裁定移送於有管轄權之其他行政法院。此外，行政法院應將訴狀送達於被告機關，並命被告機關以答辯狀陳述意見。

訴經提出之後，通常發生五種效力： 1.訴訟繫屬：即發生訴訟事件繫結於法院，等待法院介入解決。當事人不得就同一事件向其他不同審判權之法院更行起訴； 2.法院管轄之恆定： 決定法院之管轄以起訴時為準； 3.當事人恆定： 為訴訟標的之法律關係雖移轉於第三人，原來之當事人仍為正當之當事人，並不喪失其實施訴訟之權能，如商標專用人於訴訟繫屬後，雖將商標移轉於他人，依舊可繼續進行訴訟； 4.禁止重複起訴：凡相同之當事人間，就同一訴訟標的進行訴訟，即受重複起訴之禁止； 5.實體法上之效果： 起訴在民事實體法上之效果，如時效中斷（公法上財產請求權之時效），適用行政程序法之規定❶⑨。

㈢**訴之變更、追加及反訴**

1.訴之變更及追加

原告在訴訟進行中，得變更訴之要素（包括當事人、訴訟標的、訴之聲明三者）之任何一項。如加入新的訴之要素，則為訴之追加。但訴狀送

---

❶⑨　吳庚，《行政爭訟法論》，頁 206～209；林騰鷂，《行政法總論》，頁 714～715。

達後，須被告同意或法院認為適當者，始准變更或追加；變更或追加之新訴專屬他法院管轄，或不得行同種之訴訟程序者，不得為之。訴之變更或追加是否適當，行政法院應就訴訟資料利用之可能、當事人之利益、訴訟經濟、原告未起訴時之主張、其有無故意或重大過失及公益等予以衡量。

　　2.反　訴

　　指被告對於原告，在本訴繫屬之行政法院，就與本訴標的或其防禦方法相牽連之事件，合併本訴之程序提起之訴。但行政訴訟中專屬「民告官」者，不許在訴訟進行中「官告民」提起反訴。因此，撤銷訴訟、課予義務訴訟，不得提起反訴。亦即公法上契約涉訟或確認訴訟，始可提起反訴。

四訴之撤回

　　原告起訴後，不欲行政法院對其請求之事項作成判決，得向法院表示撤回其起訴。原告在實體法所主張之權利，不受撤回訴訟之影響。原告得撤回其訴之全部或一部，但被告已為本案之言詞辯論者，應得其同意。訴之撤回，他造於收受撤回書狀或筆錄之送達後十日內未提出異議者，視為同意撤回。他造於期日到場，自訴之撤回之日起，十日內未提出異議者，亦同。撤回起訴後，視同未起訴，原告仍得就同一標的再行起訴。行政訴訟之撤回固無須法院之核准，但訴之撤回違反公益者，不得為之。

五訴之和解

　　1.和解的性質

　　行政訴訟審理程序中，雙方當事人得就訴訟標的權利義務關係，互相讓步達成協議，以終結行政訴訟程序為目的之行為，即行政訴訟上之和解。行政訴訟採處分權主義，在法律允許當事人處分之標的之限度內，當事人自得成立和解以終止紛爭。一方面，和解屬於訴訟行為的一種，與判決有類似之處：(1)同為終結訴訟之手段，(2)和解成立者，就和解標的之法律關係有實質的確定力（行政訴訟法第 222 條），(3)和解筆錄與判決書相當，亦可作為強制執行之名義。另一方面，和解乃行政契約的一種，係由訴訟雙方當事人意思合致，以行政法上之權利義務關係為標的。亦即，和解具有係訴訟行為與行政契約的（訴訟法及實體法上）雙重性質。

2. 和解的成立

在行政訴訟程序中，「當事人就訴訟標的具有處分權並不違反公益者，行政法院不問訴訟程序如何，得隨時試行和解。受命法官或受託法官，亦同」（行政訴訟法第 219 條第 1 項）。同時，第三人經行政法院之許可得參加和解。行政法院認為必要時，得通知第三人參加（同條第 2 項）。行政訴訟因試行和解，行政法院受命法官或受託法官，得命當事人、法定代理人、代表人或管理人本人到場。試行和解而成立者，即應由法院作成和解筆錄。和解必須是雙方當事人互相讓步之結果，如非雙方而僅一方讓步，其結果可能是捨棄或認諾，而非和解。

(六)訴之停止

行政訴訟審理程序中，因法定事由之發生，致該行政訴訟事件停止審理，即行政訴訟之停止。依行政訴訟法第 177 條至第 186 條規定，行政訴訟之停止，包括有裁定停止、當然停止與合意停止三種：

1. 裁定停止的原因：中止

其事由例如行政訴訟之裁定須以民事關係是否成立為準據，而該法律關係係已經訴訟繫屬尚未終結者，行政法院應以裁定停止行政訴訟程序。

2. 當然停止的原因：中斷

其事由例如訴訟當事人喪失一定資格或死亡者，行政訴訟在有同一資格之人承受其訴訟以前當然停止。

3. 合意停止的原因：休止

行政訴訟法修正後，行政訴訟種類已增多，「除撤銷訴訟外，當事人得以合意停止訴訟程序」（本法第 183 條第 1 項前段）。其餘行政訴訟雖許合意停止，但行政法院認有維護公益之必要者，應於四個月內續行訴訟。

至於訴之停止的效力，依規定訴訟程序當然停止或裁定停止間，行政法院及當事人不得為關於本案之訴訟行為。但於言詞辯論終結後當然停止者，本於其辯論之裁判得宣示之。訴訟程序當然或裁定停止者，期間停止進行；自停止終竣時起，其期間更始進行。惟合意停止者不影響法定不變期間之進行，以免當事人合意變更法律之規定❷。又如上述，合意停止訴

訟最長不得超過四個月，逾此期限不續行訴訟者，視為撤回訴訟。

二、行政訴訟的審理

行政訴訟的審理，包括初審的要件審查、進行言詞辯論、職權調查證據等之程序。

㈠形式要件的調查

行政訴訟的初審階段，係就形式要件加以審查，以決定是否應予受理、駁回或補正。亦即行政法院認為不應提起行政訴訟或違背法定程序者，應附具理由以裁定駁回之；如係僅訴狀不合法定程序，有補正之必要者，應由審判長限定期間，命其補正。

㈡言詞辯論

行政訴訟經提起後，除欠缺形式要件，或是在法律上顯無理由，而逕予判決駁回者之外，必須進行言詞辯論。其間的程序是：

1.為進行言詞辯論，高等行政法院應將訴狀送達被告，並得命被告答辯。

2.原處分或訴願受理機關，應於未逾就審期間二分之一以前，提出答辯狀。

3.審判長認為已適合言詞辯論時，應指定辯論期日。

㈢行政訴訟之審理原則

1.處分權主義

處分權主義係相對於職權主義的概念。處分權主義係指當事人對於訴訟標的之決定及訴訟程序之開始、進行或終了具有處分權限者，此通常與「辯論主義」有關。換言之，當事人就具體事件是否請求法律救濟，就何種範圍請求救濟，乃至何種方式請求救濟，原則上均尊重當事人主觀意願，亦即法院須受當事人聲明或主張之拘束，法院不得再依職權主導程序之進行。即原則上採處分權主義，例外始採職權主義。自訴之開始、停止、撤回、和解等，皆本此主義。

---

❷ 吳庚，《行政爭訟法論》，頁 224～226。

2. 職權探知主義

相對於辯論主義，訴訟在事實關係之導引上，採職權探知主義。職權探知主義，指法院應依職權探知事實關係並依職權調查證據，不受當事人聲明或主張之拘束，縱令當事人未提出訴訟資料，法院亦得依職權調查之。一般涉及公益之行政訴訟，基於依法行政原則，所要求者為實質的真實，故多主張採職權探知主義。行政訴訟法第 125 條第 1 項（職權調查事實，不受當事人主張約束）；第 133 條（撤銷訴訟或為維護公益，應依職權調查證據）等即是。

3. 言詞、直接及用公開審理主義

行政訴訟法有關判決基礎之發現形式，採此原則。例如除別有規定外，行政法院之裁判應本於言詞辯論者為之（第 188 條第 1 項）；法官非參與裁判基礎之辯論者，不得參與裁判（第 188 條第 2 項）。且訴訟之辯論及裁判之宣示，應於公開法庭行之（第 243 條第 2 項第 5 款參照）。一〇一年十二月二十一日行政訴訟法立法通過，訴訟當事人或代理人可以「遠距視訊」進行訴訟審理。

4. 自由心證主義（證據自由評價原則）

在證據判斷上，採自由心證主義，與法定證據主義相對。自由心證主義，指法院關於裁判基礎事實關係之重要事實及證據，得為自由評價及衡量，僅受法官內部良心、論理法則及經驗法則之拘束。行政訴訟法第 189 條第 1 項前段規定，行政法院為裁判時，應斟酌全辯論意旨及調查證據之結果，依論理及經驗法則判斷事實之真偽，故採自由心證主義[21]。行政訴訟除當事人之選定、更換及增減應以文書證之，言詞辯論所定程序之遵守，專以筆錄證之，公文書當推定其為真正。證據無須形成絕對之確信，而以達到高度的或然率為準。法院在製作判決書時，應將自由心證形成之理由，記明於判決書，以防止流於專斷，俾當事人對判決信服[22]。

---

[21]　翁岳生主編，《行政法》，2000 年，頁 1195～1198；陳清秀，《行政訴訟法》，頁 357～366。

[22]　吳庚，《行政爭訟法論》，頁 102～103。

三、調查事實及證據

㈠調查主體及方式

依行政訴訟法之規定，行政訴訟之調查主體及方式有：

1. 行政法院自行調查。

2. 行政法院得囑託普通法院或其他機關、學校、團體調查證據。

3. 行政法院得使庭員一人為受命法官或囑託他行政法院指定法官調查證據。

㈡調查之進行

1. 製作調查筆錄

受訴行政法院於言詞辯論前調查證據，或由受命法官、受託法官調查證據，行政法院書記官應作調查證據筆錄。

2. 調查證據結果之辯論

行政法院對調查證據之結果，應告知當事人以為辯論；於受訴行政法院外調查證據者，當事人應於言詞辯論時陳述其調查之結果。

3. 探求真實之證據

當事人因妨礙他造使用，故意將證據滅失、隱匿或致礙難使用者，行政法院得審酌情形認他造關於該證據之主張或依該證據應證之事實為真實。但於裁判前應令當事人有辯論的機會。

㈢證據之種類

行政訴訟之證據種類，有以下幾種：

1. 人　證

行政訴訟法規定，除法律別有規定外，不問何人，於他人之行政訴訟有為證人之義務。證人有到場之義務，無正當理由不到場者，行政法院得以處新臺幣三萬元以下罰鍰。經裁定後再次通知不到場者，得處六萬元以下罰鍰，並得拘提之。

2. 鑑　定

鑑定係輔助法院對專門事物判斷之證據方法。除自然人外，機關、學

校或團體亦有接受行政法院囑託鑑定之義務。並得請專業人士以書面或到場表示意見。

3. 書　證

當事人有提出文書之義務，這些文書包括於訴訟中曾經引用者、他造依法得請求交付或閱覽者、為他造之利益而作者、與本件訴訟關係有關事項所作者，以及商業帳簿（本法第 163 條）。

4. 勘　驗

為法官以其感官作用，對物件或人體直接觀看體驗之一種調查證據行為。行政法院得依職權或當事人之聲請為之。如對商標近似之認定是「商標在外觀、觀念或讀音方面有一近似，即為近似之商標」（稱通體觀察原則）；或採異時觀察，感覺相似即近似（稱隔離觀察原則），即屬勘驗之證據。

㈣證據調查

1. 職權調查主義與舉證責任

行政訴訟法第 125 條第 1 項規定：「行政法院應依職權調查事實關係，不受當事人主張之約束。」一般認為這是全面採行職權調查主義。但若因此誤解為當事人完全不參與事證調查程序，則行政訴訟的進行將極為緩慢而無效率。因而依案件屬性課予當事人適度的協力義務，是最具訴訟經濟效益的作法。在行政訴訟中，「撤銷訴訟」以及「公益訴訟」是典型的「人民對抗公權力機器」之訴訟類型，因而為徹底保護人民權益，行政法院應嚴格奉行職權調查主義❷❸。行政訴訟法第 133 條特別加以規定。

撤銷訴訟及公益訴訟，當事人主張之事實，雖經他造自認，行政法院仍應調查其他必要之證據（本法第 134 條）。當事人因妨礙他造使用，故意將證據滅失、隱匿或窒礙難使用者，行政法院得審酌情形認他造關於該證據之主張或依該證據應證之事實為真實。前項情形，於裁判前應令當事人有辯論之機會（本法第 135 條）。有關事實舉數即舉證責任，除本法有規定

---

❷❸　林三欽，〈最高行政法院 94 年度判字第 588 號判決之評析〉，2005 年行政管制與行政爭訟學術研討會，中央研究院法律學研究所籌備處等主辦，2005 年 11 月 19 日，頁 35～36。

者外，民事訴訟法第 277 條之規定於本節準用之（本法第 136 條）。習慣及外國之現行法為行政法院所不知者，當事人有舉證之責任。但行政法院得依職權調查之（本法第 137 條）。

2.事實及證據之調查原則

(1)職權調查事實　行政訴訟因涉及公益，因此，為維護公益，行政法院應依職權調查事實關係，不受當事人主張之拘束（行政訴訟法第 125 條第 1 項），此稱職權探知主義。

(2)職權調查證據　行政訴訟多涉及公益，為發現實質的真實，行政訴訟中的撤銷訴訟，應依職權調查證據；其他訴訟，為維護公益，亦同（行政訴訟法第 133 條），此稱職權調查主義。

(3)闡明權　為期發現真實，並使當事人在言詞辯論時有充分攻擊或防禦之機會，審判長自應行使其闡明權，使當事人得為事實上及法律上適當而完全的辯論（行政訴訟法第 125 條第 2 項）。審判長應向當事人發問、告知、令其陳述事實、聲明證據，或為其他必要之聲明及陳述；如當事人所聲明或陳述有不明瞭或不完足者，應令其敘明或補充之（同上，第 3 項）❷❹。

四、簡易程序

我國行政訴訟法仿採民事訴訟法設簡易訴訟程序，對情節單純或本質上宜於迅速終結之事件，採行較為簡便之程序。其適用範圍包括：㈠涉訟之稅額罰鍰處分或公法上財產關係之標的金額在新臺幣三萬元以下者。㈡因不服行政機關所為告誡、警告、記點、記次或其他相類之輕微處分而涉訟者。㈢依法律之規定應適用簡易程序者。

行政訴訟簡易程序要點如下：㈠得以言詞起訴、聲明或陳述；以言詞起訴者，應將筆錄送達於他造。㈡由獨任法官擔任審判。㈢裁判得不經言詞辯論。㈣簡易判決書各欄之記載，不分項記載，得僅記其要領。㈤對簡易事件之上訴或抗告採許可制，應經最高行政法院之許可，所涉及之法律見解以具有原則性者為限。㈥如舉行言詞辯論時，其通知書應表明適用簡

❷❹　陳清秀，《行政訴訟法》，頁 367。

易程序，當事人提出準備書狀之任意性及證據調查之便宜方法，分別適用民事訴訟法（第 430 條、第 431 條及第 433 條）有關規定 ㉕。

第五節　行政訴訟之裁判、上訴、抗告及再審

一、行政訴訟之裁判

行政法院之裁判，包括判決與裁定。判決應由行政法院為之，原則上應經言詞辯論，由行政法院就實體上爭點，依法定方式作成判決書對外宣示之裁斷（行政訴訟法第 188 條第 1 項）。至於裁定，原則上不必經言詞辯論，係對當事人或關係人所為，其內容通常非實體上之爭點，它不必宣示，無一定格式。故裁定不必限於以書面作成，批示、通知、命令等均屬裁定之種類。裁定除由法院為之外，審判長、受命法官或受託法官亦得為之。行政訴訟之「裁判，除依本法應用判決者外，以裁定行之」（行政訴訟法第 187 條）。

㈠裁判的依據

行政訴訟之裁判原則，與民事訴訟相類似。行政訴訟，應斟酌辯論意旨及調查證據之結果，依論理及經驗（證據）法則，判斷事實之真偽，但別有規定者，不在此限；行政法院依上述判斷而得自由心證之理由，如同民事訴訟，應說明於判決。

㈡裁判與裁定之區別

裁判與裁定不同：1.格式形式：裁判依行政訴訟法第 208 條有規定格式及應記載事項；裁定不適用之。2.爭訟的可能性：對判決如有不服，可提上訴；對裁定不服，可提抗告。3.法院的拘束力：判決對為判決之行政法院有拘束力，不得自行撤銷變更（本法第 206 條）；裁定之拘束力較弱，行政法院得有自行撤銷變更之情形。4.既判力：判決（確定判決）具有確定力（本法第 213 條）；裁定原則上則無既判力。

㉕　立法院司法委員會編，〈行政訴訟法修正案〉，《法律專輯（二四五）》，1999 年 8 月初版，頁 197。

(三)行政訴訟判斷基準時

行政訴訟判斷基準時，即在行政訴訟上，行政法院審查系爭行政處分之合法性時，應以那一時點的事實狀態及法律狀態作為基準加以判斷，此即裁判基準時（或違法判斷基準時）之問題[26]。申言之，一件行政訴訟發生後，其基礎事實及所適用法令隨時可能改變，一旦爭訟案件的基礎事實或相關法令變更，究竟應以何時的事實或法令為基礎，判斷原告或上訴人之訴有無理由[27]。以撤銷訴訟而言，其判斷有以下的不同見解：1.處分時說；2.最後行政決定時說；3.判決時說（我國實務上多採此說）；4.訴之聲明說等。而有關「判斷基準時」判斷的基礎有以下要素：1.權力分立原則（行政法院應尊重權力分立原則，如可斟酌行政處分後變化之情事，以決定是否維持原處分，將侵犯行政機關做成行政處分之第一次判斷權）；2.訴訟經濟原則（判斷基準時如不當，當事人勢必另行提起訴訟，如此爭訟不能在一次訴訟程序解決，不合訴訟經濟原則）；3.實體從舊程序從新原則（以此原則判斷）；4.個別實體法領域的特性（如專利案件即因此特別重視申請日的擇定）。除此四要素外，判斷基準時應參酌當事人的主張、利益衡量（信賴保護）等因素，通盤考量[28]。

(四)判決的種類

1.以訴訟程序區分

行政訴訟之判決：主要有以下三種形態（參行政訴訟法第 190 條至第 192 條）：

(1)終局判決　行政訴訟達於可為裁判之程度者，行政法院應為終局判決。

(2)一部終局判決　訴訟標的一部，或以一訴主張之數項標的，其一達於可為裁判之程度者，行政法院得為一部之終局判決；前項規定，於命合

---

[26]　陳清秀，《行政訴訟法》，1999 年，頁 460。

[27]　林三欽，〈最高行政法院 94 年度判字第 588 號判決之評析〉，2005 年，同前，頁 9。

[28]　林三欽，前書，頁 15。

併辯論之數宗訴訟，其一達於可為裁判之程度者，準用之。

(3)中間判決　各種獨立之攻擊或防禦方法，達於可為裁判之程度者，行政法院可得為中間判決；請求之原因及數額俱有爭議時，行政法院以其原因為正當者亦同。中間判決目的在解決當事人有爭執之先決問題，由法院裁量。惟實務上，我國（行政）法院甚少就中間爭點作成中間判決，蓋未到終結，不欲當事人預知勝負❷。

除以上三種判決外，尚有其他判決：

(4)不經言詞辯論判決　撤銷訴訟及其他有關維護公益訴訟，當事人兩造於言詞辯論期日無正當理由均不到場者，行政法院得依職權調查事實，不經言詞辯論，逕為判決。

(5)捨棄及認諾判決　當事人於言詞辯論時為訴訟標的之捨棄或認諾者，以該當事人具有處分權及不涉及公益者為限，行政法院得本於其捨棄或認諾為該當事人敗訴之判決。

(6)一造辯論判決　言詞辯論期日，當事人之一造不到場者，得依到場當事人之聲請，由其一造辯論而為判決，不到場之當事人，經再傳而仍不到場者，並得依職權由一造辯論而為判決。

2.以判決的結果區分

行政法院認為起訴有理由者，應以判決撤銷或變更原處分或決定。其合併請求損害賠償者，並應為判決。如認為起訴為無理由者，應以判決駁回之。此外，訴訟之判決，如係變更原處分或決定者，不得為較原處分或決定不利於原告之判決。因此行政訴訟之判決，可區分為兩種類型：

(1)請求駁回的判決　行政法院認為起訴無理由，亦即認為原處分或原決定並無違法情事，應以判決將起訴駁回。

(2)請求容認的判決　行政法院如認為起訴有理由，亦即認為原處分或原決定確有違法情事，而對原告之請求予以容認的判決，此種判決，或為將原處分或原決定宣告無效，或為撤銷，或為將其違法部分更正之變更。

---

❷　吳庚，《行政爭訟法論》，頁 256。

3.以判決的性質區分

行政訴訟法修訂後，將行政訴訟增設為撤銷之訴、請求處分之訴、確認之訴及給付之訴，則判決之種類當更為明確。

4.以判決的作用區分

行政法院之判決包括以下三種：

(1)確認判決　此即對行政上的法律關係，確認其是否存在的判決。以原告是否勝訴而論，如判決內容係確認原告權利不存在，而駁回其起訴，維持原處分或決定者，是為消極的確認判決；反之，如確認原告權利存在，起訴為有理由，而宣告原處分或決定無效之判決，是為積極的確認判決。確認判決不涉及權利之變更，只單純具有宣示之性質。因此，其所產生之「認定」法律關係是否存在的效果，本質上無須強制執行❸❹。

(2)形成判決　凡判決產生創設、變更或撤銷特定法律關係之結果，並具有對抗任何人之絕對效力者，稱為形成判決，又稱創設判決。形成判決是行政訴訟中最具重要性的判決，蓋過去傳統上行政訴訟僅有撤銷訴訟，其目的在撤銷或變更行政處分或訴願決定，撤銷訴訟性質上即屬形成之訴。形成判決旨在撤銷或變更原處分或決定。如行政法院另以判決就系爭之案件加以處置者，是為積極的形成判決；如撤銷違法納稅額之決定，並自行決定應納稅額。如僅撤銷判決，而未另行處置者，即在使法律關係回復原狀，是為消極的形成判決❸❶。

(3)給付判決　給付判決是指命被告對原告為一定給付行為之判決。此一給付行為包括作為、不作為及忍受等各種方式。行政訴訟上之給付判決，包括以下五種原告勝訴之判決：①課予義務訴訟中之怠為處分之訴；②課予義務訴訟中之拒絕申請之訴；③一般給付訴訟（包括財產上之給付訴訟、請求作成行政處分以外其他非財產上之給付訴訟）；④合併請求之給付訴訟；⑤撤銷訴訟中命為回復原狀之處置。由於原告勝訴，必然下命被告給付；如原告敗訴，則此給付判決至少具有消極確認訴訟之功能，亦即確認

---

❸❹　同上，頁 258～259。

❸❶　同上，頁 258。

其請求權之不存在。因之，給付判決實際上包含「請求權之確認」與「給付之下命」兩項要素。

5.以撤銷訴訟的判決區分

在撤銷訴訟的判決上，原告之訴全部有理由者，行政法院對原行政處分或訴願決定為撤銷之判決，有以下三種形態：

(1)單純之撤銷判決　行政法院認原告之訴有理由，將原處分或決定予以撤銷。

(2)撤銷原處分或決定，並且諭知被告機關重為適法之處分　我國行政法院成立以來，其判決即採此一方式，遂使我國傳統法制，事實上成為典型的「撤銷發回之行政審判制度」❸，而非實質內容自為判決之行政審判制度，其救濟功能有限。

(3)撤銷原處分或決定後，自為決定之判決　為改正上述缺點，行政訴訟法（第197條）規定：「撤銷訴訟，其訴訟標的之行政處分涉及金錢或其他代替物之給付或確認者，行政法院得以確定不同金額之給付或以不同之確認代替之」，不但基於訴訟經濟之理由，亦是對行政審判制度作結構性的改革。

至於多階段處分，判決主文應明確指出被撤銷之處分；附款之行政處分，如負擔之附款，得以獨立存在（方得提起行政訴訟），判決得指明撤銷❸。

6.情況判決（撤銷訴訟轉換為確認訴訟）

依照法治主義，違法行政處分經相對人或關係人訴請撤銷者，行政法院即應作成撤銷判決，否則即違反依法行政原則。但此一常態的處理方式，因公益而允許違法處分存續，行政法院不予撤銷或變更，此即所謂情況判決。情況判決實為公益原則與依法行政原則競合之結果。此一制度，為日本法制所獨有，我國行政訴訟法（第198條）加以引進，該條規定：「行政法院受理撤銷訴訟，發現原處分或決定雖屬違法，但其撤銷或變更於公益有重大損害，經斟酌原告所受損害、賠償程度、防止方法及其他一切情事，認原處分或決定之撤銷或變更顯與公益相違背時，得駁回原告之訴。前項

❸　同上，8版，頁183。

❸　同上，6版，頁266～267。

情形，應於判決主文中諭知原處分或決定違法。」又依行政訴訟法（第199條）規定：「行政法院為前條判決時，應依原告之聲明，將其因違法處分或決定所受之損害，於判決內命被告機關賠償。原告未為前項聲明者，得於前條判決後一年內，向高等行政法院訴請賠償。」可知，情況判決的要點是：(1)僅以撤銷訴訟為限，因原處分或決定違法而起；(2)原處分或決定之撤銷或變更於公益有重大損害；(3)行政法院經斟酌各方利害後，得駁回原告之訴；(4)以處分或決定違法，並致相對人（原告）受到損害，應於判決命被告機關賠償；(5)為謀求個人利益與社會公益兩全之道，乃有情況判決之設。

(五)行政訴訟判決的效力

行政訴訟經判決後，即取得確定力、拘束力及執行力，茲分述之：

1.確定力

行政訴訟的終局判決，具有確定力（參照行政訴訟法第213條），亦稱既判力或不可變力。行政法院之判決，即於上訴期間屆滿時確定。詳言之，行政訴訟自判決確定後，即類似其他訴訟之判決，形式上，成為終局判決，不得再行訴訟。實質上，任何機關對已判決之事件，不得再予變更。可知，就行政訴訟而言，所謂「一事不再理」之原則，即是指判決的確定力。而此確定力，對當事人或其繼受人占有請求之標的物者，亦有效力。此外，對訴訟有關之他人或第三人亦有效力（參照第214條、第215條）。

2.拘束力

行政訴訟法規定，行政法院之判決，就其事件有拘束各有關機關之效力（參照第216條）。判決經宣示後，為該判決之行政法院，法官受其拘束，行政機關亦然。即普通法院應受此種判決之拘束。基於此一效力，各有關機關不得違反其判決，就已判決之事件採取與該判決內容不同的處置。再者，原告等亦不得就同一事件提出與判決不同的請求。

3.執行力

一般行政處分，因具有執行力，原則上不因行政爭訟而停止執行，惟如行政訴訟判決確定，則即對該行政處分取得執行力，「由行政法院報請司法院轉有關機關執行之」，被告機關負有依判決執行之義務。而此一執行工

作，除囑託有關機關（如普通法院或行政機關）代為執行外，行政法院亦得自行執行。如在為一定數額的給付判決，行政法院即可為執行名義（高等行政法院得設執行處）。

二、行政訴訟的上訴

由於行政訴訟法的修正，將原來一審一級制改為二審二級制，因此新制的行政訴訟設有上訴的二審體制。而於確定判決後，若有法定情事，尚容許再予救濟的機會，爰有再審制度。行政訴訟當事人，不服高等行政法院之判決，於判決送達後二十日內，得向最高行政法院提起上訴。而此一訴訟，非因判決違反法令者，不得為之；亦即因判決不適用法規，或適用不當，方得提起。依據行政訴訟法（第 243 條），違背法令，包括以下情況：

㈠判決法院之組織不合法者；

㈡依法律或裁判應迴避之法官參與裁判者；

㈢行政法院於權限之有無辨別不當或違背專屬管轄之規定者；

㈣當事人於訴訟未經合法代理或代表者；

㈤違背言詞辯論公開之規定者；

㈥判決不備理由或理由矛盾者。

可知，行政訴訟上訴審原則上為法律審。行政訴訟法第 242 條規定：「對於高等行政法院判決之上訴，非以其違背法令為理由，不得為之。」即以審查原判決適用法令是否適當。所謂「判決不適用法規或適用不當者，為違背法令」，亦即該判決在客觀上與法律規定不合，其中適用法規不當（不正確）指以下各種情形：㈠解釋錯誤：即誤解正確的規範之特徵。即解釋之瑕疵，包括在構成要件或法律效果的層面。㈡涵攝錯誤：即其所正確認定的事實，歸屬於錯誤的規範之下，包括其所認定的事實未滿足其所適用的規範之構成要件。或雖滿足，卻未適用該範圍。㈢違背論理法則或經驗法則（一般的證據評價法則）。㈣認定事實與卷內證據資料所導出的事實互相矛盾❸❹。

❸❹ 翁岳生主編，《行政法》，頁 1263；陳清秀，《行政訴訟法》，頁 529～530。

　　最高行政法院為法律審，著重法律問題之妥當性考慮，對於系爭事實，應以前審的認定事實為判決基礎。最高行政法院應於上訴聲明內，調查上訴理由是否成立，並依職權調查證據，審查系爭事件於法規適用上有無違誤。由於著重法律審，故以書面審理為主要程序，僅於例外情形（如法律複雜而見解分歧、涉及專門知識特殊經驗、關係公益或重大影響私人權益等），得依聲請或依職權，進行言詞辯論。

三、抗　告

　　抗告係當事人或其他訴訟關係人，對於行政法院或審判長所為未確定之裁定，向上級行政法院聲明不服，請求廢棄或變更該裁定之行為。抗告之用語，無論為控告、異議、抗告等均可。抗告如同上訴，在求裁判之正確，以保障當事人之權益，故對於行政法院之裁定，除別有規定不許抗告者外，原則上得為抗告。

㈠抗告的限制

　　對於裁定得為抗告，但是：1.訴訟程序進行中所為之裁定，除別有規定外，不得抗告，以避免延滯訴訟。2.受命法官或受託法官之裁定，不得抗告。但其裁定如係受訴行政法院所為而依法得為抗告者，得向受訴行政法院提出異議。此異議準用對於行政法院同種裁定抗告之規定，此學說上稱為準抗告。受訴法院就異議所為之裁定，得依法抗告。

㈡抗告之程序

　1.提起之期間

　　提起抗告，應於裁定送達後十日之不變期間內為之。但送達前之抗告亦有效力。

　2.受理機關

　　提起抗告，應向為裁定之原高等行政法院或原審判長所屬高等行政法院提出抗告狀為之。

　3.提起方式

　　㈠提起抗告，應向為裁定原行政法院或原審判長所屬行政法院提出抗

告狀為之；㈡關於訴訟救助提起抗告，及由證人、鑑定人或執有證物之第三人提起抗告者，得以言詞為之。

㈢抗告之裁定、捨棄及撤回

1. 裁定機關

抗告，由直接上級行政法院裁定。對於抗告法院之裁定，不得再為抗告。

2. 抗告之捨棄及撤回

關於捨棄上訴權及撤回上訴之規定，於抗告準用之。

四、行政訴訟的再審

行政訴訟經判決，應發生確定力，原則上不得再請求救濟。但如有法定理由，認為有再予救濟之必要者，尚許對終局判決提出「再審」。

㈠再審的事由

依原行政訴訟法規定（第 28 條），有下列情形之一者，當事人對於行政法院之判決，得提起再審之訴：

1. 適用法規顯有錯誤者。

2. 判決理由與主文顯有矛盾者。

3. 判決法院組織不合法者。

4. 依法律或裁判應迴避之評事參與裁判者。

5. 參與裁判之評事，關於該訴訟違背職務，犯刑事上之罪者。

6. 當事人之代理人、代表人、管理人等，關於該訴訟有刑事上應罰之行為，影響於判決者。

7. 為判決基礎之證物，係偽造或變造者。

8. 證人、鑑定人或通譯，就為判決基礎之證言、鑑定、或通譯為虛偽陳述者。

9. 為判決基礎之民事或刑事判決及其他裁判或行政處分，依其後之確定裁判或行政處分已變更者。

10. 當事人發現未經斟酌之重要證物者。

依八十七年十月修訂後行政訴訟法第 273 條，提出再審的事由尚包括：

(1)當事人於訴訟未經合法代理或代表者。

(2)當事人知他造之住居所，指為所在不明而與涉訟者；但他造已承認其訴訟程序者，不在此限。

(3)當事人發現就同一訴訟標的在前已有確定判決或和解或得使用該判決或和解者。

(4)當事人發現未經斟酌之證物或得使用該證物者。但以如經斟酌可受較有利益之裁判者為限等。

㈡再審的提起與審理

再審之訴應於三十日之不變期間內提起。此期間自審判確定時起算，但知悉再審之理由在後者，自知悉時起算。如為對終局判決適用之法令聲請解釋，則自解釋公布當日起算。再審之訴，應以書狀向管轄法院提出。其管轄法院之認定是：

1.再審之訴專屬為判決之原行政法院。

2.對於審級不同之行政法院就同一事件所為之判決提起再審之訴者，專屬上級行政法院合併管轄之。

3.對於最高行政法院之上訴判決，則視理由認定應由原高等行政法院管轄（如判決基礎的證物證言係偽造、發現新證據等），或應由最高行政法院管轄（如適用法規顯有錯誤、判決法院之組織不合法等）。

行政訴訟經裁決確定，而有再審之事由者，得聲請再審，是稱「準再審」（參本法第283條）。

再審之訴提起後，由管轄法院審理，其程序比照各該審級法院之訴訟程序。由於再審係對原案之「續審」，故所審理者，以對本案聲明不服之辯論及裁判為限。

經再審確認理由成立，原判決廢棄。如另為變更判決，對善意第三人之權利，基於信賴保護，不發生影響。但顯然對公益有重大妨害者，不在此限（本法第282條）。

除再審外，尚有「重審」的救濟制度。「重審」（重新審理），係因撤銷或變更原處分或決定之判決，而權利受損害之第三人，如因非可歸責於己

之事由並未參加訴訟，致不能提出足以影響判決結果之攻擊或防禦之方法者，得對於確定終局判決聲請重新審理。重審之提起，應於第三人知悉確定判決之日起三十日之不變期間內為之，但自判決確定日起已逾一年者，不得為之。

第六節　保全程序

保全程序屬「暫時權利保護程序」。過去訴願及行政訴訟程序中得請求暫緩執行原處分或原決定，是僅有的暫時權利保護措施。今行政訴訟法修訂後，採用民事訴訟法上之假扣押及假處分，二者合稱為保全程序。並與過去暫緩執行原處分制度合稱暫時權利保護程序。

一、停止執行

行政處分之執行，是否因提起行政爭訟而停止，各國體制不同。我國法制基於維護行政效率之觀點，一向採提起爭訟不停止執行之規定。行政訴訟法第 116 條各項規定如下：

1. 原處分或決定之執行，除法律另有規定外，不因提起行政訴訟而停止。

2. 行政訴訟繫屬中，行政法院認為原處分或決定之執行，將發生難於回復之損害，且有急迫情事者，得依職權或依聲請裁定停止執行。但於公益有重大影響，或原告之訴在法律上顯無理由者，不得為之。

3. 於行政訴訟起訴前，如原處分或決定之執行將發生難於回復之損害，且有急迫情事者，行政法院亦得依受處分人或訴願人之聲請，裁定停止執行。但於公益有重大影響者，不在此限。

4. 行政法院為前二項裁定前，應先徵詢當事人之意見，如原處分或決定機關已依職權或依聲請停止執行者，應為駁回聲請之裁定。

5. 停止執行之裁定，得停止原處分或決定之效力、處分或決定之執行或程序之續行之全部或部分。

停止執行之原因消滅，或有其他情事變更之情形，行政法院得依職權或依聲請撤銷停止執行之裁定（第 118 條）。

二、假扣押

保全程序原係民事訴訟法之制度，為保全債權人於訴訟獲勝後，債權不致落空，得以實現債權之暫時性權利保護措施。行政訴訟法上假扣押，乃為保全公法上金錢給付之強制執行而設，其要點如次：

(一)聲請假扣押要件

1.以待循行政訴訟程序確定之公法上金錢給付為限。亦即為保全公法上金錢給付之強制執行，特別是基於行政契約所生給付義務之強制執行。

2.公法上金錢給付之債務人須有日後不能強制執行或甚難執行之虞。如與地方政府簽約代行車輛檢驗之公司，於簽約後財務變動，有日後不能或甚難強制執行之虞者。

(二)聲請假扣押之管轄法院

1.假扣押之聲請，由管轄本案之高等行政法院或假扣押標的所在地之地方法院行政訴訟庭管轄。管轄本案之高等行政法院為訴訟已繫屬或應繫屬之第一審法院。

2.假扣押之標的如係債權，以債務人住所或擔保之標的所在地，為假扣押標的所在地。

(三)假扣押之裁定

高等行政法院受理假扣押之聲請後，應調查假扣押聲請是否符合上述法定要件，以及依下列情形分別處置：

1.聲請不合程序又不補正者

行政法院應以聲請不合法裁定駁回。

2.所聲請係不得為假扣押或欠缺假扣押要件者

雖經債權人提出擔保，行政法院均得以聲請無理由，以裁定駁回。

3.聲請為有理由者

行政法院應為准許假扣押之裁定，並應分別情形，依法院之裁量，命債權人提供擔保後為假扣押之裁定，或單純准予假扣押而無須債權人提供擔保。這些假扣押裁定並應為債務人提供所定金額之擔保後，得免為或撤

銷假扣押之記載。

㈣假扣押裁定之撤銷

假扣押裁定，可能因以下情形而撤銷：1.債權人逾期未提起給付訴訟。2.假扣押裁定自始不當。3.假扣押之原因消滅或其他命假扣押之情事變更，債務人因而聲請撤銷假扣押經行政法院許可者。4.債務人陳明可供法院所定之擔保或將請求之標的物提存，聲請撤銷假扣押而為行政法院許可者。

㈤撤銷假扣押裁定之損害賠償

1.假扣押裁定因抗告或因逾期未起訴，或因債權人聲請而撤銷者，債權人不問有無故意或過失，應賠償債務人因假扣押或供擔保所受之損害。如此，可以防止假扣押之濫用。

2.假扣押所保全之本案請求已起訴者，前項賠償，行政法院於言詞辯論終結前，應依債務人之聲明，於本案判決內命債權人為賠償；債務人未聲明者，應告以得為聲明。由於債權人的賠償責任，係基於法律規定，不以故意過失為要件，只須探究債務人是否受有損害及有無因果關係，內容簡單，為求訴訟經濟，債務人得利用本案訴訟程序請求賠償，不必另行起訴❸❺。

三、假處分

㈠假處分的類型

1.公法上之權利因現狀變更，有不能實現或甚難實現之虞者，為保全強制執行，得聲請假處分。此假處分，相當於德國法之保全處分。而此處所指之公法上之權利，係指公法上金錢給付以外之公法上權利；如係公法上金錢給付則可依上述聲請假扣押方式請求保全。

2.於爭執之公法上法律關係，為防止發生重大之損害或避免急迫之危險而有必要時，得聲請為定暫時狀態之處分。此即德國學理上所稱規制處分❸❻。

假處分之請求及原因，非有特別情事，不得命供擔保以代釋明（本法第 301 條）。此為假處分與假扣押最大區別所在 ❸❼。

---

❸❺　陳清秀，《行政訴訟法》，頁 585。

❸❻　吳庚，《行政爭訟法論》，頁 358。

㈡假處分之管轄法院

假處分之聲請，由管轄本案之行政法院管轄。但有急迫情形時，得由請求標的所在地之地方法院行政訴訟庭管轄。

㈢假處分之限制

假處分之適用，應注意下列限制：1.行政訴訟法第 299 條規定，得依第 116 條請求停止原處分或決定之執行者，不得聲請為假處分。蓋行政處分得以上述「停止執行」為保全方式，勿須再提供假處分之救濟。亦即於行政爭訟，只得在請求停止原處分或決定之執行者，與聲請為假處分之間，選擇其一❸。2.凡不能以本案訴訟達成目的者，亦不得聲請假處分，因為保全程序無確定當事人間權利義務關係之功能。若不能提起本案訴訟，而許其聲請假處分，不啻以暫時性之處分取代訴訟上之審級救濟，自非法之所許。3.行政機關得依法採取行政措施達成目的者，無聲請假處分之餘地，行政機關得作成處分或採取事實行為保全強制執行，或避免損害或危難者，其聲請假處分應認欠權利保護之必要❸。

第七節　強制執行

八十七年十月，行政訴訟法增修，訴訟種類增多；一〇〇年十一月修訂，訴訟延伸至地方法院，增設基層訴訟法庭，訴訟審級變革。從而行政訴訟判決之強制執行，更呈現多元開放的格局。其要點如次：

---

❸ 同上；並參林騰鷂，《行政法總論》，頁 772。

❸ 100 年 5 月及 11 月修訂後之行政訴訟法第 299 條，對行政機關之行政處分，請求停止執行，不得再聲請為假處分。惟在請求課予義務訴訟（怠為處分或拒絕申請之訴），人民仍得為假處分之聲請，以為暫時的權利保護。亦即，針對負擔的處分，得依行政訴訟法第 116 條請求停止原處分之執行；針對受益之處分，則得依同法第 298 條聲請假處分。參閱陳英鈐，〈停止執行與假處分的選擇〉，《月旦法學教室》，108 期，2011 年 10 月，頁 12～14。

❸ 同上，頁 360。

一、撤銷判決之執行

撤銷判決確定者，關係機關應即為實現判決內容之必要處置。所稱關係機關，包括行政法院、普通法院及行政機關（本法第 304 條）。

二、給付裁判之執行

依本法第 305 條規定，其執行就判決與和解等分別規定：

㈠行政訴訟之裁判命債務人為一定之給付，經裁判確定後，債務人不為給付者，債權人得以之為執行名義，聲請地方法院行政訴訟庭強制執行。地方法院行政訴訟庭（受理後經形式及實質審查，任何於法定要件）應先定相當期間通知債務人履行；逾期不履行者，強制執行。債務人為中央或地方機關或其他公法人者，並應通知其上級機關督促其如期履行。㈡依本法成立之和解，及其他依本法所為之裁定得為強制執行者，或科處罰鍰之裁定，均得為執行名義。

三、執行機關與執行程序

第 306 條前二項規定：地方法院行政訴訟庭為辦理行政訴訟強制執行事務，得囑託民事執行處或行政機關代為執行。執行程序，除本法別有規定外，應視執行機關為法院或行政機關而分別準用強制執行法或行政執行法之規定。債務人對囑託代為執行之執行名義有異議者，由地方法院行政訴訟庭裁定之。

四、執行爭議事件之救濟

有關強制執行的爭議救濟途徑有：㈠債務人對囑託代為執行之執行名義有異議者，由地方法院行政訴訟庭裁定之（第 306 條第 3 項規定）。㈡債務人異議之訴，依其執行名義係適用簡易訴訟程序或通常訴訟程序，分別由地方法院行政訴訟庭或高等行政法院受理；其餘有關強制執行之訴訟（如第三人異議之訴、參與分配之訴、分配表異議之訴、外國船舶優先權之訴、

債權人對第三人之聲明認為不實之訴等，均係就執行標的物或執行債權之歸屬所生之爭執，屬私權之爭執），由普通法院受理（第307條規定）。

第八節　我國行政法院體制

一、二審三級制行政訴訟

我國行政訴訟由行政法院審理，自民國八十七年十月二十八日修正公布行政訴訟法，行政法院體制邁入新的階段，採二審二級制。再經一○○年十一月二十三日的修訂，行政訴訟成為二審三級制。惟行政訴訟更依其種類，分別適用不同先行程序，撤銷訴訟、課予義務訴訟、智慧財產事件之訴訟等即採二審二級制。簡易訴訟、交通裁決之異議事件之訴訟則經由地方法院行政法庭審理，其上訴則由最高行政法院審理，有二審三級的形式。其中高等行政法院審理時認為有確保裁判見解之必要者，應以裁定移送最高行政法院裁判之。二次戰後德國行政訴訟已採三審三級制，法國亦有此發展趨勢。以我國之人口、面積及訴訟事件數量，與歐陸國家比較，應屬合理體制（盧森堡、葡萄牙及希臘採行二審二級制）。

1. 地方法院設行政訴訟法庭

法院組織法(民國一○○年十一月二十三日修訂公布)，第十四條規定：地方法院分設民事庭、刑事庭、行政訴訟庭等。第十五條規定：民事庭、刑事庭、行政訴訟庭、專業法庭及簡易庭之庭長，除由兼任院長之法官兼任者外，餘由其他法官兼任。行政訴訟法第3條第1項規定：「辦理行政訴訟之地方法院行政訴訟庭，亦為本法所稱之行政法院。」自此我國行政訴訟體制朝向更完備的審級制度發展。

另因專利、商標、著作、軟體等涉及智慧財產所生之行政訴訟事件，則歸智慧財產法院管轄。原屬各高等行政法院管轄之智財爭訟案件，以智財法院為第一審行政法院。該法院設置技術審查官，協助法官審理訴訟；其審理過程，法官應適時公開心證；涉及營業秘密事項，得不公開審判；當事人或第三人得申請「對訴訟關係人發秘密保持令」，令其不得洩密❹。

2.高等行政法院

高等行政法院，是行政訴訟的初審法院，為事實審法院。高等行政法院，原則上以省、直轄市及特別區域為管轄區域。目前臺灣地區，則分別於臺北、臺中及高雄三地區設置高等行政法院。高等行政法院可分設數庭，必要時特設專業法庭，以因應行政事務日增、社會分工日益專精的趨勢。高等行政法院的裁判，由簡任法官三人合議組成之，以庭長充任審判長。但簡易訴訟則由法官一人獨任審理。

3.最高行政法院

高等行政法院係行政訴訟之初審法院，而最高行政法院則為其最高法院或終審法院，是法律審法院。最高行政法院設於中央政府所在地。最高行政法院，應分庭審判。由於係最終審判，宜以一般法理及公平正義觀點審理，故不必設專業法庭。每庭置法官五人。管轄事項為：(1)不服高等行政法院裁判而上訴或抗告之事件。(2)其他依法律規定由最高行政法院管轄之事件。

二、行政法院的法官及助理法官

行政法院之審判由法官合議行之。行政法院法官亦為我國的法官。高等行政法院必要時，每庭得置法官助理，協助該庭辦理訴訟案件程序之進行，程序重點之分析、資料蒐集之研析、裁判書之草擬等事項。所稱助理法官是指地方法院法官、試署法官或候補法官。

另外因應財經、稅務的訴訟事件日增之趨勢，高等行政法院設司法事務官。司法事務官應具有財經、稅務及會計等專業，辦理的事項有：一、稅務事件之資料蒐集、分析及提供財稅會計等專業意見；二、依法參與訴訟程序；三、其他法律所定之事務。

---

❹　智財法院組織法第 11 條，此制係日本體制；參吳庚，《行政法之理論與實用》，頁 715～717。

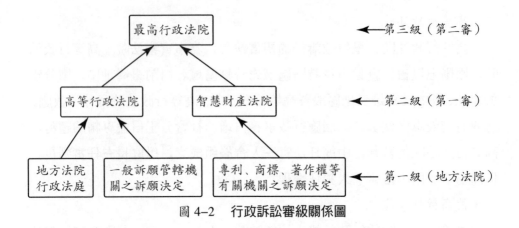

圖 4-2　行政訴訟審級關係圖

第五章　國家賠償與行政補償

第一節　基本概念

我國憲法第 24 條規定:「凡公務員違法侵害人民之自由或權利者，除依法律受懲戒外，應負刑事及民事責任。被害人民就其所受損害，並得依法律向國家請求賠償。」此項規定，揭示國家對人民權利之維護，樹立國家賠償 (Liability of the State)，更表明我國係現代法治國家，不再「主權免責」(Sovereign Immunity)。我國憲法有關人民權利之保護條款，尤因該項規定而臻於完備。國家賠償責任，固已經憲法宣示，惟行憲後，至六十九年七月國家賠償法始公布，七十年七月一日施行，其間則以民法為國家賠償基本規範。國家賠償法僅十七條條文，至今已逾三十年未嘗增修，已顯簡略而不符時代理念及社會需求。

一、行政上損害救濟之功能

行政救濟制度包括行政上賠償與補償，是民主法治國家重要的體制，其功能要有以下幾項:

(一)救濟權利

人民權利之維護，經由行政爭訟程序，撤銷或變更違法或不當之行政處分，如尚不能補償當事人所損失之權益，則難以貫徹法治主義、落實憲法保障之旨意。語云，有權利就有救濟；又云，遲來的正義，等於正義之拒絕。設定損害救濟法制，乃所以使人民權利獲得完善的救濟。憲法於第二章人權條款，最後第 24 條設定權利救濟制度，人權保障始臻完備。

(二)制裁不法

賠償責任的追究，含有對侵權行為非難的意義。行政上損害賠償，固然是由國家代位負責，惟公務員仍應負法律責任上民事、刑事或懲戒等責任，國家於公務員有故意或重大過失時，又得向該公務員求償。凡此，可

見行政上損害救濟，實含有制裁的原初功能。

(三)調整公益與私益

就損失補償之意義言之，乃以國家公有的財產填補個人因公益上必要之特別犧牲，即發揮調整社會利益的機能。國家透過取自全民之租稅財，用之於填補個人在國家公權力作用下的必需犧牲，不但能求公用負擔的平等，且可調整公益與私益的均衡。例如依法徵收土地，私人即因公益而蒙受損失，亦基於公益而以國家團體之力量對受損之私益予以補償。行政上損害救濟，表現調整社會利益的機能。

(四)確保行政品質

民主政治亦即責任政治，為保障民權，國家應負賠償責任。而此責任，固應由國家全面擔負，公務員如有故意或重大過失，尤不能免責。行政上損害救濟法制，隨時提醒公務員及政府機關依法行政，確保行政品質。

二、國家責任

現代國家積極的服務行政，發揮多重多樣的功能，同時承擔各種責任。如因公務員之違法行為而發生損害賠償（國家賠償）、準徵收、結果除去請求權（回復原狀請求權）；因公務員之合法執行職務而發生的損失補償，如徵收（最常見的為土地徵收）、因公益特別犧牲的補償（釋字第 400 號解釋）、因信賴利益而生的補償等國家責任。此外，又因公法上債的關係，發生賠償責任，包括公法契約關係、無因管理或不當得利以及營造物利用及管理等引起的債之責任。又因政治社會背景而致生的戰士授田證補償、二二八事件補償等國家責任。其要如下圖（圖4–3）所示❶。

---

❶ 吳庚，《行政法之理論與實用》，11 版，頁 740。

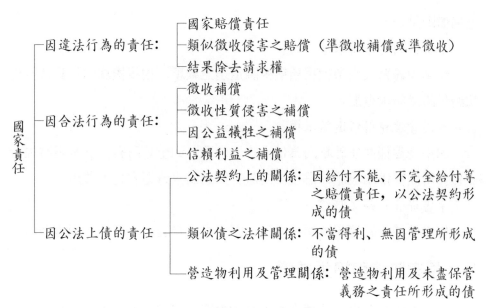

圖 4-3　國家公法上責任系統

有關概念釋義：

1. 類似徵收侵害之賠償

又稱「準徵收」，如軍隊演習戰車誤闖民宅之賠償。其特徵是為公共利益之目的，而行使公權力，致相對人具有財產價值之權利，直接受到侵害，由國家擔負直接補救的責任❷。此為損害賠償與徵收補償重疊的領域，國家補償責任將日益擴大。

2. 結果除去請求權

如物品被官署違法扣押、工務單位因闢建道路違法占用私人土地之請求除去侵害。

3. 徵收性質之侵害

雖非徵收公用，但其造成之結果有如徵收而犧牲權益，如興建地下鐵，造成路旁商店營業額下降之補償。

4. 因公益犧牲之補償

如因公共利益而徵收私人土地，土地所有權人為公益特別犧牲，為此

---

❷　廖義男，《國家賠償法》，頁 17～19，註 19 文。

之補償即是。

5.不當得利返還請求權

如納稅義務人溢領稅捐稽徵機關退還之款項，稅捐機關向行政法院提起給付訴訟請求返還。

6.無因管理費用償還請求權

因未受委任並無義務而為他人管理事務，如土地所有人於水災時先行支付費用開鑿排水設施，日後得向該管鄉鎮請求返還支付的費用。

7.未盡保管義務之賠償

如主管機關對違規車輛拖吊後，因未盡保管義務，造成之損害賠償。

三、損害賠償與損失補償

行政上損害賠償，係指人民因行政機關的違法行為，致使權利受到損害，向國家請求賠償，從而國家對其負擔賠償責任。行政上損害賠償係國家賠償的內涵之一。至損失補償，係指人民因行政機關行使職權所作適法行政行為，致其權益受到損失，而向國家請求救濟，從而使國家對其所受損失設法予以補償，或由主管機關主動本於職權對其提供補償。簡言之，適法行為之損失補償，係對於特定人所受之經濟上特別犧牲所為之補償。該項補償，旨在填補因適法行為加課於特定人之「特別犧牲」。比較損害賠償與損失補償二者，有以下差異：

1.原因不同

損害賠償責任的發生，起因於行政機關的違法行為，致人民權益受損害；損失補償，則因行政機關的適法行為所致。二者之差異，原因不同實為關鍵。

2.條件不同

損害賠償，以有故意或過失為前提；損失補償則因為適法行為而致，非以有故意或過失為條件。

3.性質不同

損害賠償事件多由司法機關審理，司法性質明顯；損失補償則通常係

由行政機關與人民協議行之，如協議不成始以裁量為之或訴諸行政法院，行政過程為主要。

4.填補範圍不同

損害賠償，原則上以填補受害人所受損害及所失利益為範圍；損失補償因公益而起，僅限於填補人民現實而直接所受之損失，範圍較小。

5.管轄機關不同

損害賠償原屬民事債務，人民可選擇於行政訴訟中附帶請求外，亦可依國家賠償法，向賠償義務機關提出賠償請求，如經協議不成，始提起國家賠償訴訟，故主要由普通法院管轄；損失補償如土地徵收補償，依法定程序決定徵收範圍、補償金額，以及公告、徵收、發放補償費，皆由主管的行政機關管轄，僅在有爭議提起訴訟時始由法院管轄審理，法院非主體管轄機關。

第二節　國家賠償法

一、制頒國家賠償法的意義

我國國家賠償法，依憲法第 24 條維護人民權利之意旨制頒。其制頒施行，顯示以下幾點重大意義：

㈠符合憲法宏揚民主法治，保障人民之宗旨。

㈡促進責任政治、法治政治的穩定發展。

㈢兼顧公益與私利的調和。

㈣加強各級政府之行政監督及行政效率。

㈤促使各機關認真檢討及重整相關法規之適法性及合目的性。

㈥帶動人民與政府間權利義務對等的觀念，改善公務員的服務態度。

㈦使民眾之申訴管道暢通而且法制化。

㈧使公務員不致遇事畏縮趑趄不前，而影響公務推行。

㈨提醒公務員執法時謹慎勤勉，不斷吸收新知及法律觀念。

㈩基於國際互惠主義，保護華僑權益，提升國人公道觀念，促進國際

關係。

㈣擷取各國新法制，順應維護人權的世界潮流。

三十六年行憲至七十年國家賠償法施行，我國主要以民法為國家賠償基本規範，有關法制並散見於各相關行政法。國家賠償法的制頒，於人權保障及國家責任具有重要意義。

二、國家賠償的類型

所謂國家賠償責任，係指國家因其不法行為所造成之損害，而對被害人所負的賠償責任。依國家賠償法第 2 條第 2 項規定：「公務員於執行職務行使公權力時，因故意或過失不法侵害人民自由或權利者，國家應負損害賠償責任。公務員怠於執行職務，致人民自由或權利遭受損害者亦同。」再依同法第 3 條第 1 項規定：「公有公共設施因設置或管理有欠缺，致人民生命、身體或財產受損害者，國家應負損害賠償責任。」國家賠償責任有兩種型態（原因）：

㈠公務員執行職務行使公權力，因不法而致生損害之賠償責任。

㈡公有公共設施因設置或管理有瑕疵欠缺，致生損害之賠償責任。

三、國家賠償法之性質

國家賠償法是「介於公法與私法間的一種法律」，具有私法性質，或是民法之特別法。如本法規定「適用」民法，或「適用」民事訴訟法。但我國國家賠償並非毫無公法意味，如行使公權力為構成國家賠償責任之主要條件，受委託行使公權力之團體，其執行職務之人於行使公權力時，視同委託機關之公務員。受委託行使公權力之個人，於行使公權力時亦同。公權力屬於國家，其他公法人之公權力，亦屬於國家所授與。故公權力之侵權行為，原則上由國家或其他公法人負自己、直接、主要之責任。國家不得主張另有負責之人，而負其責。因此，司法院七十年六月二十五日所頒「法院辦理國家賠償事件應行注意事項」第 19 點規定，公務員於執行職務行使公權力時，因過失不法侵害人民自由或權利者，有請求權人僅得依本

法之規定，向賠償義務機關請求賠償，「不得」依民法第 186 條第 1 項規定，向該有過失之公務員請求賠償。其規定頗能把握國家賠償法之意旨。我國國家賠償法施行後，民法第 186 條應有廢止或修正之必要❸。而過去舊行政訴訟法曾規定附帶請求賠償，「準用」民法之規定。現行刑事補償法（過去稱冤獄賠償法）、警械使用條例、土地法等，有類似國家賠償法「準用」民法之規定；國家賠償法既有公法意味，且各國國家賠償法已有由私法向公法發展之趨勢，故我國國家賠償法第 5 條「適用」民法之規定，似宜修正為「準用」民法❹。

四、國家賠償法的修訂

國家賠償法自六十九年七月二日公布，七十年七月一日施行，至今（一〇三年八月）已逾三十多年，未曾修改。其間僅有釋字第四六九號解釋（八十七年十一月二十日公布）等作補充，條文已顯因陋就簡。一〇三年七月三十一日高雄市發生道路下管線氣爆災難，八月六日，行政院發言人表示，受難者可依國家賠償法請求賠償。同時行政院將全面修訂國家賠償法，特別是公務員執行職務、公有公共設施，以及請求權時效等要點，將更清楚地界定、更務實地修改。

五、國家賠償責任理論

就我國有關法制分析，國家賠償責任理論主要有以下三者：
㈠國家無責任論（十八、十九世紀）

此論認為國家僅委託合法執行公權力，公務員合法執行職務的行為才是國家的行為。反之，公務員的違法行為，非屬合法委託，係公務員自己的行為，因此造成的損害，公務員須自行負責。我國民法第 186 條即採此種論點。

---

❸　翁岳生，《法治國家之行政法與司法》，1994 年，頁 142～143，146。

❹　翁岳生，同上，頁 143。

(二)國家代位責任論（十九世紀末）

公務員仍為責任歸屬的主體，但其個人的責任由國家代替賠償之。亦即，國家並非對自己本身的行為負責，而是承擔公務員之責任。我國國家賠償法第 2 條第 2 項有關公務員違法侵害人民自由或權利（出於故意或過失），有認為係採國家代位責任理論。因此，被害人民只能向國家請求賠償，不能向公務員請求❺，但亦有認為此為國家自己責任論。此說乃考慮： 1. 公務員資力有限，難以為其侵權行為負全責； 2. 為確保被害人實際獲得賠償，貫徹保障人民自由權利，由國家對公務員之違法行為之損害負賠償責任； 3. 避免公務員因須負責賠償而畏縮不前，不敢勇於任事❻。惟從本法第 2 條第 3 項、第 3 條第 2 項及第 4 條第 2 項之規定，我國國家賠償法之國家賠償責任原則上採代位責任理論❼。

(三)國家自己責任論（二十世紀）

此論認為只要人民權益係因公務員違法行使公權力致受損害，國家即無條件負擔賠償責任，但相關公務員仍應承擔行政責任。國家賠償法第 3 條第 1 項有關公共設施之賠償責任，即採此理論。此論乃出於以下理由： 1. 政府愈好，服務愈多。公務員及公共設施造成之損害，是國家從事增進公益活動所帶來之風險，應當由國家自己承擔此危險所引起的責任； 2. 國家財源有人民之稅捐為後盾，國家自己負賠償責任，即由社會大眾公平負擔，應無賠償能力不足的疑慮。

按美國在二次世界大戰後已拋棄「主權免責」觀念，一九四六年聯邦侵權賠償法即明定政府對其侵權行為應負賠償責任，與私人無異。英國也在一九四七年制定王權追訴法，否定「國王無誤」的傳統信念，用意相同。英、美兩國已肯定國家賠償責任，然早期美國即持主權及公務員免責論。

依據美國憲法第 11 條修正案：「美國之司法權，對於他州公民或外國

---

❺ 李建良，〈過當的管教措施（下）〉，《月旦法學教室》，(1)公法學篇，元照出版公司，2000 年 9 月，頁 154～155。

❻ 《國家賠償及實務》，國家文官培訓所，2004 年。

❼ 吳庚，《行政法之理論與實用》，頁 730。

公民、外國臣民控訴美國任何一州之普通法或衡平法上之訴訟案，不得行使之。」引申美國人民不得控訴州及聯邦，因為州與聯邦各有其主權（美國最高法院即認為州以下的地方政府不享有主權，不能免責）。另外，公務員從事以下的行為是免責的：㈠名義上為政黨事務；㈡裁量（一八四五年Taney 首席大法官即持此說）；㈢危險性職務（一八七二年的判決開始）。至於支持免責論的論據主要有三項：㈠邏輯或概念方面：美國前大法官Holmes 引述霍布斯「巨靈論」中國家主權不受訴究的論點，在（一九○七年）判決指出，法律上的權利不能反對其所依賴的立法權威（主權）；㈡歷史方面：認為主權與公務員的免責，是英國普通法的一部分，傳統上美國聯邦及各州從未否定；㈢公共政策方面：美國最高法院多年來認為免責權與公共政策有關。其理由是：第一、公務員在執勤時少有獨立地位。第二、公務員如遭判決，而判決不公時，將致其失去信念、遭受損害。第三、公務員在面對可能被起訴的情況下，將不能勇於任事。第四、如涉及訴訟，將浪費時間，並對機關或公務員形成困擾。第五、為訴訟辯護須花費，承受負擔，公家資產亦因之減損。前首席大法官柏格 (Burger)（一九七四年）主張允許公務員在決策時有錯誤。他認定免責隱含著承認錯誤。負責概念的前提是承擔錯誤的風險及因此錯誤而受傷害，而這總比完全不做決定或行動好❽。

　　以上免責論的觀點，其實在一九二○年代就被質疑與美國的正義思想不合，一九六○年至一九七○年代更有主張廢棄免責理論。司法界檢討免責的困難，反對來自英國絕對的免責論，同時主張人民有權要求公務員在法庭前說明行政行為的理由。因為在憲法之下，人民受到保護，公務員尤應尊重其權力的限制。在權力分立的憲政體制下，公務員承受法律上的課責 (legal accountability)，如濫用權力即不能免責❾。

第三節　國家賠償責任要件

　　國家賠償法中國家賠償的原因或類型，包括公務員違法行為與公有公

---

❽　　Phillip J. Cooper, *Public Law and Public Administration*, pp. 528–531.

❾　　Ibid., pp. 531–532.

共設施之設置或管理有欠缺二者。前者又可分為積極行為與消極不作為。茲分析其責任要件如下：

一、積極行為責任之發生要件

㈠須為公務員執行職務行使公權力之行為

1. 公務員之定義

依據國家賠償法第 2 條第 1 項之規定，公務員乃指依法令從事於公務之人員。此一定義與刑法第 10 條公務員之規定，用字完全相同。惟刑法之目的在科處相對人之刑罰，應從嚴解釋；國家賠償法之目的，則在保障人民自由權利於受侵害時之賠償，因之應從寬解釋。二者之範圍應有廣狹之別。惟因本法第 4 條並規定受委託行使公權力之團體或個人，其行使公權力時，視同委託機關之公務員，故僅須判斷是否屬於行使公權力之行為即可，本法有關公務員（第 2 條）及執行職務之規定，實屬多餘❿。就國家賠償法規定而論，「行使公權力才是國家賠償法的重點」。德國在國家賠償法的規定上，已不再使用「公務員」這個字，而用「行使公權力的人」代之，含義清楚。我國國家賠償法上用「行使公權力之團體或個人」或視同委託機關之公務員，實際上是以「行使公權力的人」視為公務員⓫。

2. 執行職務之判準

判斷是否屬於執行職務行使公權力，其基準有二：

主觀說：以公務員主觀上之意願為判斷標準。

客觀說：基於客觀上觀察，為職務行為者，即應認為係執行職務。

二者以客觀說為通說。一位收稅的稅務員是否有任用資格？正在指揮交通的警察是否作息正常，相對人不必也不可能知悉，只需其外觀行為足以為相對人認定是在執行職務即為已足。

公務員如僭越權限或濫用權力（公務員僭越其他機關人員職務，為非法行為），外觀上依社會通念是在執行公權力。對此，得適用國家賠償法制

---

❿ 劉宗德，《行政法基本原理》，2000 年，頁 123。

⓫ 翁岳生，《法治國家之行政法與司法》，頁 180。

追究責任。

3.職務行為之判準

公務員職務行為之範圍為何，有二說。狹義說：限於公務員履行其職務或與履行其職務有直接及內在關聯性之行為。廣義說：包括與因履行職務之機會、時間或處所有關之行為在內。此二說在我國尚無定論。歐陸國家如德國，理論上傾向狹義說，實務上則傾向廣義說❶❷。惟從人民權利之保護言之，廣義說較合乎需要。

4.公權力之概念

有關公權力概念之認定，學說有三：

最廣義說：包括公權力行政與私經濟行政行為。

廣義說：包括權力行為及非權力行為之公行政行為（不包括私經濟行政行為）。

狹義說：權力行為（不包括給付行政及私經濟行政行為）。

「公權力」之範疇，在我國採取廣義說：舉凡干涉行政或公法性質之給付行政均包含在內。換言之，公務員居於國家機關地位，行使統治權作用之行為而言，並包括運用命令及強制等手段干預人民自由及權利之行為，以及提供給付、服務、救濟、照顧等方法，增進公共及社會成員之利益，以達成國家任務之行為，皆屬行使公權力❶❸。但法務部有認為林務局所屬森林觀光火車載運乘客屬私經濟行為，其翻落山谷的傷亡損害事件，無國賠法之適用❶❹（為此常見此類賠償以「理賠」稱之）。

申言之，「公權力」概念，我國在理論及實務上已逐漸趨於一致，係指私經濟作用及營造物之設置或管理作用以外之作用，包括非權力行為❶❺。近年來，如氣象局之氣象報導有失誤，經濟及兩岸事務機構所提供的商情資訊有錯誤，致人民誤判而權益受損害，已趨向由國家負賠償責任。

---

❶❷　吳庚，《行政法之理論與實用》，頁 750。

❶❸　最高法院 80 年臺上字第 525 號民事判決參照。

❶❹　法務部 92 年 4 月 22 日(92)第 0920012472 號函。

❶❺　劉宗德，《行政法基本原理》，頁 123～124。

5.其他適用國家賠償法之外圍組織

(1)行政受託人及受託團體　接受行政機關委託執行行政業務，前者如專家個人接受委託審查專利案件；後者如海基會（具訴訟能力之財團法人）接受陸委會委託處理海峽兩岸文書認證業務。受託者之行為帶有命令及強制手段，行使公權力。

(2)受委託之民間業者　在行政業務委託民間業者的趨勢下，委託行政日益發達，如受委託拖吊路邊違規車輛、代施車輛檢驗、大樓安全檢查等是。其代施檢驗不實，人員應負最終損害賠償責任。

(3)行政助手　協助行政機關或公務員處理業務，如同行政機關延伸的手臂，某路人協助交通警察將拋錨的車輛推到馬路邊；學生協助老師做實驗即是。行政助手不具獨立地位，與受託團體有別。

㈡行為人有故意或過失及機關有責性

1.行為人具備主觀構成要件要素：故意或過失

公務員於執行職務行使公權力，因故意或過失不法侵害人民自由權利者，國家應負損害賠償責任。所謂故意及過失，刑法第 13 條及第 14 條分別所作之界定，可供參考。有關過失之舉證責任分配，究應由被害人負擔或由賠償義務機關負擔？可參考民法第 184 條第 2 項，違反保護他人之法律者，推定其有過失；國家賠償法第 5 條既有適用民法之規定，則自可用以解決此問題。申言之，公務員違反保護他人之法律，如欲免除賠償責任，應由賠償義務機關或公務員舉出反證❶。美國法制，強調國家賠償責任因公務員之行為所致者，或因公務員出於惡意 (malice) 或因過失（應知道或應能獲悉其行為係觸犯他人憲法上的權利）❷。

2.機關有責性（可歸責性）

行政機關的有責性，包括組織不健全與監督不周等之後果。組織不健全，如委員會成員資格不符法定，未依利益迴避原則等是。監督不周，如對受委託團體的監督有疏失。一旦構成機關有責性，即有國家賠償責任問

---

❶　吳庚，《行政法之理論與實用》，頁 753。

❷　Steven J. Cann, *Administrative Law*, pp. 347–348.

題。八十六年溫妮颱風在臺北縣（今新北市）造成林肯大郡坍塌損害，九十三年十一月四日二審法院以公務員廢弛職務，未察廠商地質鑽探不實，判決地方政府有國家賠償責任。九二一震災造成臺北市東興大樓倒塌，國家賠償爭議多年，至九十六年九二一前夕，臺北市政府與住戶終於達成和解，市政府仍以建管部門無監督不周的情事，而認為營造及建築廠商應負起責任。

㈢行為違法（行為具違法性）

公務員不具有阻卻違法事由之不法行為（國家賠償法第 2 條第 2 項之用語「不法」，乃沿襲民法第 185 條之規定而來，與公法上之「違法」涵義相當），即行為違法。其內涵包括：

　　1.違反法律或法規命令或行政規則。

　　2.違反有效之解釋、判例。

　　3.違背上級長官合法之職務命令。

　　4.廢弛職務、逾越或濫用權限。

　　5.解釋或適用不確定法律概念超出判斷餘地。

　　6.牴觸行政法上一般原則（如比例原則、信賴保護原則）。

違法，包括越權、濫權（濫用裁量）、裁量失誤、違反人權法案等。不當，包括明顯無理、未告知理由、不合常規及比例性等[18]。

㈣侵害人民之自由或權利

國家賠償法所稱行使請求權之「人民」，包括以下各項：

　　1.本國人、本國私法人（公司）及非法人組織的團體。

　　2.外國人（依國家賠償法第 15 條，為條約或法令或慣例所允許之外國人）。

　　3.地方自治團體。

　　4.公務員、學生、軍人等（傳統上特別權力關係當事人）。

　　5.立於準私人地位的行政機關。

可知我國行政救濟之當事人──「人民」，包含自然人、法人及機關。

---

[18]　R. Glancey, E. Spain and R. Smith, *Constitutional and Administrative Law*, London: Sweet & Maxwell, 2014, pp. 134–137.

(五)違法行為與損害結果間有相當因果關係

公務員之違法行為與人民之損害間，具有相當因果關係，這是國家賠償責任的關鍵。所謂因果關係指客觀上觀察，有此行為即生損害，無此行為則不生損害。有違法行為而不生損害或損害並非因違法行為所致，皆不構成國家賠償問題。以因果關係為判準，當不致使國家賠償無限上綱，國庫不堪負荷。警察盤查車輛過當，遷延費時，致孕婦難產，其間如有相當因果關係，即生國家賠償責任。KTV 商店大火，如因嫌犯蓄意縱火而起，當無國家賠償法之適用。反之，如因為無照營業、消防設備或逃生設施不合規定導致大火及嚴重危害，致消費者權益、生命、身體受到侵害，即有國家賠償責任。民國八十三年臺北市及八十四年二月臺中市先後有餐廳及KTV 發生火災，前者尚無國家賠償的成立，後者則經法院判決適用國家賠償法，其間的差異，即在有無公務員違法行為與人民權益損害之因果關係。

按英國侵權行為法，決定因果關係之存否，常就加害行為之原因與損害結果間，究竟是遠隔 (remote) 或接近（近接，proximate）而為判斷，通常以「損害之遠隔性」(remoteness of damage) 稱之。惟因果關係至為複雜，依 Harlow 教授之見：「因果關係之鏈，有時似鋼鐵般堅硬，然有時又似橡膠般富有彈性，完全繫於法官一時之念而決定。」如英國法官即曾在判決中，指出少年感化院之逾越權限不當行使裁量權，以及侵權行為法上違反注意義務二者結合，認定行政機關有「違法性」，致少年犯逃脫，主管機關內政部有賠償責任，但對「因果關係」則避而不談❶。法院此種不為判斷之消極態度，顯示實務上因果關係認定之困難❷。

(六)排除立法作用

國家賠償法中之公務員，主要包括行政人員、司法人員、考試及監察人員，但排除民意代表。即立法作用非屬國家賠償法所稱執行職務行使公權力之範圍。

---

❶ Home Office v. Dorset Yacht Co., Ltd., 1970.

❷ 劉宗德，《行政法基本原理》，頁 437～438。

1. 包括司法人員的違法行為

國家賠償法第 13 條，對於有審判或追訴職務之公務員所造成之國家賠償責任有特別規定。其限於「就其參與審判或追訴案件犯職務上之罪」，而且「經判決確定者」方能成立。此一規定，已經釋字第 228 號解釋確認尚未逾越立法裁量範圍，與憲法並無牴觸。亦即對司法人員之違法行為所致之侵害，必須先經過瀆職罪等之告訴，經判決確定有罪，始可提起國家賠償之請求。以法官或檢察官之職務特殊，為保障其獨立行使職權，乃予特別規定。

2. 立法作用因對象不確定而排除

理論上，立法權屬國家重要公權力，立法人員（民意代表）亦屬依法令從事公務之人，故有些國家乃規定議會及民意代表如立法懈怠應有國家賠償責任問題。惟目前我國各級民意代表及議會不適用國家賠償法，不追究其賠償責任。蓋立法機關（立法院）制定法律或地方自治規章（省、縣議會），並非以特定個人為對象，與國家賠償係就受損害之特定個人彌補其損失者，性質不同。且議員無論集體或個別行使職權，皆受免責權之保障❷。

二、消極不作為責任之發生要件

㈠基本觀念

行政不作為之種類，可分為兩種： 1. 有關許可認可事件。行政機關對於人民申請案件，於法定期間或相當期間內不置准否之情形。 2. 行政機關法定之規制權限，如涉及裁量之權限，因未行使致人民權益受損害，受害人得主張行政機關怠於行使規制權限為違法，而尋求救濟。

至於相關的「反射利益」，有別於公法上權利（如選舉權有由法律特別保障、享有者特定、行使時必須提示證件等特徵），本來是判斷行政訴訟原告是否適格之理論。亦即，有公法上權利之維護始有原告適格；如只有反射利益（或稱一般利益或事實上利益），則無原告適格。此種原用來撤銷行政訴訟原告適格之反射利益理論，可否移至國家賠償的領域，作為否定國

---

❷　吳庚，《行政法之理論與實用》，頁 750。

家賠償責任之依據❷❷？

論者指出：「在傳統行政爭訟制度之下，只有權利之侵害得提起撤銷訴訟，利益之受損救濟層級到訴願為止，且授予相對人利益與否屬於裁量處分之判斷餘地，行政法院不予審查。」依我國行政訴訟新制，提起撤銷訴訟包括損害人民之權利或法律上利益（行政訴訟法第5條第1項），是故以行政救濟途徑作為區分權利與利益，已無實益。將權利概念擴及利益，可謂當前之趨勢❷❸。

(二)傳統理論的質疑

傳統上，有關行政不作為之國家責任理論，明顯有其重大瑕疵。如依日本法學理論。首先，「反射利益」概念受到質疑。有認為「反射利益」之思想，係自由主義與官僚主義時代之殘滓，已不符合民主時代下福利國家之行政本質。如今行政活動不是實現超越各個國民私益之國家公益為目的，不得完全忽視行政活動中國民之主體性。在國家行政機能日益擴大且私人對行政依存度與日俱增之今日，應將反射利益「公權化」，即將行政活動所生之利益推定為國民應享之權利。再者，有指出，行政所追求之目的，並非與各個國民之生命、健康、安全或生活環境全然無關之一般的、抽象的公益。「反射利益論」將國民此種「接受公權力保護之地位或權利」解為恩惠的、偶然的反射利益，失當至極❷❹。

其次，反射利益與自由裁量否定國家賠償責任之不當。現代行政作用非為抽象的公益而實施，而是以保護國民安全健康、生活環境，並促進個人福祉為終極目的。行政法學除賦予國民「違法排除請求權」外，更承認國民得以「行政介入請求權」以追究行政不作為之損害賠償責任。傳統「反射利益」、「自由裁量理論」成為行政免責的根據，否定國家責任的成立。「反射利益」、「行政裁量」概念乃被不當的擴大使用。以致法院對行政不作為責任的態度過於消極保守。

---

❷❷ 蔡秀卿，《現代國家與行政法》，頁 438～444。

❷❸ 吳庚，《行政法之理論與實用》，頁 668；《行政爭訟法論》，頁 158～164。

❷❹ 劉宗德，《行政法基本原理》，同前，頁 297～298。

　　如今，人民的權利不是必須靠自行提出請求方得享有及受保障。行政不作為之國家責任的確立，實為民主法治國家必然的制度。過去，行政法院尊重行政機關之裁量權，堅持自由裁量權不得作為行政訴訟標的，此觀念必須改變。同時，應引進「公權力發動請求權」或「行政介入請求權」等概念，以積極審查行政不作為之違法性❷❺。

　　其實，裁量收縮理論並非完全否定行政裁量。依日本學說及判例，機關對於危險之處理有可能性或有必要性，而僅靠人民之力難以除去危險，必須仰賴行政機關始得除去等情形❷❻。此時該機關即有作為義務，受害人民得請求國家賠償。

㈢理論的轉變：釋字第 469 號解釋

　　公務員行為除積極行為外，尚有消極不作為，即怠於執行職務。公務員怠於執行職務，一旦致人民自由或權利遭受侵害，而且符合違法性、有責性之要件時，與積極作為同樣成立國家賠償責任，此乃國家賠償法第 2 條第 2 項後段之規範意旨。然我國實務上，曾經以「公權利與反射利益區分」及排除「行政裁量權」之理論嚴格的限縮此一類型之國家賠償責任，典型的例子就是最高法院七十二年臺上字第 704 號判例。此判例認定反射利益及裁量不發生國家賠償問題。

　　及至民國八十七年十一月二十日大法官作成釋字第 469 號解釋，不但揚棄上開判例所堅持的權利與反射利益二分法，更進一步援用「保護規範理論」及「裁量收縮理論」，擴大國家賠償法之適用範圍。司法院釋字第 469 號（八十七年十一月二十日公布）略謂：法律規定之內容非僅屬授予國家機關推行公共事務之權限，而其目的係為保護人民生命、身體及財產等法

---

❷❺　同上，頁 335～337。如主管機關檢查俱樂部、舞廳等特種營業，僅以「飲食業」登記之主要設備為檢查項目，即屬公務員「不完全作為」，與「完全不作為」皆屬「怠於執行職務」。民國 84 年發生於臺中市鬧區的西餐廳火災事件，即與此類型之行為相似。參李惠宗，〈從臺中 Ala Pub 夜店失火談國賠法上之怠於執行職務〉，《月旦法學教室》，108 期，2011 年 10 月，頁 88～95。

❷❻　蔡秀卿，《現代國家與行政法》，頁 441～442。

益，且法律對主管機關應執行職務行使公權力之事項規定明確，該管機關公務員依此規定對可得特定之人所負作為義務已無不作為之裁量餘地，猶因故意或過失怠於執行職務，致特定人之自由或權利遭受損害，被害人得依國家賠償法第 2 條第 2 項後段，向國家請求損害賠償。至前開法律規範保障目的之探求，應就具體個案而定，如法律明確規定特定人得享有權利，或對符合法定條件而可得特定之人，授予向行政主體或國家機關為一定作為之請求權者，其規範目的在於保障個人權益，固無疑義；如法律雖係為公共利益或一般國民福祉而設之規定，但就法律之整體結構、適用對象、所欲產生之規範效果及社會發展因素等綜合判斷，可得知亦有保障特定人之意旨時，則個人主張其權益因公務員怠於執行職務而受損害者，即應許其依法請求救濟。

本號解釋，從論理解釋指出行政法之終極目的是在保護人民權益，反射利益亦受法律保障（保護規範理論）。另外，從體系解釋，認定在各種相關法規整體思考，維護公共利益或一般國民福祉之規定，如有保障特定人之意旨，於公務員怠於執行職務而遭受侵害，亦得提請賠償救濟。裁量性的公共政策之決定不當，即適用國家賠償法制（裁量收縮理論）。山坡地開發，因主管機關濫發建照而致土石流發生，當有國家賠償責任之追究。

公務員怠於執行職務，如完全不作為，已形成不合法。且在：㈠人民權益所受危害已達迫切的程度；㈡公務員對於危害之發生可得預見；㈢此危害必須依賴公權力始得防止，此時公務員已無裁量之餘地，「裁量縮減至零」。是本號解釋，指國家賠償法於此有「風險管理」或「危險防止」之概念❷❼。

三、基於公有公共設施賠償責任之發生要件

國家賠償法第 3 條第 1 項：「公有公共設施因設置或管理有欠缺，致人民生命、身體或財產受損害者，國家應負損害賠償責任。」公有公共設施設置或管理有欠缺，是國家賠償第二個原因或類型。

---

❷❼ 國家文官學院「依法行政與案例解析」講義，2012 年 5 月。

(一)須為有公有公共設施

1.公　有

公有與非公有,依法務部七十五年三月二十八日法七五律字第 3567 號函認為國家賠償法第 3 條所謂之公有,並非專指國家或其他公法人所有,凡公共設施由國家或地方自治團體設置或事實上處於管理狀態,即有國家賠償法之適用。公役地亦為國家賠償法第 3 條適用之範圍。因之,「公有」在理論及實務上傾向於作擴大解釋,解釋為「在行政機關管理之下」,而不以「屬於國家或其他公法人所有」為必要。

(1)公行政選擇私法組織: 如經濟部所屬台電公司之設施,通說認為屬「財政財產」,為私法人所有,與客戶間無國家賠償問題。然亦有持肯定說,以台電與用戶間的服務對價具有強制壟斷的關係。

(2)他有(私有)公物: 私有土地成為既成道路,因為形成公用地役關係(長期供不特定人行走),亦屬「公有」,為政府所支配,適用國家賠償法。

(3)營造物之公法利用關係,亦有國家賠償法之適用。

2.公共設施

公共設施指供公共目的使用之物件或設備而言,如道路、橋樑、公園、停車場、機關辦公室、河川、水庫等是。其種類有公共用物(如道路、火車車廂)、行政用物(如鐵軌、機關辦公室)等。如公共設施之周邊設備,增加公共設施之功能,亦屬之。道路的路燈、路樹,間接助益道路的功能,管理或設置有欠缺,仍有國家賠償責任問題。

(二)設置或管理有欠缺

1.設置之行為已完成並開始管理

公有公共措施之設置或管理,係為使公共設施提供公共目的使用的效用及狀態。因此,須俟設置之行為已完成並開始管理,公共設施始有公物性及使用性。公有公共設施如由政府機關自己興建完成並對外開放供民眾使用,不論是機關自行派員管理或委託管理,有無收費皆不妨害其為公有公共設施之屬性。至公共設施雖已驗收,但未正式啟用供公眾使用,非屬

公共設施。如公共設施已完工,並對外公告啟用,雖未辦理驗收,仍有國家賠償責任。至如道路因維修而封閉,因暫時不提供公眾使用,故不具公用性。火車車廂供公眾使用,鐵軌則否,前者自有國家賠償問題。機關辦公室供民眾申請案件時之使用部分,自適用本法。如為中央主管機關(交通部或經濟部)所屬機關施工建設之道路或堤防道路,尚未移交地方政府管理,則仍以中央主管機關為設置或管理機關。

2. 設置或管理有欠缺(瑕疵)

公有公共設施不具備通常應有之效用及狀態。其是否有欠缺,除應就該公共設施本身而為客觀之觀察外,尚應探究設置或管理者有無違反作為或不作為之義務以為斷。故設施或管理有無欠缺,應做整體性判斷。此外,應考量設置或管理技術水準之時代性,設置或管理安全標準之相對性。因之,如橋樑之橋面尚稱完好,但橋墩裸露高出河面,已不具通常應有的狀態及功能,乃必須封閉不許車輛通行,以免發生危害,構成國家賠償責任。而名勝古蹟雖年代久遠,以其仍具備應有的使用功能,乃能繼續開放參觀。

3. 採無過失責任主義

本法第 3 條第 1 項係採無過失責任主義,不問設置或管理機關有無故意或過失,只要因公有公共設施之設置或管理有欠缺,致人民生命、身體或財產遭受損害,國家即應負擔損害賠償責任。亦即權責機關對該公共設施之設置或管理的「欠缺」有無故意或過失,或於防止損害之發生已否善盡其注意義務,均非所問❷❽。因此,只須「欠缺」與人民之受損害有因果關係,即有國家賠償責任。

4. 適用過失相抵

相對人民有過失,而設施既有欠缺,仍有本法之適用。但有民法第 217 條過失相抵之適用,法院得裁量減輕賠償金額或免除之❷❾。實例上,如騎乘機車未戴安全帽,而道路邊有倒塌的護欄主管機關未及時修護,致騎車人因撞上而受傷,當事人雙方皆有過失,得以相抵。馬路施工單位未做好

---

❷❽ 參最高法院 73 年度臺上字第 584 號判決。

❷❾ 參最高法院 54 年度臺上字第 2433 號判例。

標誌，致車輛撞進施工坑洞，如係駕駛人喝酒肇事，施工單位與相對人即有過失相抵之適用，以決定賠償責任。

5.與公務員怠於執行職務競合

　　如公有公共設施之設置或管理有欠缺，係因公務員怠於執行職務者，即形成請求權競合，被害人民可依本法第 2 條第 2 項或第 3 條第 1 項，擇一請求國家賠償。惟機關賠償後，如欲對公務員求償仍須公務員有故意或重大過失為是 ❸。惟國家賠償兩個類型原因不同，所持責任亦不同，公務員怠於執行職務，採過失責任，公有公共設施之設置或管理有欠缺，則採無過失責任。後者於人民主張因公有公共設施瑕疵而發生損害事故時，即推定設施有欠缺，賠償義務機關須提出反證推翻，才可免責。小學生擦拭窗戶，因窗戶鬆動不慎掉落地面而受傷，即是公有公共設施有欠缺與公務員（學校總務人員）怠於執行職務競合的實例。

6.須「欠缺」與損害間有相當因果關係

　　此類型之國家賠償責任之成立，必須設置或管理之欠缺與人民生命、身體或財產遭受損害間，具有相當因果關係。如公共設施本身無瑕疵，損害之發生純係出於使用人不當之方法或因天災地變等不可抗力者，即與公共設施之瑕疵無因果關係可言。賀伯颱風（民國八十五年七月三十一日前後）期間，臺北縣汐止鎮（後來改稱市）近郊山坡上一涼亭，有幾位登山的居民在亭下休息時，涼亭遭雷電擊中倒塌，當初鎮公所及法院判定居民受傷是因不可抗力所致，最後法院的判決，認定地方政府平時如管理得當，涼亭不致被該雷電擊垮，地方政府有國家賠償責任。另在新竹科學園區，廠商因雷電而停電致損失嚴重，台電以出於不可抗力拒絕賠償。然科學園區附近一養豬戶，其鐵皮屋的豬舍上方輸電線被雷電擊落，因豬舍導電致豬隻傷亡，台電則願論斤賠償，即認定損害與台電設備有關，公共設施之欠缺與人民財產損害間有因果關係。而因果關係，透過訴訟，終究由法院直接判斷或囑託專業機構鑑定或判定 ❸。

❸　參法務部 71 年 7 月 23 日法(71)律字第 8952 號函。

❸　上開賀伯颱風期間，彰化縣線西鄉慶安水道東側堤防潰堤，其原因為何，原告、

第四節 國家賠償法的要點

在國家賠償法公布施行之前，雖然憲法第 24 條已揭示國家賠償責任，惟當時有關國家賠償的具體規定，散見於各種特別法，如土地法、警械使用條例、核子損害賠償法及刑事補償法（前稱冤獄賠償法）等，適用範圍，各限一隅。國家賠償法則為整合我國國家賠償之基本法制，除應依特別法規定外，該法並設定了基本原則，以為政府及人民共同遵循。該法之內容，要點略如下述：

㈠賠償主體

如同憲法第 24 條所明定，國家以及地方自治團體，為國家賠償主體。此外，受委託辦理政府事務行使公權力之團體或個人，於行使公權力執行職務時亦同。公法人（如農田水利會）亦為賠償主體。

㈡賠償責任

凡公務員之侵權行為，以故意或過失為責任要件；公有公共設施之瑕疵，致人民生命、身體或財產受損害者，則採無過失責任主義，亦即國家責任主義。

㈢國家之求償權

1.對公務員之求償

明定損害之發生，係由於公務員之故意或重大過失所致者，國家對之有求償權。

2.對公有公共設施所生損害應負責之人的求償

如就損害原因有應負責之人，亦得對其求償。

3.對受委託之團體或個人之求償

亦以其有故意或重大過失者為限。如代施檢驗車輛、大樓安全業務的民間機構，若簽證不實，其人員負有最終損害賠償責任。

被告機關（經濟部工業局）與彰化地方法院即分別委託清華大學、成功大學與中興大學鑑定。法務部 93 年 12 月 8 日法律字第 0930050640 號函，《國家賠償法令解釋彙編》，法務部編印，2004 年 11 月，頁 199～206。

㈣以民法為本法之補充法

　　國家賠償，原係由於公務員違法侵害人民自由權利所致，國家與公務員應負連帶賠償之民事責任，民法關於損害賠償及其有關事項之規定，自可逕行適用而不必另行規定。至於損害賠償之範圍、過失相抵之原則以及非財產上損害賠償等，均可適用民法而臻於完備。

㈤損害賠償之方法

　　以金錢給付為原則，回復原狀為例外。賠償經明定由各級政府編列預算支應。依國家賠償法第 7 條第 1 項規定：「國家負損害賠償責任者，應以金錢為之。但以回復原狀為適當者，得依請求，回復損害發生前原狀。」即國家賠償之方法，以金錢給付為原則，亦得因被害人之請求，而負回復損害發生前原狀之義務，如車輛損壞修復、名譽毀損之恢復等是。因回復原狀，不僅浪費人力、物力、不合經濟原則，且影響行政業務之正常運作，為求便捷易行，並考量國家賠償責任之特殊性以及普通法院之權限，對於回復原狀的請求，宜加以限制[32]。畢竟國家賠償係以填補事實上已發生之損害為目的，並非在補正或糾正行政處分之瑕疵，而與提起行政訴訟有別。

㈥賠償請求權及求償權採短期之消滅時效原則

　　為使國家之賠償義務早日確定，並避免舉證困難，規定賠償請求權，自請求權人知有損害時起，因二年間不行使而消滅，自損害發生時起，逾五年者亦同。國家對公務員等之求償權，則自支付賠償金或回復原狀之日起，因二年間不行使而消滅。按對核子損害之賠償請求權，自知有損害及負賠償義務之核子設施經營者起，三年間不行使而消滅；自核子事故發生之時起逾十年者亦同（核子損害賠償法第 28 條）。

㈦賠償義務機關

　　明定逕以該公務員所屬機關或公共設施之設置或管理機關，為賠償義務機關。其認定主要係依據行政建制體系為準，不考量機關組織事涉其他機關或其經費來源。至若機關裁撤或改組者，以承受其業務之機關為賠償義務機關。如無承受機關者，以其上級機關為賠償義務機關。如尚有爭議，

---

[32]　劉春堂，《國家賠償法》，頁 170。

得請其上級機關確定之,如逾二十日尚不能確定,則逕以其為賠償義務機關。

⑻採請求及協議先行主義

為簡化訴訟程序疏減訟源,規定請求權人應先以書面向賠償義務機關請求賠償,如經協議成立,即可不必興訟。協議成立即作成協議書,以為執行。如賠償義務機關拒絕賠償之請求,或自開始日起逾六十日協議不成立,或自提出請求之日起逾三十日不為協議,請求權人得向普通法院提起損害賠償之訴,尋求救濟。

⑼採一事不再理原則

明定請求權已依行政訴訟法規定附帶請求損害賠償者就同一原因事實,不得更行起訴。

⑽設保全程序

法院得依聲請為假處分,命賠償義務機關暫先支付醫療費或喪葬費,以有效保障人民權利。

⑾對有審判或追訴職務之公務員特殊保障

由於有審判或追訴職務之公務員職責特殊,爰明定其因執行職務侵害人民之自由權利,須俟其所參與審判或追訴之案件,犯有職務上之罪,經判決有罪確定者,始適用本法。此對法官及檢察官之特殊規定,是否限制人民的請求國家賠償,其合憲性經司法院釋字第 228 號解釋予以肯定。

⑿採行國際互惠主義

我國對外關係,應依憲法明示平等互惠之原則,爰規定外國人為被害人時,以依條約或本國法令或慣例,我國人民得在該國亦享有同等權利者為限,適用本法,有權請求國家賠償。

國家賠償法自七十年七月一日施行以來,未曾修訂,十七個條文因陋就簡,顯已不符社會期待及需求。如請求權行使之期限、協議之外如何表現國家公權力以提高效能、國家求償權及公務員課責機制等,皆有亟待改善的空間。

第五節　國家賠償訴訟與行政訴訟之關係

依我國司法二元體制，國家賠償訴訟由普通法院審理，國家賠償事件屬私法事件；行政訴訟由行政法院審理，行政訴訟屬公法事件之故。以某商被勒令停業為例，如業者欲請求國家賠償，以填補其不能營業之損失，可提起國家賠償之訴。惟為恢復營業，則須另依法定程序提起訴願及行政訴訟，請求公權力協助始得回復原狀。而行政訴訟中，得合併請求賠償，此程序兼具國家賠償請求之功能，具獨立完成的特性，稱第一次權利保護。國家賠償訴訟則可在行政訴訟未合併請求賠償時提出，具補充性質，稱第二次權利保護。申言之，對違法不當之行政處分之糾正與撤銷，僅能由行政爭訟程序加以救濟，普通法院管轄之國家賠償之訴，不得侵越行政法院之審判權，否則行政訴訟法制將成具文❸。依司法二元體系，此二訴訟程序涇渭分明，不得侵越。

再者，過去舊行政訴訟法規定，行政訴訟「附帶」請求之賠償不包括「所失利益」，而國家賠償則包括「所失利益」，二法間存有落差。這是我國立法技術上呈現的瑕疵。為此，舊行政訴訟法上之「所失利益」已刪除，並將「附帶」請求賠償改為「合併」請求，則國家賠償之範圍，無論提起民事訴訟抑或在行政訴訟中合併請求，都統一適用民法第 216 條之規定。亦即國家賠償法第 5 條（國家賠償除本法規定外，適用民法規定），積極上所受損害及消極上所失利益，在行政訴訟中亦得「合併」請求。因之，二項有關國家賠償法制得以取得一致彌合落差❹。

第六節　損失補償

損失補償，因行政機關適法行為而生的救濟，以彌補相對人之損失。在團體生活中，因推行政策，人民常因公益而犧牲個人利益。此種損失與上述因行政機關違法行為所致的損害及賠償有別。唯迄今損失補償尚無一

---

❸　廖義男，《國家賠償法》，頁 108。

❹　《國家賠償及實務》，國家文官培訓所，2004 年編印。

般的共通適用之法典，而散布於土地徵收等法制及司法解釋，故有待進一步立法建制。

一、有關損失補償之大法官解釋

茲舉近年來損失補償重要的解釋如次：

㈠釋字第 336 號解釋

指出都市計畫法（民國七十七年七月十五日修正公布）第 50 條規定，公共設施保留地未設取得時限之規定，乃在維護都市計畫之整體性，與憲法並無牴觸。至為兼顧所有人之權益，主管機關應如何檢討修正有關法律，係立法問題。簡言之，本號解釋要求都市計畫之公共設施保留地應訂定取得時效。

㈡釋字第 400 號解釋

解釋文指出，既成道路符合一定要件而成立公用地役關係者，其所有權人對土地既已無法自由使用收益，形成因公益而特別犧牲其財產上之利益，國家自應依法律之規定辦理徵收給予補償。此號解釋，宣示「特別犧牲原則」為土地徵收之理論基礎。憲法固然保障個人財產之自由使用、收益及處分之權能，並免於受侵害，俾能實現個人自由、發展人格及維護尊嚴，如因公用或其他公益目的之必要，國家機關雖得依法徵收人民之財產，但應給予相當之補償。

㈢釋字第 425 號解釋

解釋文指出，土地徵收係國家因公共事業之需要，對人民受憲法保障之財產權，經由法定程序予以剝奪之謂。規定此項徵收及其程序之法律必須符合必要性原則，並應於相當期間內給予合理之補償。因此，本解釋要求土地徵收對被徵收土地之所有人，係為公共利益所受特別犧牲，是補償費之發給不宜遷延過久。如此，方能確保土地所有人在補償費發給或經合法提存前保有的土地所有權，以符憲法保障人民財產權之意旨。

㈣釋字第 440 號解釋

指出地方政府主管機關對既成道路或都市計畫用地必須埋設地下設施

物（如管線）時，既不徵購又未設補償，有關規定應不再援用。其理由是國家機關依法行使公權力致人民之財產遭受損失，若逾其社會責任所應忍受之範圍，形成個人之特別犧牲者，國家應予合理補償。

二、損失補償責任之類型

損失補償責任理論上包括以下類型：

㈠徵收補償

此出於行政目的（公共利益），在法律授權下，考量比例原則而為之，如土地徵收，是損失補償的常態類型。自一〇一年九月一日起，土地徵收補償由公告現值改為依市價補償。德國在此，則專指財產上法益之損失補償。

㈡徵收性質侵害之補償

雖非徵收公用，但其造成之結果有如徵收而犧牲權益，如興建地下鐵，導致路旁商店營業額下降之補償。

㈢公益犧牲之補償

在德國專指非財產權之侵害的補償。我國之公益犧牲補償與徵收補償二者無明顯區分 **❸❺**。因妨礙相對人財產權之正常使用，形成實質不平等的犧牲，故給予相對人之補償必須逾「犧牲界限」 **❸❻**。

㈣準徵收補償

其特徵是：1.強調特別犧牲；2.公權力之行使係出於公共利益之目的；3.被害客體只限於具有財產價值之權利；4.直接侵害；5.直接的國家責任。準徵收補償，又稱類似徵收侵害賠償，簡稱「準徵收」。此為損失補償與損害賠償重疊的區域。按損失補償理論有擴張之趨勢。準徵收原為公共利益而不法侵害人民具有財產價值之權利，類推適用補償之理論，使國家負損失補償之責任，致徵收補償與損害賠償之分界趨於模糊 **❸❼**。

---

❸❺ 吳庚，《行政法之理論與實用》，頁 741。

❸❻ 李震山，《行政法總論》，頁 585。

❸❼ 廖義男，《國家賠償法》，頁 16。

㈤信賴利益之補償

如撤銷授益行政處分違反信賴保護原則，所發生之補償責任。

三、損失補償的原因及成立要件

損失補償發生的原因要有：㈠因公益徵收：如依土地法、都市計畫法、大眾捷運法徵收土地，所為之補償。㈡因災疫或特別情事：如對動、植物防疫檢疫所為之補償。㈢因法令廢止：如戰士授田條例及其施行細則廢止後，為收回授田憑證而為之補償。㈣因歷史冤錯事件：如對二二八事件之處理不當，政府為此擔負補償責任。㈤因公益特別犧牲等❸。

理論上，損失補償之原因，依德國學說，包括徵收、類似徵收之侵害、徵收性質之侵害與特別犧牲四類。其中，徵收亦為我國之制度，且指傳統狹義的公用徵收；此外，「特別犧牲」迭經我國大法官解釋，屬獨立的補償原因。「至於類似徵收之侵害及徵收性質之侵害，為德國特有之概念，前者既以違法行為存在為前提，則已有國家賠償法可資適用，後者並非不能以『特別犧牲』加以涵蓋，似有繼受之必要」。因之，損失補償之原因，可歸納為徵收與特別犧牲兩類。

至於損失補償共同成立要件有：1.須屬於行使公權力之行為：包括行政處分（如徵收土地）與事實行為（如提供資訊）；更包括抽象的制定法規（如發布都市計畫）之行為；2.須生對財產權或其他權利之侵害；3.侵害須達嚴重程度或已構成特別犧牲；4.須相對人或利害關係人有值得保護的利益；5.基於公益之必要性；6.須為合法行為；7.補償之請求應有法規依據❸。

四、補償之請求

損失補償之請求，有關時效、程序及範圍，大致比照國家賠償制度。請求時效上，戒嚴時期人民權利回復條例、戒嚴時期不當叛亂暨匪諜審判案件補償條例等特別法律，亦同樣規定二年的請求權行使之時效。唯二二

---

❸ 林騰鷂，《行政法總論》，頁 810～811。

❸ 吳庚，《行政法之理論與實用》，頁 745～747。

八事件處理及補償條例原亦規定為兩年，但同時又規定「因故未及申請補償金，得再延長二年」，此種事後修法追加時效之規定者甚為奇特。往後時效又一延再延，期撫平歷史傷痛，促進族群和諧❹，用意明顯。

　　類似案例如戰士授田證補償金的發放。立法院有在野黨團一○一年五月二十八日表示，戰士授田證補償金請領辦法規定，申請者須於五年內領取，依法領取期限已過，國防部卻還繼續發放，獨厚特定族群。依據戰士授田憑據處理條例，未於民國八十六年十二月三十一日前申請登記者，其戰士授田證作廢；五年內未領取者，補償金應歸國庫。依法所有戰士授田證補償金領取期間，應該到九十二年全部請領結束，但是行政院卻讓此法延續期限至今，讓國庫增加支出達新臺幣四千多萬元，應立即停止發放。國防部則考量部分亡故的官兵，因家屬在中國大陸，連絡不易，導致還有大約 15% 的申請者尚未完成領取。政府原本編列新臺幣八百多億元的特別預算發放戰士授田證補償金，截至九十一年為止發放七百多億元，其餘的已繳回國庫；九十二年後每年大約只有一百人領取，因人數少、金額不高，故以年度預算支應而繼續發放❹。

---

❹　林騰鷂，《行政法總論》，頁 817～818。

❹　101 年 5 月 28 日中央社報導。

參 考 書 目

一、中文部分

1. 王名揚，《英國行政法》（北京：中國政法大學出版社，1987 年）。
2. 王名揚，《美國行政法》（北京：中國法制出版社，1997 年）。
3. 余凌云，《行政自由裁量論》（北京：中國人民公安大學出版社，2005 年初版）。
4. 吳庚，《行政法之理論與實用》（作者自刊，100 年 8 月十一版）。
5. 吳庚，《憲法的解釋與適用》（作者自刊，2003 年修訂版）。
6. 李建良等，《行政法入門》（臺北：元照出版公司，2000 年）。
7. 李震山，《行政法導論》（臺北：三民書局，2012 年修訂九版）。
8. 林明鏘，《公務員法研究㈠》（作者自刊，2000 年）。
9. 林騰鷂，《行政法總論》（臺北：三民書局，2012 年三版）。
10. 林騰鷂，《行政訴訟法》（臺北：三民書局，2013 年五版）。
11. 洪家殷，《行政秩序罰論》（臺北：五南圖書出版公司，1998 年）。
12. 翁岳生，《法治國家之行政法與司法》(臺北：月旦出版社，1994 年)。
13. 翁岳生主編，《行政法》（主編者自刊，2000 年）。
14. 陳敏，《行政法總論》（作者自刊，1999 年）。
15. 陳郁秀，《行政法人之評析：兩廳院政策與實務》（臺北：遠流出版公司，2010 年）。
16. 陳清秀，《行政訴訟法》（臺北：元照出版公司，2013 年）。
17. 陳新民，《行政法學總論》（作者自刊，2000 年）。
18. 張家洋，《行政法》（臺北：三民書局，2002 年）。
19. 張劍寒主持，《行政制裁制度》（行政院研考會，1979 年）。
20. 董保城，《國家責任法》（神州出版社，2002 年）。
21. 湯德宗，《行政程序法論》（臺北：元照出版公司，2000 年）。
22. 葉俊榮，《面對行政程序法：轉型臺灣的程序建制》（臺北：元照出

版公司，2002 年）。

23.黃舒芃，《法規命令》（臺北：三民書局，2011 年）。

24.楊解君、溫晉鋒，《行政救濟法——基本內容及評析》（南京大學出版社，1997 年）。

25.廖義男，〈計畫確定程序規範之探討〉，《台灣本土法學》，第一期（1999 年 4 月），頁二〇至三六。收錄於氏著，《行政法基本建制》（臺北：作者自刊，2003 年）。

26.廖義男，《國家賠償法》（臺北：作者自刊，1993 年）。

27.蔡志方，《行政救濟法新論》（臺北：元照出版公司，2007 年）。

28.蔡秀卿，〈行政程序法制定之意義與課題〉，《月旦法學雜誌》，第五十期（1999 年 7 月），頁一八至三三。

29.蔡秀卿，《現代國家與行政法》（臺北：學林文化，2003 年）。

30.蔡敏廣，〈中央行政機關組織基準法之評析與建議〉，《人事行政》，一五三期（2005 年 10 月），頁九至二七。

31.蔡震榮，《行政法理論與基本人權之保障》（臺北：三峰出版社，1994 年）。

32.劉宗德，《行政法基本原理》（臺北：學林文化，1998 年）。

33.劉春堂，《國家賠償法》（臺北：三民書局，1984 年）。

34.羅志淵，《法國政府與政治》（臺北：正中書局，1991 年）。

35.羅明通、林惠瑜，《英國行政法上合理原則之應用與裁量之控制》，台英國際商務法律事務所，行政法系列叢書（作者自刊，1995 年）。

36.羅傳賢，《美國行政程序法論》（臺北：五南圖書出版公司，1985 年）。

37. M. P. 賽夫著，周偉譯，《德國行政法》（臺北：五南圖書出版公司，1991 年 2 月）。

38. Hartmut Maurer 著，高家偉譯，《行政法學總論》（北京：法律出版社，2000 年）。

39. O. Mayer 著，羅豪才主編，《德國行政法》（北京：商務印書館，2002 年）。

40. R. B. Stewart 著，羅豪才主編，《美國行政法的重構》（北京：商務印書館，2002 年）。

41. H. J. Wolff, O. Bachof and R. Stober 著，羅豪才主編，《行政法》（北京：商務印書館，2002 年）。

42. 塩野宏著，劉宗德、賴恆盈譯，《行政法⑴》（臺北：月旦出版社，1996 年）。

43. 塩野宏著，楊建順譯，《行政組織法》（北京：北京大學出版社，2008 年）。

44. 《月旦法學教室：月旦法學雜誌別冊》，公法學篇（臺北：元照出版公司，2000 年）。

45. 台灣行政法學會，《行政法爭議問題研究（上）》（臺北：五南圖書出版公司，2001 年）。

46. H. Frederickson, *The Spirit of Public Administration*，江明修主譯，《公共行政精義》（臺北：五南圖書出版公司，2002 年）。

47. 司法院，《美國聯邦最高法院憲法判決選譯》，第四輯（司法院 2003 年 9 月編印）。

48. 司法院，《正當法律程序與人權之保障》（司法院大法官 92 年度學術研討會，司法院 2004 年編印）。

49. 行政院研考會，《政府改造》（2003 年 12 月編印）。

50. 《國家賠償及實務講義》（國家文官培訓所，2004 年印）。

51. Stephen G. Breyer 著，李洪雷譯，《規制（管制）及其改革》（北京大學出版社，2008 年）。

52. Eberhard Schmidt-Aßmann 著，林明鏘等譯，《行政法總論作為秩序理念》（臺北：元照出版公司，2009 年）。

二、英文部分

1. Breyer, Stephen G. and Richard B. Stewart, *Administrative Law and Regulatory Policy*, 3rd Ed., Boston: Little, Brown and Company, 1992.

2. Cane, Peter, *An Introduction to Administrative Law*, 3rd Ed., Oxford: Clarendon Press, 1996.

3. Cann, Steven J., *Administrative Law*, Thousand Oaks, California: Sage, 1995.

4. Cooper, Phillip J., *Public Law and Public Administration*, Third Ed., Ill.: F. E. Peacock Publishers, Inc, 2000.

5. Craig, P. P., *Administrative Law*, Sixth Edition, London: Sweet & Maxwell, 2007.

6. Dempsey, Paul S., *Administrative Law: Adaptable to sixth Edition of Schwartz Casebook*, Chicago: Thomson/West, 2007.

7. Edmond, Gary (ed.), *Expertise in Regulation and Law*, Aldershot, England: Ashgate, 2004.

8. Herling, David, and Ann Lyon, *Briefcase on Constitutional & Administrative Law*, Fourth Edition, London: Cavendish Publishing, 2004.

9. Jones, David Phillip and Anne S. deVillars, *Principles of Administrative Law*, Fourth Ed., Ontario, Canada: Thomson and Carswell, 2004.

10. Marston, John and Richard Ward, *Cases and Commentary on Constitutional and Administrative Law*, Fourth Ed., London: Pitman Publishing, 1997.

11. O'Brien, D. M., *Constitutional Law and Politics*, 2nd Ed., New York: W. W. Norton & Company, 1995.

12. Pierce, Richard, etal., *Administrative Law and Process*, Fourth Edition, New York: Foundation Press, 2004.

13. Pollitt, Christopher, et al., *Agencies: How Governments Do Things Through Semi-Autonomous Organizations*, New York: Palgrave MacMillan, 2004.

14. Richardson, Ivan L. and Sidney Baldwinin, *Public Administration:*

Government in Action, Ohio: Charles E. Merrill Publishing Company, 1976.

15. Rosenbloom, David H., *Administrative Law for Public Managers*, Colorado: Westview Press, 2003.

16. Rose-Ackerman, Susan. (ed.), *Economics of Administrative Law*, Cheltenham, UK: Edward Elgar Publishing, 2009.

17. Schwartz, Bernard, *Administrative Law*, Third Ed., Boston: Little, Brown and Company, 1991.

18. Wade, H. W. R. and C. F. Forsyth, *Administrative Law*, Seventh Ed., Oxford: Clarendon Press, 1995.

19. Werhan Keith., *Principles of Administrative Law*, St. Paul, MN: Thomson/West, 2008.

20. Whitford, Andrew B., "Bureaucratic Discretion, Agency Structure, and Democratic Responsiveness: The Case of the U. S. Attorneys," *Journal of Public Administration Research and Theory*, J-Part, January 2002: 1, pp. 3–27.

民法 · 行政法 啟蒙系列優質好書！

書名	作者
民法系列	
承攬	葉錦鴻
動產所有權	吳光明
買賣	陳添輝
契約之成立與效力	杜怡靜
侵權行為	郭冠甫
繼承	戴東雄
遺囑	王國治
運送法	林一山
贈與	郭欽銘
抵押權	黃鈺慧
占有	劉昭辰
婚姻法與夫妻財產制	戴東雄 戴瑀如
不當得利	楊芳賢
民法上權利之行使	林克敬
法律行為	陳榮傳
保證	林廷機
論共有	溫豐文
物權基本原則	陳月端
無因管理	林易典
行政法系列	
行政命令	黃舒芃
地方自治法	蔡秀卿
行政罰法釋義與運用解說	蔡志方

新書陸續出版中

無因管理　　　　　　　　　　　　林易典／著

　　本書之主要內容為解析無因管理規範之內涵，並檢討學說與實務對於相關問題之爭議與解釋。本書共分十三章：第一章為無因管理於民法體系中之地位，第二章為無因管理之體系與類型，第三章為無因管理規範之排除適用與準用，第四章至第六章為無因管理債之關係的成立要件，第七章為無因管理規範下權利義務的特徵，第八章至第十章為管理人之義務，第十一章為管理人之權利，第十二章為管理事務之承認，第十三章為非真正無因管理。期能使讀者在學說討論及實務工作上，能更精確掌握相關條文之規範意旨及適用，以解決實際法律問題。

物權基本原則　　　　　　　　　　陳月端／著

　　本書主要係就民法物權編的共通性原理原則及其運用，加以完整介紹。民國九十六年、九十八年及九十九年三次的物權編修正及歷年來物權編考題，舉凡與通則章有關者，均是本書強調的重點。本書更將重點延伸至通則章的運用，以期讀者能將通則章的概括性規定，具體運用於其他各章的規定。本書包含基本概念的闡述、學說的介紹及實務見解的補充，讓讀者能見樹又見林；更透過實例，在基本觀念建立後，再悠遊於條文、學說及實務的法學世界中。

論共有　　　　　　　　　　　　　溫豐文／著

　　本書主要在敘述我國現行共有制度，分別就共有之各種型態——分別共有、公同共有、準共有以及區分所有建築物之共有等，參酌國內外論著及我國實務見解，作有系統的解說，期使讀者能掌握共有型態之全貌，瞭解共有制度之體系架構。

　　在論述上，係以新物權法上之條文為對象，闡明其立法意旨與法條涵義。其中，對共有制度之重要問題，如應有部分之性質、共有物之管理方法、共有物之分割方法與效力、公同共有人之權利義務以及區分所有建築物共有部分之專用使用權等，特別深入分析，並舉例說明，以增進讀者對抽象法律規範之理解，進而能夠掌握其重點，並知所應用。

刑法構成要件解析

柯耀程／著

　　構成要件是學習刑法入門的功夫，也是刑法作為規範犯罪的判斷基準。本書的內容，分為九章，先從構成要件的形象，以及構成要件的指導觀念，作入門式的介紹，在理解基礎的形象概念及指導原則之後，先對構成要件所對應的具體行為事實作剖析，以便理解構成要件規範對象的結構，進而介紹構成要件在刑法體系中的定位，再次進入構成要件核心內容的分析，從其形成的結構，以及犯罪類型的介紹。本書在各部詮釋的開頭，通常採取案例引導的詮釋方式，並在論述後，對於案例作一番檢討，以使得學習之人，能夠有一個較為完整概念。也期待本書能成為一個對於構成要件的理解較為順手的工具。